Zu diesem Buch

Von der Bewerbung bis zum Beratungs- oder Kundengespräch, von der Arbeitsbesprechung bis zur konflikthaften Auseinandersetzung, das Leben wird angenehmer und die Arbeit erfolgreicher, wenn wir in Gesprächen den richtigen Ton treffen, vielschichtige Botschaften zu verstehen wissen, angemessen darauf reagieren können und gemeinsam faire Lösungen in Sach- und Beziehungsszenen finden. Eine Fülle von Alltagsszenen und prägnante Verhaltensempfehlungen in diesem Ratgeber zeigen uns, wie wir unsere Fähigkeiten zum Gespräch entwickeln können, wie wir Gespräche vorbereiten und steuern, analysieren und bewerten.

Die Autoren

Dr. Klaus Pawlowski, geb. 1935, Akademischer Oberrat, Leiter des Arbeitsbereiches Sprecherziehung an der Universität Göttingen (bis 1997), vielfältige Seminartätigkeit in der Wirtschaft, in der Verwaltung, in den Medien. Zahlreiche Veröffentlichungen in Fachzeitschriften. Buchveröffentlichungen: *Deutsche Hochlautung* (gemeinsam mit Ursula Kreuzer). Stuttgart 1971 (Klett); *Praktische Rhetorik.* Hannover 1983 (Schroedel); *Jetzt rede ich. Ein Spiel- und Trainingsbuch zur praktischen Rhetorik* (gemeinsam mit Helmut Lungershausen und Fritz Stöcker). Hannover [2]1985, 1995 als Herausgeber: *Sprechen, Hören, Sehen.* Rundfunk und Fernsehen in Wissenschaft und Praxis, München 1993.

Dipl.-Psych. Hans Riebensahm, geb. 1936, Lektor im Arbeitsbereich Sprecherziehung an der Universität Göttingen bis 1997. Psychologischer Psychotherapeut. Ausbilder und Supervisor der Milton-Erickson-Gesellschaft für Klinische Hypnose (Sitz: München). Langjährige Vortrags- und Seminartätigkeit im Rahmen von Kongressen und Veranstaltungen zur beruflichen Fortbildung von Kommunikatoren. Mehrere Veröffentlichungen in Fachzeitschriften.

Klaus Pawlowski
Hans Riebensahm

Konstruktiv Gespräche führen

Fähigkeiten aktivieren,
Ziele verfolgen,
Lösungen finden

ro
ro
ro
Rowohlt

Lektorat Wolfgang Müller
Umschlaggestaltung Notburga Stelzer
(Foto G+J Photonica, H. Kuwajima)
Die Zeichnungen, die den Text begleiten,
stammen von Rolf Kresin, Göttingen.

8.–10. Tausend Februar 2000

Originalausgabe
Veröffentlicht im Rowohlt Taschenbuch Verlag GmbH,
Reinbek bei Hamburg, August 1998

Typografie Daniel Sauthoff
Satz Utopia und ITC Officina Sans / Serif PostScript (PageOne)
Gesamtherstellung Clausen & Bosse, Leck
Printed in Germany
ISBN 3 499 60396 9

Inhalt

Einleitung 7

DIE GRUNDLAGEN 11

1. Was heißt es, ein Gespräch zu führen? 11
2. Warum führen wir Gespräche und mit welchen Zielen? 12
3. Wann ist ein Gespräch gescheitert? Wann ist ein Gespräch gelungen? 17
4. Welche Faktoren bestimmen ein Gespräch? 24
5. Wie können wir uns auf ein Gespräch vorbereiten? 26
6. Wie legen wir die Ziele fest und verknüpfen sie mit den Gesprächsthemen? 34
7. Wie bestimmen wir den Ort und die Zeit für ein Gespräch? 42
8. Wie können wir ein Gespräch aktiv gestalten? 46
   - 8.1 Botschaften 54
   - 8.2 Fragen 73
   - 8.3 Paraphrasieren 89
   - 8.4 Metakommunikation 101
   - 8.5 Verständlich beschreiben und erklären 109
   - 8.6 Sprechausdruck 114
   - 8.7 Sprecherwechsel 125
   - 8.8 Körpersprache 128
   - 8.9 Phasen im Gespräch 137
   - 8.10 Gesprächseröffnung 142
   - 8.11 Gesprächsthemen 150
9. Gesprächsleitung 156
10. Gesprächsregeln 163
11. Zusammenfassung des Teils «Die Grundlagen»: Das Kündigungsgespräch 173

DIE VERTIEFUNG 181

12. Wie können wir die Faktoren der «äußeren Situation» als Mittel zur Gestaltung von Gesprächen verwenden? 182

12.1 Öffentlicher Gesprächsrahmen – privater Gesprächsrahmen 183
12.2 Rollen 190
12.3 Beziehungen 206
12.4 Einstellungen 222

13. Welche sprachlichen Möglichkeiten haben wir, um Einstellungen zu verändern und Handlungen zu beeinflussen? 235

13.1 Argumentieren 235
13.2 Raten, Warnen, Drohen, Erpressen 270
13.3 Versprechen 276
13.4 Bitten 278
13.5 Suggestion 282

DIE ERPROBUNG 303

14. Beratungsgespräche 303

14.1 Die kollegiale Beratung **306**
14.2 Die Kundenberatung **308**

15. Kritikgespräche 324

Bibliographie 348
Stichwortverzeichnis 350

Einleitung

Für viele Menschen bedeutet arbeiten, daß sie Gespräche führen: Sie müssen gemeinsam mit anderen planen, andere informieren, beraten oder überzeugen. Für diese Menschen haben wir unser Buch geschrieben: für die Sekretärin, aber auch ihren Chef, die Ärztin, den Meister, die Kundenberaterin, den Anwalt, die Krankenschwester. Und auch für die, deren Beruf es ist, anderen zu zeigen, wie man konstruktiv Gespräche führen kann: den Lehrer, die Kommunikationstrainerin. Dieses Buch wendet sich aber auch an Menschen, die in Gesprächen Beratung, Hilfe oder ihr Recht suchen, in der Bank, bei ihrer Bausparkasse, ihrem Anwalt. Wir wollen Ihnen, unseren Lesern, zeigen,

- was in Gesprächen passiert,
- wie Sie sich auf Gespräche vorbereiten können,
- wie Sie Gespräche gestalten können,
- wie Sie auf diese Weise Ihre Chancen erhöhen, Ihre Gesprächsziele zu erreichen.

Sie werden erfahren, was Sie dabei mit Fragen, Argumenten und Ihrer Körpersprache anfangen können. Selbstverständlich haben Sie im Laufe Ihres Lebens eigene Gesprächsstrategien entwickelt, aber mehr unreflektiert, mehr nach dem Prinzip «Versuch und Irrtum». Deshalb klappt's manchmal ganz gut, manchmal aber auch nicht. Schon wenn Sie wüßten, warum das Gespräch mit Ihrem Kunden nicht so gut gelaufen ist, könnten Sie sich besser aufs nächste vorbereiten. Und wenn Sie dann noch in diesem Kundengespräch selbst über Handlungsalternativen verfügen könnten, wär's noch besser: Sollte ich meinem Partner jetzt eine Frage stellen? Höre ich ihm jetzt besser erst einmal zu? Wie kontrolliere ich, ob er mich richtig verstanden hat?

Wir wollen Ihnen mit diesem Buch bewußt machen, was bisher in Ihren Gesprächen eher intuitiv ablief. Wir wollen Ihnen Strategien zeigen, die Sie je nach Situation abrufen können.

Zugegeben: Das finden Sie in vielen anderen Büchern dieser Art auch.

Wir gehen jedoch ein ganzes Stück weiter. Oder sollten wir besser sagen: tiefer? Wir wollen Ihnen zeigen, daß es nicht damit getan ist, Gesprächsstrategien auswendig zu lernen und sie in Gesprächen parat zu haben wie Eselsbrücken in der Schule («Wer nämlich mit ‹h› schreibt ...», Sie wissen schon).

Glücklicherweise funktionieren Menschen in Gesprächen nicht so wie ihre Waschmaschinen: Man drückt auf einen Knopf, und schon läuft das gewünschte Programm. In Gesprächen nimmt Ihr Partner das, was Sie sagen, durch seinen individuellen Filter wahr und reagiert auf seine individuelle Art. Und wenn er seinerseits etwas sagt, läuft bei Ihnen das gleiche ab.

Ein Gespräch ist ein Prozeß, in dem wir versuchen, uns mit einem (oder mehreren) Partner(n) über etwas zu verständigen. Die Äußerung des einen bekommt ihre Bedeutung für das Gespräch erst durch die Reaktion des anderen. Deshalb können wir niemals mit Gewißheit vorhersagen, wie eine taktische Variante, eine bestimmte Art zu fragen oder zu argumentieren wirkt.

Klar: Wenn Sie sich intensiv auf einen Partner einstellen, kann es gelingen, ihn mit Hilfe einer ausgeklügelten Strategie zu überrumpeln, zum Beispiel ihm einen Versicherungsvertrag aufzuschwatzen. Ob daraus allerdings eine dauerhafte Geschäftsbeziehung wird, ist zu bezweifeln. Sie waren zwar kurzfristig erfolgreich, aber das Gespräch war nicht konstruktiv.

Unser Buch heißt «Konstruktiv Gespräche führen»:

Konstruktive Gespräche sind keine Gespräche, in denen der eine gewinnt, der andere verliert.

Konstruktiv ist ein Gespräch für uns dann, wenn beide Partner etwas davon haben, der Chef *und* der Untergebene, der Kundenberater *und* sein Kunde. Ein solches Gespräch ist in hohem Maße ökonomisch und damit erfolgreich. Das ist jedenfalls unsere Überzeugung. Und Gespräche dieser Art wollen wir in unserem Buch plausibel darstellen, für sie wollen wir Ihnen Hilfen geben. Deshalb werden wir nicht nur fragen, wie es gelingen kann, jemanden zu überzeugen, sondern auch: wie kann sich der andere gegen diese Überzeugungsversuche wehren? Nicht nur, wie bitte ich jemanden um etwas, sondern auch, wie weise ich eine Bitte zurück, ohne die Beziehung zu gefährden?

Wir wollen Ihnen zeigen, daß eine Gesprächsstrategie nur dann brauchbar ist, wenn es die Situation zuläßt. Ob es Ihnen gelingt, Ihren Partner zu überzeugen, hängt davon ab, ob dieser Partner grundsätzlich oder in dieser besonderen Situation bereit ist, sich von Ihnen in dieser Sache überzeugen zu lassen. Ob es Ihnen gelingt, eine Bitte so zurückzuweisen, daß der andere nicht gekränkt ist, hängt davon ab, welche Beziehung Sie zu ihm haben. Es gibt also eine ganze Kette von Einschränkungen für die Wirksamkeit einer Strategie. Wir wollen versuchen, Ihnen zu zeigen, wie Sie mit solchen Überzeugungshindernissen umgehen können. Der erste Schritt ist dabei immer, den anderen als Person wahrzunehmen, als Individuum mit eigenen Interessen und Gefühlen. Das aber bedeutet: Wer konstruktiv Gespräche führen will, muß gelernt haben, in Gesprächen zuzuhören. Das ist für uns die wichtigste Strategie.

Wir können nicht versprechen, daß unsere Empfehlungen für jeden unserer Leser gleichermaßen geeignet sind. Selbst Rezepte für Marmorkuchen und Bienenstich sind dem einen gewissermaßen auf die Hände geschrieben, andere bekommen trotz der genauen Dosierungsangaben nie einen anständigen Kuchen hin, wieder andere wandeln die Rezepte individuell ab, damit der Bienenstich nicht zu süß, der Marmorkuchen nicht zu trocken schmeckt. Wir gehen davon aus, daß dies für Strategien zur konstruktiven Gestaltung von Gesprächen genauso gilt. Solche Handlungsmuster stellen lediglich einen Rahmen dar, den jeder mit seiner Persönlichkeit füllen muß, mehr noch, den er kritisch daraufhin überprüfen sollte, ob er seinem ganz persönlichen Kommunikationsstil entspricht.

Unser Buch ist so aufgebaut, daß wir im ersten Teil die **Grundlagen** für konstruktive Gespräche beschreiben, die grundsätzlichen Voraussetzungen dafür, daß ein Gespräch gelingt. Wir wollen Ihnen zeigen, wie Sie sich auf eine Gesprächssituation einstellen können, wie Sie ein Gespräch aktiv gestalten können. Im zweiten Teil geht es um die **Vertiefung** dieser Grundlagen. Wir werden versuchen, die etwas komplexeren Zusammenhänge darzustellen: Beziehungen und Einstellungen sowie spezielle Mittel, sie zu beeinflussen, wie Argumentation und Suggestion. Im dritten Teil geht es um die praktische **Erprobung** der Analyse- und Gestaltungsmittel, die wir in den ersten beiden Abschnitten entwickelt haben, und zwar an zwei ausgewählten Gesprächssituationen: an Beratungs- und Kritikgesprächen. Sie sind für uns zentrale Gesprächsformen unseres öffentlichen Lebens.

Wer sich für die **theoretischen Hintergründe** interessiert, findet sie in den eigens gekennzeichneten Theorie-Passagen.

Für unsere Beispiele haben wir eine Großfamilie ins Leben gerufen: den «Hartmann-Clan». Wir hoffen, daß es Ihnen dadurch leichter fällt, die Gesprächssituationen nachzuvollziehen. Und sicher macht es Ihnen ja auch auf diese Weise mehr Spaß, unser Buch zu lesen. Aber erwarten Sie bitte keine Familiensaga. Das Leben unserer «Helden» entwickelt sich relativ undramatisch, und wir verfolgen es lediglich mit einem Suchscheinwerfer, der einige Szenen scharf ausleuchtet.

Noch eine sehr wichtige Vorbemerkung. Wir haben lange darüber nachgedacht, ob wir neben der männlichen Form immer auch die weibliche verwenden. Das wäre sicher konsequent gewesen, denn wir haben dieses Buch gleichermaßen für Männer und Frauen geschrieben. Wir haben uns dann – einfach, damit es sich besser liest – für *eine* Form entschieden: für die männliche. Wenn Frauen unser Buch aus diesem Grunde erst gar nicht lesen würden, fänden wir das sehr schade. Auch deshalb, weil wirklich clevere Frauen drin vorkommen.

Bei diesem Buch haben uns viele mit ihrem Rat zur Seite gestanden. Dafür möchten wir uns bedanken, ganz besonders bei Ulrich Freund von der Kurklinik Küppelsmühle in Bad Orb, Ulrike Gerland, Anlageberaterin bei der Volksbank Dransfeld, Jürgen Häse, Geschäftsführer bei der Firma Kappa Meßtechnik und seinen Mitarbeitern, Susanne Hasenfuß, Dozentin an der Niedersächsischen Akademie für Fachberufe im Gesundheitswesen, Peter Pawlowski, Geschäftsführer der Werbeagentur P & P Berlin. Sie haben dafür gesorgt, daß unsere Beispiele wirklich realistische Hintergründe haben.

Klaus Pawlowski und Hans Riebensahm

DIE GRUNDLAGEN

1 Was heißt es, ein Gespräch zu führen?

Wir gestalten einen großen Teil unseres Lebens, indem wir Gespräche führen. In der Familie, am Arbeitsplatz, bei Ämtern und Behörden, in unserer Freizeit sprechen wir mit anderen Menschen, um Entscheidungen treffen und handeln zu können. Schätzen Sie einmal – nur zum Spaß –, wie viele unterschiedliche Gespräche Sie an diesem Tag geführt haben, mit wem, mit welchen Zielen, mit welchen Ergebnissen.

Das geht bei Hartmanns schon los mit dem Muffel-Dialog am Frühstückstisch.

Bettina *Morgen.*

Nils *Morgen.*

Bettina *Haste 'n Mülleimer rausgebracht?*

Nils *Schaff ich morgens nich.*

Bettina *Aber ich musses schaffen …*

Nils *Kann das nich warten bis nachmittags?*

Bettina *Das stinkt. Und das stört mich.*

Nils *Mich nich. Tschau.*

Und wenn Bettina im Fahrstuhl zum Büro Frau Seitersdorf trifft …

Bettina *Guten Morgen.*

Frau S. *Morgen. Ein Wetter heute.*

Bettina *Samstag soll's besser werden.*

Frau S. *Hoffen wir's. Tschüs.*

Bettina *Tschau.*

… ist das ein Gespräch, wenn auch kein sehr inhaltsträchtiges oder bedeutsames. Kaum ist Bettina in ihrem Büro, kommt auch Krause junior, ihr Chef, zur Tür rein:

Krause *Guten Morgen.*

Bettina *Morgen, Herr Krause. Kann ich Sie gleich mal sprechen?*

Krause *Bitte, kommen Sie mit rein.*

Und im Zimmer von Krause junior wird gleich wieder ein Gespräch stattfinden. Wir werden später sehen, was für eins.

Aber auch schon das kurze Hin und Her zwischen Bettina und ihrem Chef war ein Gespräch:

A		B
spricht ►	**Äußerung**	► hört/sieht/ versteht
		ordnet ein
hört/sieht/ versteht ◄	**Äußerung**	◄ reagiert

Wir haben bewußt gesagt «reagiert darauf», denn auch das wäre nach unserer Definition bereits ein Gespräch gewesen:

Bettina *Morgen, Herr Krause. Kann ich Sie gleich mal sprechen?*

Krause (Zuckt die Schultern, öffnet die Tür zu seinem Zimmer und macht eine einladende Handbewegung.)

Noch einmal: Einer äußert etwas, der andere reagiert darauf. Dies sind gewissermaßen die Minimalbedingungen dafür, daß wir etwas ein Gespräch nennen. Wir werden in unserem Buch kaum auf diese Definition zurückgreifen müssen. Aber wir wollen mit dieser Bestimmung andeuten, daß wir uns auch um *die* Anteile in Gesprächen kümmern werden, die nicht in Sprache verpackt sind: also Sprechausdruck, Gestik, Mimik, Körperhaltung. Sie sagen manches deutlicher aus, als Worte es können. Ja, es kann sogar sein, daß die Körpersprache mit dem, was wir sagen, nicht recht übereinstimmt.

2 Warum führen wir Gespräche und mit welchen Zielen?

Ganz einfach: Wir müssen miteinander leben, also müssen wir miteinander reden, damit wir miteinander leben können. Oder doch nicht so einfach?

Dann müssen wir die Sprachphilosophie bemühen: Gesellschaften konstituieren sich dadurch, daß die Mitglieder Bedingungen für die Existenz einer Gemeinschaft und für das weitere Zusammenleben miteinander aushandeln, und zwar in Gesprächen. Im Miteinandersprechen handeln sie auch ihre Sicht der Welt miteinander aus, konstruieren ihre Welt. Sinnfällig wird dieser Vorgang in der Institution des *Parlaments* (parlare = reden). Aber nicht nur hier werden die Regeln für das Zusammenleben von Menschen ausgehandelt, sondern auch am Arbeitsplatz und in der Familie.

Der **Grund** für Gespräche ist also der Wunsch und die Notwendigkeit, miteinander zu leben, das **Ziel**, dieses Zusammenleben zu gestalten.

Dabei kann es manchmal lediglich darum gehen, **Kontakt aufzunehmen**, ganz unverbindlich, wie Bettina im Fahrstuhl mit Frau Seitersdorf – vielleicht aus Höflichkeit oder aus Gewohnheit, vielleicht aber auch, weil es ein ganz wichtiges Grundbedürfnis ist, zu zeigen, daß man den anderen wahrnimmt und von ihm wahrgenommen werden will. Bei solchen unverbindlichen Gesprächen ist das Thema nicht so wichtig. Es geht nur darum, eine Beziehung herzustellen oder zu bestätigen. Auf der Party, im Zug, beim Bäcker, in der Fußgängerzone. Häufig sind es Rituale, die da ablaufen:

A *Wie geht's?*

B *Gut. Und selbst?*

A *Ich kann nicht klagen.*

Aber wenn einer der beiden sagt

Nicht so toll, weißt du, Kurt macht mir echt Sorgen,

dann wird das Ritual durchbrochen, und das wollte der Fragende vielleicht gar nicht. Dann kommt ein Thema ins Spiel, dann hat das Gespräch vielleicht Folgen.

Willst du, daß ich mit ihm spreche?

Und das sind die Gespräche, die geführt werden, um sich mit jemandem **über etwas zu verständigen**. Im Vordergrund steht nicht der Kontakt, sondern eine Sache oder eine Person: vielleicht Kurt, um den sich einer Sorgen macht. Es geht um Handlungen, um Gedanken, Probleme, Meinungen, aber auch um

Gefühle. Vielleicht haben wir in einem solchen Gespräch nur das Ziel, dem anderen etwas **mitzuteilen**, damit er unsere Gedanken und Gefühle kennenlernt oder damit er sie akzeptiert.

Vielleicht wollen wir ihn auch **beeinflussen** in seinen eigenen Meinungen und Handlungen, wollen, daß er uns zustimmt oder das tut, was wir vorschlagen oder von ihm verlangen.

Aber: Sich verständigen muß nicht heißen, sich zu einigen.

Nils und Bettina einigen sich bei ihrem Frühstücksgespräch keineswegs. Aber das Gespräch zeigt, daß Nils versteht, was Bettina meint, und umgekehrt. Sie «machen etwas zur gemeinsamen Sache», wie der Gesprächstheoretiker Hellmut Geissner es ausdrückt.

Gespräche können aber auch dazu führen, daß wir uns mit unserem Gesprächspartner darüber verständigen, daß es keine Einigung über eine Sache gibt: Nils sieht die Sache mit dem Mülleimer ganz anders als Bettina und bleibt dabei. Das hat sich im Gespräch so ergeben, darüber haben sie sich verständigt. Auch wenn Bettina jetzt stinksauer ist.

Daß wir uns in einem **Gespräch** mit jemandem über etwas verständigen, ist nicht selbstverständlich. Jeder von uns nimmt das, was der andere sagt, durch seinen eigenen Wahrnehmungsfilter auf, versteht und interpretiert es nach seinen persönlichen Möglichkeiten und Interessen. Dieser Filter, dieses Sieb, ist gewissermaßen «geflochten» aus unserem Sachwissen, unseren Einstellungen und Wertungen, unseren Sprach- und Hörmustern, aber auch aus unserer augenblicklichen Befindlichkeit. Was der eine meint und sagt, ist vermutlich nie genau das, was der andere versteht. Ein Gespräch ist immer ein Prozeß des Suchens nach der gemeinsamen Sprache und einem gemeinsamen «Fleckchen» des Verstehens, eine Suche im Nebel, der mehr oder weniger dick sein kann. Es ist ein Prozeß der wechselseitigen Steuerung durch die Klippen des Mißverstehens.

Das ist *ein* Grund dafür, daß wir den Verlauf eines Gesprächs zwar bis zu einem gewissen Grade planen, niemals aber genau vorhersehen können.

Theorie

In der Gesprächstheorie gibt es eine Reihe von Versuchen, Gespräche zu systematisieren. (Geissner 1975, Henne/Rehbock 1982, Techtmeier 1984) Wir referieren hier unseren eigenen Versuch (Pawlowski 1983). Er umfaßt vier Systematisierungsschritte:

1. Die erste Ebene, die Ebene der generellen Ziele, haben wir uns bereits genauer angesehen:

Will man nur einen **Kontakt** herstellen, unverbindlich und folgenlos, wobei das Thema nicht wichtig ist? Oder geht es um ein **Thema**, zu dem man sich verständigen will?

Wir werden uns in diesem Buch nur auf Themengespräche beziehen.

2. Den zweiten Klassifikationsrahmen bildet das Begriffspaar **öffentlich – privat**. In öffentlichen Gesprächen sprechen die Partner miteinander als Träger sozialer **Rollen**, **als** Arzt und **als** Patient, **als** Chef, **als** Kollegin. Das Gespräch zwischen Bettina und Krause junior ist ein öffentliches Gespräch, ebenso das anstehende Gespräch zwischen Bettina und ihrem Chef. Die Beziehung zwischen den Partnern ist in erster Linie **soziologisch** bestimmbar.

In privaten Gesprächen sprechen die Partner als **Individuen** miteinander, verständigen sich über individuelle Bedürfnisse und Interessen. Die Beziehung ist **sozialpsychologisch** zu bestimmen.

Das Gespräch am Frühstückstisch bei Hartmanns ist ein privates Gespräch.

In diesem Buch wird es in erster Linie um öffentliche Gespräche gehen.

3. Öffentliche Gespräche unterteilen wir auf einer dritten Ebene in **symmetrische** und **komplementäre** Gespräche (Watzlawick 1969)

In symmetrischen Gesprächen hat jeder Partner *prinzipiell* die gleichen Handlungsmöglichkeiten. Er hat das Recht und die Möglichkeit, zu fragen, Fragen zurückzuweisen, aufzufordern, sich zu weigern, zu behaupten, Behauptungen in Frage zu stellen.

Solche symmetrischen Gesprächssituationen sind **Informations- und Planungsgespräche**:

Anlaß unterschiedliche Informationsverteilung (z. B. unterschiedliche Arbeitsschwerpunkte: Spezialisten)

Ziele Informationsaustausch, Erarbeiten einer gemeinsamen Handlungsbasis

Meinungsgespräche:

Diskussionen	*Anlaß*	strittiger Sachverhalt
	Ziele	Meinungsklärung oder Handlungsentscheidung
Debatten	*Anlaß*	strittiger Sachverhalt zwischen Meinungsgruppen (unverrückbare Positionen)
	Ziel	Beeinflussung noch nicht meinungsgebundener Zuhörer (→ Abstimmungssieg)
Verhandlungen	*Anlaß*	strittige Handlungsziele
	Ziel	Kompromiß (sonst gescheitert)

In komplementären Gesprächen sind die Handlungsmöglichkeiten der Partner unterschiedlich, die Sprechrollen festgelegt und oft nicht austauschbar, meist aufgrund des unterschiedlichen Status und der unterschiedlichen Kenntnisse.

Frage ◄ ► Antwort-Gespräche: Einer hat das Recht oder die Möglichkeit, Fragen zu stellen, vom anderen wird erwartet, daß er sie beantwortet. Diese Asymmetrie ergibt sich aus der Rollenbeziehung der Partner oder ist ein Ritual, die diese Gesprächsform konstituiert.
Dazu eine kleine Grafik:

MACHTUNTERSCHIED GERING

Fragerecht ritualisiert	▲ **Interview**	Zwang zu antworten gering
	Pressekonferenz	
	Prüfung	
Fragerecht institutionalisiert	**Verhör** ▼	Zwang zu antworten groß

MACHTUNTERSCHIED GROSS

Auffordern ◄ ► Folge leisten: Das Recht, Anweisungen zu geben und Befehle zu erteilen – und entsprechend die Pflicht zu gehorchen – sind häufig institutionalisiert.
Beispiel: Befehlsausgabe in der Armee.
In öffentlichen Situationen werden diese Bedingungen oft verschleiert. Denken Sie an Ihre letzte «Mitarbeiterbesprechung».
Gibt der Chef Ihnen wirklich Gelegenheit zu einer Besprechung?

Oder veranstaltete er nur ein «Briefing»? So nennt man das «Zuteilen» von Arbeitsanweisungen.

Fragen ◄ ► Behaupten / Argumentieren ◄ ► Akzeptieren: Die unterschiedlichen Bedingungen der Partner ergeben sich meistens daraus, daß einer der Partner einen Vorsprung an Wissen hat. Dieser Wissensvorsprung ist häufig ein Attribut einer Berufsrolle. Beispiele dafür sind:

Beratungsgespräche (beim Arzt, bei der Bank),
Verkaufsgespräche,
Lehr- und Lernsituationen.

Während in der Schule erwartet wird, daß die Schüler die Behauptungen und Argumentationen der Lehrer akzeptieren, hat der Ratsuchende oder der Kunde die Freiheit, sich für oder gegen den Rat oder die Empfehlungen zu entscheiden.

Die unterschiedlichen Bedingungen können sich aber auch aus der *aktuellen* Rollenverteilung ergeben. Beispiele:
kritisieren, sich weigern, sich beschweren.

3 Wann ist ein Gespräch gescheitert? Wann ist ein Gespräch gelungen?

Wie ein Gespräch scheitern kann

Vielleicht erinnern Sie sich: Bettina Hartmann bat ihren Chef, Herrn Krause junior, um ein Gespräch. Und dieses Gespräch lief so:

	Tonfall	Text	Kommentar
Krause	genervt	*Was gibt's?*	
Bettina	sachlich	*Herr Krause, ich habe gestern abend zufällig erfahren, daß Sie heute um 18 Uhr ein Treffen mit den Herren vom GCG-Vorstand haben. Ist das richtig?*	**sachliche Bitte um Klärung**
Krause	genervt	*Ja klar. Das steht doch schon seit drei Wochen fest. Warum fragen Sie?*	
Bettina	auch gereizt:	*Ich frage Sie, weil ich davon bisher nichts wußte. Und weil ich es nicht*	**prophylaktische Rechtfertigung;**

	betont «korrekt»	*wußte, habe ich für heute 17.45 Uhr Herrn Britting einen Termin mit Ihnen zugesagt – und zwar erst gestern nachmittag.*	**notdürftig kaschierter Vorwurf**
Krause	barsch	*Wieso machen Sie einen Termin mit Britting, ohne mich zu fragen – wenn ich zum GCG-Vorstand fahre? Sagen Sie Britting, er soll morgen kommen!*	**Vorwurf in Form einer Frage**
Bettina	beherrscht mühsam ihren zunehmenden Ärger	*Herr Krause, Sie waren gestern nachmittag nicht mehr im Hause. Außerdem haben Sie mich grundsätzlich angewiesen, Ihren Terminkalender selbständig zu führen. Und wenn Sie außer Haus Termine machen, ohne mich darüber zu informieren, dann passiert eben so was wie jetzt mit Herrn Britting.*	**Vorwurf mit dem Ziel der eigenen Rechtfertigung**
Krause	wegwerfend	*Ach was, ich habe Ihnen schon gesagt, Britting soll morgen kommen.*	
Bettina	insistierend	*Herr Britting fährt morgen früh nach Hamburg. Er wird erst am Wochenende zurück sein. Außerdem …*	**verstärkt den Vorwurf**
Krause	auffahrend	*Dann soll er eben nächste Woche kommen, mein Gott! Jetzt lassen Sie mich damit in Ruhe, ich habe zu arbeiten!*	
Bettina	beschwichtigend, beschwörend	*Herr Krause, ich bitte Sie, das ist doch ein grundsätzliches Problem. Das muß geklärt werden.*	**moralisierend falscher Zeitpunkt**
Krause	ungehalten	*Ja, von mir aus. Aber nicht jetzt. Sprechen Sie mich meinetwegen morgen noch mal an.*	

Zugegeben, ein derbes Beispiel für das Scheitern eines Gesprächs. Aber – die Struktur kommt Ihnen irgendwie bekannt vor, oder nicht? Wenn Sie wirklich noch nie Ähnliches erlebt haben, wenn Ihnen dieses Muster des Scheiterns absolut fremd ist, dann dürfen Sie dieses Buch getrost wieder aus der Hand legen. Sie brauchen es nicht. Wir gratulieren Ihnen.

Für alle anderen Leser wollen wir fragen «Was ist hier eigentlich passiert?» Und wie hätte Bettina, wie hätte Herr Krause das Scheitern verhindern können? Was heißt hier überhaupt «scheitern», und was wäre anders bei einem «gelungenen» Gespräch?

Schauen wir uns zunächst einmal den Sachverhalt an, die gemeinsame Sache, um die es hier offenbar geht: zwei Termine kollidieren. Herr Krause ist für 18 Uhr mit den Herren vom GCG-Vorstand verabredet (steht schon seit drei Wochen fest), und für 17.45 Uhr ist Herr Britting, der Einkaufschef, bei ihm gemeldet. Um 17.40 Uhr müßte Herr Krause losfahren, um rechtzeitig um 18 Uhr beim Vorstand zu sein.

Wie es zu dieser Doppelbelegung gekommen ist, kann man aufgrund des Gesprächs vermuten. Direkt ausgesprochen wurde es nicht. Bettina deutet ihre Vermutung an: Herr Krause hat sich «außer Haus» mit seinen Vorstandskollegen verabredet und vergessen, diesen Termin Bettina, seiner Sekretärin, mitzuteilen. Krause äußert sich dazu ebenfalls nicht direkt. Seine Äußerung «Wieso machen Sie einen Termin mit Britting, ohne mich zu fragen?» könnte man jedoch als ein verstecktes Schuldeingeständnis werten.

Es wurde weder befriedigend geklärt, wie die aktuelle Panne behoben werden soll noch wie ähnliche Doppeltermine grundsätzlich vermieden werden können. «Britting soll morgen wiederkommen», sagt Krause. Morgen ist er nicht im Haus. «Dann soll er eben nächste Wochen kommen!» Aber wann genau? Welche Konsequenzen könnte die Terminverschiebung mit Britting haben? Ist der GCG-Vorstand wirklich wichtiger als Herr Britting? Das könnten wichtige Fragen sein, die im Gespräch mit Bettina unerwähnt bleiben. «Sprechen Sie mich meinetwegen morgen noch mal an!» ist Krauses letzter Satz. Immerhin. Das Gespräch soll fortgesetzt werden. Ob dann ein Ergebnis herauskommt, das von beiden getragen wird, bleibt allerdings fraglich.

Das Gespräch ist – zumindest in Bettinas Einschätzung – gescheitert.

Das Gespräch zwischen Bettina und Krause junior scheitert

zunächst auf der **Sachebene**. Die Sache betrifft beide: ein Termin wurde doppelt vergeben. Aber im Gespräch kommt es weder zu einer inhaltlichen Klärung noch zu einer Lösung – nicht einmal zum Ansatz einer Lösung.

Nach unserer Auffassung scheitert ein Gespräch über ein Thema dann, wenn es nicht zu einer gemeinsamen sachlichen Klärung und / oder zu einer Annäherung an eine Lösung führt.

Ein nach unserem Verständnis «gelungenes» Gespräch zwischen Bettina und ihrem Chef über dasselbe Thema würde im Ergebnis dazu führen, daß für beide Beteiligten klar ist, wie es zu dieser Panne gekommen ist (**Fehleranalyse**), welche Folgerungen für die Zukunft daraus zu ziehen sind (**Fehlervermeidung**) und wie das aktuelle Problem gelöst wird (**Ergebnis**).

Nichts davon ist hier geschehen. Das Ergebnis eines gelungenen Gesprächs wäre die Entscheidung, welcher der beiden Termine von wem und mit welcher Begründung abgesagt wird.

Ein weiterer Aspekt von «Gelingen» und «Scheitern» eines Gesprächs betrifft die Gefühle der Gesprächspartner und ihre **Beziehung** zueinander.

Dieses Gespräch scheitert auch auf der **Beziehungsebene** – und zwar im Hinblick auf die Gefühle der Beteiligten.

Aus Ablauf und Ende unserer Gesprächsbeispiele können wir schließen, daß sowohl Bettina als auch Herr Krause sich nach diesem Gespräch ziemlich unwohl fühlen. Beide dürften sich noch mehr oder minder lange Zeit nach dem Ende des Gesprächs übereinander ärgern. Der Ärger dürfte bei Bettina vermischt sein mit dem Gefühl von Ohnmacht und – möglicherweise – Angst und Schuldgefühlen. Auch Herr Krause könnte sich schuldig fühlen oder aber als Opfer einer – in seinen Augen – unfähigen Sekretärin.

Unter dem Gesichtspunkt der Emotionen betrachten wir ein Gespräch dann als gescheitert, wenn die Gesprächspartner sich während und / oder nach dem Gespräch unwohl fühlen – auch was ihre Beziehung betrifft.

Diese miesen Gefühle haben etwas damit zu tun, daß Bettina und Herr Krause sich gegenseitig wie auch sich selbst abwerten. Die unausgesprochene Botschaft beider heißt – in Worte übersetzt: «Du bist nichts wert!» Darüber hinaus stellt Bettinas Versuch, sich zu rechtfertigen, eine Selbstabwertung dar.

Dieses Gespräch scheitert auch auf der Ebene der **Verantwortlichkeit**. Auch das ist eine Facette der Beziehung. In unserem Gesprächsbeispiel ist deutlich zu merken, daß sowohl Bettina wie Herr Krause bemüht sind, eigene Verantwortung zu verleugnen und dem jeweils anderen aufzubürden. Beide tun das durch mehr oder weniger gut kaschierte Vorwürfe; Bettina außerdem dadurch, daß sie versucht, sich zu rechtfertigen. Da Krause der Chef ist, «darf» er offener Vorwürfe äußern als Bettina, die sich als Untergebene zurückhalten muß.

Man könnte die Beziehung zwischen Bettina und Krause in diesem Gespräch als analog betrachten zur Beziehung zwischen einem strengen Vater und einer etwas aufmüpfigen Tochter. Dennoch hat Krause letzten Endes keinen Gewinn von diesem Vorteil und überhaupt davon, Verantwortung abzuschieben. Denn wenn er Bettina allein für die Panne verantwortlich macht (so wie vermutlich in anderen Fällen auch andere Mitarbeiterinnen), hat das für ihn die Konsequenz, hilfloses Opfer von Fehlern anderer zu sein. Er kann sich dann bemitleiden und auf das heutzutage so unzuverlässige und schlecht ausgebildete Personal schimpfen. Er kann seine Sekretärinnen feuern oder rausekeln. Letzten Endes begibt er sich aber der Möglichkeit, das Geschehen in seinem Verantwortungsbereich aktiv zu gestalten.

Unter dem Gesichtspunkt der Verantwortlichkeit scheitern Gespräche dann, wenn die Gesprächspartner sich unausgesprochen oder ausdrücklich bemühen, dem jeweils anderen die gesamte Verantwortung für ein Geschehen aufzubürden, an dem beide beteiligt sind.

Bettina schiebt – nur sehr vordergründig zu Recht – Verantwortung ab, indem sie betont, sich nur an die Anweisungen Krauses gehalten zu haben. Krause schiebt ebenfalls Verantwortung ab, indem er nicht klar sagt: «Ich habe einen Fehler gemacht!» Als Chef könnte er sich das ohne weiteres erlauben.

Notwendige – wenn auch allein nicht hinreichende – Bedingung für das **Gelingen** eines Gesprächs ist die Bereitschaft jedes Gesprächspartners, die volle **Verantwortung für eigenes Handeln** zu übernehmen, gleichzeitig aber auch Versuche anderer zurückzuweisen, für etwas verantwortlich gemacht zu werden, das nicht der eigenen Entscheidungskompetenz unterliegt. Bettina hat in unserem Beispiel versäumt, Krauses Versuch, ihr die Alleinverantwortung zuzuschieben, aktiv zurückzuweisen.

Wie Gespräche gelingen

Lassen wir nun Bettina noch einmal zu Krause kommen. Diesmal soll das Gespräch gelingen. Es beginnt wie das erste Gespräch:

	Tonfall	Text	Kommentar
Krause	genervt	*Was gibt's?*	
Bettina	freundlich sachlich	*Herr Krause, ich habe gestern abend zufällig erfahren, daß Sie heute um 18 Uhr ein Treffen mit den Herren vom GCG-Vorstand haben. Ist das richtig?*	**freundliche Bitte um sachliche Klärung**
Krause	noch immer genervt	*Ja klar. Das steht doch schon seit drei Wochen fest. Warum fragen Sie?*	
Bettina	freundlich, sachlich	*Dummerweise wußte ich gestern nachmittag noch nichts von Ihrem Termin um 18 Uhr und habe deshalb für heute 17.45 Uhr Herrn Britting einen Termin mit Ihnen zugesagt.*	**entlastet Krause von Verantwortung**
Krause	barsch	*Wieso machen Sie einen Termin mit Britting, ohne mich zu fragen – wenn ich zum GCG-Vorstand fahre? Sagen Sie Britting, er soll morgen kommen!*	

Bettina	stöhnt	*Herr Britting fährt morgen früh schon nach Hamburg. Er wird erst am Wochenende zurück sein. Zu allem Unglück waren Sie gestern nachmittag leider nicht mehr im Hause, als Herr Britting anrief.*	**hier als sachliche Mitteilung** **entlastet Krause von Verantwortung**
Krause	verständnisvoll	*Dann soll er eben nächste Woche kommen. Mein Gott, mir raucht der Kopf!*	
Bettina	hörbar erleichtert	*Ich weiß, Sie stehen ziemlich unter Druck. Also wenn Sie nicht doch noch dem GCG-Vorstand absagen wollen, werde ich Herrn Britting auf nächste Woche vertrösten. Es wird mir schon ein plausibler Grund einfallen.*	**Paraphrase: zeigt Einfühlung; entlastendes Angebot: übernimmt Verantwortung**
Krause	freundlich bestimmt	*Ja, machen Sie das.*	
Bettina	versöhnlich	*Und über das grundsätzliche Problem würde ich gern morgen noch mal mit Ihnen sprechen.*	**Ankündigung für besser passenden Zeitpunkt**
Krause		*Versprochen.*	

In diesem Beispiel für ein besser gelungenes Gespräch haben wir hauptsächlich Bettina den konstruktiven Part spielen lassen. Natürlich könnte auch Krause dieses Gespräch konstruktiv gestalten.

Wir sehen an diesem Beispiel, was geschehen muß, damit Gespräche gelingen:

- **Die Beziehung soll positiv gestaltet werden.**

Das heißt:

1. Die Gesprächspartner müssen sich selbst und den anderen als Person akzeptieren, also:
   - keine Abwertungen,
   - sich und dem anderen Fehler zugestehen.
2. Die Gesprächspartner müssen im Gespräch Verantwortung übernehmen, also:
   - keine Schuldzuweisungen,

- eigene Fehler offen eingestehen,
- Entlastungsangebote machen.

Gemeinsam sollen Klärungen und Lösungen gesucht werden.

Das Gespräch ist dann gelungen, wenn beide Partner gemeinsam ein Ergebnis (Lösung) gefunden haben, das von beiden getragen wird. Das bedeutet:
- keine Abschweifungen,
- keine Nebenkriegsschauplätze.

Wenn man sich im Gespräch auf ein gemeinsames Ergebnis orientiert, kann das auch bedeuten, daß man seine ursprünglichen Gesprächsziele modifizieren muß.

Ein gemeinsames Ergebnis kann auch darin bestehen, daß keine Lösung möglich ist oder daß die Beziehung abgebrochen wird.

In vielen praktischen Anleitungen zur Gesprächsführung finden wir die Formel: Gespräche sind dann erfolgreich, wenn sie zielorientiert und ergebnisorientiert sind. Unserer Meinung nach reicht das allein nicht aus. Unser Vorschlag:

Planen und führen Sie ein Gespräch zunächst beziehungs- und personorientiert, und denken Sie erst dann an Ziele und Ergebnisse.

Eine positive Gesprächsgestaltung, wie wir sie hier beschrieben haben, dürfte für Bettina und Krause junior allerdings kaum noch möglich sein. Dazu ist ihre Beziehung schon zu lange gestört. Deshalb wird sich Bettina um eine neue Stelle bemühen. Bei Schmidt & Co. ist eine Stelle als Sekretärin in der Personalabteilung ausgeschrieben. Bettina wird sich bewerben.

4 Welche Faktoren bestimmen ein Gespräch?

Was in einem Gespräch geschieht, wird hauptsächlich von zwei Faktoren bestimmt:

1. vom **Gesprächsrahmen**, den äußeren Bedingungen für das Gespräch:
   - Worum geht es in dem Gespräch?
   - Wer sind die Gesprächspartner? Wie ist die Rollenbeziehung?
   - Welche Interessen haben die Gesprächspartner, welche Ziele verfolgen sie?
   - Wann findet das Gespräch statt und wo?

Diese Faktoren bestimmen ein Gespräch, bevor es überhaupt anfängt. Wir sprechen auch von der **äußeren Situation** oder **Gesprächsstruktur**.

2. vom **Gesprächsverlauf**, dem, was wirklich passiert in diesem Gespräch:
   - Welche Äußerungen machen die Partner, und wie werden sie verstanden?
   - Wie wird ein Gespräch eröffnet? Wie entwickelt es sich?
   - Wer führt neue Themen ein?
   - Wie wechseln Sprecher- und Hörer-Rolle?
   - Welches Ergebnis hat das Gespräch?

Wir nennen das auch **innere Situation** oder **Gesprächsprozeß**.

Theorie

Die Unterscheidung zwischen **innerer Situation** und **äußerer Situation** stammt von Hellmut Geissner (1981, S. 61–63).
Unter äußerer Situation versteht er die objektiven Gegebenheiten, die beobachtet werden können. Er nennt das auch «Handlungslage». Zur inneren Situation gehören für ihn die subjektiven Voraussetzungen der Beteiligten, also ihre jeweilige Befindlichkeit, Gefühlslage, Motivationslage, Interessenlage, Intentionalität. «Sie sind nicht zu ‹beobachten›, sondern ausschließlich zu ‹verstehen›.» Geissner meint damit: Sie sind im Verlauf des Gesprächs zu interpretieren. Er spricht hier von der «Redelage».
Wir deuten das ein bißchen um, weil wir denken, daß diese Kategorien auf unsere Weise besser zu handhaben sind, und sagen:
Die «Faktoren der äußeren Situation» sind die Bedingungen für ein Gespräch, die wir vorher kalkulieren können, also der Rahmen.
Die «innere Situation» ist das, was sich dann wirklich ereignet, das Gespräch selbst, also die «Füllung» des Rahmens.

Annette Lepschy (1995) spricht von **Struktur** für die Faktoren der äußeren Situation und **Prozeß** für die (innere Situation). Das trifft es genau, hört sich aber sehr abstrakt an.

5 Wie können wir uns auf ein Gespräch vorbereiten?

Bettina Hartmann hat sich also bei Schmidt & Co. beworben. Am 8. Februar teilt ihr die Geschäftsleitung mit, sie habe die Bewerbung mit großem Interesse zur Kenntnis genommen und bitte zu einem Vorstellungsgespräch am Montag, dem 18. Februar, um 9 Uhr im Büro des Personalchefs, Herrn Klages. Vor diesem Gespräch weiß sie folgendes:

Anlaß

Schmidt & Co. suchen eine Sekretärin für die Personalabteilung. Bettina hat sich schriftlich beworben, weil sie bei Glas-Krause aufhören möchte.

Ort und Zeit

Das Gespräch wird im Dienstzimmer von Herrn Klages stattfinden, also in seinem beruflichen Zuhause.

Ob er am Schreibtisch sitzen wird und sie davor? Oder hat er eine Gesprächsecke? Soll sie einen Rock oder eine Hose anziehen? Tochter Karen meint, sie solle sich bloß nicht rausputzen: «Das, was du auch sonst im Büro trägst, worin du dich wohl fühlst.» Den Gesprächstermin hat Herr Klages auf Montag 9 Uhr angesetzt. Ein bißchen früh, findet Bettina. Und Montag?

Ehemann Nils: «Hoffentlich hat sein Fußballclub am Wochenende nicht verloren.»

Ort und Zeit sind sehr wichtige Komponenten für das Gelingen eines Gesprächs. Sie bestimmen oft entscheidend das Gesprächsklima.

Gegenstand

Es wird bei diesem Gespräch um Bettinas berufliche Eignung für diesen Posten als Sekretärin gehen. Also werden ihre bisherigen Jobs zur Sprache kommen, und natürlich die Gründe dafür, daß sie bei Glas-Krause aufhören möchte.

Thema (vielleicht nicht so ganz offen) wird aber auch ihre Eignung als Persönlichkeit sein. Paßt sie ins Team? Wie kann sie mit Menschen umgehen? Thema werden ihr zukünftiger Aufgabenbereich sein, ihre Erwartungen, auch in finanzieller Hinsicht. Bettina könnte sich vorher fast einen Katalog der möglichen Gesprächsgegenstände zusammenstellen. Und es wäre nicht das schlechteste, wenn sie es täte.

Bei der Vorbereitung wichtiger Gespräche sollten Sie sich eine Checkliste der Themen machen, die Sie im Gespräch behandeln oder vermeiden wollen.

Ziele und Interessen

Bettina weiß, was sie kann, und sie möchte diesen neuen Job gerne haben. Da ist zunächst mal ihr bisheriger Chef, der fürchterliche Glas-Krause junior. Und dann: Schmidt & Co. zahlt offensichtlich besser, und interessanter scheint ihr der Job in der Personalabteilung auch zu sein. Allerdings wird sie in diesem Gespräch nicht unbedingt das Ziel verfolgen, eine möglichst hohe Gehaltsstufe zu erreichen. Aber gleitende Arbeitszeit wäre schön. Außerdem will sie sich ihren zukünftigen Chef ganz genau ansehen. Kann sie sich eine Zusammenarbeit mit ihm vorstellen? «Noch so einen wie Krause junior hältst du nicht durch, mein Schatz», meint Nils.

Die Ziele von Herrn Klages liegen bei diesem Gespräch auf der Hand. Sie ergeben sich aus den Gesprächsgegenständen: Er möchte aus den Bewerberinnen die herausfinden, die dem «Anforderungsprofil» für diese Stelle am besten entspricht. Das ist sicher im Interesse der Firma. Man kann das als sein **objektives Interesse** bezeichnen.

Sein spezielles Interesse besteht natürlich darin, daß sie in *sein* Team paßt. Schließlich ist er der Chef der Personalabteilung. Ist das schon ein **subjektives Interesse**? Zumindest kann Bettina dieses Interesse voraussetzen. Aber auch dies: Sie muß ihm sympathisch sein. Seine weitergehenden subjektiven Interessen wird sie vielleicht nie erfahren. Sucht er vielleicht eine besonders attraktive Sekretärin? «Auf so 'ne tolle Frau wie dich fliegt er sofort», sagt Karen, «ich kenne die Männer.»

Es ist wichtig, daß Sie Ihr eigenes Interesse genau bestimmen und sich Gedanken über die möglichen Interessen des Partners machen. Erst dann können Sie für sich realistische Gesprächsziele entwickeln.

Dem Thema «Gesprächsziele» haben wir ein ganzes Kapitel (Kapitel 6) gewidmet.

Rollenbeziehung (aus soziologischer Sicht)

Bettina kann den äußeren Rahmen des Gesprächs noch genauer einschätzen: im Hinblick auf die **Beziehung** zwischen den beteiligten Personen, zumindest aus soziologischer Sicht.

Sie weiß, daß es sich um eine **öffentliche Situation** handelt. Das heißt: Die Beziehung zwischen dem Personalchef, Herrn Klages, und ihr wird durch die **sozialen Rollen** bestimmt, die beide in dieser Situation spielen. Herr Klages spricht mit ihr **als** Personalchef, sie spricht mit ihm **als** Stellungsuchende. Soziologisch betrachtet ist sie damit zwar in der schwächeren, der untergeordneten Position. *Er* wird das Gespräch führen, *er* wird es beenden, *er* wird entscheiden, ob es was wird mit der Stelle. Daran sollte sie sich orientieren.

Aber noch hat sie ja Alternativen: Sie kann bei Glas-Krause bleiben oder sich in Ruhe etwas anderes suchen. Sie steht also nicht unter Druck und kann selbstsicher auftreten.

Es ist also wichtig für eine gute Gesprächsvorbereitung, daß Sie Ihre Rolle und die Rolle des Partners in diesem Gespräch klar definieren.

In Kapitel 12.2 werden wir uns ausführlich damit beschäftigen, wie man in Gesprächen seine Rolle bestimmt, verdeutlicht oder auch wechselt.

Beziehung (aus sozialpsychologischer Sicht)

Leider weiß Bettina nicht, wie Herr Klages so ist als Mensch. Sie hat ihn nie gesehen, nie erlebt. Die sozialpsychologische Ebene der Beziehung, die Ebene des **gegenseitigen Erlebens**, wird sich erst im Laufe des Gesprächs entwickeln.

Ja, ihren Chef, Glas-Krause junior, den kennt sie. Sie erlebt ihn als ziemlich **dominant**, vorsichtig ausgedrückt. Er wird sie wahrscheinlich als viel zu frech erleben, jedenfalls in ihrer Rolle als Sekretärin. Sie findet ihn ziemlich unsicher in seinen Entscheidungen, fühlt sich ihm oft überlegen.

Sie erlebt wenig **Nähe**. Hat er sie jemals bei einer heiklen Sache um Rat gefragt? Hat er eigentlich Vertrauen zu ihr? Sie hält nicht viel von ihm. Weder fachlich noch menschlich. Und er von ihr? Jedenfalls meckert er oft an ihr rum.

Schon seit einem Jahr rät ihr Nils: «Such dir was Neues. Du hast es nicht nötig, dich von so einem Fatzke schikanieren zu lassen.» Seit einem Jahr heißt ihr Chef bei den Hartmanns nur noch Fatzke junior.

Immerhin: Wenn sie sich auf ein problematisches Gespräch mit Krause junior vorbereiten muß, kann sie auf diese Ebene des **wechselseitigen Erlebens** zurückgreifen. «Dagegenhalten oder untergehen» ist ihre Devise. Und das ist eben auf die Dauer ziemlich anstrengend, wie wir gesehen haben.

Übrigens: Hier haben Sie nebenbei drei Kategorien kennengelernt, mit denen in der Sozialpsychologie dieses wechselseitige Erleben einer Beziehung beschrieben werden kann. Wir erleben uns im Verhältnis zum anderen als **übergeordnet** oder **untergeordnet**, als **nah** oder **distanziert**, und wir empfinden dem anderen gegenüber **Wertschätzung** oder **Geringschätzung** und überlegen, wie es dem anderen auf diesen drei Ebenen mit uns gehen mag. Und das oft unabhängig von der sozialen Rolle, die er spielt.

Wir werden dem Thema «Beziehung» ein ganzes Kapitel (12.3) widmen und dort natürlich auch die Theorie nachliefern.

Vor dem Gespräch mit Herrn Klages gibt es diese **Beziehungsebene** noch nicht. Sie wird sich wie gesagt erst entwikkeln, wenn die beiden sich im Vorstellungsgespräch gegenübersitzen. Allerdings kann sie sich natürlich überlegen, welches **Beziehungsangebot** sie ihm macht. Ob sie sehr selbstbewußt auftritt, wenn möglich die Initiative ergreift oder eher zurückhaltend agiert. Was liegt ihr mehr? Was erwarten Personalchefs im allgemeinen? Mit Sicherheit keine schauspielerischen Leistungen.

Die sozialpsychologische Ebene der Beziehung können Sie vor einem Gespräch nur dann kalkulieren, wenn Sie den Gesprächspartner kennen und er Sie. Und je besser Sie ihn kennen, desto genauer können Sie diese sehr persönlichen Rahmenbedingungen in die Gesprächsvorbereitungen einbinden. Aber auch dann, wenn Sie den Partner nicht kennen, können Sie sich überlegen, wie Sie die Beziehung gestalten wollen.

Einstellung

Auch die persönlichen Einstellungen von Herrn Klages kennt Bettina nicht. Das heißt: Sie weiß nicht, was Herr Klages gut oder schlecht findet. Was hält er von Teamarbeit, von Pünktlichkeit, delegiert er Verantwortung, oder will er alles selbst entscheiden? Bevorzugt er elegant oder eher sportlich gekleidete Mitarbeiterinnen?

Auch da hat sie es vor Gesprächen mit Krause junior leichter. Allein schon seine Einstellung gegenüber Frauen. Nur wenn man ihn auf seinen geliebten Golfsport anspricht ... Allerdings könnte Bettina sich auch in bezug auf Herrn Klages erkundigen, sich vielleicht einige Tage vorher ihren möglichen Arbeitsplatz ansehen.

Wie sieht das Vorzimmer aus? Wie verhalten sich seine Mitarbeiterinnen und Mitarbeiter? Wie ist die Atmosphäre? Das sagt eine Menge über die Einstellungen des Chefs aus.

Fassen wir zusammen: Bettina kann die Bedingungen der «äußeren Situation» vor dem Gespräch mit Herrn Klages bis zu einem gewissen Grad kalkulieren. Sie kennt – so könnte man es nennen – die «öffentlichen Daten»: Ort, Zeit, das Thema. Sie kann ihre Rolle bestimmen, die Ziele und Interessen ihres Partners einschätzen. Auch wenn ihr die sozialpsychologische Ebene, die Ebene des gegenseitigen Erlebens fehlt: Die Bestimmungsgrößen, die sie hat, liefern ihr eine Reihe brauchbarer Hinweise.

Was sage ich, und wie sage ich es?

Auf dieser Basis kann sie sich überlegen, wie sie sich in diesem Gespräch darstellt, **was** sie sagt. Ob sie zum Beispiel den wahren Grund für ihren geplanten Wechsel erwähnt. Ihr Bruder Alf rät ihr dringend ab: «Das macht sich nicht gut, wenn du dich über deinen alten Chef beklagst. Sag, du hättest bis jetzt fast nur mit Akten gearbeitet, aber es macht dir viel mehr Spaß, mit Menschen umzugehen, und zwar nicht nur am Telefon, sondern Auge in Auge.»

Und sie kann sich überlegen, **wie** sie ihre Pläne und Fragen vorträgt: In welcher **Reihenfolge**, das bestimmt Herr Klages. Aber sie kann bewußt ihre **Sprache** wählen (will sie mit Fachwörtern glänzen?). Sie kann sich entscheiden, wie sie **auftritt** (forsch oder eher zurückhaltend?), welches Beziehungsangebot sie macht, also zum Beispiel auch, was sie anzieht, ob und wie sich schminkt. Sie kann also über die Art und Form ihrer Äußerungen nachdenken.

Wir können uns recht gut auf ein Gespräch vorbereiten, wenn wir Antworten auf folgende Fragen suchen:

Wer (in welcher Rolle) spricht
zu wem (in welcher Rolle)?
Worüber?
Warum (aus welchem Anlaß)?
Wozu (mit welchem Ziel)?
Wann?
Wo?
Auf diese Weise können wir
1. die Gesprächssituation aus unserer Sicht einschätzen,
2. uns vorstellen, wie unser Partner die Situation einschätzt (Unterschiede, Übereinstimmungen),
3. kalkulieren, welche Faktoren den Gesprächsprozeß selbst beeinflussen könnten und auf welche Weise.
Danach könnten wir uns überlegen:
Was sage ich, und wie sage ich es?

Ob Bettinas Vorstellungsgespräch dann so läuft, wie sie es sich aufgrund ihrer Vorbereitung vorgestellt hat, ist eine andere Frage. Das, was in einem Gespräch wirklich passiert, die «innere Situation», kann man vorher nie *genau* kalkulieren. Und man sollte es auch nicht versuchen, um sich die Fähigkeit und die Möglichkeit zu bewahren, spontan zu reagieren.

Wer noch etwas über die wissenschaftliche Basis unserer Situationsbestimmung wissen will: Sie geht zurück auf das Zeichenfunktionsmodell von Karl Bühler (1934):
Bühler geht davon aus, daß in jeder Aussage, die wir machen (also in jedem Zeichen), drei Funktionen enthalten sind:

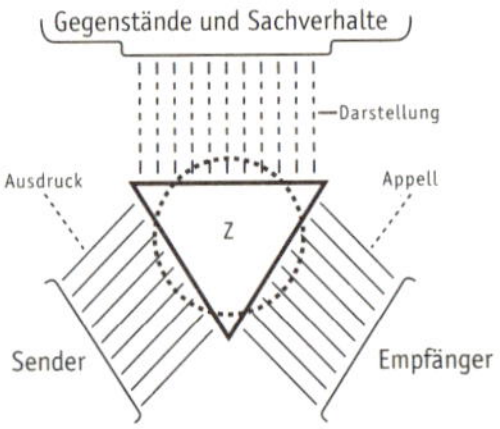

- Wir stellen uns als Sprecher selbst dar, unsere Gefühle, Bedürfnisse (Ausdrucksfunktion),

- wir haben etwas, worüber wir sprechen, einen Gegenstand (Darstellungsfunktion),
- wir wollen etwas von unserem Gesprächspartner (Appellfunktion).

Auf der Basis dieses Modells von Karl Bühler hat Hellmut Geissner (1975, S. 111 und 1981, S. 72f.) sein **Situationsmodell** entwickelt. Eine Sprechsituation wird durch folgende Faktoren bestimmt:

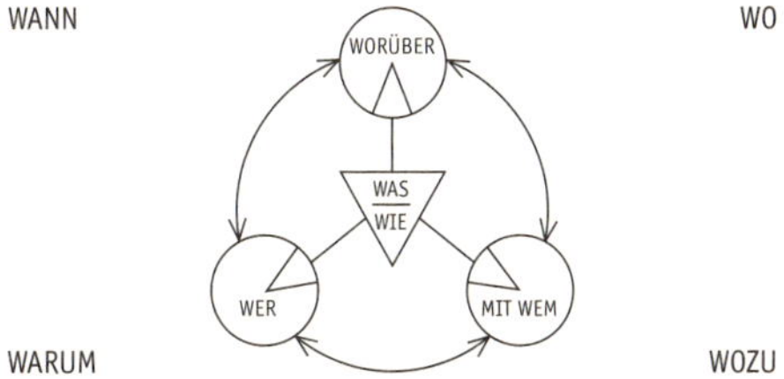

Er hat das Modell von Bühler also um folgende Bestimmungsfaktoren erweitert:
Die sozialen **Rollen** der Partner (die Kreissegmente stehen für die Rollen, die aus dem gesamten «Rollenrepertoire» in dieser Situation «gespielt» werden), die **Beziehung** der Partner zueinander (die gegenläufigen Pfeile zwischen WER und MIT WEM), die **Einstellung** der Partner zum Gegenstand (die Pfeile zwischen WER / MIT WEM und WORÜBER), der **Anlaß** für das Gespräch und die äußeren Bedingungen, also **Ort** und **Zeit** des Gesprächs.
Wie wir gesehen haben, kann man mit Hilfe dieses Modells eine Gesprächssituation beschreiben und sich auf das Gespräch selbst vorbereiten.
Lepschy (1996, S. 70) nennt in ihrem «aufgabenstrukturierten Gesprächsmodell» vier Aufgaben für die **Gesprächsvorbereitung**:

1. die Situation zum Beispiel im Hinblick auf das gemeinsame Ziel, den Gegenstand oder die eigene Rolle zu analysieren,
2. die Perspektive des anderen zu übernehmen, also einzuschätzen, wie er die Situation sehen könnte, und entsprechend Unterschiede und Gemeinsamkeiten zu bedenken,
3. herauszufinden, wie bestimmte Situationsfaktoren den Gesprächsprozeß beeinflussen *könnten*,
4. darüber nachdenken, ob und in welcher Form wir diese Bedingungen so beeinflussen können, daß wir im Gespräch eine wirkliche Verständigung erreichen.

All diese Faktoren werden wir im Teil «Die Vertiefung» genauer unter die Lupe nehmen. Man kann mit ihrer Hilfe nämlich nicht nur eine Gesprächssituation bestimmen, sondern sie vor oder in einem Gespräch aktiv zur Gestaltung dieses Gespräches verwenden.

Zwei Elemente sind ganz entscheidend für das Gelingen jedes Gesprächs:

- die Bestimmung von **Gesprächszielen**
- und die Wahl des äußeren Rahmens, **Ort und Zeit**.

Deshalb sehen wir sie uns bereits hier im Teil «Die Grundlagen» genauer an.

6 Wie legen wir die Ziele fest und verknüpfen sie mit den Gesprächsthemen?

Konkrete Zielformulierungen

Ein entscheidender Faktor bei der Vorbereitung einer aktiven Gestaltung von Gesprächen ist die Bestimmung des **Gesprächsziels**. Gewiß, für viele Gesprächsformen ist bereits ein *allgemeines Ziel* (gewissermaßen als *konstitutives Merkmal*) vorgegeben.

Bei einer *Verhandlung* ist das Ziel ein Kompromiß.

Ein *Kritikgespräch* soll beim Partner eine Änderung seines Verhaltens bewirken (siehe Kapitel 16).

Ein *Einstellungsgespräch* wie das von Bettina und Herrn Klages hat für den Personalchef das Ziel, festzustellen, ob die Bewerberin geeignet ist. Die Bewerberin Bettina will sich als geeignet darstellen und Herrn Klages für sich einnehmen.

Aber im Rahmen dieser allgemeinen Ziele gibt es für jedes Gespräch, das wir planen, ein ganz *konkretes Ziel* oder auch mehrere. Sie ergeben sich aus unseren zugrundeliegenden Interessen. Wir haben das am Beispiel der Gesprächssituation Bettina – Klages genauer dargestellt.

Und diese konkreten Ziele sollten Sie klar bestimmen. Mehr

noch: Sie sollten Ihre Gespräche von diesem konkreten Ziel her planen.

Bettinas Bruder Alf Selke hat gemeinsam mit seinem Partner Dirk Seemann eine Werbeagentur. Wenn Alf ein Kundengespräch plant, schreibt er sich das Ziel des Gespräches auf: *«Interesse für einen neuen Prospekt '98 wecken.»*
Also ein möglichst konkretes Ziel. Ein konkretes Ziel lautet

NICHT:	SONDERN:
Eine Terminverschiebung erreichen	*Der Termin wird um 14 Tage verschoben*

Dieses konkrete Ziel bestimmt die Art seiner Vorbereitung, dient ihm als Leitlinie für sein Gespräch. An diesem Ziel kann er später ablesen, wie erfolgreich das Gespräch war.

Übrigens formuliert er seine Ziele nur positiv, also

NICHT:	SONDERN:
Den Kunden überzeugen: Der Jahresetat von 195 000 DM reicht nicht mehr aus.	*Den Kunden überzeugen: Der Jahresetat muß auf 250 000 angehoben werden.*

Er begründet das so: Eine negative Zielbestimmung sabotiert den Erfolg (warum, siehe Theorie auf S. 37).

Realistische Ziele

Bei der Formulierung seiner Gesprächsziele achtet er darauf, daß sie im Rahmen dieser Gesprächsbedingungen wirklich realistisch sind. Diese Bedingungen liefert ihm eine gründliche Gesprächsanalyse und dabei vor allem die Bestimmung der Rollenbeziehung und der Interessen des Partners, aber auch die zur Verfügung stehende Zeit.

Erst ein konkret formuliertes Gesprächsziel, das auch realistisch ist, ermöglicht Ihnen eine sinnvolle Gesprächsplanung.

Dabei zeigt sich: Ein realistisches Ziel liegt meist zwischen den Polen *Was geht auf jeden Fall?* ◄ ► *Was wäre optimal?*

Theorie

In der Psychotherapie (für Insider: vor allem in der systemisch orientierten und der Hypno-Therapie, auch im NLP) wird der Formulierung von therapeutischen **Zielen** große Bedeutung zugewiesen. Dabei ist wichtig: Der Patient formuliert seine Ziele, nicht der Therapeut. Der gibt nur Formulierungshilfen.

Zunächst dienen diese Ziele der Kontrolle. De Shazer (1989, S. 131): «Ohne Ziele können Therapeut und Klient nicht wissen, wann die Therapie zum Erfolg geführt hat und wann sie mißlungen ist.»

Ein therapeutisches Ziel könnte sein: *«Ich möchte am Arbeitsplatz selbstbewußt auftreten.»* Wenn man das Problem (Mangel an Selbstbewußtsein im beruflichen Alltag) vom so definierten Ziel her angeht, «entsteht die Erwartung einer anderen und befriedigenderen Zukunft und werden Verhaltensänderungen in der Gegenwart möglich» (De Shazer, S. 132).

Vor allem aber: «Ziele sind Kraftquellen» (Madelung 1996, S. 77). Klare Zielvorstellungen machen handlungsfähig. «Ein gemäßes Ziel ist eine Ressource, die den nächsten Schritt ermöglicht.»

Und das gilt nicht nur für einen Therapiepatienten, sondern auch für Alf vor seinen Aquisitionsgesprächen.

Aber es müssen eben **gemäße Ziele** sein. Darauf achtet in der Therapiesituation der Therapeut. Den haben Sie natürlich bei der Vorbereitung auf ein Konfliktgespräch mit Ihrem Chef nicht zur Hand.

«Gemäß» heißt im Sprachgebrauch von Psychotherapeuten

1. **realistisch.** Der Therapeut überprüft, «ob die Ziele für diese Person unter den gegebenen Umständen erreichbar sind» (Schulte 1996, S. 113).

   Unrealistisch sind zum Beispiel Ziele, deren Erreichen von Faktoren abhängt, auf die man keinen unmittelbaren Einfluß hat. Übertragen wir das auf Alfs Gesprächssituationen: Wenn Alfs Kunde den gesamten Werbeetat für 1998 um ein Drittel gekürzt hat, wird das Ziel, ihn für einen neuen Prospekt zu begeistern, ziemlich unrealistisch sein.

Allerdings gibt es in der Psychotherapie den sogenannten «Kristall-Kugel-Ansatz»: Der Therapeut fragt den Patienten:

Wenn eine gute Fee käme und Sie hätten einen Wunsch frei, wie würde der lauten?

Es gibt für jeden Problemlösungsversuch **Wunschziele.** Und die sollte man sozusagen oberhalb der realistischen Ziele im Auge behalten, und sei es nur als «Kraftquelle».

2. **konkret formuliert.** Je abstrakter ein Ziel formuliert wird, desto beliebiger ist es. Auf die Zielformulierung *«Ich will eine Besserung meines Zustandes»* wird der Therapeut so reagieren: «Woran werden Sie merken, daß Ihr Zustand sich wirklich gebessert hat?» (vgl. Madelung, S. 79). Die Antwort auf diese Frage ist dann das konkrete Ziel («Ich sage dem Kollegen Müller selbstbewußt meine Meinung»).
3. **positiv formuliert.** Wenn Sie beim Skilaufen auf steiler und vereister Piste das «Spontanziel» formulieren: «Jetzt bloß nicht hinfallen!», liegen Sie garantiert einige Sekunden später auf der Nase. Ihr Unbewußtes nimmt nur wahr «Hinfallen», die Muskeln gehorchen dem Impuls, und schon ist es passiert. «Negationen können wir sinnesspezifisch nicht wahrnehmen oder [uns] vorstellen» (Mohl 1994, S. 113). Das Gesprächsziel: «Den Kunden überzeugen: 195000 DM Jahresetat reichen nicht aus», enthält die Wörter «reichen aus». Und die können suggestive Wirkung entfalten (siehe Kapitel 13.5). Auch **Vergleiche** sollten in einer Zielformulierung vermieden werden. Also nicht: *«Wir brauchen 25000 DM mehr als 1997»*, besser: *Wir brauchen 78000 DM.»*

   «... bei der sprachlichen Benutzung von Vergleichen [wird] ... ein zu überwindendes Etwas mitrepräsentiert ...» (Mohl, S. 112) Und diese Suggestion kann den Erfolg sabotieren.

Teilziele

Zurück zu Alf und seinen Zielformulierungen. Häufig hält er es für zweckmäßig, eine Reihe von Teilzielen zu formulieren. Solche Teilziele setzt er sich immer dann,

- wenn es sich um einen schwierigen Kunden handelt, der nur schrittweise an sein Glück herangeführt werden kann,
- wenn das Gespräch der erste Gesprächskontakt mit einem potentiellen Kunden ist und er die Interessen des Kunden erst im Gespräch erschließen kann,
- wenn Alf eine komplizierte Verhandlung vor sich hat und nicht sicher ist, was in diesem Gespräch geht, ob die Zeit reicht, also, wenn es zweckmäßig scheint, zunächst ein möglichst realistisches Teilziel zu erreichen.

So wie in der folgenden Situation. Alf hat für einen relativ neuen Kunden aus der Baubranche eine spezielle Werbeidee entwikkelt. Der Kunde ist sehr interessiert. Für die Planung hat Alf seine Kosten mit 50 000 DM veranschlagt. Eigentlich scheint alles klar. Am Montag findet er auf seinem Schreibtisch folgendes Fax:

> *Nach reiflichem Überlegen müssen wir von der Zusammenarbeit mit Ihnen am Projekt «Delta» Abstand nehmen. Wir danken Ihnen für Ihre Mühe blablabla ...*

Alf meldet sich für 14 Uhr zu einem Gespräch beim Geschäftsführer der Firma an. Der hat ihm signalisiert, daß seine Zeit begrenzt sei. Für das Gespräch setzt Alf sich folgende Teilziele:

1. Rauskriegen, was hinter der Absage steckt, was ist da im Busch? (Also die dahinterstehenden Interessen ermitteln)
2. Überzeugen, daß wir der richtige Partner sind.
3. Eine Ebene finden, auf der wir weitermachen können.
4. Die Sache unter Dach und Fach bringen.

Ziele und Themen

Diese Teilziele bestimmen dann natürlich, welche Inhalte, also welche **Themen** das Gespräch haben könnte. Alfs vollständige Checkliste für das schwierige Gespräch könnte *so* aussehen:

ZIEL 1: **Was ist im Busch?**

- ► *Vermutung: Planungskosten sind zu hoch*
- ► *Billigere Konkurrenz?*
- ► *Mißverständnis?*

ZIEL 2: **Überzeugen: Wir sind der richtige Partner.**

- *Erfahrungen auf dem Gebiet (siehe «Baumarkt Werner»)*
- *Basisidee noch einmal vortragen*
- *bisherige Vorbereitungen darstellen*

ZIEL 3: **Gemeinsame Ebene finden**

- *Finanzielle Grenzen auf beiden Seiten austesten*

Spielraum: *eventuell entgegenkommen (40 000?)*
Planungsidee vereinfachen
Vorschlag dazu

ZIEL 4: **Unter Dach und Fach bringen**

- *Termine*
- *Vorvertrag*

Diese **Teilziele** und die entsprechenden **Themen** werden dann im Gespräch nacheinander angesteuert. Wenn das erste Ziel erreicht ist, wird Alf aus dem Gesprächsverlauf heraus entscheiden, ob das nächste in diesem Gespräch bereits mit Aussicht auf Erfolg angestrebt werden kann.

Vielleicht ist ja das Gespräch schon nach der ersten Phase beendet, wenn der Kunde deutlich sagt, daß das geplante Projekt aus finanziellen Gründen zurückgestellt werden muß. Dann geht wohl nicht mehr viel, aber Alf weiß wenigstens Bescheid. Wenn er aber sein zweites Teilziel erreicht (das heißt, der Kunde sieht ein, daß das Projekt gut und Alf der beste Partner dafür ist), dann ist schon viel gewonnen. Sollte die Zeit knapp sein, könnte er erst einmal Schluß machen und einen neuen Termin vereinbaren. Hetze wäre jetzt fehl am Platz, und vielleicht braucht der Kunde ja auch eine «Auszeit».

Das vierte Teilziel wird für dieses Gespräch sowieso ein Fernziel sein. Aber man kann ja nie wissen …

Also: Bei schwierigen Gesprächen ist es nützlich, Teilziele zu bestimmen und sie durch die entsprechenden Themen zu ergänzen. Oft kann es vorteilhaft sein, wenn Sie ein Gespräch erst einmal beenden, sobald Sie ein Teilziel erreicht haben, zum Beispiel

- **wenn die Zeit knapp wird,**

- **wenn der Klärungsprozeß schwierig oder nur schrittweise möglich ist.**

Die Bestimmung der Gesprächsziele ist also ein ganz wichtiges Element der Gesprächsvorbereitung.

Sie können die Bestimmung von Gesprächszielen nach folgendem «Schrittmuster» vornehmen:

Rollenbeziehung klären
▼
Interesse des Partners ◄ ► eigenes Interesse
▼
Gesprächsziel festlegen
► realistisch
► konkret
► positiv
▼
(eventuelle) Teilziele
▼
mit Themen verknüpfen

Modifikation von Zielen

Alfs Frau Patrizia – sie ist Disponentin im Produktionsbereich eines Fernsehsenders – möchte gemeinsam mit ihren Kollegen ihren Chef davon überzeugen, daß die Arbeitsplätze im Dispositionsbüro umgestaltet werden sollten. Vier Kollegen arbeiten in einem Großraumbüro. Das bedeutet, es wird parallel telefoniert, dauernd kommt einer rein, immer ist irgendwie Lärm, zumindest Unruhe.

Für ihr Gespräch mit dem Chef plant sie folgende Teilziele:

1. Er soll überzeugt werden: Es muß sich was ändern.
   ► Argument: die äußeren Bedingungen schaden dem Arbeitsablauf (dafür hat er die Verantwortung).
2. Er soll selbst Vorschläge zur Änderung machen oder dem Vorschlag der Kollegen zustimmen: Trennwände einziehen.
   !!! Keine «halben Sachen».

3. Er soll eine Änderung zusagen, zumindest ein Gespräch mit den Entscheidungsträgern.
   !!! Ausweichen verhindern.
4. Er soll eine feste Terminzusage machen, zumindest für das Gespräch mit den Entscheidungsträgern.

Patrizia hat in ihren «Zielkatalog» bereits mögliche Modifikationen eingebaut, die sie eventuell im Gespräch vornehmen muß, aber auch Gesprächstendenzen, die verhindert werden müssen.

Oft ist es nötig, *während* eines Gesprächs die Ziele zu verändern oder neu zu definieren.

Wenn es gut läuft, kann man Teilziele überspringen. Wenn es schwierig wird, muß man spontan neue einbauen. Solche eventuellen Änderungen lassen sich allerdings nur selten vorherbestimmen. Das Gespräch läuft ja nie in allen Einzelheiten so, wie man es sich vorgestellt hat.

Ziele aushandeln

Häufig läuft es deshalb völlig anders als geplant, weil die eigenen Ziele mit denen des Partners nicht übereinstimmen. Sicher werden wir das irgendwann im Gespräch feststellen und können dann unsere eigenen Ziele modifizieren.

Oft jedoch ist es nützlich, wenn wir, um möglichen Mißverständnissen vorzubeugen, *vorher* mit dem Partner darüber reden, worum es uns eigentlich geht oder gehen soll. Auf diese Weise können wir auch seine Ziele erfahren.

Alf besucht einen Kunden, um mit ihm über einen laufenden Auftrag zu sprechen, aber auch mit dem Ziel, den Folgeauftrag unter Dach und Fach zu bringen. Er möchte seine Ideen präsentieren und absegnen lassen. Nach der üblichen Gesprächseröffnung:

Kunde *Schön, daß Sie gekommen sind. Es geht um den Prospekt. Ich hab mir die Entwürfe angesehen. Sehr schön. Aber ich möchte mit Ihnen über ein paar Einzelheiten sprechen, die wir noch ändern müssen.*

Alf *Selbstverständlich. Ich habe übrigens auch ein paar Vorschläge für die Plakataktion dabei. Die würd ich Ihnen gerne vorstellen.*

Kunde *Ich fürchte, dazu fehlt mir heute die Zeit. Ich bin froh, wenn wir das andere schaffen. Aber lassen Sie sie doch da. Dann seh ich sie mir in Ruhe an.*

Alf *Bitte, verstehen Sie mich nicht falsch. So einfach möchte ich Ihnen die Sachen nicht hierlassen. Ich müßte dazu schon noch ein paar Takte sagen.*

Kunde *Na, vielleicht geht es ja schneller als ich dachte mit der Prospektsache, dann können wir noch über die Plakate reden.*

Alf hat erheblich weiterreichende Ziele für sein Gespräch als der Kunde. Aber er erreicht, daß er im Hinblick auf den neuen Auftrag wenigstens ein Teilziel ins Auge fassen kann.

Wenn Sie befürchten, daß Ihre Gesprächsziele und die Ihres Partners weit auseinanderliegen, sprechen Sie Ihre Ziele an, und handeln Sie gegebenenfalls gemeinsame Ziele aus.

7 Wie bestimmen wir den Ort und die Zeit für ein Gespräch?

Es ist nicht gleichgültig, wo und wann ein Gespräch stattfindet. Oft sind der Ort und die Zeit festgelegt: In der Einladung zum Vorstellungsgespräch bei Schmidt & Co. findet Bettina klare Vorgaben: Montag 9 Uhr, Personalbüro. Danach muß sie sich richten, auch wenn es ihr nicht passen sollte.

Karens Zwischenprüfung findet am Freitag um 14 Uhr im Zimmer von Professor Dorfner statt. «Da hab ich gerade meine müde Phase.» Aber sie kann den Termin nicht ändern.

Es gibt Situationen, da muß man sich den Vorgaben anpassen. Aber es gibt auch genügend Gelegenheiten, diese äußeren Faktoren selbst zu bestimmen. Und diese Gelegenheiten sollten Sie nutzen.

Wenn Nils' Schwester Vera Falter – sie ist Verwaltungschefin im Krankenhaus Neu-Bethlehem – wenn also Vera mit Chefarzt

Professor Ammelsbach das leidige Belegungsproblem besprechen muß, versucht sie das am Montag vor der Visite. Da ist Ammelsbach noch erholt vom Wochenende. Da kann man auch ein paar private Worte wechseln. Das Ganze findet in Ammelsbachs Dienstzimmer statt. Da gibt es eine bequeme Sitzgruppe. Und Frau Milde kocht einen Kaffee.

Wenn Sie Ort und Zeit für ein Gespräch selbst bestimmen können, sollten Sie sich fragen: Wo und wann würde ich das Gespräch am liebsten führen? Und wo und wann bestehen die größten Chancen für ein positives Gesprächsergebnis? Und wenn es ein kritisches Gespräch ist: Wie erlebt mein Partner diesen Ort und diesen Zeitpunkt?

Zeitrahmen

Und wenn Vera ein Einstellungsgespräch oder ein kritisches Gespräch mit einer Mitarbeiterin oder einem Mitarbeiter zu führen hat, macht sie das ebenfalls an einem kleinen Nebentisch mit Sesseln. Sie nimmt sich Zeit.

Oft gibt sie ihren Gesprächspartnern auch den zur Verfügung stehenden Zeitrahmen bekannt:

Setzen wir uns hier an den Tisch, Frau Kern. Ich habe um 12 einen Termin. Wir haben also eine halbe Stunde für uns.

Und an diese Zeitvorgaben hält sie sich im allgemeinen. **Sie nimmt sich die Zeit, die sie sich vorher gibt.** Deshalb erleben sie ihre Mitarbeiter als angenehme und zuverlässige Gesprächspartnerin.

Sie hat Gespräche dieser Art noch gut in Erinnerung, die *ihr* ehemaliger Chef mit seinen Untergebenen zu führen pflegte: «Da thronte der, hinter der Barriere seines Schreibtisches verschanzt, vor dem Fenster, so daß ihn das Licht umgab wie ein Heiligenschein, von Telefonen umstellt. Dazu immer in Eile. Dauernd guckte er auf seine Uhr. ‹Ich habe wenig Zeit. Also gleich zur Sache.› So hat der seine Dominanz deutlich gemacht, so hat er sich Distanz geschaffen.» Die Rollenbeziehung zwischen seinen Untergebenen und ihm war allein durch diese

Raum- und Zeitvorgaben klar definiert. Eine gute Strategie, um Untergebene einzuschüchtern und gefügig zu machen.

Zurück zur Vorgabe des Zeitrahmens: Bettinas Bruder Alf, genau, der mit der Werbeagentur, hat mit seinen vier leitenden Mitarbeitern einmal in der Woche einen «jour fixe», eigentlich müßte man sagen: eine «heure fixe». Sie setzen sich an jedem Mittwoch um 16 Uhr zusammen, besprechen Probleme und planen die Zukunft. Der Termin steht fest. Jeder kann ihn in seinem Terminkalender ankreuzen.

Auch hier wird der zur Verfügung stehende Zeitrahmen vorher genau festgelegt, damit jeder weiß: Heute ist um 17.30 oder 18 Uhr Schluß. So können alle die weitere Arbeit oder den Feierabend entsprechend planen.

Natürlich kann man nicht für jedes Gespräch einen festen Zeitrahmen kalkulieren, aber auch ein offenes Ende sollte vorher angekündigt werden.

Es ist sehr nützlich, wenn Sie einem Gespräch einen klaren zeitlichen Rahmen geben, wenn möglich in Absprache mit den Beteiligten.

Zum Zeitrahmen gehört auch die sogenannte **Auszeit**. Bei schwierigen Gesprächen bietet Alf seinem Partner gerne an:

Lassen Sie uns zehn Minuten Pause machen.

Vielleicht sollten wir erst einmal eine Tasse Kaffee trinken.

Das ist vor allem dann zu empfehlen, wenn sich ein Gespräch festgefahren hat, aber auch dann, wenn das Gespräch einen bestimmten Zeitrahmen überschreitet und die Konzentration nachläßt. Eine Faustregel: Nach einer Stunde ist eine kleine Pause notwendig.

Eine solche Auszeit kann in Verhandlungen ein strategisches Mittel sein: Die Parteien ziehen sich zur Beratung zurück.

Aus zeitlichen oder strategischen Gründen ist es oft nützlich, eine Auszeit zu nehmen.

Gezielte Wahl des Ortes

Das Mittwochsgespräch in Alfs Büro ist eine gute Einrichtung: Alle im Führungsteam sind auf dem laufenden, können ihre Ideen einbringen, bekommen das Gefühl, im Team Verantwortung zu tragen. Meistens herrscht eine entspannte Atmosphäre. Deshalb kam der Vorschlag, die Gespräche doch außerhalb der Firma, zum Beispiel zu «da Carlo» zu verlegen, auch gut an. Da gibt es diese herrlichen gegrillten Scampi mit Knoblauch. Das hat das Team auch zweimal gemacht. Es war sehr gemütlich, alle haben sich wohl gefühlt, das Ganze ging bis in die Puppen. Aber eine echte Arbeitsatmosphäre kam nie zustande.

Inzwischen ist man wieder in Alfs Zimmer. Die Atmosphäre ist auch hier entspannt, aber es wird ernsthaft gearbeitet. Wer dann hinterher noch zu «da Carlo» gehen will ... Die Scampi sind wirklich prima.

Vielleicht sind Sie jetzt etwas verwirrt: Alf und sein Team haben die Idee mit «da Carlo» wieder fallenlassen. Verwaltungschefin Vera führt Problemgespräche mit ihren Mitarbeitern in der gemütlichen Sitzecke.

Es gibt keine allgemein gültigen Rezepte für die Wahl des Gesprächsortes.
Hilfreich bei der Wahl können folgende Fragen sein:

Welche Ziele habe ich?
Welche Interessen hat mein Partner?
▼
Welche Orte und Zeiten stehen zur Verfügung?
▼
Wie könnte mein *Partner* diese Bedingungen erleben?
Welcher Ort, welche Zeit sind für *mich* am günstigsten?
▼

Ort und Zeit festlegen

▼

Zeitrahmen festlegen

Wir haben uns bis jetzt nur um die «äußere Situation» gekümmert, also um die Rahmenbedingungen für ein Gespräch.

Nun soll es um die «innere Situation» gehen, also das Gespräch selbst. Welche Faktoren bestimmen den Ablauf eines Gesprächs, wie kann man mit ihnen umgehen?

8 Wie können wir ein Gespräch aktiv gestalten?

Wie wir gesehen haben, können wir uns recht gut auf ein Gespräch vorbereiten. Ob es dann aber so läuft, wie wir es uns vorgestellt haben, ist eine andere Frage.

Am Gesprächsverlauf, an der «inneren Situation», sind ja mindestens zwei Menschen beteiligt, mit je eigenen Zielen und Interessen, mit unterschiedlichen Befindlichkeiten und Einstellungen, mit unterschiedlichem Vorwissen, oft mit unterschiedlichen Sprech- und Hörgewohnheiten. Sie müssen sich im Gespräch aufeinander einstellen, immer wieder neu, Schritt für Schritt.

Ein Gespräch entsteht, indem die Partner es führen.

Die innere Situation ist also ein dynamischer Prozeß, den jeder aktiv mitgestalten kann.

Unter diesem Gesichtspunkt wollen wir Bettinas Einstellungsgespräch bei Schmidt & Co. betrachten. (Sie wollen ja sicher auch wissen, ob sie nun die Stelle bekommen hat.)
Es ist etwa wie folgt abgelaufen, jedenfalls ein Teil davon:

Klages begrüßt Bettina an der Tür, führt sie zu einer Sitzgruppe.

Klages *Bitte setzen Sie sich, Frau Hartmann.*

Bettina *Danke.*

Klages *Der Termin: War er Ihnen recht?*

Bettina *Ja, ich habe ab heute Urlaub.*

Klages *Haben Sie's gut. Verreisen?*

Bettina *Sind ja nur vier Tage. Aber ich werde die Zeit nutzen und zu meiner Schwester nach Berlin fahren.*

Klages *Berlin? Da studiert mein Sohn. Psychologie* (blättert schon in Bewerbungsunterlagen).

Klages *Wir haben uns etwas länger Zeit gelassen bei der Prüfung der Bewerbungen. Es waren ziemlich viele. Und wir wollten ja nicht leichtfertig aussortieren. Tja, Frau Hartmann, ihre Bewerbung ist bei uns in die engere Wahl gekommen. Nun wollen wir mal schauen, ob Sie die Richtige für uns sind. Zunächst ein paar Worte zu unserem Betrieb:*

Wir sind ein mittelgroßes Unternehmen der Papierindustrie, 600 Beschäftigte, davon 350 Arbeiterinnen und Arbeiter. Ich sage immer «unsere Papiermacher», 150 im Vertrieb und in der Werbung, also «unsere Papierverkäufer», der Rest in der Verwaltung, die, die «nur Geld kosten», also wir.

Unsere Personalabteilung besteht aus 12 Mitarbeiterinnen und Mitarbeitern.

Besetzt werden soll die Stelle einer zweiten Sekretärin, die überwiegend für die Arbeiterinnen und Arbeiter zuständig ist. Unser Betriebsleiter, Herr Teufer, wird nachher noch dazukommen. (Bettina sieht überrascht auf) *Keine Angst, das ist ein ganz Netter.*

So, das kurz zu ihrer Information.

Nun zu Ihnen, Frau Hartmann. Warum wollen Sie bei uns anfangen?

Zunächst einmal: Schon dieser kleine Gesprächsausschnitt zeigt, daß das Gespräch etwas anders läuft als von Bettina erwartet. Zum Beispiel kommt später noch der Betriebsleiter hinzu. Darauf muß sie sich spontan einstellen.

Aber daß Herr Klages so umgänglich ist und sie nach privaten Dingen fragt, ist eine angenehme Überraschung. Das macht es ihr leichter, sie fühlt sich ungezwungener. Und so wirkt sie auch auf ihn. Vielleicht ist das wiederum ein Grund dafür, daß er mit soviel Humor und Selbstironie über den Betrieb erzählt.

Und vielleicht reagiert er mit seiner Äußerung

«Keine Angst, das ist ein ganz Netter.»

auf eine (unbewußte) Reaktion Bettinas auf die «Überraschung Teufer».

Hier zeigt sich ganz konkret: Ein Gespräch ist ein **dynamischer Prozeß**. Bettina nimmt die erste Äußerung von Herrn Klages auf, versteht und interpretiert sie auf ihre persönliche Weise. Daraus ergibt sich ihre nächste eigene Äußerung. Herr Klages nimmt diese Äußerung wahr, interpretiert sie seinerseits, reagiert entsprechend ... und steuert so bereits die nächste Äußerung Bettinas.

Auf diese Weise wird das Gespräch von beiden gestaltet: als ein dynamischer Prozeß wechselseitiger Wahrnehmung und Steuerung.

Wenn Sie ein Gespräch in Ihrem Sinne gestalten wollen, müssen Sie also zwei grundsätzliche Ziele verfolgen:
1. Sie müssen dafür sorgen, daß der Partner Ihre Äußerung so *verstehen* kann, wie Sie sie verstanden haben wollen.
2. Sie müssen das Gespräch so *steuern*, daß es sich in erster Linie als ein *gemeinsamer Prozeß* entwickelt, in dem Sie sich mit Ihrem Partner über eine Sache verständigen.

Die entscheidende Voraussetzung dafür, daß wir Verstehen sichern und das Gespräch aktiv und in unserem Sinne gestalten können, ist, daß wir selbst aufmerksam **hinhören**, unsere Aufmerksamkeit richten (fokussieren) auf das, was der andere sagt und wie er es sagt. Haben wir alles verstanden? Ist das, was er sagt, das, was wir erwartet haben? Spricht er jetzt freundlicher? Genauso wichtig ist, daß wir aufmerksam **hinschauen**, was er uns für nonverbale Signale gibt: Wie sitzt er da? Sieht er uns an? Wie sieht er uns an? Sieht er überrascht aus, wie Bettina bei der Erwähnung von Herrn Teufer?

Und schließlich sollten wir auch die **Reaktionen unseres Körpers** aufmerksam registrieren. Spürt Bettina Furcht, als sie vor eine unvorhergesehene Situation gestellt wird, spürt sie Erleichterung, als Herr Klages sie zu beruhigen versucht?

Wenn Sie das Verstehen sichern und das Gespräch in Ihrem Sinne steuern wollen, sollten Sie selbst auch sehr genau hinhören, hinsehen und auf die Reaktionen Ihres Körpers achten.

Theorie

Nach Lepschy (1996, S. 71f.) können wir unsere Gespräche auf drei Ebenen gestalten:

1. **auf der Ebene der Gesprächsorganisation:**

Wir regeln, wie ein Gespräch ablaufen soll, zum Beispiel:

- In welche **Phasen** soll das Gespräch gegliedert werden, damit das Gesprächsziel erreicht werden kann?
- Welche **Themen** sollen in diesen Phasen behandelt werden? Hier gibt es formalisierte Muster (zum Beispiel die Tagesordnung der Mitgliederversammlung eines Vereins). Aber wir können auch eine solche Struktur vorher ankündigen oder absprechen:
  Lassen Sie uns zunächst mal darüber reden, was Sie bisher gemacht haben.
  Sind Sie einverstanden, wenn wir zunächst über das Produkt und dann über den Preis sprechen?
- Wie führen wir diese Themen ein? Wie und mit welchem Ziel wechseln wir ein Thema?
- Wie soll der **Sprecherwechsel** erfolgen? In Prüfungen und Interviews ist das durch Konvention geregelt. In anderen Situationen können wir es vorher festlegen:
  Ich möchte Ihnen mal ein paar Fragen stellen.
  Sie sollten mir mal was von sich erzählen.
- Wie kann man in einem Gespräch bewußt einen Wechsel von Sprecher- und Hörer-Rolle erreichen?

2. **auf der Ebene der Beziehungsgestaltung:**

- Auf welche Weise stellen wir eine Beziehung her, zum Beispiel durch ein Begrüßungsritual?
- Auf welche Weise stabilisieren wir eine Beziehung im Gespräch?
- Wie können wir eine Beziehung verändern (zum Beispiel wenn sie gestört ist)?

3. **auf der Ebene der Themenbearbeitung:**

Auf welche Weise gestalten wir das Gespräch auf der **Sachebene**?

- Klären wir Sachverhalte, indem wir Informationen geben oder Informationen erfragen? Geben wir unsere Informationen so, daß der andere sie verstehen kann?
- Setzen wir uns über Sachverhalte auseinander, indem wir argumentieren oder bewerten?

Das sind ohne Zweifel die wichtigsten Aufgaben (wie Lepschy sagt), die wir in einem Gespräch zu erfüllen haben: das Gespräch strukturieren, die Sache voranbringen, die Beziehung gestalten.

Die Ebenen zwei und drei sind im Gesprächsprozeß sehr eng aufeinander bezogen: Wenn wir eine **Sache** klären, spielt immer auch die **Beziehung** eine Rolle. Und häufig ist eine positive Beziehung die Voraussetzung dafür, daß wir gemeinsam eine Sache klären können. Aber es kann im Gesprächsverlauf sehr wichtig sein, auseinanderzuhalten, um welche Ebene es jetzt eigentlich geht, welcher Aufgabe ich mich also gerade widmen muß.

Auf allen drei Ebenen kann ich Gespräche gestalten.

- für Verständlichkeit sorgen,
- das Gespräch aktiv gestalten.

Sehen wir uns auf diesem Hintergrund das Vorstellungsgespräch zwischen Bettina und Herrn Klages an.

Die Ebene der Gesprächsorganisation

Ein Gespräch besteht aus unterschiedlichen Phasen. Diese Phasen gliedern das Gespräch formal. In diesem Gesprächsausschnitt erleben wir zwei Phasen:

Da ist zunächst die **Gesprächseröffnung**. Manchmal besteht eine solche Gesprächseröffnung nur aus «Guten Tag» und «Nehmen Sie Platz». Auch Herr Klages fängt so an, aber er erweitert sie um ein paar persönliche Bemerkungen und Nachfragen. Bettina wird allen später vorschwärmen, wie umgänglich er war: «Ganz anders, als ich ihn mir vorgestellt hatte.»

Dann stellt er in einer **Informationsphase** den Betrieb vor. Er beendet sie und leitet über zu einer Phase, in der er von Bettina Auskünfte haben will.

Herr Klages leitet also Phasen ein und beendet sie, wann und wie er es dem Gesprächsverlauf nach für richtig hält, entsprechend seinen Teilzielen. Auf diese Weise gestaltet er aktiv das Gespräch.

Die Informationsphase kündigt er nicht an. Aber Bettina kann aus seinem Verhalten (er blättert in den Bewerbungsunterlagen) erkennen, daß die Phase der Gesprächseröffnung beendet ist. Die Ankündigung einer Phase kann für Verständlichkeit und Klarheit im Gespräch sorgen:

Lassen Sie mich zunächst ein paar Informationen geben.

In jeder Gesprächsphase gibt es unterschiedliche **Themen**. Sie gliedern das Gespräch inhaltlich.

In seiner **Gesprächseröffnung** hat Herr Klages – wenn wir mal von der Bitte, sich zu setzen, absehen – zwei Themen: Die Gesprächszeit und Bettinas Urlaubspläne. In der Informationsphase gibt es zwei Themen: die Bewerbung (Bearbeitungszeit und Ergebnis), Information über den Betrieb.

Wenn Sie ein neues Thema einführen, gestalten Sie damit aktiv das Gespräch.

Eine Frage der Verständlichkeit ist es, *wie* er ein neues Thema einführt. Kündigt er es an?

Herr Klages *Zunächst ein paar Worte zu unserem Betrieb.*

Mit dieser expliziten Themenankündigung erleichtert er das Verstehen. Bettina weiß, worum es gleich gehen wird. Sie kann ihre Aufmerksamkeit entsprechend richten.

Oft springen besonders leutselige Gesprächspartner wild und ungeordnet von einem Thema zum anderen. Herr Klages gerät in der Eröffnungsphase in diese Gefahr, aber er läßt es nicht so weit kommen wie im folgenden Beispiel:

Klages *Berlin? Mein Sohn studiert in Berlin. Psychologie. Apropos Psychologie: Total dicht das Studienfach. Und an jeder Ecke ein Psychotherapeut. Na ja, die Allgemeinmediziner sind ja häufig total hilflos. Also meine Frau geht ja nur noch zum Homöopathen. In Berlin ist es im Augenblick nicht zum Aushalten. Eine einzige Baustelle. Und da wollen Sie Ihren Urlaub verbringen?*

Eine weitere Gestaltungsmöglichkeit auf der Ebene der Gesprächsorganisation bietet der **Sprecherwechsel**.

In einem Gespräch sind die Partner abwechselnd Sprecher und Hörer. Im allgemeinen weiß Bettina, wann sie als Sprecherin dran ist. Herr Klages macht eine Pause, senkt die Stimme oder hebt sie zur Frage: «Warum wollen Sie bei uns anfangen?»

Wenn Sie ein Gespräch aktiv gestalten wollen, ist es wichtig, den Sprecherwechsel zu kontrollieren und zu wissen, wie Sie in die Sprecherrolle kommen oder wie Sie in ihr bleiben können.

Die Ebene der Beziehungsgestaltung

Bereits in seiner Gesprächseröffnung gibt Herr Klages zu verstehen, wie er sich die Beziehung in diesem Gespräch wünscht: locker, ungezwungen, persönlich.

Er signalisiert **Wertschätzung**, indem er Bettinas eventuelle Bedürfnisse anspricht:

Der Termin: War er Ihnen recht?

Er verringert bewußt die **Distanz** und relativiert auch ein wenig seine **Machtposition** durch sehr persönliche Äußerungen:

Haben Sie es gut ...

Berlin? Da studiert mein Sohn.

Er erreicht damit, daß Bettina sich wohl fühlt in diesem Gespräch.

Eine positive Beziehung ist die entscheidende Grundlage für das Gelingen eines Gesprächs.

Aristoteles, der Vater einer systematischen Rhetorik, sagt sinngemäß:

Meine besten Argumentationen (logos) nützen nichts, wenn der Partner mich nicht als glaubwürdig akzeptiert (ethos) und nicht in der Stimmung ist (pathos), sich mit meinen Argumenten auseinanderzusetzen.

Herr Klages weiß genau: Wenn die Beziehung nicht stimmt, ist es schwer, sich über eine **Sache** zu verständigen.

In diesem Gespräch geht es auf der Sachebene in erster Linie darum, Informationen zu geben und Informationen zu bekommen. Im Vordergrund steht also die Klärung von Sachverhalten. Es wird sich kaum etwas Strittiges ergeben, über das man sich argumentativ verständigen muß. Deshalb müssen beide in erster Linie dafür sorgen, daß der jeweils andere die Informationen auch **versteht**.

Da gibt es in unserem Gesprächsausschnitt offensichtlich keine Probleme. Im Gegenteil: Bettina wird zu Hause berichten: «Er hat mir ganz klar gesagt, wie meine Position im Betrieb ist und was auf mich zukommt.»

Nehmen wir die Beschreibung des Betriebs: Sie ist klar **gegliedert**, und zwar vom Allgemeinen zum Besonderen:

- Was tun wir?
- Wie viele sind wir?
- Welche Abteilungen haben wir, und wie groß sind sie?
- In welcher Abteilung brauchen wir Sie?
- Welche zentrale Aufgabe werden Sie dort haben?

Trotz aller Kürze ist die Beschreibung **klar und prägnant**, auf das beschränkt, was für den Fortgang des Gesprächs notwendig ist. Keine verwirrenden «Ausflüge» in Nebenthemen.

Herrn Klages' Beschreibung ist **einfach**, seine Sätze sind kurz und überschaubar, er verzichtet auf Fachvokabular. Er macht die Beschreibung **anschaulich** durch seine «näheren Bestimmungen»:

... unsere Papiermacher ...

... unsere Papierverkäufer ...

... die, die nur Geld kosten ...

Wenn Bettina sich in ihrem Informationspart ähnlich verständlich ausgedrückt hat, dürfte es keine Verstehensprobleme auf der Sachebene gegeben haben.

Wir werden uns in Kapitel 8.5 ausführlich mit der Verständlichkeit beim Beschreiben und Erklären beschäftigen.

Wir haben Ihnen eben einen kleinen Überblick gegeben über Ihre Möglichkeiten, ein Gespräch aktiv zu gestalten. In den folgenden Kapiteln werden wir uns diese Gestaltungsmittel genauer ansehen. Dabei werden Sie eine ganze Fülle von Strategien und Verfahrensmustern kennenlernen. Die meisten werden Ihnen nicht fremd sein. Wenn wir Ihnen zeigen, was Sie zum Beispiel mit Fragen oder Metakommunikation erreichen können, werden Sie vielleicht sagen: «Kenn ich doch» oder «Mach ich ja schon, zum Beispiel wenn ich ...»

Sie haben strategische Mittel gelernt im täglichen Umgang mit anderen und in bestimmten Situationen, und Sie rufen sie intuitiv ab, wenn Sie wieder in eine solche Situation kommen.

Ein Ziel unseres Buches ist es, Ihnen diese Strategien bewußt zu machen. So können Sie sie als **Sprecher** gezielter abrufen und handhaben. Und Sie können als **Hörer** die Vorgehensweise Ihres Partners besser durchschauen und rascher und sicherer darauf reagieren.

8.1 Botschaften

Botschaften senden

In diesem Kapitel geht es in erster Linie um die **Beziehungsgestaltung**. Wie gesagt: Gespräche entwickeln sich durch den Austausch von Äußerungen.

Wie wir gesehen haben, muß eine solche Äußerung nicht unbedingt eine sprachliche sein. Oft sind es minimale körperliche Signale. Bettina zeigt ihre Überraschung oder Verunsicherung über «Herrn Teufer» durch eine Kopfbewegung, vielleicht zusätzlich eine Veränderung der Mimik (zum Beispiel Hochziehen der Augenbraue). Herr Klages nimmt diese Äußerung wahr, interpretiert sie und reagiert entsprechend:

Keine Angst, das ist ein ganz Netter.

So eine Äußerung enthält immer vier Arten von Botschaften:

Wenn Herr Klages sagt «Haben Sie es gut. Verreisen?» bezieht er sich mit dieser Äußerung

1. auf eine **Sache** (Sachinhalt): Urlaub und was man damit machen kann;
2. er sagt etwas **über sich selbst** aus (Selbstoffenbarung): «Ich bin ein bißchen neidisch»;
3. er drückt aus, wie er sich in diesem Gespräch die **Beziehung** wünscht: persönlich, locker;
4. er signalisiert, **was er** von Bettina **will** (Appell): eine Antwort auf seine Frage.

Bettina zeigt mit ihrer Antwort, daß sie zumindest drei Botschaften seiner Äußerung verstanden hat:

Ich werde die Zeit nutzen und zu meiner Schwester nach Berlin fahren.

Sachinhalt (► Urlaub): verstanden, **Appell** (► Antwort): verstanden:

Sind ja nur vier Tage

Selbstoffenbarung (► neidisch): verstanden.

Beziehungsangebot (► locker): wir wissen es nicht, denn wir können nicht hören, *wie* sie antwortet, verkrampft oder ebenfalls locker. Aber so, wie wir Bettina kennen …

Theorie

Dieses Modell hat der Psychologe Friedemann Schulz von Thun (1981) entwickelt. Die «vier Seiten einer Nachricht»:

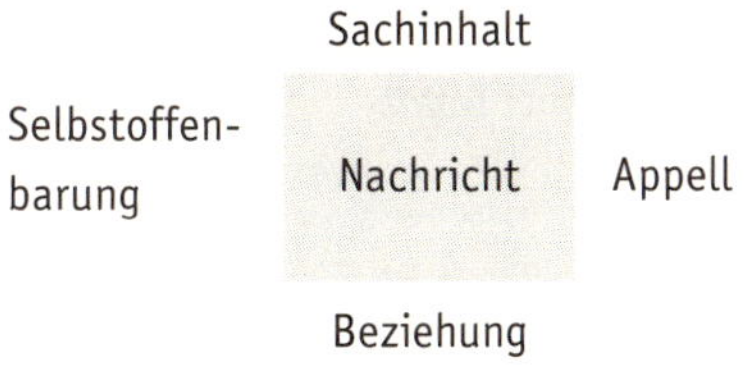

Das, was wir «Äußerung» nennen, heißt also bei Schulz von Thun «Nachricht».

Wir erkennen unschwer die wissenschaftlichen Bezugspunkte für dieses Modell: Da ist zum einen die Annahme von Paul Watzlawick (1969): Jede Aussage enthält einen Inhalts- und einen Beziehungsaspekt. Da ist zum anderen das Zeichenfunktionsmodell von Karl Bühler (s. o.): Jedes Zeichen (also jede Äußerung) hat eine Darstellungsfunktion (► Sachinhalt), eine Ausdrucksfunktion (► Selbstoffenbarung) und eine Appellfunktion (► Appell). Schulz von Thun hat dieses Modell um eine Funktion erweitert: Jede Äußerung enthält auch eine Botschaft über die Beziehung zwischen den Partnern.

Präzisieren wir den Ansatz:

1. Natürlich enthalten Äußerungen in unterschiedlichen Situationen Botschaften mit unterschiedlicher Gewichtung. In einem Beratungsgespräch in der Bank wird der Sachinhalt dominieren. Allerdings merken wir schon, daß Beziehungsbotschaften in solch einer Situation nicht unerheblich sind («Ich bin ernsthaft interessiert an Ihrem Problem»). Klaus Pawlowski reagiert allerdings sehr allergisch, wenn sein Versicherungsvertreter mit starken Appellbotschaften aufwartet.
2. Eine solche Äußerung besteht immer aus dem, **was ich sage**, und der Art, **wie ich es sage**. Vom Wortlaut her enthält folgende Äußerung in erster Linie eine Sachinformation:
   Bettina (zu Jens): *Ich habe übrigens den Mülleimer rausgebracht.*
   Aber Bettina sagt das ziemlich böse und signalisiert damit auch:

   Ich bin sauer! *Das nächste Mal bist du dran!*

   Du läßt mich im Stich!

3. Eine solche Äußerung muß keine sprachliche sein. Gestik, Mimik, Lachen, Weinen enthalten Botschaften oder werden als solche interpretiert. Wenn Bettina während des Streits um den Mülleimer anfängt zu weinen, will sie ihm eventuell die Botschaft senden:

   Ich bin traurig. *Schone mich, tröste mich.*

   So weit hast du es gebracht.

Wenn wir die Modelle von Geissner und von Schulz von Thun im Hinblick auf ihre Funktion vergleichen, stellen wir fest: Das Geissnermodell eignet sich gut als Grundlage zur Analyse der äußeren Situation und damit zur **Gesprächsvorbereitung**.

Mit Hilfe des Modells von Schulz von Thun kann man ausgezeichnet den Gesprächsprozeß, also die **innere Situation analysieren**, herausfinden, warum etwas während eines Gesprächs klappen könnte oder geklappt hat, zum Beispiel warum ein an sich gut vorbereitetes Gespräch gescheitert ist.

Es ist keineswegs selbstverständlich, daß wir die Botschaften, die der Partner uns mit einer Äußerung sendet, auch *so* verstehen, wie er will, daß wir sie verstehen.

Botschaften wahrnehmen

Wir *hören* nämlich auch auf diesen vier Ebenen: Schulz von Thun spricht davon, daß wir mit vier Ohren gleichzeitig hören: mit dem **Sachohr** (Worum geht es?), mit dem **Selbstoffenbarungsohr** (Wie fühlt sich der andere?), mit dem **Beziehungsohr** (Was hält der von mir?) und mit dem **Appellohr** (Was will der von mir?). Oft hören wir aber auch dominant auf einem dieser Ohren und verstopfen die anderen drei. Das kann geradezu ein Persönlichkeitsmerkmal sein.

Nils' Freund Thomas hört vornehmlich auf dem **Sachohr**. Er neigt dazu zu rationalisieren, und es ist schwierig, mit ihm über Gefühle zu sprechen. Wenn zu ihm eine Frau sagen würde «Ich liebe dich», würde er antworten: «Was verstehst du unter ‹Liebe›? Wie definierst du dieses Gefühl?»

Die meisten von uns kennen Menschen, die ein besonders feines **Appellohr** haben. Da ist zum Beispiel der Kollege, den überwiegend Fragen bewegen wie *«Was erwarten die anderen von mir?»* Also: *«Was soll ich tun, fühlen, denken, lassen?»*

Das mag dann angenehm sein, wenn er uns als Kellner bedient, nicht aber, wenn wir mit ihm ein Gespräch über unsere Beziehung führen möchten. Schon wenn wir anfangen,

Ich würde gern mit dir noch mal darüber sprechen, was da gestern abend (beim Betriebsausflug) passiert ist,

fährt er sein Appellohr aus und hört:

Ich soll mich jetzt wohl für meine dumme Bemerkung von gestern abend entschuldigen.

Andere hören vornehmlich auf dem **Beziehungsohr**. Aus allem, was wir sagen, hören sie eine Kritik an ihrer Person heraus. Da wird aus einem belanglosen

Na, ein kleines Frühstücks-Päuschen, Frau Badura?

für Frau Badura

Sie sind in meinen Augen faul und gefräßig, Frau Badura.

Es wird Ihnen auch nach der Lektüre dieses Buches kaum gelingen, Verständigungshindernisse dieser Art zu überwinden, vor allem dann nicht, wenn diese Art zu hören eine schon Jahrzehnte eingeübte Gewohnheit geworden ist.

Andererseits sollten wir nicht vorschnell solche Einzelerfahrungen als Belege dafür nehmen, daß es diesen Menschen generell an Selbstbewußtsein mangelt (Frau Badura ist eben so). Das wäre zwar bequem und ökonomisch. Vielleicht ist aber Frau Badura nur im Betrieb «so», unter den Bedingungen dieser speziellen Situation. Vielleicht hat sie Angst um ihren Arbeitsplatz, vielleicht ist ihr Verhalten ein Zeichen dafür, daß die Kommunikation im Betrieb nicht so läuft, wie sie sollte.

Bei Glas-Krause funktioniert die Kommunikation schon lange nicht mehr. Jedenfalls zwischen Bettina und ihrem Chef. Wenn Krause junior Bettina fragt

Haben Sie den Brief für Lottermann schon fertig?

kann Bettina das kaum noch auf dem Sachohr hören, eher schon auf dem **Selbstoffenbarungsohr**:

Na, der hat mal wieder 'ne Laune!

Oder auf dem **Beziehungsohr**:

Sie haben mal wieder geschlampt, Frau Hartmann!

Ganz sicher aber auf dem **Appellohr**:

Schreiben Sie den Brief, aber dalli!!

Wir sehen: Es hängt oft von der **Beziehung** zwischen den Partnern, aber auch von unserer Stimmung ab, auf welchem Ohr uns Äußerungen erreichen.

Krause kann im Augenblick sagen, was er will, Bettina hat ihr Sachohr weitgehend verstopft. Und wenn er ein positives Beziehungsangebot macht:

Tut mir leid, Frau Hartmann.

wird sie sicher auf diesem Ohr taub sein und nur noch auf dem Appellohr hören:

Was will der jetzt schon wieder von mir?

Wir wissen, das ist viel verlangt: Aber vielleicht könnte sich Bettina dazu durchringen, trotz aller Animositäten auch auf dem **Sachohr** zu hören und entsprechend sachlich zu reagieren. Das würde die Atmosphäre wesentlich entkrampfen und versachlichen. Wir haben das in unserem Beispiel über gelungene und gescheiterte Gespräche in Kapitel 3 gezeigt. Wir könnten fast zum Lehrsatz erheben:

Halten Sie möglichst immer alle vier Ohren offen, dann können Sie sich entscheiden, auf welcher der vier Ebenen Sie reagieren wollen.

Es ist durchaus möglich, sich für ein spannungsgeladenes Gespräch vorzunehmen, trotz der zu erwartenden Beziehungsbotschaften das Sachohr besonders zu schärfen und möglichst nur auf dieser Ebene zu reagieren. Probieren Sie es mal aus.

Sie werden erstaunt sein, wie sachlich auch Ihr Partner reagiert. Für Bettina scheint es diese Möglichkeit einer bewußten Steuerung ihrer Wahrnehmung und ihres Verhaltens nicht mehr zu geben. Psychotherapeuten würden hier von einer Beziehungsstörung sprechen. Die läßt sich kaum in nur einem klärenden Gespräch beheben, vor allem dann nicht, wenn kein neutraler Dritter dabei ist, der das Gespräch moderieren kann. Deshalb ist es für Paare, bei denen das so läuft, ratsam, eine professionelle Paarberatung aufzusuchen. Bettina dagegen wird kündigen, wenn sie die Stelle bei Schmidt & Co. bekommt.

Noch etwas zu unserem **Selbstoffenbarungsohr**:
Die meisten von uns hören auf diesem Ohr nicht so gut. Wenn wir es täten, könnten wir manches, was wir über unser Beziehungsohr als Anklage oder Vorwurf zu erkennen glauben, anders zuordnen.

Jens und Bettina in der Küche nach einem harten Arbeitstag:

Jens: *Gehn wir heut abend ins Kino?*

Bettina (unwirsch): *Laß mich bloß heute abend mit so was in Ruhe.*

Jens *Hab ich dir was getan?*

Jens hört eine Beziehungsbotschaft, obgleich ihm Bettina signalisieren will:

Du, ich bin todmüde.

Dieses Beispiel zeigt, wie schwer es oft ist zu wissen, für welches Ohr eine Äußerung in erster Linie gedacht war. Aber wir können uns das ein bißchen leichter machen, zum Beispiel durch **Nachfragen** oder durch **Paraphrasieren**.

1. Nachfragen

Wenn Sie ganz sicher gehen wollen, ob Sie auf dem richtigen Ohr hören, fragen Sie nach:

Wie hast du das gemeint?

Oder präziser:

Meinst du das jetzt als Kritik an meinem Vorschlag?

Häufig bringen solche Fragen nicht nur eine Klärung für Sie, sondern ermuntern den anderen dazu, seine Botschaft eindeutiger zu formulieren.

2. Paraphrasieren

Sie können Ihre Ohren gewissermaßen «explizit» machen:

Ich verstehe das als Kritik an meinem Vorschlag.

Man sagt dem Partner, *was* man verstanden hat und *wie* man es verstanden hat.

Wir werden in Kapitel 8.3 sehen, daß Paraphrasieren – man kann es auch **aktives Zuhören** nennen – eine brauchbare Strategie zur Gestaltung von Gesprächen ist.

Fazit: Durch Nachfragen oder Paraphrasieren können Sie klären, ob Sie auf dem richtigen Ohr gehört haben.

Und der Sprecher? Was kann er tun, um uns auf dem «gemeinten Ohr» zu erreichen?

Botschaften explizit formulieren

Wenn wir etwas äußern, wünschen wir uns, daß der andere in bestimmter Weise reagiert. Während aber der Hörer bestimmte Botschaften unserer Äußerung ausblenden kann, haben wir als Sprecher nur begrenzte Möglichkeiten, darauf Einfluß zu nehmen, wie uns der Hörer versteht. Und diese Möglichkeiten wollen wir Ihnen zeigen.

Zunächst: Versuchen Sie das, was Sie ausdrücken wollen, so deutlich wie möglich, wir sagen **explizit**, zu formulieren. Dazu zwei Basisregeln. Die erste:

Machen Sie Ich-Aussagen.

ALSO NICHT:	SONDERN:
Sie zeigen zuwenig Engagement, Herr Köster.	*Ich wünsche mir mehr Engagement, Herr Köster.*

Mit einer **Du- / Sie-Aussage** stellen wir die gesamte Person in Frage. Mit der entsprechenden **Ich-Aussage** schränken wir den Bewertungsrahmen auf unsere persönliche Meinung ein. Wir sprechen **von** uns selbst und von unseren Bedürfnissen und nicht **über** Herrn Köster. Sie haben es gemerkt: Jetzt liegt das Gewicht der Aussage nicht mehr auf der Beziehungsbotschaft, sondern wir formulieren explizit einen Appell.

Allerdings: Für die Wirkung unserer Äußerungen auf den Partner übernehmen wir nicht so gerne die Verantwortung. Deshalb drücken wir uns hier gerne vor Ich-Aussagen und benutzen andere Formen der Entpersönlichung:

Man *strampelt sich hier ab, aber das wird ja als selbstverständlich angesehen.*

Besser explizit:

Ich *strampel mich hier ab und habe dabei das Gefühl, für euch ist das ganz selbstverständlich.*

Hier verschwindet durch die zweite Ich-Aussage («Ich habe das Gefühl ...») auch die passivische Unterstellung («... wird als selbstverständlich ...»).

Denn das ist unsere zweite Empfehlung:

Vermeiden Sie Passivkonstruktionen.
Formulieren Sie im Aktiv.

Natürlich hat eine solche Passivkonstruktion den Vorteil, daß wir schnell dementieren können.

Mitarbeiter *Hier* wird *nur gemeckert.*

Chef *Wen meinen Sie damit, Herr Lohmann?*

Mitarbeiter *Nicht Sie persönlich. Mehr so allgemein.*

Menschen mit mehr Selbstbewußtsein versuchen gleich eine **(Ich-)Aussage im Aktiv**, zum Beispiel:

Ich *höre meistens, was Sie* **nicht** *gut finden, selten was Sie gut finden.*

Wagen Sie ruhig solche expliziten Formulierungen, auch in hierarchischen Situationen. An einer solchen Haltung wächst Ihr eigenes Selbstbewußtsein und der Respekt Ihres Partners, auch wenn er Ihr Chef ist.

Sehen wir uns auf dem Hintergrund dieser beiden Empfehlungen noch einmal die vier Botschaften an, die in jeder Äußerung stecken:

1. Appellbotschaften

Besonders dann, wenn wir von unserem Partner etwas wollen, fällt es uns oft schwer, diese Appellbotschaft explizit zu formulieren: Die Aufforderung «Mach doch mal das Fenster zu!» verstecken wir hinter der Sachbotschaft «Es zieht».

Genaugenommen empfinden wir direkte Appelle deshalb oft als unangemessen oder unhöflich, weil sie die versteckte Beziehungsbotschaft enthalten: Ich bin der, der hier Anweisungen geben kann. Wir fürchten wohl auch eine schroffe Zurückweisung, weil der andere unseren Appell als nicht angemessen erlebt. Und es geht in einem Gespräch ja nicht nur um Verständlichkeit, sondern auch darum, die **Beziehung zu gestalten.**

Deshalb pflegen wir Appelle häufig einzukleiden: Der andere erlebt uns eventuell partnerschaftlicher, wenn wir unseren Appell in eine Frage fassen: «Gießt du mal die Blumen, Karin?» Oder noch sanfter: «Bist du so lieb und gießt mal die Blumen, Karin?»

Auf diese Weise lassen wir unserem Partner einen gewissen **Entscheidungsspielraum**, zumindest signalisieren wir ihm **Wertschätzung**.

Das tun wir auch dann, wenn wir unseren Appell durch eine zusätzliche Beziehungsbotschaft abfedern: Statt der direkten Aufforderung «Wenn du zur Poststelle gehst, gib doch diese Akte bei Seifert ab», sagen wir:

«Du gehst doch gleich zur Poststelle. *Du tust mir einen großen Gefallen*, wenn du diese Akte bei Seifert abgibst.»

Zusätzlich kann man durch eine vorgelagerte Frage die Voraussetzungen klären und den Entscheidungsspielraum explizit machen:

A *Sag mal, hast du es sehr eilig?*

B *Es geht.*

A *Könntest du mir dann einen Gefallen tun und diese Akte ...*

Natürlich müssen wir darauf achten, daß der Partner die Verpackung unserer Appelle nicht als anbiedernd, als distanzlos empfindet.

Wir erleben zu anderen Menschen, also auch zu unseren Kollegen, unterschiedliche **Nähe**: Mit einigen sind wir ziemlich vertraut, anderen gegenüber fühlen wir uns eher entfernt. Diese Distanz sollten wir berücksichtigen, wenn wir an die Verpackung unserer Appelle denken.

Gutes Verpackungsmaterial für Appellbotschaften ist die **Begründung**: Der Arbeitsauftrag «Bitte machen Sie mir bis heute mittag die Kalkulation für Bornemann fertig» wird ergänzt durch ein Argument für die **Angemessenheit** des Appells: «Ich kann dann noch Korrektur lesen und den Terminplan mit Schröder abstimmen. Das kann dann heute abend rausgehen.»

Wenn Chefs Appelle begründen, ändert das zwar nichts an der Betriebshierarchie. Aber der Untergebene erlebt den Chef als weniger dominant. Außerdem fühlt er sich eingebunden in die Gesamtabläufe im Betrieb, für die er ja mitverantwortlich ist. So erlebt er Wertschätzung, eine Aufwertung seiner Arbeit, erlebt sich nicht als Befehlsempfänger, sondern als Partner.

In den emanzipatorisch orientierten Schul-Didaktiken der siebziger Jahre wurde gefordert: «Wenn möglich, begründe jede

Anweisung, die du deinen Schülern gibst.» War das *so* gemeint? «Bitte, nehmt eure Hefte raus, *weil* ich beschlossen habe, daß wir heute eine Arbeit schreiben! Aber dalli!!»

Also: Formulieren Sie Ihre Absicht explizit, und signalisieren Sie dabei Wertschätzung.

Wir haben gesehen: «Explizit formulieren» muß nicht heißen «unhöflich» sein. Häufig fällt es uns schwer, einen solchen Puffer einzubauen, vor allem dann, wenn wir uns über etwas geärgert haben und unseren Appell mit einem Vorwurf koppeln wollen: «*Immer* werden hier die Teeblätter in den Ausguß geschüttet.» Zur Passivkonstruktion kommt eine wunderschöne Verallgemeinerung. Das «Immer» stimmt mit Sicherheit nicht, fördert aber das Betriebsklima ungemein. Klaus Pawlowski ist mal aus einer Wohngemeinschaft geflohen, nicht zuletzt wegen der Flut von Verallgemeinerungen, die ihn in den täglichen Appellbotschaften nicht nur umspülte, sondern geradezu bedrohte:

Hat denn hier keiner ...? Will denn hier jeder ...? Muß man denn jedesmal ...?

Vielleicht können Sie sich ja trotz allen Ärgers zu einer Formulierung wie dieser entschließen:

(1) Ich habe heute morgen wieder Teeblätter im Ausguß gefunden.
(2) Das finde ich verdammt ärgerlich.
(3) Britta, wenn du den Tee aufgießt, sorg doch bitte dafür, daß die Teeblätter in den Mülleimer kommen.

Diese Nachricht enthält mindestens drei eindeutig formulierte Botschaften:

Sachbotschaft (1) mit Zeitangabe,
Selbstoffenbarung (2) als klare Ich-Aussage,
Appell (3), bestimmt, aber höflich.

2. Beziehungsbotschaften

Beziehungsbotschaften enthalten Signale auf zwei Ebenen:

Ich ► du: «Das halte ich von dir.»
Wir: «So läuft das zwischen uns.»

Unangenehme Beziehungsbotschaften sind besonders heikel, weil wir mit ihnen oft den Wert unserer Partner in Frage stellen. Da vermeiden wir häufig schon mal eine explizite Formulierung. Eigentlich meinen wir:

Ich halte ein weiteres Gespräch mit Ihnen für überflüssig.

Aber wir wählen statt dessen die lapidare Sachaussage:

Ich habe keine Zeit.

Diese Wahl kann durchaus sinnvoll sein, wenn wir die Verbindung doch nicht ganz abreißen lassen wollen.

Besonders problematisch sind Beziehungsbotschaften in Kritik- und Bewertungsgesprächen, vor allem dann, wenn wir sie sehr direkt als **Du-Aussagen** formulieren:

Nils Hartmann (zu seinem Mitarbeiter Kurt Berger): *Du bist die größte Niete, die hier rumläuft!*

Klar, Nils redet nicht gern um den heißen Brei herum, kommt am liebsten gleich zur Sache. Aber gerade diese Aussage ist eine weit überzogene Verallgemeinerung (worauf bezieht sich das Etikett «größte Niete»?). Außerdem enthält diese Äußerung eine Appellbotschaft («Ändere dich!»), vor allem aber eine Beziehungsbotschaft. Und die stellt in dieser Form die ganze Person in Frage. Diese Botschaft könnte explizit so formuliert werden:

Du bist in letzter Zeit mit deinen Gedanken nicht bei der Arbeit.

Jetzt ist der Sachbezug klar (unkonzentriert arbeiten). Aber die Äußerung bleibt immer noch eine Unterstellung. Besser verträglich für Kurt ist eine **Ich-Aussage**:

Ich *habe das Gefühl, du bist mit deinen Gedanken nicht bei der Arbeit.*

Jetzt spricht Nils von sich und drückt eine Vermutung aus, die die Beziehung zueinander (wir) nicht in Frage stellt. Er könnte diese Äußerung noch stärker «abfedern», indem er sie wie folgt einbettet:

Du weißt, ich war mit deiner Arbeit meistens sehr zufrieden. Aber in letzter Zeit habe ich das Gefühl, du bist nicht richtig bei der Sache. Was ist mit dir los?

Jetzt signalisiert er generelle **Wertschätzung** und vertrauensvolle **Nähe**, ohne aufdringlich intim zu werden.

Gerade bei Beziehungsbotschaften schleichen wir uns oft

unangemessen vorsichtig ans Thema heran, um möglichen Widerständen aus dem Wege zu gehen und dem anderen ja nicht weh zu tun. Dabei hat der den Braten schon längst gerochen und erlebt unsere Verlegenheitsschleifen als ziemlich unangemessen.

Unangenehme Beziehungsbotschaften werden besser verträglich,

wenn Sie sie explizit formulieren (keine Verallgemeinerungen),

wenn Sie generelle Wertschätzung signalisieren,
wenn Sie die Botschaft als Ich-Aussage formulieren.

Aber auch mit positiven Beziehungsbotschaften haben wir unsere Probleme und verstecken sie oft hinter Sachaussagen. Wer wünscht sich nicht, daß der Chef statt eines sachbezogenen Lobs «Gut, daß Sie den Brief noch fertig gemacht haben, Frau Nemitz» einmal eine explizit formulierte Beziehungsbotschaft «überreichen» möge, zum Beispiel: «Ich wollte Ihnen schon lange mal sagen, daß Sie für mich eine ausgezeichnete Mitarbeiterin sind.»

Positive Beziehungsbotschaften braucht man nicht zu verstecken. Eine explizite Anerkennung mindert keinesfalls die Autorität. Allerdings ist auch hier die Grenze zur Unangemessenheit kaum allgemein zu bestimmen: Wer weiß, ab wann Frau Nemitz eine solche Botschaft als pure «Anmache» mißdeutet oder argwöhnt, daß sie auf irgend etwas Unangenehmes vorbereitet werden soll.

Aber wir sind sicher, Sie werden intuitiv eine angemessene Deutung finden.

3. Selbstoffenbarung

Im beruflichen Alltag sind wir mit Selbstoffenbarungsbotschaften eher vorsichtig. Wenn wir den anderen sagen wollen «Mir geht's schlecht», verstecken wir diese Selbstoffenbarungsbotschaft lieber in einem allgemein gereizten Ton oder hinter einem barschen «Kann mal einer das Fenster zumachen!»

Kein Wunder, daß die Kollegen das dann als Beziehungsbotschaft mißdeuten. Aber kann man im Betrieb explizit äußern, wie es einem geht?

Äußerungen über die eigene Befindlichkeit werden im beruflichen Alltag nicht selten als unangemessen bewertet, oft sogar als gefährlich. Könnten die anderen das als Mangel an Belastbarkeit interpretieren? Oft fehlt die vertrauensvolle Atmosphäre, um explizit zu sagen, daß es uns schlecht geht. Mehr noch: In vielen deutschen Betrieben geht die Angst um. Die Angst um den Arbeitsplatz zieht die Angst nach sich, sich seinen Kollegen zu öffnen, Schwäche zu zeigen, sich also angreifbar zu machen. Aber gerade diese Angst macht manche Menschen am Arbeitsplatz unglücklich, oft sogar krank.

Selbstoffenbarungsbotschaften sollten auch im Betrieb explizit formuliert werden können. Aber was als angemessen gilt, darüber entscheidet die jeweilige Situation, die persönliche Beziehung, das Klima im Team, die «Kommunikationskultur» in diesem Betrieb. Und die muß oft gemeinsam erarbeitet werden.

Mehr zu diesem Thema im Kapitel 8.4 über Metakommunikation.

4. Sachbotschaften

Jede Äußerung enthält auch eine Sachbotschaft, also eine sachbezogene Information:

> **Krause junior** *zu* **Bettina** (ziemlich barsch): *Ich suche die Rechnung von Filzmeier!*

Der Sachbezug ist zunächst einmal klar: Es gibt eine Rechnung von Filzmeier, und Krause junior sucht sie. Aber durch die Art, wie er das sagt, liefert die Sachbotschaft lediglich den inhaltlichen Bezugspunkt, im Vordergrund stehen:

«Ich bin sauer» (Selbstoffenbarung),
«Ich finde Sie schlampig» (Beziehung),
«Los, helfen Sie mir suchen!» (Appell).

Schon die kleinste Beziehungsstörung gibt einer sachlich gemeinten Äußerung schillernde Vieldeutigkeit. Anders herum: Eine scheinbare Sachinformation kann durch eine kleine zusätzliche Betonung eine nette Beziehungsbotschaft enthüllen:

Chef (barsch): *Morgen werde* ^{ich} *mich um die Sache Lehmann kümmern.*
Hintersinn: Sie sind dazu ja nicht fähig.
Ganz anders klingt das, wenn man das Ganze etwas langsamer spricht und bei **ich** die Stimme senkt. Versuchen Sie es mal

Morgen werde $_{ich}$ *mich um die Sache Lehmann kümmern.*

Hintersinn: Da müssen *Sie* sich keine Gedanken machen.

Versuchen Sie einmal die folgende Äußerung auf unterschiedliche Weise zu sprechen, indem Sie den Satzakzent auf die halbfett gedruckten Wörter (Wortteile) legen:

Ich *habe Lehmann nicht abgesagt.*

Ich *habe Lehmann* **nicht** *abgesagt.*

Ich habe Lehmann nicht **ab***gesagt.*

Ich **habe** *Lehmann nicht abgesagt.*

Jedesmal offenbaren sich andere Botschaften. Mehr dazu in Kapitel 8.6 (Sprechausdruck).

Sie können natürlich auch ein kleines Wörtchen dazwischenfügen:

Ich habe ja *Lehmann nicht abgesagt.*

Diese kleinen Ergänzungswörter sind oft die «persönliche Würze», die man einer scheinbar harmlosen Sachaussage mitgibt. Spielen wir ein bißchen:

Der Terminplan liegt auf Ihrem Schreibtisch.

Der Terminplan liegt doch *auf Ihrem Schreibtisch.*

Der Terminplan liegt aber *auf Ihrem Schreibtisch.*

Der Terminplan liegt wie immer *auf Ihrem Schreibtisch.*

Der Terminplan liegt jedenfalls *auf Ihrem Schreibtisch.*

Oder es sind kleine Umstellungen im Satzbau:

Ich konnte Sie nicht erreichen.

Sie waren nicht zu erreichen.

Sagen wir es umgekehrt:

Wenn Sie die Chance erhöhen wollen, daß Ihr Partner eine Äußerung in erster Linie als Sachaussage versteht, formulieren Sie explizit, was «Sache ist»,

- **sprechen Sie sie möglichst sachlich,**
- **verzichten Sie auf bewertende verbale Beigaben.**

ALSO BESSER NICHT:	SONDERN:
Ich habe heute morgen den Computer ausmachen müssen.	
Den Computer habe **ich** *heute morgen ausgemacht.*	*Als ich heute morgen kam, lief der Computer.*
Der Computer ist übrigens (mal wieder) die ganze Nacht gelaufen.	

Und wenn Sie immer noch die Gefahr sehen, daß Ihr Partner in Ihrer Sachaussage vornehmlich eine Beziehungsbotschaft oder einen Appell wittert, bereiten Sie ihn vor.

Botschaften verbal vorbereiten

Wenn Sie die Chance erhöhen wollen, daß Ihr Partner eine Nachricht so versteht, wie Sie sie verstanden haben wollen, können Sie ihm vorweg entsprechende Hinweise geben, gewissermaßen Regieanweisungen für seine Wahrnehmung.

Alf hat Angst, daß sein Partner die folgende recht unangenehme Mitteilung als Kritik versteht, also auf dem Beziehungsohr hört. Deshalb beginnt er so:

Alf Ich will dich darüber informieren, *wie die Sache mit der Bank ausgegangen ist.*

In der Kommunikationswissenschaft nennt man das eine Äußerung auf der **Meta-Ebene**. Wir sprechen **über** das, was gerade im Geschäft läuft oder laufen soll, darüber, wie wir etwas meinen oder etwas verstanden haben.

Alf Ich brauche jetzt Informationen: *Wie soll das gehen mit dem geplanten Transfer?*

(Also versteh meine Frage nicht als Appell oder als Kritik.)

Alfs Partner *Ich spreche jetzt nur über* meine Gefühle ...

(... nicht über unsere Beziehung.)

Wir werden uns in Kapitel 8.4 ausführlich mit der Metakommunikation als Strategie zur aktiven Gesprächsgestaltung beschäftigen. Hier beobachten wir sie nur unter dem Gesichtspunkt: Wie erreiche ich es, daß mein Gesprächspartner meine

Nachricht nicht in den falschen Hals (sprich ins falsche Ohr) bekommt?

Vielleicht ist Ihnen aufgefallen, daß keines der Beispiele oben so formuliert ist:

Bitte versteh mich **nicht** *falsch. Ich will dir jetzt* **keine** *Anweisungen geben.*

Bezieh das jetzt **nicht** *auf dich persönlich ...*

Das soll jetzt **keine** *Kritik sein ...*

Sie werden zugeben, daß sind sehr beliebte Meta-Äußerungen, und vermutlich haben Sie sie selbst schon oft verwendet. Und wie ist die Sache dann gelaufen? Diese so beliebten Pufferäußerungen haben einen Haken: Sie **suggerieren**, daß der Partner etwas falsch verstehen oder auf dem Beziehungsohr hören könnte. Und das tut er dann auch.

Hier gilt das gleiche, was wir Ihnen schon bei der Formulierung Ihrer Gesprächsziele geraten haben, und zwar lediglich als Vorschlag für ihre zukünftige Gesprächspraxis (und nicht etwa als Kritik an Ihrer bisherigen):

- **Formulieren Sie Ihre Metakommentare positiv.**

Indirekte Botschaften

Wir haben Ihnen empfohlen, Ihre Botschaften möglichst explizit zu formulieren, nach dem Motto «Ich will dir unmißverständlich sagen, wie es mir geht oder was ich von dir halte, was du tun sollst oder was Sache ist.»

Häufig sind aber auch **mehrdeutige Aussagen** durchaus funktional. Erfolgreiche Diplomatie begründet sich geradezu aus der Fähigkeit, Äußerungen mehrdeutig und Appelle indirekt zu formulieren.

Werbung lebt von der Mehrdeutigkeit ihrer Aussagen. Sachaussagen in der Werbung enthalten immer Appellbotschaften: *«Die Allianz Privatrente ergänzt, was die Gesetzliche nicht leisten kann.»*

Appelle verbergen sich hinter Selbstoffenbarungsbotschaften: *«Ich rauche gern.»*

(► Tun Sie es auch.)

Oder sie verstecken sich in Beziehungsbotschaften: *«Ihr Erfolg ist das Resultat Ihres starken Willens: Audi.»*

Aber auch im ganz normalen Leben und Arbeiten ist es häufig zweckmäßig, unsere Botschaften in mehrdeutigen Nachrichten zu übermitteln. Natürlich hoffen wir, daß der andere das Gemeinte erschließen kann, aufgrund der Situationsbedingungen oder der Art, *wie* wir das sagen (freundlich, böse, ironisch, so oder so betont).

Verwaltungschefin Vera Falter weiß, daß Chefarzt Professor Ammelsbach sehr empfindlich auf Kritik reagiert. Nun hat sie erfahren, daß Ammelsbach der Oberärztin Segler erlaubt hat, einen Wohnwagen auf dem Patientenparkplatz abzustellen. Vera ist stinksauer.

> **Vera** (zu Ammelsbach): *Es geht um den Wohnwagen auf dem Patientenparkplatz. Die Nachbarschaft hat sich bei mir beklagt. Wissen Sie, wem das Ding gehört?*

Ihre Beziehungsbotschaft («Wie können Sie nur …?») tarnt sie durch eine sachliche Anfrage und unterfüttert diese Anfrage durch ein Zitat (ein anderer hat gesagt).

Ein anderes Beispiel: Vera möchte, daß ihre Sekretärin etwas länger bleibt, weil die Arbeit sich häuft. Sie weiß, daß die Sekretärin sich auf ihr Recht auf Feierabend berufen kann. Aber der Aktenstapel muß nun mal vom Tisch.

> **Vera** *Frau Ehlers. Wir ersticken in Arbeit. Da sind die Eingaben an die Landesregierung, terminiert. Die Umstellung des Belegungsplanes, terminiert. Ich kann natürlich nicht verlangen, daß Sie länger bleiben, aber …*

Eindeutig ein indirekter Appell, und Frau Ehlers wird das auch als Appell verstehen.

Der Vorteil indirekter Botschaften:

- Wir können Sie dementieren:
  Ich störe mich nicht an dem Wohnwagen.
  Ich habe nicht verlangt, *daß Sie bleiben, Frau Ehlers.*
- Wir erlauben uns und unserem Partner, das Gesicht zu wahren, vermeiden damit eine Beziehungsstörung:

> **Vera** *Es geht um den Wohnwagen auf dem Patientenparkplatz. Die*

Nachbarschaft hat sich bei mir beklagt. Wissen Sie, wem das Ding gehört?

Ammelsbach *Frau Dr. Segler. Sie hatte mich gefragt. Aber wenn ich gewußt hätte, daß die Nachbarn sich beklagen, hätte ich ihr nie erlaubt, das Ding da hinzustellen.*

Und der Herr, der die Dame seines Herzens nach dem ersten gemeinsamen Abendessen in dem herrlichen französischen Restaurant fragt: «Darf ich Sie noch zu einem guten Glas Wein bei mir zu Hause einladen?», hat in diese Frage zwar eine indirekte Botschaft eingearbeitet, aber wenn die Dame empört reagiert, kann er mit der Hoffnung auf Glaubwürdigkeit versichern: «Sie verstehen mich falsch: Ich wollte nur noch ein wenig mit Ihnen plaudern.» Er kann dementieren und auf diese Weise sein Gesicht wahren. Das kann auch die Dame: «Entschuldigen Sie. Ich bin müde. Vielleicht das nächste Mal.»

Diese Beziehung hat eventuell eine Zukunft.

Fazit: Oft sind indirekte oder mehrdeutige Botschaften geeigneter für das Gelingen eines Gesprächs als eindeutige.

Den Kontext beachten

Oft sind es schon die äußeren Bedingungen einer speziellen Situation, die unsere Gesprächspartner auf einem Ohr besonders sensibel machen. Und darauf sollten wir uns in dem entsprechenden Gespräch einstellen.

Viele Gespräche glücken nur dann, wenn Sie sich vorher fragen: Welche Botschaft braucht der Partner, um sich in dieser Situation verstanden und damit sicher zu fühlen?

In einer Prüfung wird der Prüfling das Sachohr und das **Appellohr** geschärft einsetzen, aber geradezu auf «Zeichen von Menschlichkeit und Verständnis», also auf Beziehungsbotschaften warten:

Wie geht es Ihnen?

Das kriegen wir schon hin.

Jedes Feedback wertet er als Beziehungsbotschaft, jedes *positive* Feedback baut ihn auf (der Prüfer findet mich gut):

Eine gute Antwort.

Macht Spaß mit Ihnen ...

In therapeutischen Gesprächen hören Patienten gern auch auf dem Selbstoffenbarungsohr. Ein Arzt oder Therapeut, der auch mal etwas über sich selbst preisgibt, ist einem näher, wird menschlicher.

Bei einem Beratungsgespräch in seiner Bank fährt Hans Riebensahm nicht nur sein Sachohr aus, sondern auch sein Beziehungsohr (Ist der Berater an seinem besonderen Problem interessiert, oder spult er nur ein rhetorisch gestütztes Programm herunter?).

Spätestens hier zeigt sich: Wenn ich in bestimmten Situationen bewußt auf bestimmte Botschaften verzichte oder gezielt bestimmte Botschaften sende, kann ich meinen Partner recht gut in die von mir gewünschte Richtung lenken – sprich, ihn manipulieren. Das ist die Ambivalenz aller unserer Ratschläge und Gesprächsstrategien: Wir können Sie anwenden, um unserem Partner zu schaden, aber auch, um ihm zu helfen. Wie Sie dieses Buch lesen und mit welchem Ziel, müssen wir Ihnen überlassen ...

Sie haben eben in unserem Kapitel über die unterschiedlichen Botschaften und deren Wahrnehmung schon drei wichtige Strategien zur Steuerung von Gesprächen kennengelernt: Fragen, Paraphrasieren, Metakommunikation. Wir werden sie uns in den folgenden Kapiteln genauer ansehen.

8.2 Fragen

Die Funktion von Fragen

Wer fragt, rechnet im allgemeinen mit einer Antwort. Sonst ist seine Frage ein verkappter Appell oder eine versteckte Feststellung oder Behauptung:

Bettina (ärgerlich zu Tochter Karen): *Hast du immer noch nicht deine Wäsche aufgehängt?*

Das wird Karen nicht als Frage verstehen, und Bettina will auch keine Antwort. Es ist schlicht und einfach ein Appell.

Uns geht es im folgenden um Fragen, die eindeutig auf Antworten zielen.

Wenn Alf einen neuen Kunden besucht, besteht ein Großteil seiner Äußerungen im Gespräch aus Fragen.

1. Er will den anderen **kennenlernen**, eventuell, um seine Einstellungen zu erkunden, aber auch, um eine persönliche Beziehung aufzubauen, und stellt **Fragen zur Person**:

   Alf *Sie sind alter Fußballer?*

   Kunde *Ach, Sie meinen die Fotos: Ja, ich habe lange bei Göttingen 05 gespielt.*

   Alf *Ich war bei RotWeiß. Immer noch aktiv?*

   Kunde *Na ja, hin und wieder bei den alten Herren.*

2. Er möchte die **äußeren Bedingungen** für das Gespräch **abklären**:

   Wie lange haben wir Zeit für unser Gespräch?

3. Er will auch etwas über die **inhaltlichen Voraussetzungen** wissen:

   Haben Sie selbst schon mal mit einer Agentur zusammengearbeitet?

4. Er stellt **Verständnis-** und **Definitionsfragen**, zum Beispiel, um den Kunden zur **Präzisierung** einer vagen oder sehr allgemeinen Äußerung zu bewegen:

   Kunde *Ich muß* was tun *für meine Filialen in den neuen Bundesländern.*

   Alf *Was meinen Sie mit «was tun»?*

   Oder um eine gemeinsame **begriffliche Basis** zu schaffen:

   Kunde *Ich denke da an* Plakatwerbung.

   Alf *Was verstehen Sie unter «Plakatwerbung»?*

   Viele Gespräche scheitern, weil die Partner während des gesamten Gesprächs einen Begriff unterschiedlich verstehen.

5. Er erfragt **Fakten**, um die Informationen über den Betrieb und das Produkt des Kunden zu gewinnen, die er für seine Arbeit braucht.

   Wieviel Umsatz machen Sie in Ihren ostdeutschen Filialen?

   Sind Sie einer Handelskette angeschlossen?

6. Er fragt nach **Meinungen**:

Alf *Was halten Sie von großflächigen Anzeigen in den örtlichen Tageszeitungen? Etwa in dieser Art* (zeigt ein Beispiel).

Kunde *Ich weiß nicht recht. Nee, find ich nicht so gut die Idee.*

Und nach einer **Begründung** für diese Meinung:

Alf *Und warum nicht?*

Kunde *Wissen Sie, in den Anzeigenteil guckt doch kein Mensch.*

Auf dieser Basis kann er dann seine eigene Argumentation aufbauen:

Das kommt auf die Plazierung an und auf die Art der Anzeige.

7. Ähnlich erkundet er die **Planungsideen** seines Partners, um die Chancen für seine eigenen Ideen abzuwägen:

Alf *Wie hoch sollte die erste Auflage der Plakate sein?*

Kunde *Ich dachte an 2000.*

Auch hier bittet er um eine **Begründung**:

Alf *Warum nur 2000?*

Kunde *Ich denke an den Preis.*

Diese grundsätzlichen Bedenken hat er erwartet. Je früher er sie herausfragt, desto weniger belasten sie den weiteren Gesprächsverlauf. Jetzt kann er seine Argumente bringen:

Herr Walter, ob wir nun 50 oder 4000 drucken, das macht sich nur bei den Druckkosten bemerkbar: Kosten für Papier, Farbe, Arbeitszeit. Das sind vielleicht 2000 DM mehr. Meine Agenturkosten bleiben gleich. Aber so eine Aktion lohnt sich erst ab 5000: Verbreitung, Auffälligkeit ...

Wir sehen: Fragen haben in Gesprächen unterschiedliche **Funktionen.** Wer Fragen stellt, kann dabei drei grundsätzliche **Ziele** verfolgen:

1. Eine Beziehung aufbauen oder sichern (1.),
2. Informationen gewinnen (2.–5.),
3. Das Gespräch aktiv gestalten (6.–7.).

Übrigens könnten unsere Ausschnitte aus Alfs Kundenberatung auch ein Muster für andere Beratungsgespräche sein: in der Bank, bei Ämtern und Behörden, sogar in der Arztpraxis:

1. PHASE: Beziehung gestalten,
2. PHASE: Informationen erfragen,
3. PHASE: Auf dieser Basis den Partner auf ein nützliches Ziel hinsteuern.

Sehen wir uns die einzelnen Stationen genauer an.

Die Beziehung gestalten

Zugegeben: Prüfungsfragen sind unangenehm, die inquisitorischen Fragen eines Polizisten können einen ganz schön in Bedrängnis bringen, und auch Fragen in Interviews sind oft nicht dazu angetan, daß sich zwischen Fragendem und Befragtem ein inniges Verhältnis ergibt. Menschen, die uns Fragen stellen, können sehr lästig sein, zum Beispiel, wenn sie uns dazu auffordern, etwas preiszugeben, was wir lieber für uns behalten möchten:

Wo warst du?

Was hat er über mich gesagt?

Stimmt es, daß der Vorstand über eine Entlassung des Trainers nachdenkt?

Wie fühlen Sie sich nach dieser Niederlage?

Oder wenn diese Fragenden etwas wissen wollen, wovon wir keine Ahnung haben: in Prüfungen zum Beispiel. Dann sind Fragen nicht dazu angetan, eine entspannte Beziehung aufzubauen.

Aber Fragen sind nicht nur der Schlüssel zum Wissen oder zu den Empfindungen des Partners. Fragen können auch – bemühen wir ein anderes Bild – eine Brücke zwischen zwei Menschen aufbauen, immer dann, wenn sie dem anderen signalisieren: Ich interessiere mich ernsthaft für dich als Person.

Die übliche Begrüßungsfrage «Wie geht's?» ist zwar ein Ritual, aber eines zur Beziehungsgestaltung. Wenn ich nicht meine eigene Formel dagegensetze «Gut. Und selbst?», sondern wahrheitsgemäß antworte: «Zur Zeit nicht so toll», wird der andere mir die Fortsetzung dieses sehr persönlichen Erfahrungsaustausches nicht verweigern, wenn er wirklich Interesse an mir hat.

Wir haben gesehen, daß Alf sein Kundengespräch mit Fragen zur Person eröffnet:

Alf *Sie sind alter Fußballer?*

Kunde *Ach, Sie meinen die Fotos: Ja, ich habe lange bei Göttingen 05 gespielt.*

Alf *Ich war bei RotWeiß. Immer noch aktiv?*

Kunde *Na ja, hin und wieder bei den alten Herren.*

So schafft er eine recht persönliche Beziehung, lockert das Gespräch von vornherein auf. Aber er geht mit diesen Fragen zur Person vorsichtig um. So eine Anknüpfung muß sich zwanglos ergeben, zum Beispiel – wie in diesem Fall – aus den Fotos an der Wand. Gefährlich wäre es, wenn der Kunde persönliche Fragen an ihn als rhetorische Masche deuten würde.

Auch *während* eines Gesprächs kann eine solche persönliche Frage, richtig plaziert, eine positive Beziehung fördern:

Wir wären ein gutes Team, oder?

Fragen zur Person sind geeignet, Beziehungen aufzubauen und zu gestalten, aber auch Beziehungen zu *überprüfen*:

Sie schauen so zweifelnd. Glauben Sie mir nicht?

Vielleicht kann man das auch vorsichtiger ausdrücken, aber oft ist es unerläßlich, während eines Gesprächs zur Sache auch den emotionalen Stand zu ermitteln, vor allem dann, wenn man das Gefühl hat, unter der Sachdiskussion entwickele sich ein kleiner Schwelbrand, der verhindern könnte, daß das Gespräch gelingt.

Fragen, richtig plaziert, sind ein gutes sprachliches Mittel zur Klärung und Gestaltung einer Beziehung.

Informationen gewinnen

Kommen wir noch einmal zurück zu Alfs Kundengespräch. Ist das nicht ein bißchen überraschend? Der Berater fragt mehr als der Ratsuchende. Aber der, der einen Rat sucht, geht häufig mit Fragen viel zu sparsam um. Dabei müßte er seinen Berater, seinen Arzt usw. geradezu löchern mit Fragen. Schließlich geht es um *seine* Gesundheit, *sein* Geld, die Versicherung *seines* Lebens.

Warum fragen wir so wenig? Vielleicht, weil wir blindes Vertrauen haben (zum Beispiel zu unserem Arzt)? Vielleicht, weil wir nicht als naiv oder laienhaft erscheinen möchten?

Das geht Klaus Pawlowski, trotz besseren Wissens, immer wieder so, wenn es um Versicherungen geht, noch schlimmer um seinen Bausparvertrag. Meistens versteht er nur Bahnhof, aber das will und kann er aus Eitelkeit nicht zugeben. Dabei müßte er jede Menge **Verständnis- und Definitionsfragen** stellen, schon um herauszufinden, welche Konsequenzen sich für ihn hinter einem Fachbegriff verbergen:

Was verstehen Sie unter «gesetzlicher Bindungsfrist»?

Was bedeutet «Wechsel der Vergünstigungsart»?

Er hat den Verdacht, manche «Berater» bringen bewußt Fachbegriffe ins Spiel, wohl wissend, daß wir uns nicht gern die Blöße der Unwissenheit und Laienhaftigkeit geben. Auf den sanften Wellen dieser bedeutungsschwangeren, also sicher vielversprechenden Spezialbegriffe umschiffen sie dann ganz locker die Klippen unserer Zweifel bis in den Hafen eines wunderbaren Vertrages.

Als Regel sollte gelten:

Sie sollten nie ein Gespräch beginnen oder fortsetzen, wenn Ihnen die Bedeutung oder der Bedeutungsrahmen eines Begriffs unklar ist oder wenn Sie nicht wissen, ob der andere das gleiche darunter versteht wie Sie selbst.
Also: Definitionsfragen stellen!

Immerhin wagt Klaus Pawlowski inzwischen in solchen Situationen, die «Wahrheit» jeder **Behauptung**, die meist ja eine verkappte Aufforderung ist, in Frage zu stellen:

Berater *Ein Aufstocken der Sparsumme auf 30 000 bringt nur Vorteile.*

K.P. *Und* welche *Vorteile?*

Das hat er inzwischen gemerkt: Wenn er nicht kritisch nachfragt, hat er hinterher einen neuen Vertrag in der Hand, obgleich er sich vor dem Gespräch vorgenommen hatte, den alten zu kündigen. Mit Fragen zwingt er den andern dazu, sich auf *ihn, Klaus Pawlowski,* zu konzentrieren und nicht nur auf die Höhe seiner Provision. Auf der Basis der erfragten Informationen kann er wirklich entscheiden und fühlt sich hinterher nicht überredet.

Vor allem bei Beratungsgesprächen mit seinem Arzt hat sich Klaus Pawlowski inzwischen angewöhnt, hemmungslos zu fragen: **Faktenfragen** im Hinblick auf ärztliche Verordnungen und Maßnahmen:

Arzt *Ich schreibe Ihnen da mal ein gutes Mittel auf.*

K.P. *Was ist das für ein Mittel?*

Arzt *Es heißt «Pipapo». Rein pflanzlich.* (Der Arzt kennt Klaus schon und will einer entsprechenden Frage vorbeugen.)

K.P. *Was hat es für Nebenwirkungen?*

Oder er informiert sich über konkrete **Handlungen** des Arztes und über dessen **Handlungspläne**:

Was machen Sie jetzt mit mir? – Wie wollen Sie vorgehen?

Und stellt die entsprechenden **Begründungsfragen**:

Und wozu ist das gut?

Übrigens sollte man auch seinem Arzt Definitionsfragen stellen. Ärzte gewinnen mit Sicherheit einen Teil ihrer scheinbaren Omnipotenz aus ihrem Fachvokabular.

Arzt *Ich empfehle Ihnen eine Gastroskopie.*

Patient *Und was ist eine Gastroskopie?*

Wir sehen: Wer nicht fragt, muß sich nicht wundern, wenn er in einem Gespräch seine Ziele nicht erreicht oder hinterher unliebsame Überraschungen erlebt.

Das gilt nicht nur für Berater und Ratsuchende, sondern für *jedes Gespräch.*

Geradezu fatal kann die Scheu vor Fragen in betrieblichen Abläufen werden. In Nils' Firma ist kürzlich ein Auftrag aus Israel nur deshalb fast geplatzt, weil Produktbearbeiter Karl Westerberg seinem Meister, also Nils, keine präzisen Fragen gestellt hatte. Nils war davon ausgegangen, daß alles klar ist:

Nils *Der Kunde hat die Position der Anschlüsse moniert. Er möchte gerne die Scartbuchse unten und den Videoausgang und den Audioausgang vertauschen. Also setzt das bitte um. Alles klar?*

Karl *Alles klar.*

Nichts war klar. Zwar war irgendwas vertauscht oder umgelötet worden. Aber nicht so, wie der Kunde es verlangt hatte. Ergebnis: Zeitverlust, Kunde moniert, Geschäftsführer ist sauer.

Nils bekommt Ärger. Natürlich hätte Nils eindeutiger erklären können, eine kleine Skizze wäre hilfreich gewesen. (Mehr dazu in Kapitel 8.5 «Verständlich beschreiben und erklären».)

Aber auch zwei Fragen Westerbergs hätten die Sachlage klären können:

Wie soll das genau aussehen?

Gibt's dazu 'ne Skizze?

Vielleicht hat Karl Westerberg deshalb nicht gefragt, weil er Angst hat, Fragen könnten ihm als Unsicherheit oder mangelnde Professionalität ausgelegt werden.

Die Scheu vor Verständnisfragen ist ein großes Problem in Betrieben – ein Problem, das sehr viel Geld kosten kann.

Theorie

In der Linguistik (speziell in der Teildisziplin Pragmatik) spricht man dann von einer Frage, wenn folgende Voraussetzungen erfüllt sind: Jemand weiß etwas nicht, möchte es aber aus bestimmten Gründen wissen. Er stellt eine Frage und hofft darauf, daß der Partner ihm mit seiner Antwort zu dem gewünschten Wissen verhilft (Maas / Wunderlich 1972, S. 213). Die grundlegende Funktion von Fragen ist also der **Ausgleich eines Informationsdefizits.**

Das kann **unmittelbar** oder **mittelbar** sein.

1. Bei einem **unmittelbaren** Informationsdefizit wollen wir

- **Fakten** erfahren zur Person, zu Sachverhalten,
- **Einschätzungen**, Meinungen, Hypothesen, Planungsideen kennenlernen,
- **Begründungen** für Behauptungen, Aufforderungen, Handlungen wissen,
- **Klärung** erreichen durch Wiederholung oder Präzisierung unverständlicher Äußerungen, Erläuterung mehrdeutiger unklarer Äuße-

rungen, Begriffsdefinitionen oder indem wir nachfragen, ob wir richtig verstanden worden sind.

Alle Fragen in Alfs Beratungsgespräch sind unmittelbare Fragen.

2. **Mittelbare** Fragen stellen wir in Prüfungssituationen:
   Wie sieht das Zeichenfunktionsmodell von Karl Bühler aus?
   Keine Angst, Sie sitzen jetzt in keiner Prüfung. Aber sie kennen die Situation: Der Prüfer kennt die richtige Antwort und will überprüfen, ob Sie *auch* Bescheid wissen.
   Für Maas sind solche Test-Fragen keine Fragen. Sie entsprechen «vielmehr pervertierten Handlungen wie Befehlen» (Maas/Wunderlich S. 213).

Jede Fragesituation ist erst dann beendet und gelungen, wenn der Partner die gewünschte Antwort (Information) gegeben hat.

Voraussetzungen dafür, daß eine Fragesituation gelingt, sind:

1. Der Befragte muß die Frage **als Frage verstehen** und nicht als Aufforderung:
   Hast du deine Wäsche immer noch nicht aufgehängt?
   Wenn es Zweifel gibt, sollte er sich vergewissern:
   Soll das eine Frage sein?
2. Er muß den **Inhalt der Frage** verstehen. Das bedeutet: Wer fragt, sollte seine Frage dem Partner gemäß verständlich formulieren. Wenn er das nicht tut, sollte der Partner nachfragen oder um Wiederholung bitten:
   Was willst du genau wissen? Kannst du bitte die Frage wiederholen?
3. Er muß **antworten können**. Es gibt Menschen, die legen es geradezu darauf an, einem anderen durch unangemessene Fragen zu zeigen, wie dumm oder unerfahren er ist. Vor allem in Prüfungen kann so etwas ausgesprochen unangenehm sein.
4. Er muß **antworten wollen**. Wer fragt, muß damit rechnen, daß der andere die Antwort verweigert. Es gibt Situationen, in denen der Befragte diese Möglichkeit hat und sie auch wahrnehmen sollte, zum Beispiel wenn es um sehr persönliche Dinge geht oder wenn man sich oder andere durch eine Antwort in Gefahr bringt. Dennoch bleibt dann etwas «in der Luft hängen». Eine Fragesituation ist eben erst mit einer Antwort beendet.

- Prinzipiell kann ja auch jeder Politiker in einem Interview die Antwort verweigern. Wie das wirkt, müssen wir hier nicht erläutern.

Wir können Fragen unterschiedlich formulieren. Mit unseren Formulierungen geben wir den Befragten unterschiedliche Antwortspielräume. (Pawlowski 1983, S. 17f.). Entsprechend kann man Fragen grob einteilen in **geschlossene Fragen** und **offene Fragen.** In Alfs Kundenberatung kommen beide Formen vor:

geschlossen:

Sind Sie einer Handelskette angeschlossen?

Wenn der Kunde so antworten will, wie es die Frage vorgibt, kann er sich nur entscheiden zwischen Ja und Nein.

offen:

Was verstehen Sie unter «was tun»?

Der Kunde hat einen großen Antwortspielraum: Er kann mit einer kurzen Erklärung antworten:

Die Werbung intensivieren.

Er kann aber auch eine umfangreiche Planungsidee ausbreiten.

Vor- und Nachteile:

	offen		**geschlossen**	
	+	–	+	–
Frager	bekommt viel Information; bringt den anderen zum Reden; kann eigene Strategien vorbereiten.	bekommt Information, die er nicht braucht; kann durch die Frage kaum steuern.	bekommt knappe Antworten; bekommt Entscheidung, auf die er den anderen festlegen kann.	bekommt wenig Information; kann sich kein ausreichendes Bild vom anderen machen.
Befragter	kann viel (alles, was ihm einfällt) sagen; kann Informationen	sagt eventuell zuviel, gibt preis; weiß nicht, was er auswählen soll:	hat klaren Antwortrahmen; kann aus der Fragestellung die erwar-	hat nur geringen Handlungsspielraum; muß sich in seiner Entschei-

weglassen, ausschmücken	was ist sachlich, was strategisch richtig?	tete (richtige?) Antwort heraushören (Prüfung).	dung festlegen.

Geschlossene Fragen lassen sich noch weiter untergliedern:

Ja / Nein-Fragen: *Sind Sie einer Handelskette angeschlossen?*

Wenn Alf den ohnehin schon kleinen Handlungsspielraum noch weiter einschränken will, macht er daraus

Suggestivfragen:

Sind Sie also keiner Handelskette angeschlossen?

Er legt damit den anderen auf eine Antwort fest.

Suggestivfragen können unterschiedlich wirken:

Wollen Sie nicht auch, daß man Sie in möglichst vielen Städten kennt?

Da kann der Kunde kaum nein sagen. Alf hat ihm aus der Seele gesprochen. Hier auch?

Finden Sie nicht, daß Sie bisher ziemlich unprofessionell gearbeitet haben?

Solche Fragen hat Alf nicht im Repertoire, jedenfalls nicht für Kundengespräche. Eigentlich ist das ja eine unterstellende Behauptung, äußerlich als Frage verpackt.

Alternativfragen:

Sind Sie einer Handelskette angeschlossen, oder beziehen Sie Ihre Waren von unterschiedlichen Lieferanten?

Mit einer solchen Frage gibt Alf zwar zwei Entscheidungsmöglichkeiten vor, legt sie aber inhaltlich fest.

In der Hypno-Therapie nach Milton Erickson gibt es noch die Kategorie der **eingebetteten Frage**. Grammatisch hat sie die Form einer Aussage:

Ich weiß nicht, was Sie davon halten ...

Ziel einer solchen «Einbettung»: Der Antwortdruck wird gemindert. Der Befragte hat die Möglichkeit, sich freier zu entscheiden, ob er antwortet oder nicht. Am Beispiel der «eingebetteten» Frage wird deutlich: Die grammatische Form gibt nicht unbedingt Auskunft darüber, ob wir etwas als Frage verstehen oder nicht.

Wir sehen: Es ist nicht nur wichtig zu überlegen, mit welchem Ziel wir eine Frage stellen. Wenn wir dieses Ziel erreichen wollen, müssen wir auch darüber nachdenken, welche Frage die richtige ist, und das oft in Sekundenschnelle.

Mit Fragen steuern

Wir haben gesehen: Werbemann Alf stellt in seinen Beratungsgesprächen erstaunlich viele Fragen. Er fragt mehr, als er eigene Meinungen äußert. Die Meinung steht häufig erst am Ende einer Fragenkette:

Alf	*Wie werben Sie bisher für Ihre ostdeutschen Filialen?*	**Fakt / offen**
Kunde	*Das übliche: Anzeigen, Wurfsendungen.*	
Alf	*In was für Zeitungen werben Sie?*	**Fakt / offen**
Kunde	*Na, in den üblichen regionalen Blättern.*	
Alf	*Gar nicht überregional?*	**Fakt / geschl.** (► *Präzisierung*)
Kunde	*Bisher nicht.*	
Alf	*Und wie oft schalten Sie eine Anzeige?*	**Fakt / offen**
Kunde	*Einmal in der Woche.*	
Alf	*Und Wurfsendungen?*	**Fakt / offen**
Kunde	*Einmal im Monat.*	
Alf	*Warum so wenig?*	**Begr. / offen**
Kunde	*Hier machen wir auch nicht mehr.*	
Alf	*Wie lange sind Sie schon hier am Markt?*	**Fakt / offen**
Kunde	*Dreißig Jahre.*	
Alf	*Und im Osten?*	**Fakt / offen**
Kunde	*Seit '93*	
Alf	*Sehen Sie, hier kennt man Sie, dort noch nicht. Ich denke, da müssen Sie etwas zulegen in der Werbung.*	

Alf sammelt zunächst die **Informationen**, die er als Basis für seine Schlußfolgerung braucht. Und – das ist das Entscheidende – er führt den Kunden über die Treppe seiner Fragen sicher zu dieser (unausweichlichen) Schlußfolgerung. Die Vorgehensweise ist recht geschickt: In seiner Begründungsfrage («Warum so wenig?») steckt schon das bewertende Fazit: Ich weiß jetzt, wieviel Sie werben, und finde, das ist wenig.

Die Begründung für diese Bewertung liefert der Kunde selbst durch die Antwort auf die letzten beiden Fragen von Alf. Ob das «echte» Faktenfragen sind, muß man bezweifeln. Alf hat sich sicher vor dem Gespräch über diese Fakten informiert. Aber mit seinen Fragen legt er dem Kunden selbst die Argumente für die Schlußfolgerung in den Mund und steuert das Gespräch in die gewünschte Richtung.

Das klassische Vorbild dafür, wie man durch Fragen ein Gespräch steuern kann, liefert der griechische Philosoph Platon in den Dialogen, deren Hauptakteur sein Lehrer Sokrates ist.

Sokrates fragt nicht, weil er etwas wissen will, er fragt, um den anderen zu einer Erkenntnis zu führen. Die Art der Fragen läßt vernünftigerweise nur Sokrates' Schlußfolgerungen zu. Bernd Weidemann hat in seinem Buch «Diskussionstraining» (Reinbek 1983) versucht, diese Methode auf ein Gespräch im Betrieb zu übertragen. Handelnde Personen sind der Personalleiter A und der Personalchef B. B möchte erreichen, daß ein Mitarbeiter (Herr Schwarz) gerügt wird. A ist anderer Meinung und möchte B überzeugen:

A *Was wollen Sie denn bei Herrn Schwarz erreichen?*

B *Er soll wissen, daß es so nicht geht.*

A *Ist es nicht wichtiger, daß er in Zukunft bei Kunden nicht mehr über uns schimpft?*

B *Natürlich.*

A *Glauben Sie nicht, daß er schimpft, weil er sich tatsächlich bei uns nicht wohl fühlt?*

B *Hm.*

A *Würde sich Ihre Einstellung zur Firma positiv oder negativ verändern, wenn man Sie vor Ihren Kollegen zurechtweisen würde?*

B *Negativ.*

A *Herr Schwarz wird also eher noch saurer. Er wird noch mehr hinter Ihrem Rücken über die Firma herziehen. Wissen Sie eigentlich, warum er sich nicht wohl fühlt?*

B *Ich kann's mir denken.*

A *Es gibt nur eine Möglichkeit für uns, das genau rauszufinden. Meinen Sie nicht?*

B *Sie meinen, ich sollte mit ihm unter vier Augen reden?*

A *Genau das meine ich.*

Faszinierend, nicht wahr? Oder nicht? Übrigens: Von den sechs Fragen, die A gestellt hat, waren drei Suggestivfragen und zwei offene Fragen.

Natürlich können Sie in einem Ihrer nächsten Problemgespräche diese Methode anzuwenden versuchen. Wir hoffen nur, daß es klappt und Ihr Partner nicht an irgendeiner Stelle sagt:

Ja, Herr Lehrer.

Oder schlimmer hinter Ihrem Rücken berichtet:

Na, die hat sich ja mal wieder als Oberlehrerin aufgespielt.

Oder:

Der hat wieder mal versucht, mich mit seinen Fragen aufs Glatteis zu führen.

Oder noch schlimmer:

Ich glaube, der Chef hat beim letzten «Rhetorikkurs für Manager» gut aufgepaßt.

Zugegeben, «Sokrates-Fragen» (meistens Suggestivfragen) sind eine gute Methode, um zu prüfen, ob der andere mit Ihnen in einem Punkt übereinstimmt. Man kann mit einer oder zwei solcher Fragen auch schon mal ein Gespräch in eine bestimmte Richtung steuern. Aber gehen Sie sparsam mit dieser Methode um: Wenn der andere Ihre Strategie durchschaut, ist sie eigentlich nichts mehr wert.

Dennoch: Wenn wir häufiger fragen würden als behaupten und auffordern, kämen wir in unseren alltäglichen Gesprächen zwar nicht schneller, aber sicherer zum Ziel: Nehmen wir an, Alfs Kunde beginnt einen **Plan** zu entwickeln:

Kunde *Mir schwebt vor: In jeder Stadt eine Werbekampagne, die von den lokalen Gegebenheiten ausgeht.*

NICHT SO GUTE REAKTION:	BESSERE REAKTION:
Das würde ich ganz anders machen.	*Wie stellen Sie sich das genau vor? (offen / Einschätzungsfrage)*

Und bevor wir vorschnell nachlegen «So geht das nicht», helfen wir unserem Partner mit weiteren Informations-, Begründungs- und Verständnisfragen, seinen Plan zu entwickeln und dabei kritisch zu überdenken. Oft reicht das schon, um beim anderen Zweifel zu wecken und das Ohr zu öffnen für unseren Gegenentwurf. Oder es ergibt sich die Möglichkeit einer sanften Annäherung der Ideen. Eventuell merken wir aber auch, daß der andere geradezu verliebt ist in seine Idee und wir mit unserem Plan keine Chance haben.

Gerade Handlungsentwürfe, Ideen, wie man eine Sache handhaben, ein Problem lösen kann, sind uns häufig besonders ans Herz gewachsen. Wenn dann einer sofort dagegenschießt «So geht das nicht» oder «Ist doch Quatsch, das Ganze», klappen wir gern unsere Ohren zu oder schießen zurück. Und so ein Schußwechsel führt selten zum gemeinsamen Handeln oder zu zweckmäßigen Entscheidungen.

Mit Fragen zeigen wir unser Interesse an unserem Partner und seinen Ideen und Plänen. Und wir zeigen unser Interesse daran, zu einer gemeinsamen partnerschaftlichen Lösung zu kommen.

Auch bei **Meinungsverschiedenheiten** ist Fragen eine ausgezeichnete Strategie:

Kunde *Ich finde, Plakataktionen sind rausgeschmissenes Geld.*

MÖGLICHE REAKTIONEN

NICHT SO GUT (ABER SEHR BELIEBT):	BESSER (NICHT SO BELIEBT):
Da bin ich ganz anderer Meinung. Ein gutes Plakat fällt immer auf, springt ins Auge. Man muß es nur richtig hinhängen ...	*Warum?* ODER: *Wie kommen Sie zu dieser Ansicht?*

Wir sind meistens sehr schnell mit unseren Gegenargumenten bei der Hand, häufig – wie in diesem Beispiel – ohne die Argumente unseres Partners gehört zu haben. Vielleicht sind diese Argumente ja so schwach, daß wir keine Mühe haben, sie zu widerlegen. Vielleicht ist das Meinungsgefüge des anderen aber auch eine ganz harte Festung. Gewiß, wir haben die besseren Argumente, aber ob der Partner bereit ist, sie zu hören, geschweige denn sich umstimmen zu lassen, wenn wir sie ihm sofort vorknallen?

Alfs Strategie: Er fragt so lange, bis der andere ihm einen Ansatz zum Widerspruch bietet, und erst dann beginnt er mit seiner Gegenargumentation. Auch hier geht es natürlich darum, den anderen für einen Standpunkt zu gewinnen. Aber auch hier zeigen Fragen, daß man bereit ist, sich mit dem Standpunkt des anderen auseinanderzusetzen. Sie sind damit beziehungsfördernder als spontane Gegenargumentationen.

Wir werden uns die Möglichkeiten und Grenzen von Argumentation im Teil «Die Vertiefung», Kapitel 13.1, genauer ansehen.

Fragen sind ein geeignetes Mittel, um Gespräche zu steuern. Gerade wenn schwierige Gespräche in die Sackgasse zu geraten drohen, wenn Meinung gegen Meinung steht, wenn die Beteiligten aneinander vorbeireden, können Sie mit einer Frage das Gespräch wieder auf den geplanten Weg bringen.

Sich gegen Fragen wehren

Mit Fragen können wir in Gesprächen eine Menge erreichen. In unseren Beispielgesprächen waren sie für den Partner und das Gespräch eher hilfreich als lästig. Die Partner in unseren Gesprächen hatten also auch kaum Gründe, die gestellten Fragen zurückzuweisen.

Natürlich können unserem Arzt unsere Fragen lästig sein, oder auch Alfs Kunde könnte sich unangemessen ausgefragt fühlen. Dann könnten oder sollten Sie sich gegen diese Fragen wehren, zum Beispiel durch **Gegenfragen**:

Sagen Sie mal, wozu wollen Sie das eigentlich wissen? **offen**

Ist das jetzt so wichtig für Sie? **geschlossen**

Erwarten Sie dazu wirklich eine Antwort von mir?

Oder durch direkte **Zurückweisungen**:

Darauf kann (will, darf) ich Ihnen jetzt nicht antworten.

Kein Kommentar.

Häufig haben wir gute Gründe, auf Fragen nicht zu antworten. Aber Sie merken an den Beispielen: Wenn wir Antworten verweigern, zeigen wir dem anderen, daß wir seine Frage nicht für angemessen halten, entweder auf der Beziehungsebene oder auf der Sachebene. Auf diese Weise problematisieren wir natürlich die Beziehung. Deshalb ist es häufig angebracht, solche Zurückweisungen im Hinblick auf ihre Wirkung zu überdenken oder sie abzufedern:

Ich finde es gut, daß Sie soviel Interesse an der Sache haben. Aber wozu brauchen Sie alle diese Einzelheiten?

Typische Politiker-Abfederung:

Bitte haben Sie Verständnis dafür, daß ich Ihnen in dieser Phase der Verhandlungen darauf keine Antwort geben kann.

Dieses letzte Beispiel rückt eine Situation ins Blickfeld, in der der aktive Umgang mit zum Teil lästigen Fragen eine wichtige Fähigkeit ist: das Interview. Aber es gibt noch andere Situationen, in denen Fragen häufig lästig sind und wir uns gerne gegen sie wehren möchten, zum Beispiel das Bewerbungsgespräch und die Prüfung.

8.3 Paraphrasieren

Verständigung sichern

Wir haben diese Strategie zur aktiven Gestaltung von Gesprächen schon oben kurz erwähnt, als es darum ging zu prüfen, ob wir eine Äußerung so verstehen, wie der andere hofft, daß wir sie verstehen:

Wenn ich dich richtig verstanden habe, ist das eine Kritik an meinem Vorschlag.

Wir sagen dem anderen, was wir verstanden haben oder wie wir es verstanden haben und versichern uns, ob das, was wir verstanden haben, auch das ist, was der andere gemeint hat. Wir nennen diese Strategie **Paraphrasieren**, häufig findet man auch die Bezeichnung **aktives Zuhören**.

Bettina in einem Telefongespräch mit einem Kunden:

Kunde *Bitte, sagen Sie Herrn Krause, daß ich morgen erst um 14 Uhr da sein werde. Oder besser fragen Sie ihn, ob wir uns nicht zum Essen treffen könnten. Sagen wir: um 13 Uhr bei «da Mimmo». Sagen Sie ihm: es hätten sich noch ein paar Änderungen ergeben. Der Bauherr möchte Phonstop-Fenster. Vielleicht könnte Herr Krause ein paar Unterlagen mitbringen. Könnten Sie mir bis 16 Uhr Bescheid geben, wann und wo wir uns treffen?*

Bettina *Ich will's versuchen, Herr Planert. Darf ich noch mal wiederholen? Entweder um 14 Uhr hier oder um 13 Uhr bei «da Mimmo». Ich habe Sie so verstanden, daß Ihnen das lieber wäre. Und wenn bei «da Mimmo», dann mit einem Prospekt über Phonstop. Ist das so richtig?*

Kunde *Soweit ja. Aber keinen Prospekt, sondern schon ein paar konkrete Zahlen, was da an Mehrkosten auf uns zukommt. Ich meine, wenn das geht.*

Noch einmal die Schritte:

1. Bettina wiederholt mit eigenen Worten, was sie verstanden hat.
2. Sie bittet um die Bestätigung dafür, daß ihre Paraphrase dem entspricht, was Herr Planert gemeint hat.
3. Herr Planert bestätigt den großen Zusammenhang, korrigiert eine wichtige Einzelheit.

In unseren alltäglichen Gesprächen verkürzen wir meistens den zweiten Schritt. Wir sprechen bereits die Paraphrase als Frage:

Sie würden sich also lieber bei «da Mimmo» treffen?

Oder wir leiten die Paraphrase mit der Formel ein:

Wenn ich Sie richtig verstanden habe ...

Gespräche scheitern oft, weil der eine nicht versteht, was der andere sagt oder wie er etwas meint. Das kann unterschiedliche Gründe haben:

- Die Information unseres Partners ist sehr umfangreich, so wie im Gespräch oben.

- Das, was der Partner sagt, erscheint uns relativ unpräzise (im Gespräch oben der Begriff «Material»).
- Unser Partner benutzt Begriffe oder beschreibt Zusammenhänge, die uns relativ fremd und dadurch schwer verständlich sind.
- Die Art, wie er spricht (zu schnell, genuschelt), erschwert das Verstehen.
- Die in der Nachricht enthaltenen Botschaften erscheinen uns nicht eindeutig.

Wenn wir unserem Partner mit eigenen Worten das wiedergeben, was wir verstanden oder wie wir es verstanden haben, hat er die Möglichkeit, zu korrigieren oder zu präzisieren.

Eventuell können wir in unserer Paraphrase selbst die Präzisierung vornehmen (Bettina: ... *Prospekte* über Phonstop ...) und überprüfen lassen, ob sie stimmt.

Unser erstes Fazit lautet also:

Mit einer Paraphrase und der Reaktion darauf können Sie in einem Gespräch die Verständigung sichern.

Ergebnisse sichern

Nehmen wir an, Krause junior und Herr Planert sind in ihrem Gespräch, entweder bei «da Mimmo» oder im Büro, zu einem Ergebnis gekommen, dann faßt – wenn er klug ist – Krause junior dieses Ergebnis (gewissermaßen in einer Paraphrase) zusammen:

Ich halte noch einmal fest, Herr Planert: Sie faxen mir noch einmal die genauen Maße und bekommen von mir die Kalkulation für diese 27 Phonstop-Fenster. Dabei gehen wir von einem Festpreis aus. Sie sprechen mit dem Bauherrn und sagen ihm, daß sein Sinneswandel die Sache um etwa vierzehn Tage verzögert. Ich werde aber versuchen, die Lieferung zu beschleunigen. Fehlt noch was?

Solche Zusammenfassungen können die Ergebnisse eines ganzen Gesprächs sichern. Sie können aber auch am Schluß einzelner thematischer Abschnitte stehen und zum nächsten Themenkomplex überleiten:

Lassen Sie uns noch mal zusammenfassen: *Ihr Bauherr will 27 Phonstop-Fenster, und zwar auf der Seite zur Straße. Die Maße von drei Fenstern haben sich geändert. Da brauchen wir noch Daten. Alle Fenster sollen Kipp-Dreh-Beschläge haben. Nicht klar ist, ob die Farbe der Rahmen so lieferbar ist. Darum werd ich mich kümmern. O.K.?*

Dann zum Preis. *Den kann ich natürlich nicht ganz präzise sagen, weil ich die neuen Maße noch nicht genau kenne ...*

Vor allem für die Leitung oder Moderation von Gesprächen sind solche Zusammenfassungen unerläßlich.

1. Sie machen den Beteiligten klar, was sie in diesem Gespräch bisher erreicht haben, wo sie sich im Gespräch befinden.
2. Es gibt ihnen die Möglichkeit zu korrigieren, nachzufragen.
3. Wenn alle mit der Zusammenfassung einverstanden sind, kann sich der Moderator später auf dieses Einverständnis berufen. Das Ergebnis ist verbindlich.

Zusammenfassende Paraphrasen dienen in Gesprächen der Ergebnissicherung.

Theorie

Das **Paraphrasieren** finden wir in unterschiedlichen Bereichen der öffentlichen Kommunikation:

1. Es dient als Kontrollphase in **technischen Arbeitsabläufen**: Handlungsanweisungen, etwa bei der telefonischen Auftragsannahme, im Funksprechverkehr, in einem Eisenbahnstellwerk, werden möglichst genau wiederholt.

2. Das gleiche geschieht im **militärischen Bereich**, bei Befehlsausgabe und Befehlsempfang.

3. Für das **psychotherapeutische Gespräch** entwickelte der Psychologe Carl Rogers (s. Tausch 1968, S. 86) die «klientenzentrierte Methode»: Der Therapeut verbalisiert die emotionalen Erlebnisinhalte des Patienten. «Das, was der Psychotherapeut jeweils von der vom Klienten zum Ausdruck gebrachten phänomenalen Welt und den Gefühlen verstanden hat, kommuniziert er dem Klienten sprachlich in konkreter verständlicher Form» (Tausch, S. 86).

Der Therapeut signalisiert dem Klienten: Ich fühle mich in deine Gefühls- und Gedankenwelt ein. Ich melde dir deine Gefühle und Einstellungen zurück, «so daß du sie direkter vor Augen hast, dich damit weiter auseinandersetzen kannst und so zu einem vertieften Verständnis deiner selbst kommen kannst» (Schulz von Thun 1981, S. 58).

In diesen drei Bereichen ist ausschließlich die Phase der Wiedergabe des Gehörten, also die Paraphrase, von Bedeutung. Das Ziel ist die **Verständigungssicherung**, das **Vertiefen von Verständnis**.

Eine eigene Stellungnahme erfolgt nicht. Es handelt sich also um eine reine «Reaktionsstrategie».

Zur **Vorbereitung einer eigenen Äußerung**, also als «Aktionsstrategie», dient das Paraphrasieren in zwei Bereichen:

1. in der **Pädagogik**: Flanders (1970) schlägt dem Lehrer vor, die Äußerungen seiner Schüler zu paraphrasieren, um zu zeigen, daß er sie akzeptiert.

Entscheidend ist aber: er kann sich so eine Basis schaffen,

- um die Gedanken und Gefühle seiner Schüler zu modifizieren,
- um Schlüsse daraus zu ziehen
- um eine Verbindung herzustellen zwischen den Äußerungen der Schüler und dem, was er selber denkt oder was früher gesagt worden ist,
- um Gedanken und Gefühle zusammenzufassen (vgl. Grell 1975, S. 49).

Die Paraphrase dient hier bereits als Steuerstrategie.

2. Das tut sie vor allem in unserem **Gesprächsalltag** (Pawlowski 1981, 1983, 1985). Und das wollen wir uns jetzt genauer ansehen.

Eigene Stellungnahmen inhaltlich vorbereiten

Unsere Paraphrase kann dazu dienen, die von uns erwartete Antwort oder unsere eigene Stellungnahme vorzubereiten. Zunächst einmal: Dadurch, daß wir etwas wiederholen, was der andere gesagt oder gefragt hat, gewinnen wir Zeit.

Wir können uns noch einmal vergegenwärtigen, worum es geht, und unsere Antwort oder Stellungnahme vorbereiten. Das kann vor allem dann sehr hilfreich sein, wenn wir durch das, was der andere sagt, überrascht oder verunsichert werden. Es gibt Situationen, in denen solche Verunsicherungen eingeplant werden sollten, zum Beispiel in Vorstellungsgesprächen, Prüfungen oder Kritikgesprächen. Hans Riebensahm rät Prüfungskandidaten, sich in «brenzligen Situationen» dadurch etwas Luft zu verschaffen, daß sie die Frage zunächst einmal mit eigenen Worten wiederholen. Wenn Sie allerdings von einer brenzligen Situation in die nächste stürzen, nützen alle Paraphrasen nichts, zumal ihr Prüfer diese Dauer-Strategie dann sehr schnell als das entlarvt, was sie ja in diesem Fall auch ist: eine Verlegenheitslösung.

Aber auch in Diskussionen und Teambesprechungen kann es nützlich sein, Zeit zu gewinnen für die eigene Stellungnahme.

Wenn Vera, die Verwaltungschefin der Klinik Neu-Bethlehem, mit ihren Mitarbeitern zusammensitzt, geht es oft hoch her:

Vera (zu Küchenchef Kühne): *Herr Kühne, die Pflegedienstleitung beschwert sich, daß jeden Morgen das Frühstück so spät kommt. Und dann ist regelmäßig zuwenig Kaffee da.*

Das muß Herr Kühne erst einmal verdauen:

Kühne *Also die da oben beschweren sich: Wir liefern das Frühstück zu spät. Und zuwenig Kaffee?*

Vera *Ja, die Pflegedienstleitung hat mich schon mehrmals darauf angesprochen.*

Nach dieser Paraphrase hat Küchenchef Kühne seine Argumentation beisammen:

Kühne *Mag sein, daß wir in letzter Zeit ein bißchen spät dran sind. Aber das ist manchmal gar nicht anders zu machen: Morgens sind nur zwei Frauen zum Putzen in der Küche. Zwei Frauen, ich bitte Sie. Eh die fertig sind, ist es sieben. Die scheuern uns quasi zwischen den Füßen rum. Da müßte mal ein neuer Putzplan her. Das ist das eine.*

Dann der Dienstbeginn. Um sechs sind nur die Eva und der Jörn in der Küche. Karla und Petra können erst um 6.30 Uhr anfangen, weil die mit dem Bus aus Dimarden kommen. Das ist alles ziemlich knapp.

Eine lange Rede. Vera könnte nun ebenfalls paraphrasieren, um zu prüfen, ob sie alles verstanden hat. Sie könnte aber auch mit einer solchen Paraphrase ihre eigene Stellungnahme vorbereiten. Vielleicht auf der **Inhaltsebene**:

1. Selektieren

Vera *Wenn ich das richtig verstehe, gibt es zwei Gründe:* **Paraphrase**
Erstens der Putzplan: Nur zwei Putzhilfen, und die sind bis sieben zugange.
Zweitens: Der Dienstplan: Karla und Petra können erst um halb sieben anfangen.
Da müßte sich doch etwas ändern lassen: **eigene**
Entweder, die fahren einen Bus früher ... **Stellungnahme**

Kühne *Das ist es ja, da fährt keiner ...*

Vera *... oder Eva und Jörn fangen um halb sechs an und machen früher Feierabend.*

Sie haben es gemerkt: Vera hat zwar *beide* Gründe wiederholt, sich aber in ihrer Stellungnahme nur auf *eine* Begründung bezogen. Das Putzplan-Argument erscheint ihr zu kompliziert. Da will sie erst das andere Argument abarbeiten. Sie hat also mit ihrer eigenen Stellungnahme eine taktische **Selektion** vorgenommen. Natürlich hätte sie diese Selektion bereits in ihrer Paraphrase machen können:

Vera *Zunächst zum Dienstplan: Also, Karla und Petra können erst um halb sieben anfangen ...*

Vera spart einfach das erste Argument aus. Sie will es erst gar nicht noch einmal ins Bewußtsein von Küchenchef Kühne bringen. Wenn der sein Putzhilfen-Argument für unausweichlich hält, kann er es ja einklagen. Und das sollte er auch tun, um sich gegen diese Selektionsstrategie zu wehren:

Kühne *Halt, stopp, genauso wichtig ist die Sache mit den Putzhilfen.*

Wenn Küchenchef Kühne nicht aufpaßt, kann Vera durch ihre selektive Paraphrase dem Gespräch *die* Richtung geben, die ihr am angenehmsten erscheint. Durchschaut Herr Kühne aber diese Vorgehensweise, wird er sich von jetzt an dazu zwingen, etwas straffer zu argumentieren.

Wenn Sie zwei oder mehr Argumente in einen Gesprächsbeitrag packen, dürfen Sie sich nicht wundern, wenn Ihr Partner sich für seine Reaktion das für ihn am wenigsten problematische herauspickt.

2. Gewichten

Vera *Wenn ich Sie richtig verstehe, gibt es zwei Gründe:* **Paraphrase**
Erstens der Putzplan. Zweitens der Dienstplan:
Karla und Petra können erst um halb sieben anfangen.
Das zweite Problem scheint mir eher lösbar. **Gewichtung**
Vielleicht könnte man … **Stellungnahme**

3. Inhaltlich bewerten

Vera könnte in ihrer Paraphrase auch noch einen Schritt weitergehen:

Vera *Gewiß haben Sie recht, wenn Sie meinen,* **bewertende**
zwei Putzhilfen sind ein bißchen wenig. **Paraphrase**
Aber das Problem liegt doch wohl beim
Personal in der Küche.
Wenn ich Sie richtig verstanden habe, können
Petra und Karla …

Eine solche Bewertung kann natürlich auch **implizit** geschehen:

Vera *Wenn ich Sie richtig verstehe, sind von sechs bis halb sieben ganze zwei Leutchen in der Küche, nur weil Petra und Karla angeblich nicht früher anfangen können.*

Hier bringt sie in der Paraphrase ihre Einstellung bereits unmißverständlich zum Ausdruck. Keine sehr erfolgsträchtige Variante, wenn man auf eine partnerschaftliche Problemlösung aus ist. Küchenchef Kühne sollte hier unbedingt intervenieren (mit einer Paraphrase):

Kühne *Sie sagen: Petra und Karla können angeblich nicht früher anfangen. Früher fährt kein Bus. Das ist Tatsache.*

Fazit: Mit einer Paraphrase können Sie Ihre eigene Stellungnahme inhaltlich vorbereiten und ein Gespräch in die gewünschte Richtung steuern, wenn es der Partner zuläßt.

Gelegenheit zum Überdenken geben

Wenn Vera die Argumentation von Küchenchef Kühne mit eigenen Worten wiedergibt, führt sie ihrem Partner das noch einmal vor Augen, was er gerade gesagt hat. Dadurch gibt sie ihm die Chance zur kritischen Distanz, also darüber nachzudenken, ob das denn alles so stimmt und stichhaltig ist, was er vorgebracht hat. Das ist allemal besser, als ihn sofort mit einer Gegenargumentation zu bombardieren. Küchenchef Kühne kann während der Paraphrase von Vera überlegen: Ist denn das Putzfrauenargument wirklich so stichhaltig, und es eventuell zurückziehen:

Kühne *Also das mit den Putzfrauen ist, glaube ich, nicht ganz so wichtig.*

Paraphrasen dienen dazu, daß der Partner seine Äußerung und ihre Wertigkeit im Gespräch noch einmal überdenken kann.

Die Beziehung gestalten

Unser Beispiel aus der Klinik Neu-Bethlehem zeigt, daß wir mit einer Paraphrase unsere Stellungnahme auch auf der **Beziehungsebene** vorbereiten können. Wir können mit ihr ein positives Klima fördern. Wenn wir in unsere Paraphrase nicht gerade eine negative Bewertung der Partneräußerung einbauen, wird sich das eher positiv auf die Beziehung und damit auf das Gesprächsklima auswirken.

Mit Paraphrasen signalisieren Sie dem Partner ein gewisses Maß an Wertschätzung.

Wir zeigen ihm, daß wir seine Äußerung für wichtig halten, daß wir bereit sind, uns mit dem Inhalt dieser Äußerung und mit ihm als Partner ernsthaft zu beschäftigen. Dadurch können wir ein kollegiales und damit positives Gesprächsklima schaffen. Vor allem dann, wenn wir in der sozial stärkeren Position sind, können wir mit einer solchen Paraphrase erreichen, daß der andere unsere Dominanz weniger stark erlebt bzw. eher akzeptiert. Mehr noch: Mit einer Paraphrase geben wir dem anderen das Gefühl, daß wir uns auf seine Wellenlänge begeben. Besonders intensiv erlebt er diesen Kontakt, wenn wir uns in der Paraphrase seinem Sprachstil bis zu einem gewissen Grade anpassen, zum Beispiel seine Begriffe und Satzkonstruktionen übernehmen.

¶ Paraphrasen dienen der Versachlichung.

Vor allem in emotional stark aufgeladenen Gesprächen kann eine Paraphrase dazu dienen, das Gesprächsklima zu versachlichen:

Pflegedienstleiterin Wenzel *Frau Falter, ich glaube, ich platze gleich. Heute morgen haben die Patienten erst um 8 Uhr Frühstück bekommen. Ich runter zu Planert. Sagt der: geht nicht früher. Borgmeier krank, die Krallmann wegen dem Schnee halbe Stunde Verspätung. Das interessiert mich gar nicht. Dann muß eben umdisponiert werden. Dann müssen eben mal ein paar von den Zivis ran, Brot schneiden und so. Jedenfalls geht das so nicht. Jetzt dachten wir, es würde sich was ändern. Nix is. Können Sie mir sagen, wie wir das schaffen sollen mit der Medikamentenversorgung und mit der Visite?*

Vera (bewußt ruhig, sachlich) *Frau Wenzel, ich kann Ihre Aufregung verstehen. Sie konnten erst um acht Uhr das Frühstück verteilen. Sie haben schon mit Herrn Planert gesprochen. Und er hat Ihnen berichtet, daß sich da heute morgen ein Engpaß ergeben hat. Die waren wirklich in einer blöden Situation heute morgen. Sie haben es ja selbst gehört: Einer krank. Und dann der Schnee. Wir haben ja versucht umzudisponieren, aber die Zivis fangen auch erst um sieben an …*

Wichtig ist, daß Vera das sehr ruhig und sachlich sagt und daß sie nach ihrer Paraphrase auf das Wörtchen «aber» verzichtet. Durch die Paraphrase zeigt Vera der aufgeregten Frau Wenzel,

- daß ihre Gefühlsäußerung angemessen ist, daß Vera sie versteht,
- daß sie bereit ist, auf die Probleme einzugehen,
- daß sie dieses Gespräch auf einer sachbezogenen Ebene weiterführen möchte.

Mit großer Wahrscheinlichkeit wird Frau Wenzel auf diese Sachebene einsteigen. Voraussetzung ist allerdings, daß sie an einem klärenden Gespräch interessiert ist und nicht nur zu Vera Falter gekommen ist, um hemmungslos Dampf abzulassen.

Mit einer Paraphrase können Sie Ihre eigene Handlungsfähigkeit demonstrieren.

Wer paraphrasiert, zeigt, daß er sich mit dem, was der Partner sagt, intensiv beschäftigt, daß er den Inhalt der Äußerung prüft, daß er ihn nicht spontan verwirft, aber auch nicht bereit ist, ihm unreflektiert zuzustimmen. Er zeigt, daß er handlungsfähig ist und als Partner ernst genommen werden möchte.

Das ist vor allem dann sinnvoll, wenn wir uns in sozial schwächerer Position befinden. Wir zeigen mit einer solchen Äußerung: Ich nehme mir auch in einer solchen Situation Zeit nachzudenken und bin nicht bereit, mir den Ablauf des Gesprächs diktieren zu lassen.

Genau zuhören

Ein anderes Beispiel aus der Klinik Neu-Bethlehem: Küchenchef Kühne hatte sich für ein Gespräch mit seiner Verwaltungschefin ein ganz klares Ziel gesetzt: Es müssen zwei zusätzliche Küchenhilfen eingestellt werden. Dazu hat er sich eine Reihe unabweisbarer Argumente notiert und am Schluß den Zusatz geschrieben: *«Nicht abspeisen lassen!!!»*

Küchenchef Kühne war gut vorbereitet und wild entschlossen. So trug er seine Argumente vor, ließ sich auch nicht unterbrechen, war auch nicht bereit, sich mit den Einwänden und Alternativvorschlägen Veras eingehend zu beschäftigen. Hörte eigentlich gar nicht richtig zu und legte sich seine nächste Äußerung schon zurecht, während Vera noch sprach. Dabei hielt er sich eisern an sein Motto: *«Nicht abspeisen lassen!!!»*

Schade eigentlich, denn einige dieser Vorschläge Veras waren gute Angebote, Versuche, auf anderem Weg eine Entlastung für die Küche zu finden. Das Gespräch endete so:

Vera *Wenn Sie keine andere Lösung sehen als die Erweiterung des Per-*

sonals, kann ich Ihnen nicht helfen. Wir haben nicht die Mittel, zwei zusätzliche Küchenhilfen einzustellen. Nicht mal eine. Tut mir leid, dann muß es eben so weitergehen.

Kühne *Wie, das haben Sie ja gesehen. Und ich kann für nichts garantieren, Frau Falter. Jedenfalls werde ich ab jetzt Frau Wenzel oder jeden, der zum Meckern in die Küche kommt, sofort zu Ihnen schicken.*

Wenn Herr Kühne sich nicht so auf seine Forderungen versteift hätte, wenn er doch genau zugehört, seine Ohren offengehalten hätte für die Vorschläge und Nachfragen von Vera. Gerade in Gesprächen, in die wir mit einem festen Konzept und klaren Zielvorstellungen gehen, kann es helfen, wenn wir uns zum Zuhören zwingen. Eine gute Hilfe ist dabei die Paraphrase. Wenn wir die Äußerungen unseres Partners mit eigenen Worten wiederholen, erschließen wir genauer, *was* der andere meint und *wie* er es meint.

Manche Einwände entpuppen sich beim näheren Hinhören als brauchbare Stützen für unsere eigene Argumentation oder als erste Schritte auf einem gemeinsamen Weg zur Lösung des Problems.

Wenn Sie paraphrasieren, geben Sie sich selbst Gelegenheit, genau zuzuhören.

Sich in den Partner hineinversetzen

Allerdings passiert dabei auch etwas anderes, etwas, was Küchenchef Kühne vielleicht intuitiv befürchtet hat, als er sich vornahm «Nicht abspeisen lassen!!!»

Wenn man genau zuhört und wenn man dieses Zuhören mit einer Paraphrase unterstützt, beschäftigt man sich aktiv mit dem, was der Partner sagt, mit seinen Motiven und ihren Hintergründen, mit seinen Gefühlen und Sachzwängen. Es kann also passieren, daß man in seiner eigenen Position verunsichert wird. Aber wäre das so schlimm?

Theorie

Der Sozialpsychologe Hovland (1969, S. 299) hat festgestellt, daß aktive Beteiligung mit einer Gegenposition dazu führen kann, daß man eher bereit ist, seine eigene Meinung in Frage zu stellen: «Die Aufgabe, eine Mitteilung anderer in Worte zu fassen, schließt eine Ich-Beteiligung ein und erhöht so wahrscheinlich die Aufmerksamkeit für ihren Inhalt, was wieder die Chancen verbessert, daß man darüber nachdenkt und davon beeinflußt wird.»

Natürlich kann man auf diese Weise in seiner eigenen ursprünglichen Meinung auch bestärkt werden, aber es kann auch möglich sein, daß man die Position des anderen aus seiner Sicht verstehen kann oder seine eigene Position kritisch überdenkt. Während einer Paraphrase legt man die eigenen Sichtweisen und Werthaltungen beiseite, «um ohne Vorurteil die Erlebniswelt des anderen zu betreten» (Rogers 1976, S. 37).

Wir meinen, daß dieses Sich-aufeinander-Einlassen eine notwendige Voraussetzung dafür ist, daß wir in Gesprächen die Grundlagen schaffen können für gemeinsames Handeln.

8.4 Metakommunikation

Wir haben Metakommunikation bereits kennengelernt, als wir über die unterschiedlichen Botschaften sprachen und die Schwierigkeit für den Hörer, eine Äußerung so zu verstehen, wie der Sprecher sie verstanden haben will. Der Sprecher kann ihm durch eine Metakommunikation sagen, wie er verstanden werden möchte:

Ich brauche jetzt Informationen ...

Ich spreche jetzt nur über meine Gefühle ...

Metakommunikation heißt: Wir sprechen **über** die Kommunikation, über das, was gerade im Gespräch läuft oder laufen soll. Wir steigen also kurzfristig von der Stufe des Beteiligten auf die Stufe des Beobachters oder Steuermanns. Und das tun wir in unseren alltäglichen Gesprächen häufiger, als wir annehmen:

Wir sollten uns jetzt dem Problem der Finanzierung zuwenden.

Ich fasse mal kurz zusammen.

Ich finde, hier sind im Augenblick zu viele Emotionen im Spiel.

Wieso schimpfen Sie so?

Ich habe nicht verstanden, was Sie gerade gesagt haben.

Sag das noch mal.

Theorie

Schulz von Thun definiert Metakommunikation als eine «Kommunikation über die Kommunikation, also eine Auseinandersetzung über die Art, wie wir miteinander umgehen und über die Art, wie wir die gesendete Nachricht gemeint und die empfangenen Nachrichten entschlüsselt und darauf reagiert haben» (1981, S. 91). Er zieht das Bild des «Feldherrnhügels» heran, von dem aus wir mit Abstand das Gespräch betrachten und darüber sprechen, was geschehen ist und was geschehen soll.

In jeder Äußerung steckt implizit «ein metakommunikativer Anteil, ein so-ist-das-gemeint-Anteil» (Schulz von Thun, S. 91). Wenn wir im folgenden von Metakommunikation sprechen, meinen wir die, die «explizit», also relativ bewußt, eingesetzt wird.

(Explizite) Metakommunikation ist in allen drei «Aufgabenbereichen» (Lepschy 1996) der inneren Situation möglich:

1. Auf der Ebene der **Beziehungsgestaltung**, zum Beispiel wenn wir unsere eigenen Gefühle und Bedürfnisse einbringen wollen.
2. Auf der Ebene der **Themenbearbeitung**, zum Beispiel wenn das Gespräch undurchsichtig ist, wenn der eine nicht versteht, was der andere meint, wenn Informationen fehlen oder verwirren.
3. Auf der Ebene der **Gesprächsorganisation**, immer dann, wenn es darum geht, den Ablauf des Gesprächs zu gestalten.

Metakommunikation ist – wie wir sehen werden – eine ausgezeichnete Strategie, um Gespräche aktiv zu gestalten. «Die Fähigkeit zur Metakommunikation ist ... eine conditio sine qua non aller erfolgreichen Kommunikation» (Watzlawick 1969, S. 56).

Gespräche organisieren

In Nils' Firma KASA Optik GmbH gibt es an jedem Montag eine Dienstbesprechung. Anwesend sind der Geschäftsführer, der technische Leiter, der Leiter der Abteilung Marketing und Verkauf, zwei Vertriebsassistentinnen, die drei Leiter (Meister) der Fertigungsbereiche und die fünf Produktmanager, die für den Verkauf und die Kundenbetreuung zuständig sind. Wir greifen aus einer dieser Dienstbesprechungen nur die Meta-Äußerungen heraus und sehen uns ihre Funktion an.

Geschäftsführer Heise (GF) leitet das Gespräch. Für ihn ist die Metakommunikation die wichtigste Äußerungsform:

1. In der Gesprächseröffnung:

1. ZIEL: ZEITRAHMEN SETZEN:

GF *Wir haben uns am letzten Montag zwei Stunden Zeit genommen. Da ging es ja auch um grundsätzliche Probleme. Heute wollen wir versuchen, in einer dreiviertel Stunde fertig zu werden.*

2. ZIEL: INHALTLICHEN RAHMEN SETZEN:

GF *Wir wollen heute nicht Tagesprobleme besprechen, sondern es geht nur um das Thema «Verhältnis Produktmanagement – Fertigung».* (Gibt danach an Hand eines Tafelbildes Überblick über die Problemlage.)

3. ZIEL: GESPRÄCHSSTRUKTUR VORGEBEN:

GF *Ich bitte jeden Produktmanager und jeden Fertigungsleiter, und zwar reihum, die Probleme zu schildern, die er in seinem Bereich mit der Situation hat. Wir können das dann Punkt für Punkt diskutieren.*

Aber auch die anderen machen entsprechende Meta-Äußerungen:

Marketingchef Klaus *Ich möchte am Schluß noch was über die F 37 sagen.*

Produktmanager Berger *Meinen Bericht würde ich gerne an den Anfang stellen. Ich muß eventuell früher weg, wegen der Leute aus Frankfurt.* (GF stimmt nach kurzer Diskussion zu)

4. ZIEL: AUFGABEN UND ROLLEN VERTEILEN:

GF *Wer schreibt Protokoll?*

GF *Frau Helter, bitte übernehmen Sie nach meinem Bericht die Gesprächsleitung.*

Mit Hilfe von Metakommunikation können Sie die Gesprächsstruktur und die Gesprächsregeln vorgeben oder aushandeln.

2. Während des Gesprächs:

1. ZIEL: ZUSAMMENFASSEN, ERGEBNISSE SICHERN:

(Hinweis zu den Beispielen: die betonten Äußerungen gehören nicht mehr zur Meta-Ebene.)

GF *Ich fasse mal eben das Ergebnis der Diskussion zusammen ...*

GF *Halten wir fest:* Sie, Herr Lamann, klären mit der Firma Strickrot ab, was die genau brauchen.

Fertigungsleiter Nils Hartmann *Darf ich das noch mal zusammenfassen?*

Produktmanagerin Walter *Was soll ich also nun meinen Leuten sagen?*

2. ZIEL: STAND DES GESPRÄCHS MARKIEREN, GLIEDERUNG BEWUSST MACHEN, GRENZEN SETZEN:

GF *Ich denke, wir haben diesen Punkt geklärt.*

GF *Kommen wir zum Bericht von Herrn Lamann.*

Technischer Leiter *Das haben wir doch jetzt ausreichend gründlich geklärt.*

GF *Wir sind nicht in der Lage, das heute zu diskutieren.*

GF *Ich denke, wir können für heute Schluß machen.*

3. ZIEL: IMPULSE GEBEN:

GF *Kommen wir noch mal zum Kernproblem.*

GF *Hat einer noch Fragen?*

Vertriebsassistentin Helter *Das Problem «Termindruck» sollten wir jetzt aber schon ansprechen.*

4. ZIEL: GESPRÄCHSAKTIVITÄTEN ANKÜNDIGEN, EINFORDERN, BEWERTEN (hier kommen Meta-Äußerungen vor allem von den anderen Teilnehmern):

Produktmanager Sobotzik *Dazu möchte ich kurz was sagen.*

Technischer Leiter *Da muß ich jetzt etwas länger ausholen.*

Fertigungsleiter Hartmann *Da muß ich widersprechen.*

Vertriebsassistentin Wasmer *Dazu muß ich jetzt mal Stellung nehmen.*

Produktmanager Sobotzik *Aber das ist kein Argument gegen die S 35.*

Marketingchef Klaus *Moment, lassen Sie mich einen Augenblick nachdenken.*

An diesen Beispielen zur Metakommunikation zeigt sich etwas von der Kommunikationskultur in diesem Betrieb: Der Geschäftsführer ist der Gesprächsleiter, allerdings gibt er in einer Phase, in der seine Aktivitäten zur Diskussion stehen, die Gesprächsleitung ab. Aber den Gesprächsrahmen, die Gesprächsstruktur, die Rollenverteilung gibt *er* vor, allerdings ist er bereit, über die Tagesordnung zu verhandeln.

In die «innere Organisation» mischen sich dann fast alle Teilnehmerinnen und Teilnehmer ein, allerdings oft vorsichtiger als der Chef, zum Beispiel mit Fragen. Erst auf der organisatorischen Mikro-Ebene (ankündigen, bewerten ...) sind alle mit Meta-Äußerungen dabei.

Es gibt übrigens Betriebe oder Abteilungen in Betrieben, in denen für Teambesprechungen jeweils ein Moderator gewählt wird, der damit die Rolle des Gesprächsorganisators übernimmt. Prüfen Sie mal, wie in Ihrem Betrieb solche Dienst- oder Teamgespräche ablaufen, vor allem wer welche Meta-Äußerungen zur Gesprächsorganisation macht.

Mit Metakommunikation hat jeder Teilnehmer die Möglichkeit, in die Organisation eines Gesprächs einzugreifen.

Die Verständigung sichern

In unserem Dienstgespräch bei KASA gab es eine ganze Reihe von Meta-Äußerungen zur Verständnissicherung. Einige Beispiele:

GF *Verstehen Sie mich richtig: Mir geht es jetzt nicht* um die technischen Probleme, sondern um Termine.

Fertigungsleiter Hartmann *Was heißt «normale Lieferzeit»?*

Produktmanagerin Walter *Verstehe ich das richtig?* Es ist alles soweit vorbereitet?

Technischer Leiter *Das habe ich akustisch nicht mitbekommen.*

Meta-Äußerungen können dazu beitragen, daß Sie angemessen verstanden werden, oder sie können signalisieren, daß Sie Verständnisprobleme haben.

In jedem Gespräch, auch in dem bei KASA, ist die Beziehung der Teilnehmer zueinander eine wesentliche Komponente. Nils kann mit dem technischen Leiter, Kurt Merker, nicht so besonders, zwischen Frau Walter und Marketingchef Klaus gibt es auch einige persönliche Spannungen, der technische Leiter und der Geschäftsführer sind befreundet. So könnte man ein Soziogramm der Beziehungen herstellen: Wer kann wie mit wem? Die Realität unseres Zusammenlebens ist eben dadurch bestimmt, daß wir unsere Gefühle und Empfindungen in jedes Gespräch als zusätzlichen Erlebnisrahmen einbringen. Auch wenn sich alle bemühen, Animositäten außen vor zu lassen, die schlagen doch immer wieder durch, sei es in der Art, wie man den anderen akzeptiert, auf ihn eingeht, ihn abwertet, sei es im Tonfall oder in einzelnen Bemerkungen:

Frau Walter *Sie irren sich wohl nie, Herr Klaus.*

Eine wesentliche Aufgabe in Gesprächen ist die Beziehungsgestaltung, das heißt, die Beziehungsebene so zu organisieren, daß sie nicht die Sachebene dominiert. Das ist für uns ein Stück Professionalität.

Ein Mittel zur Beziehungsgestaltung im Gespräch ist die Metakommunikation.

1. Auf diese Weise **machen wir klar, wie wir etwas verstanden haben möchten,** um Störungen oder Mißverständnissen vorzubeugen, um eine Botschaft eindeutig zu machen. Im Montagsgespräch bei KASA:

GF *Ich will's nur beschreiben. Gilt nicht als Schuldzuweisung.*

(Die «Negativäußerung» ist – wie wir gesehen haben – problematisch.)

Technischer Leiter *Das soll ja nur ein Hinweis sein.*

Fertigungsleiter Hartmann (zu Sobotzik) *Nimm das ruhig als Kritik, Heinz.*

2. Auf diese Weise **benennen wir Beziehungsstörungen**, die wir im Gespräch erleben, schlagen entsprechende Änderungen vor:

Produktmanagerin Merker (zu Nils Hartmann) *Das finde ich aber gar nicht nett, Nils.*

Vertriebsassistentin Wasmer *Ich finde den Ton ein bißchen aggressiv.*

GF *Ich weiß, da ist viel Zündstoff drin. Aber laßt uns doch die Sache ein bißchen sachlicher angehen.*

Gerade bei diesen Störungsmeldungen ist es sehr wichtig, daß sie als Ich-Aussagen formuliert werden, damit sie nicht als Unterstellungen die Beziehung erst recht schwierig machen:

ALSO NICHT:	SONDERN:
Du hörst nicht richtig zu.	*Ich habe das Gefühl, daß du mir nicht zuhörst.*

Vielleicht ist aus diesen wenigen Beispielen schon klar geworden: Immer dann, wenn es hoch hergeht, wenn kontrovers diskutiert wird, drängt sich die Beziehungsebene besonders stark in den Vordergrund, drohen Animositäten und persönliche Gegnerschaften eine Klärung oder Lösung auf der Sachebene zu verstellen. Wer allerdings in solchen Situationen «metakommunikativ» immer wieder zur Sachlichkeit aufruft

Ich bitte mir mehr Sachlichkeit aus.

Solche Gefühlsäußerungen gehören doch nun wirklich nicht hierher.

erreicht allenfalls eine «Scheinsachlichkeit». Die Gefühle werden als Tretminen unter den betrieblichen Teppichboden geschoben und explodieren dann in der Kantine oder in Form des heiteren Kollegenmobbing.

Schulz von Thun sagt in seinem Buch «Miteinander reden» (1981, S. 131): «Für langfristige Kooperation ist es wenig aussichtsreich, den Deckel der Sachlichkeit auf die Schlangengrube der menschlichen Gefühle zu pressen.» Besser ist es, schon bei den ersten Anzeichen von Beziehungsstörungen im Team mit Meta-Äußerungen zu starten, die entweder eine **Selbstoffenbarungsbotschaft** enthalten, also das eigene Erleben in dieser Gruppe beschreiben:

Ich fühle mich hier dauernd mißverstanden.

Ich habe in dieser Gruppe Angst, meine wirkliche Meinung zu sagen.

Oder die Beziehung in der Gruppe thematisieren:

Die versteckten Reibereien in unserem Team machen mich krank.

Ich denke, wir sollten mal über unsere Beziehungen sprechen.

Von dieser letzten Meta-Äußerung bis zu einer organisierten Supervision ist der Weg nicht mehr weit. Immer mehr Betriebe engagieren für ihre Teams oder einzelne Abteilungen (oft auf Wunsch der Betroffenen) Berater, Supervisoren, die dafür sorgen, daß für die Beziehungsprobleme im Team Lösungen gesucht und gefunden werden.

Sie wissen: Beziehungsprobleme verursachen nicht nur Motivationsstörungen, oft sogar massive Ängste bei den Mitarbeitern, sie führen auch zu erheblichen «Reibungsverlusten» in den betrieblichen Abläufen.

Theorie

Ruth Cohn (1975) bringt in ihrem Konzept der «themenzentrierten Interaktion» (TZI) das Spannungsfeld zwischen Sachebene und Beziehungsebene auf die griffige Formel:

1 Störungen haben Vorrang.

Sie sagt: «Störungen haben de facto den Vorrang, ob Direktive gegeben werden oder nicht. Störungen fragen nicht nach Erlaubnis, sie sind da: als Schmerz, als Angst, als Zerstreutheit ...» (Cohn, S. 122) Solche Störungen entstehen aus «kleinen Verstimmungen, die aus irgendeinem Grunde nicht gesagt werden und sich zu Schützengräben und Festungswällen verfestigen, durch die die Menschen, Beziehungen und Arbeit leiden» (Cohn, S. 184).

Und wie gehen wir im allgemeinen mit diesen Störungen um? Wir täuschen Aufmerksamkeit vor, die nicht da ist. («Mein Gott, wenn der doch bloß aufhören würde zu labern.») Wir unterdrücken unsere Emotionen, können aber nicht verhindern, daß sie uns permanent beschäftigen. Sie blockieren so unsere Offenheit und Kreativität. Störungen auf der Beziehungsebene haben also auch Vorrang, wenn man die Gründe dafür sucht, warum ein Gespräch scheitert, und wenn man versucht, in einem Team eine veränderte «Gesprächskultur» zu etablieren.

Schulz von Thun (1981, S. 133) nennt zwei Gefahren:

1. Für viele von uns ist es ausgesprochen gewöhnungsbedürftig, in unserem betrieblichen Alltag mit einer Meta-Äußerung eine Beziehungsstörung anzumelden. Wer ist es schon gewöhnt, offen über Gefühle und Beziehungen zu sprechen? Schulz von Thun: «So liegt das ‹Heimspiel› vieler Menschen auf der Sachebene, auf der

sie sich mit ihrem ausgebildeten Verstand und ihrer guten Sprachfähigkeit auskennen und wohlfühlen. Für sie ist die Selbstoffenbarungs- und Beziehungsebene ein dünnes Glatteis.» Sie finden es geradezu bedrohlich, sich zu öffnen, haben Angst, sich damit angreifbar zu machen. Wir können ihnen nicht von heute auf morgen einen neuen Kommunikationsstil überstülpen. Ein solcher Kommunikationsstil muß geübt und von allen akzeptiert werden. Und dazu holt man sich am besten einen externen Helfer. Und das lohnt sich meistens.

2. Wir müssen wissen, die Forderung «Störungen haben Vorrang» dient nur der störungsfreien Arbeit auf der Sachebene. Ein Team sollte nicht zur «Selbsterfahrungsgruppe» werden.
   Für Ruth Cohn ist es die Aufgabe einer Gruppe, die Balance zu finden zwischen dem ES (der Sache, der Aufgabe), dem ICH (den Gefühlen und Möglichkeiten jedes einzelnen in der Gruppe) und dem WIR (der Gruppe, dem Beziehungsgeflecht und der Art der Interaktionen).

Mit Metakommunikation können Sie Mißverständnissen und Störungen auf der Beziehungsebene vorbeugen und Änderungen vorschlagen.

8.5 Verständlich beschreiben und erklären

Wir haben gesehen: Fragen, Paraphrasen und Metakommunikation sind Möglichkeiten, um sicherzustellen, daß wir die Äußerung unseres Partners in seinem Sinne verstanden haben. Mehr Zeit würde allerdings gespart, wenn sich die Gesprächspartner von vornherein so verständlich ausdrückten, daß die Sache unmißverständlich klar wird. Vor allem, wenn es darum geht, etwas zu beschreiben oder zu erklären.

Unklare Beschreibungen können ganz schön ins Geld gehen. Alf hat einen neuen Mitarbeiter eingestellt, einen Produktionsassistenten, Christian Melzig. Herr Melzig ist unter anderem für die Kommunikation mit den Druckereien zuständig. Zugegeben, Alf ist sehr in Eile, als er seinem neuen Produktionsassistenten folgenden Auftrag gibt:

Fahren Sie gleich zur Druckerei Zoellner. Wir brauchen 5000 Hamagraph-Mappen für Vetec als Sechsseiter. Und hier sind Papierproben, die sind für Herrn Gläubig.

«Hamagraph-Mappen» ist eine Insider-Bezeichnung der Werbeagentur. Normalerweise weiß jeder Mitarbeiter, daß das Präsentationsmappen für Werbematerial sind, normalerweise vierseitig. Die Agentur hat sie für ihre Kunden entwickelt. Sie haben ein ganz spezielles Format und eine besondere Funktion. Alf geht jedenfalls davon aus, daß das jeder weiß. Er übersieht, daß der neue Produktionsassistent erst eine Woche dabei ist und daß er sich nicht traut, (eventuell «dumme») Fragen zu stellen, vor allem weil er sieht, daß die Sache eilt. Er fährt also los, nimmt die Papierproben mit und gibt Herrn Gläubig folgenden Druckauftrag:

5000 Hamagraph-Mappen als Sechsseiter auf dem beiliegenden Papier.

Das Ergebnis: 5000 Mappen, sechsseitig, mit dem Werbetext der Firma «Hamagraph», das alles aus einem der Probepapiere.

Alles Makulatur. Das waren zwar «Hamagraph-Mappen», aber nicht mit dem Text und den Fotos der Firma Vetec und nicht auf dem üblichen Papier.

Kein Wunder, denn da sind eine Reihe Fehler passiert:

1. Herr Melzig gibt einen Begriff weiter, der ihm selbst nicht geläufig ist.
2. Herr Gläubig denkt nicht mit. Zwar kann er nicht wissen, daß in Alfs Agentur alle Mappen dieser Art (ganz gleich für welche Firma) «Hamagraph-Mappen» heißen. Aber zumindest beim Papierwunsch hätte er stutzig werden müssen. Diese Proben hatte er Alf für einen ganz anderen Zweck geschickt, und Alf wollte sie jetzt einfach nur zurückgeben.
3. Der eigentliche Fehler liegt allerdings bei Alf: Er hätte sich mehr Zeit für eine brauchbare Beschreibung nehmen sollen.
   - Er hat die Voraussetzungen seines Partners falsch eingeschätzt: Der Fachbegriff «Hamagraph» enthält zwar alle notwendigen Informationen und ist daher äußerst ökonomisch, aber nur für Eingeweihte. Ein Verstoß gegen die Forderung nach **Einfachheit** (Eindeutigkeit).
   - Er hat sprachlich nicht deutlich gemacht, daß das zwei un-

terschiedliche Aufträge waren: Der Druckauftrag und die Rückgabe der Papierproben. Er verstößt damit gegen die Forderung nach **Gliederung** (Ordnung).

- Er hat sich nicht die Zeit gelassen, Herrn Melzig zu bitten, seinen Auftrag zu wiederholen und sich Notizen zu machen.

Vielleicht wäre der Auftrag so besser formuliert gewesen:

Fahren Sie gleich zur Druckerei Zoellner. Es gibt zwei Sachen zu erledigen: Zunächst mal, wir brauchen 5000 Mappen. Wir nennen die hier «Hamagraph-Mappen». Lassen Sie sich von Frau Kähler so eine Mappe zeigen. Bei Zoellner wissen die zwar, wie die aussehen. Aber nehmen Sie ruhig noch eine mit. Nur sollen die nicht als Vierseiter konfektioniert werden, sondern sechsseitig. Und dann: Geben Sie Herrn Gläubig, dem Geschäftsführer, diese Papierproben zurück. Bitte wiederholen Sie noch mal.

Jetzt müßte alles klar sein:

1. Der Auftrag ist gut aufgebaut: Alf macht schon am Anfang deutlich, daß er aus zwei Teilen besteht. Eine solche einleitende Übersicht gibt dem Auftrag eine bestimmte **Ordnung**. Das erleichtert das Verstehen und Behalten.
   Der «Druckauftrag» besteht aus einzelnen, leicht nachvollziehbaren Schritten, die gut aufeinander aufbauen und miteinander verknüpft sind:
   - Mappe von Frau Kähler holen,
   - zu Zoellner mitnehmen,
   - 5000 dieser Art für Vetec,
   - Filme sind schon bei Zoellner,
   - Modifikation: sechsseitig.

   Das hätten die Notizen von Herrn Melzig sein können.
2. Die «Hamagraph-Mappen» werden ihm in ein paar Minuten keine Unbekannten mehr sein. Alf kann sich die Mühe für eine **anschauliche Beschreibung** sparen, denn es gibt ja ein Muster. Wäre es nicht vorhanden, hätte er mit einer Skizze oder einem rasch zurechtgefalteten Modell verdeutlichen müssen, wie die Mappe aussieht.

Theorie

Wir haben schon weiter oben in Kapitel 8 Kriterien für Verständlichkeit eingeführt und uns eben bei Alfs verpatzter Auftragsübermittlung auf diese Kriterien berufen. Sie stammen von Langer, Schulz von Thun und Tausch (1981) und sind in dem sogenannten Verständlichkeitsfenster systematisiert:

Einfachheit	Gliederung / Ordnung
Kürze / Prägnanz	Zusätzliche Anregungen

Diese Kriterien für Verständlichkeit haben die Autoren in erster Linie für schriftliche Texte entwickelt. Aber Schulz von Thun (1981, S. 140–155) hat sehr anschaulich gezeigt, daß sie sich auch auf Erklärungen und Beschreibungen in Gesprächen anwenden lassen.

Sehen wir uns die Kriterien etwas genauer an:

1. **Einfachheit:** kurze Sätze, Nebensätze nachgeordnet, also nicht verschachtelt, für den Partner geläufige Wörter, Fachwörter (wenn nötig) erklärt, konkret (statt Nomen besser Verben), anschaulich durch Bilder und Vergleiche, eventuell graphische Hilfsmittel (Skizzen, Zahlen aufschreiben).
2. **Gliederung:** folgerichtig gegliedert (z. B. vom Allgemeinen zum Besonderen), übersichtlich, Unterscheidung von Wesentlichem und Unwesentlichem, Hinweise auf Kommendes (Überschriften: «Ich fasse zusammen ...», «Zum zweiten Punkt: Finanzierung ...»). Überleitungen von einem Gedanken zum anderen («Daraus folgt ...»).
3. **Kürze / Prägnanz:** kurz, auf das Wesentliche beschränkt, auf das Informationsziel konzentriert, keine Abschweifungen.
4. **Zusätzliche Anregungen:** persönlich motivierend (den Partner da «abholen», wo er ist), anregend, interessant, abwechslungsreich, witzig (aber nicht um jeden Preis); auch unter diese Kategorie fallen Vergleiche, Bilder, Metaphern.

Wir wollen der Ebene der Verständlichkeit gemäß der Theorie der Rhetorik noch die Ebene der **Wirksamkeit** hinzufügen.

Vor allem in öffentlichen Gesprächen sind wir oft sehr förmlich, machen aus Verben Nomen: «Die Teilevakuierung der Bevölkerung hatte ein hohes Maß an Dringlichkeit.»

Diese abstrakte Äußerung klingt offiziell, sie duldet keinen Widerspruch, sie schafft Distanz zu der Handlung selbst. Vor allem Verwaltungsleute und Politiker distanzieren sich auf diese Weise gerne von ihrer persönlichen Verantwortung: «Wir mußten einen Teil der Bevölkerung evakuieren.»

Abstrakt und persönlich distanziert wirken auch Äußerungen, die im Passiv formuliert werden oder in denen wir unsere Ich-Aussage «entpersönlichen»: «Das wurde wieder einmal falsch abgelegt.»

«Daß **man** hier niemals in Ruhe eine Sache zu Ende bringen kann.»

(Siehe hierzu auch Kapitel 8.1)

Wir haben an unserem Beispiel aus der Werbeagentur H & H gesehen: Wenn wir bei unseren Beschreibungen und Erklärungen diese Verständlichkeitskriterien von Tausch beachten, ist schon viel gewonnen. Entscheidend ist aber wohl, daß wir unseren Partner «da abholen, wo er zur Zeit ist».

Hans Riebensahm möchte seinen Computer umrüsten und hat sich dazu einen Fachmann ins Haus geholt. Hans hat ganz bestimmte Vorstellungen darüber, was sein Computer leisten soll, und das sagt er dem Spezialisten auch. Der aber möchte wohl sein gesamtes Wissen ausbreiten, wirft mit Begriffen um sich, die Hans Riebensahm völlig unverständlich sind. Er wagt schon gar nicht mehr zu fragen, weil er mit diesen Fragen riesige Erklärungslawinen lostritt, unter denen er begraben wird. Ihm schwirrt der Kopf, denn er weiß nicht mehr, woran er wann denken muß. Er wünscht sich sehr, sein Fachmann würde drei Regeln befolgen, die sich jeder Berater über den Schreibtisch hängen sollte, ob er nun in einer Versicherung, einer Bank, in einer Anwaltskanzlei seine Kunden informieren muß.

Selektieren: Was braucht *dieser* Kunde? Was wähle ich also aus meinem Fachwissen aus, damit er nur die Informationen bekommt, die er wirklich braucht, um selbständig handeln und entscheiden zu können.

Popularisieren: Welches Vorwissen hat *dieser* Kunde? Welche Fachbegriffe kann ich verwenden, welche muß ich «übersetzen», umschreiben? Wie kann ich ihm komplizierte Sachverhalte so vereinfachen, daß er sie verstehen kann, damit er nach der Beratung auch wirklich zufriedenstellend informiert ist?

Also welche Beispiele bringe ich, wie mache ich das alles im wahrsten Sinne des Wortes «anschaulich»?

Strukturieren: Womit fange ich an? Was kommt dann? Wo unterbreche ich und gebe ihm Möglichkeiten nachzufragen? Gerade weil richtig beraten eine so schwierige und verantwortungsvolle Aufgabe ist, werden wir uns in Kapitel 14 ausführlich mit Beratungsgesprächen beschäftigen. Vorläufig diese Zusammenfassung:

Verständlich sind Ihre Beschreibungen und Erklärungen dann, wenn Sie Ihren Partner «abholen»: Was braucht er, um handeln zu können, über welches Vorwissen verfügt er, in welcher Reihenfolge kann er am besten folgen?

8.6 Sprechausdruck

Erst der Ton macht die Musik. Wenn wir etwas sagen, sagen wir es auf bestimmte Weise, schnell oder langsam, laut oder leise, betonen ein bestimmtes Wort, machen an irgendeiner Stelle eine Pause. Wir sprechen etwas als Frage, freundlich oder wütend, sachlich oder mit sehr viel Gefühl. Was wir da mit Hilfe von Atmung, Stimme und Artikulation produzieren, nennen wir Sprechausdruck. Erst durch unseren Sprechausdruck bekommen unsere Äußerungen für unseren Partner einen bestimmten Sinn. Durch die Art, **wie** wir etwas sagen, versteht er, wie ich es meine, wie wir es *mit ihm* meinen.

Ein Ladenbesitzer fragt einen Radfahrer:

Müssen Sie Ihr Fahrrad direkt vor dem Schaufenster abstellen?

Er spricht ziemlich laut und schnell, mit einer sehr starken Betonung auf «müssen» und «Schaufenster». Am Satzende geht die Stimme nach unten. Der Fahrradfahrer wird mit großer Wahrscheinlichkeit das Ganze nicht als Frage verstehen, sondern als massive Aufforderung. Das erschließt er aus dem spezifischen Zusammenspiel der genannten Sprechausdrucksmittel.

Wir haben mit unserer Sprache bestimmte Ausdrucksmuster gelernt, andere sind bereits in unserem genetischen Programm angelegt. Diese Muster lassen uns mit großer Sicherheit verstehen, ob unser Partner eine Frage stellt oder uns zu etwas auffordert, ob er dabei ärgerlich ist oder freundlich oder es gar ironisch meint. Und wir sind uns bei der Bewertung ziemlich einig. Es gibt offensichtlich so etwas wie eine «Grammatik des Sprechausdrucks».

Wir benutzen diese Grammatik in jedem Gespräch, und auch in diesem Buch ist sie gewissermaßen als Begleitmusik immer dabei. Ob es darum geht, welche Botschaft uns eine Äußerung vermittelt, wie wir eine Gesprächseröffnung gestalten, wie wir mit einer Paraphrase unsere Argumentation vorbereiten, wie wir die Atmosphäre eines ganzen Gesprächs gestalten. Wir werden uns in diesem Buch ständig auf diese «Grammatik» berufen, aber es ist nur sehr begrenzt möglich, sie isoliert zu fixieren und aus ihr eigene Merksätze und Empfehlungen zur Gesprächsgestaltung abzuleiten. Wir wollen Sie in diesem Kapitel in erster Linie mit den Merkmalen vertraut machen und Sie auf diese Weise für Ihr eigenes Sprechausdrucksverhalten sensibilisieren und Ihre Wahrnehmung schärfen.

Theorie

Wir werden im folgenden die Merkmale des Sprechausdrucks im Überblick darstellen und beziehen uns dabei auf den Katalog von Hellmut Geissner (1975, S. 102), den wir etwas modifizieren (Pawlowski 1984). Diese Merkmale entstehen wie gesagt durch das Zusammenspiel von Atmung, Stimme und Artikulation.

Melodische Merkmale

1. *Tonhöhe*

   Wie hoch wir sprechen, hängt davon ab, wie lang unsere Stimmlippen (oder Stimmbänder) sind. Und dafür ist die Größe unseres Kehlkopfes verantwortlich. Kinder sprechen höher als Erwachsene, Männer haben im allgemeinen tiefere Stimmen als Frauen. Aber auch da gibt es individuelle Unterschiede. Die Grobeinteilung kennen wir aus dem Gesangsunterricht (Baß ◄► Tenor, Alt ◄► Sopran). Innerhalb unseres individuellen Stimmbereichs können wir je nach Bedarf höher oder tiefer sprechen. Wenn wir aufgeregt sind oder wenn wir besonders laut sprechen wollen, steigt die Stimme meist automatisch.

2. *Melodieführung*

   Wir kennen dieses Merkmal auch unter dem Begriff «Intonation». Wenn wir sprechen, heben und senken wir die Stimme von Silbe zu Silbe. So bekommt eine Äußerung eine bestimmte Melodie. Meistens beginnen wir im Deutschen einen Satz ziemlich tief unten, dann steigt er bis zu einem bestimmten Wort.

Bei einer Frage bleibt die Stimme oben (interrogative Kadenz).	*Was machst du heute abend?*
Bei einer Behauptung oder Feststellung fällt sie wieder (terminale Kadenz).	*Ich gehe mit Paul ins Kino*
Wenn ich einen Nebensatz anschließen will, bleibt sie in der Schwebe (progredierende Kadenz).	*Wenn ihr nichts dagegen habt (geh ich mit).*

3. *Melodischer Akzent* (Akzent = Betonung)

   Mit Hilfe der Melodieführung können wir Silben hervorheben. Wir nennen das «melodischer Akzent», im Gegensatz zum dynamischen Akzent, bei dem wir die Stimme verstärken, um etwas hervorzuheben. Probieren Sie es aus:

   Ich will mit Paul ***allein*** *sein.*

   Betonen Sie «allein» zunächst, indem Sie mit der Stimme hochgehen und dann, indem Sie nur etwas lauter werden. Vielleicht merken Sie es sofort: Die erste Fassung drückt mehr Gefühl aus als die zweite. Vornehmlich dynamisch betonte Äußerungen wirken sachlich. Nachrichtensprecher betonen überwiegend dynamisch, Märchenerzähler überwiegend melodisch.

4. *Stimmklang* (oder *Klangfarbe*)

   Der Klang einer Stimme ist besonders schwer zu beschreiben. Wir helfen uns da mit Begriffen aus anderen Bereichen der Empfindung und Wahrnehmung, z. B. mit Begriffspaaren wie dünn – voll, warm – kalt, hell – dunkel. Jede Stimme hat eine unverwechselbare Klangfarbe (s. u.), aber der Klang unserer individuellen Stimme kann sich je nach Situation ändern, zum Beispiel, wenn wir traurig oder fröhlich sind.

Dynamische Merkmale

1. *Lautstärke*

   Wie laut wir sprechen oder auch sprechen können, hängt davon ab, wieviel Atemluft wir aus der Lunge gegen die Stimmlippen blasen, wie kräftig wir das tun und wie stark die Stimmlippen dann schwingen.

2. *Dynamischer Akzent*

   Wir haben es oben schon beschrieben. Einzelne Silben können wir dadurch hervorheben, daß wir sie lauter sprechen. Oft führt das dazu, daß gleichzeitig auch die Stimme steigt. Dennoch: ist die Stimmverstärkung als dominantes Merkmal zu erkennen, sprechen wir von einem dynamischen Akzent. Der Akzent (ob dynamischer oder melodischer) ist das wichtigste Mittel, um einer Äußerung einen bestimmten Sinn zu geben. Probieren Sie es aus: Betonen Sie nur die fettgedruckte Silbe:

   Der ***Baum*** *dort hinten stört mich (nicht der Strauch).*
   Der *Baum dort hinten stört mich (ja, genau der, auf den ich zeige).*
   Der Baum dort ***hinten*** *stört mich (nicht der hier vorne).*
   Der Baum dort hinten ***stört*** *mich (er nimmt mir die Aussicht).*
   Der Baum dort hinten stört (nur) ***mich*** *(Paul mag ihn).*

3. *Intensität*

   Wir ordnen dieses Merkmal der Lautstärke zu, weil wir keinen geeigneteren Platz dafür finden. Intensität hat etwas mit der Körperspannung zu tun. Wenn jemand intensiv spricht, ist die Spannung seiner Muskulatur relativ hoch. Auch wenn wir etwas leise sagen, kann das sehr intensiv («eindringlich») wirken.

Temporale Merkmale

1. *Sprechtempo*

   Das Sprechtempo hängt von zwei Faktoren ab:

   - davon, wie viele Silben wir in einer bestimmten Zeit (zum Beispiel einer Minute) sprechen (Artikulationsgeschwindigkeit),

- davon, wie viele und wie lange Pausen wir machen.

Beides ist eng miteinander verknüpft: Bei hoher Sprechgeschwindigkeit werden wir kaum oder nur kurze Pausen machen, je langsamer wir artikulieren, desto länger werden unsere Pausen sein. Unser Sprechtempo ist in hohem Maße verantwortlich dafür, daß das, was wir sagen, von unserem Partner verarbeitet werden kann. Jeder von uns kann in einer bestimmten Zeit nur eine begrenzte Menge an Information verstehen und behalten. Hohes Sprechtempo verlangt vom Partner hohe Verarbeitungsgeschwindigkeit. Wie schnell und wie gut wir eine Information verarbeiten können, ob wir etwas als schnell oder langsam gesprochen empfinden, hängt allerdings auch davon ab, wie geläufig uns die Materie ist, aus der die Information stammt.

2. *Pausen*

Mit Pausen gliedern wir unsere Äußerung. Pausen geben unserem Partner die Möglichkeit, das, was wir sagen, zu verarbeiten.

Mit Pausen können wir aber auch – ähnlich wie mit den Akzenten – einer Äußerung einen bestimmten Sinn geben:

Der kluge Mann denkt an sich selbst zuletzt.

Der kluge Mann denkt an sich / selbst zuletzt.

An diesem Beispiel wird deutlich, daß in einer Aussage immer mehrere Merkmale bei der Sinngebung zusammenspielen: Im ersten Satz gibt es nur einen zusammenhängenden Melodiebogen, und die Hauptbetonung liegt auf dem Wort «zuletzt». Im zweiten Satz wird der Bogen unterbrochen, es gibt zwei Hauptbetonungen: eine auf «sich», die andere auf «zuletzt».

3. *Temporaler Akzent*

Wenn wir vor oder auch nach einem Wort eine kurze (Stau-)Pause machen, kann das wie eine Hervorhebung wirken.

Kümmern wir uns jetzt noch um die / artikulatorischen Merkmale.

Artikulatorische Merkmale

Ob unser Partner uns ohne Mühe verstehen kann, hängt – wie wir gesehen haben – vom Sprechtempo ab, aber auch davon, wie präzise wir artikulieren, das heißt, wie stark wir die Laute und Lautverbindungen ausformen und gegeneinander abgrenzen. Einige können das gar nicht gut, nuscheln immer und müssen sich dauernd sagen lassen: «Sprich doch etwas deutlicher.» Wer so undeutlich artikuliert, wirkt meist nicht sehr sicher und überzeugend.

Geübte Sprecher können je nach Situation die Präzision ihrer Aussprache variieren.

Deutlich artikulieren können wir auch, wenn wir Dialekt sprechen oder regional bedingte Eigenheiten haben. Es ist eine weitverbreitete Fehleinschätzung, daß hochlautliches («akzentfreies») Sprechen eines der höchsten Bildungsgüter darstellt. Dialektale Ankläge gehören zu unserer Identität. Wir wollen ja nicht alle Nachrichtensprecher werden. Eine kleine Einschränkung müssen wir allerdings machen: An Dialekte sind bestimmte Einstellungen gebunden. Wenn wir jemanden dialektal sprechen hören, können wir uns kaum dagegen wehren, daß wir das – je nachdem, woher er stammt – als mehr oder weniger angenehm empfinden.

Stellen Sie spaßeshalber mal eine entsprechende Rangfolge auf.

Sinn herstellen

Mit Hilfe dieser Merkmale können wir in einem Gespräch Unterschiedliches «zum Ausdruck bringen», unserer Äußerung also einen bestimmten Sinn geben.

Spielen wir ein wenig mit unserem Einstiegsbeispiel:

Ladenbesitzer zum Fahrradfahrer *Müssen Sie Ihr Fahrrad direkt vor dem Schaufenster abstellen?*

1. Durch seine Betonung gibt der Ladenbesitzer dieser Aussage eine bestimmte **Bedeutung**, benennt die **Sache**, um die es geht.

   Müssen Sie Ihr Fahrrad direkt vor dem ***Schau****fenster abstellen? (Ist das wirklich nötig? Es gibt doch auch andere Abstellmöglichkeiten.)*

Er hätte seine Äußerung auch anders betonen können:

Müssen Sie Ihr Fahrrad direkt ***vor*** *dem Schaufenster abstellen? (Dicht daneben ist doch auch Platz.)*

Müssen Sie Ihr Fahrrad direkt vor ***dem*** *Schaufenster abstellen? (Stellen Sie es doch vor das andere.)*

2. Er übermittelt eine **Selbstoffenbarung**:

   In diesem Fall ist er ziemlich empört: Er spricht schnell, laut und intensiv, mit einem starken melodischen Akzent auf «**müss**en» und «**Schau**fenster».

3. Dadurch macht er auch seine **Einstellung** zu solchen Handlungen deutlich: das Schaufenster eines Ladenbesitzers zuzustellen ist für ihn empörend. Vielleicht hätte er auch ausdrücken können, was er von Fahrrädern allgemein und von diesem Klappergestell im besonderen hält, zum Beispiel durch eine (verächtliche) Staupause vor «Fahrrad».
4. Er verdeutlicht seine Auffassung von der **Beziehung** zum Fahrradfahrer. Durch die Lautstärke, die Intensität und die melodischen Akzente demonstriert er Dominanz, er drückt aus, daß er das Recht auf seiner Seite weiß.
5. Er macht klar, welche **Intention** er hat, daß er seine Äußerung nicht als Frage, sondern als deutlichen **Appell** verstanden haben will.

   Weg mit diesem Drahtesel!!

   Das entscheidende Merkmal dafür ist die Melodieführung: die fallende Kadenz.

Sie erkennen sicher unschwer das Modell der unterschiedlichen Botschaften von Friedemann Schulz von Thun (Kapitel 8.1), eventuell auch die Kategorien des Modells von Hellmut Geissner (Kapitel 5). Wir wollten Ihnen mit unserem Beispiel zweierlei verdeutlichen:

1. Welche Botschaften wir aus der Äußerung unseres Partners entnehmen, hängt wesentlich von seinem Sprechausdruck ab.
2. Die «Grammatik» des Sprechausdrucks hat gewissermaßen zwei Ebenen:
   - die Ebene unseres **Sprachsystems**: Mit Akzenten und Pausen können wir Bedeutungen verändern, mit der Melodieführung andeuten, ob wir eine Äußerung als Frage, eine Feststellung, eine Aufforderung gemeint haben.
   - die Ebene der **Ausdruckshaltungen**: Durch die Kombination bestimmter Merkmale können wir ausdrücken, ob wir etwas sachlich, freundlich, ärgerlich, ironisch verstanden haben wollen. Ob uns das immer so gelingt, daß der andere

unsere Äußerung in unserem Sinne versteht, ist eine andere Frage.

Erst durch Ihren Sprechausdruck geben Sie einer Äußerung einen bestimmten Sinn, gestalten Sie die Atmosphäre eines Gesprächs.

Individuelle Möglichkeiten und Gewohnheiten

Jeder von uns hatte im Laufe seiner Sozialisation andere Voraussetzungen, sich als sprechendes Individuum zu entwickeln. Wir haben unterschiedlich große Kehlköpfe, unsere Münder und Lippen bieten unterschiedliche Möglichkeiten, Laute auszuformen. Zu diesen spezifischen **physiologischen Voraussetzungen** kommt die Art, wie wir gelernt haben, unsere Organe zu benutzen. So entwickelt sich jeder zu einer eigenen «Sprecherpersönlichkeit», hat eine unverwechselbare Stimme und eine ganz bestimmte Art des Sprechausdrucks. Wir nennen das **habituelle Merkmale**. An diesen Merkmalen können wir den anderen erkennen. Aufgrund dieser Eigenarten wird er von uns aber auch bewertet. Und das nicht nur rational und bezogen auf einzelne Merkmale («Er hat eine gute Aussprache»), sondern rein emotional («Diese quäkige Stimme ... Ich kann sie nicht anhören») und oft im Hinblick auf die gesamte Persönlichkeit («Er ist so zurückhaltend»). Aufgrund der habituellen Merkmale des anderen und unserer eigenen Hörmuster finden wir diesen anderen sympathisch oder unsympathisch. Ob wir das Auftreten eines Menschen als sicher oder gehemmt erleben, hängt nicht zuletzt von der Art ab, in der er spricht.

Diese individuellen Möglichkeiten haben aber auch zur Folge, daß wir den Anforderungen, die sich aus den verschiedenen Sprechsituationen ergeben, nicht immer gewachsen sind. Wir sind es eben gewohnt, leise zu sprechen. Wir nuscheln und müssen uns dauernd Nachfragen gefallen lassen. Oder es sind bestimmte Situationsbedingungen, die uns hemmen, die verhindern, daß wir unsere sprecherischen Möglichkeiten entfalten können.

Zu einem guten Gesprächs- oder Kommunikationstraining gehört auch das Eingehen auf diese individuellen Eigenheiten, gehört Feedback auf entsprechende Fragen: «Wie wirke ich eigentlich im Gespräch?» «Ich war sehr aufgeregt. Hat man das gemerkt?» «Jemand hat zu mir gesagt, ich spräche zu schnell. Stimmt das?» Selbstverständlich erwarten Sie in diesem Buch keine Antworten. Wir können noch nicht einmal generelle Regeln aufstellen. Unsere folgenden Hinweise sind lediglich das Ergebnis von Beobachtungen und Erfahrungen.

Einige Hinweise

1. Mögliche Wirkungen

Es ist ziemlich problematisch, Aussagen darüber zu machen, wie unser Ausdrucksverhalten auf unsere Partner wirkt. Das hängt sehr stark von der jeweiligen Situation ab. Außerdem können sich die Wirkungsebenen überschneiden. So kann jemand sehr emotional und gleichzeitig sicher wirken, sachlich und dennoch unsicher, ruhig und dennoch emotional. Wir haben deshalb Gegensatzpaare gebildet von den Ausdruckshaltungen, mit denen wir am stärksten auf unsere Partner wirken und die das Klima eines Gespräches bestimmen können. Die wichtigsten Unterscheidungsmerkmale sind *kursiv* gedruckt. Die Fragezeichen bedeuten «je nachdem» oder «nicht relevant». So bekommen wir ein zwar recht schlichtes, aber doch einigermaßen handhabbares Muster, dessen Felder Sie kombinieren können. Siehe Tabelle nächste Seite.

2. Mögliche Maßnahmen

Im allgemeinen laufen diese Prozesse unbewußt ab: Wenn wir aufgeregt sind, sprechen wir eben etwas höher als normal, auch schneller und eher lauter, vielleicht nicht nur stockend, sondern bekommen keinen Ton heraus. Wenn wir sauer sind, fällt es uns schwer, ruhig und sachlich zu sprechen.
Ein bißchen Einfluß nehmen können wir aber schon:

1. Wenn Sie vor einer Prüfung oder vor einem anderen wichti-

	Stimm-höhe	Melodie-kurve	Laut-stärke	Tempo	Pausen (Sprechfluß)	Akzente	Artiku-lation
sachlich	mittel	eher *flach*	mittel	mittel ► schnell	sinngemäß (flüssig)	dominant *dynamisch*	präzise
emotio-nal	hoch	*bewegt*	eher laut	?	nicht immer sinngemäß	dominant melodisch	?
sicher	mittel	termin. Kadenzen	*mittel*	mittel ► schnell	längere «überlegte» Pausen (*flüssig*)	?	*präzise*
unsicher	hoch	interr./ progr. Kadenzen	leise	?	nicht sinng. (*stockend*)	?	un-präzise
ruhig	mittel	?	*mittel*	eher langsam	sinngemäß (*flüssig*)	?	präzise
aufge-regt	hoch	?	eher *laut*	eher *schnell*	nicht sinn-gem. (*stok-kend*)	?	?

gen Gespräch sehr aufgeregt sind, beginnen Sie das Gespräch selbst wie folgt: Atmen Sie **tief aus**. Sprechen Sie so **langsam** wie möglich, so **tief** wie möglich, so **leise** wie möglich. Oder besser: versuchen Sie, nicht lauter zu sprechen, als es für diesen Raum und den Abstand zum Partner nötig ist. Sie werden merken, während des Gesprächs normalisiert sich Ihr Atem. Ihre leise und tiefe Stimme beruhigt Sie selbst. Weil Sie langsam sprechen, machen Sie längere Pausen. Die können Sie zum Nachdenken verwenden. Sie *wirken* nicht nur ruhiger und sicherer (siehe Tabelle), Sie fühlen sich auch so.

2. Das gleiche Verfahren können Sie auch anwenden, wenn Sie sehr erregt sind, vielleicht deshalb, weil Sie sich über etwas oder Ihren Partner geärgert haben, und wenn Sie Ihre Kritik lieber in Ruhe anbringen wollen. Zusätzlich: gönnen Sie sich vor dem Gespräch eine kleine Pause. Wir werden uns in Kapitel 15 noch einmal mit dieser Strategie beschäftigen.
3. Überhaupt die Pausen: Mit ihnen werden oft verblüffende Wirkungen erzielt:
   - Kleine Staupausen machen überraschende Wendungen noch überraschender.

- Kleine Staupausen können den Eindruck vermitteln, daß wir uns Mühe geben, das Wort zu finden, das die Sache am besten trifft.
- Mit längeren Pausen können wir andere ganz schön in Bedrängnis bringen, zum Beispiel wenn wir uns beschweren. Nehmen wir an: Sie haben in einem Hotel extra ein ruhiges Zimmer bestellt. In der Nacht können Sie kein Auge zutun, weil unter Ihnen eine Hochzeitsgesellschaft feiert. Am nächsten Tag beschweren Sie sich beim Geschäftsführer. Sie bemühen sich, sehr ruhig zu wirken (s. o.):

  Sie *Ich hatte extra ein ruhiges Zimmer bestellt. Aber die ganze Nacht über war unter mir ein furchtbarer Lärm. Ich habe so gut wie gar nicht geschlafen.*

  GF *Das tut mir leid. An sich ist das Zimmer sehr ruhig. Und die Hochzeitsgesellschaft ist ganz kurzfristig bei uns – wie soll ich sagen – eingefallen.*

  Sie *Dann hätten Sie mich ebenso kurzfristig umquartieren müssen.*

  GF *Da war leider nichts mehr frei.*

  Sie *O. K. Die Nacht ist vorbei. Aber was gedenken Sie jetzt zu tun?*

Und nun schweigen Sie. Zwingen Sie sich dazu, kein Wort mehr zu sagen, auch wenn es Sie mächtig zwickt und der andere Sie dauernd dazu auffordert, irgend etwas zu sagen:

Was soll ich denn da machen?

Was erwarten Sie von mir?

Sehen Sie den Gesprächspartner ruhig und abwartend an. Er wird diese Pause als sehr unangenehm erleben. Irgendwann macht er Ihnen ein Angebot. Klaus Pawlowski hat diese Situation erlebt. Er hat nur die Hälfte des Übernachtungspreises bezahlt. Aber eine Garantie dafür, daß diese Strategie klappt, übernimmt er nicht. So ein kleines Mittelchen aus dem Manipulationsgiftschrank muß auch mal sein. Oder?

Sie können Ihr Sprechausdrucksverhalten und damit auch die Wirkung im Gespräch bis zu einem gewissen Grade bewußt steuern.

8.7 Sprecherwechsel

Die Entwicklung eines Gesprächs wird wesentlich bestimmt durch die Abfolge und die Art der Sprecherwechsel. Wer spricht wie lange? Wer läßt wen ausreden? Wer unterbricht oder läßt den anderen nicht zu Wort kommen? Im allgemeinen entwickeln sich Gespräche durch den Wechsel von Sprecher- und Hörerrolle: Während der eine spricht, hört der andere zu, bis er am Zug ist. Aber woran erkennt er, wann er dran ist? Was tut der andere, wenn er weiterreden möchte? Wie kann man Vielredner bremsen und sich selbst in die Sprecherrolle bringen?

Du bist dran!

Oft ergibt sich der Sprecherwechsel aus **Gesprächsritualen** oder ist Teil einer **Sprechhandlungssequenz**. Solche Gesprächsrituale sind Begrüßungs- oder Verabschiedungsformeln, eine Sprechhandlungssequenz ist die Abfolge Frage – Antwort.

Nils *Morgen, Kurt.*

Kurt *Moin.*

Nils *Sag mal, weißt du, wo die F 36 ist?*

Kurt *Die liegt da oben im Regal.*

Auf die Begrüßung von Nils folgt unmittelbar die von Kurt. Nils' Frage signalisiert Kurt: Du bist dran mit einer entsprechenden Antwort. Oft müssen wir jemanden (mit einer Meta-Äußerung) dazu auffordern, die Sprecherrolle zu übernehmen:

Nun sag du mal was.

Aber auch sonst erkennen wir im allgemeinen, wann wir am Zug sind. Es gibt Signale mit offensichtlich hoher Allgemeingültigkeit, mit denen wir dem anderen zu verstehen geben: Jetzt bist du dran.

Signale der Körpersprache und des Sprechausdrucks:

- Wir lehnen uns zurück.
- Wir schließen den Satz, gehen mit der Stimme runter.
- Wir machen eine Pause.
- Wir sehen den anderen schon während des letzten Satzes (erwartungsvoll) an.

Laß mich mal ran!

Wenn wir dem anderen, während er noch spricht, signalisieren wollen «Jetzt laß mich mal ran»,

- atmen wir tief ein, straffen dabei unseren Körper
- oder beugen uns nach vorne und sehen dabei den anderen «scharf an»,
- räuspern uns
- oder werfen in schneller Abfolge kurze Floskeln dazwischen: «Also ... also ...»
- oder nicken rasch hintereinander.

Wenn der andere ein aufmerksamer Gesprächspartner ist, hilft uns das meist, um selbst die Sprecherrolle zu übernehmen.

Ich will weitermachen!

Es gibt aber auch Menschen, die das gar nicht beeindruckt. Das sind zum einen die, die sich sowieso gern selbst reden hören. Wenn die einen zum Beispiel auf einer Party in die Finger bekommen, und man sitzt auch noch neben ihnen und kann nicht weg, und unhöflich sein möchte man ja auch nicht – dann kann der Abend gelaufen sein. Am Anfang ist es ja noch ganz interessant zu erfahren, wie genial sie ihre Ferienreise geplant und absolviert haben. Aber vielleicht könnte die Sache ja noch interessanter werden, wenn man mal ein paar Zwischenfragen stellen oder seine eigenen Erfahrungen in ähnlichen Situationen beisteuern könnte. Keine Chance. Jeder Ansatz dazu wird einfach ignoriert oder im Keim erstickt:

Ich *Aber ...*

Er *Momentchen noch ... Als wir dann nach Palermo kamen ...*

Eigentlich bleibt einem nur die Möglichkeit, sich mit einer Ausrede aus dem Gespräch zu verabschieden. Man tut sich mit dieser Flucht wirklich etwas Gutes.

Und da sind die, die in einem wirklich wichtigen Gespräch erst einmal alles loswerden möchten, die Angst haben, daß wir ihnen nicht bis zum Ende zuhören, daß wir irgendwo dazwischengehen könnten oder daß sie viel zuwenig Zeit haben. Sie setzen eindeutige Zeichen dafür, daß sie unbedingt in der Sprecherrolle bleiben wollen, auch wenn sie merken, daß wir jetzt gerne mal was sagen möchten:

- Sie sprechen dann lauter oder eindringlicher und akzentuierter.
- Sie erhöhen die Sprechgeschwindigkeit, verzichten auf gefährliche Pausen
- und halten die Stimme am Satzende immer in der Schwebe, kommen also nie zum Punkt, so als baute sich Ihre Beschreibung über einen unendlichen Spannungsbogen auf.

Wenn das über eine längere Strecke so geht, wird das Zuhören unerträglich: Der andere hält uns in einer permanenten Spannung und läßt uns kaum die Chance, ruhig ein- und auszuatmen. Kinder erzählen so ihre Erlebnisse vom Spielplatz. Oder hören Sie mal im Radio einen Auslandskorrespondenten im Telefongespräch mit dem Moderator der Sendung.

Wie kann man solche Leute unterbrechen? Am besten hart und unerbittlich:

Halt! Halt! Halt! Nicht so schnell ...

Oder berühren Sie sanft seinen Arm, und sagen Sie ganz ruhig:

Kleinen Moment bitte.

Sie könnten auch Ihren Blick, besser noch den ganzen Körper abwenden, ihm gewissermaßen (sichtbar) Ihre Aufmerksamkeit entziehen.

Eine brutale, aber sehr wirkungsvolle Methode ist das Parallel- oder Simultansprechen. Sprechen Sie einfach los, halten Sie durch, Sie werden sich mit Sicherheit durchsetzen.

Offensichtlich erleben wir Simultansprechen als unangenehm und haben die Tendenz, es zu vermeiden, und zwar unbewußt. Das scheint biologisch determiniert zu sein. Wenn Sie sich also bewußt vornehmen, jemanden durch Simultansprechen zu stoppen, und Sie geben sich Mühe durchzuhalten, wird der andere in absehbarer Zeit (unbewußt) den Impuls verspüren, jetzt nicht mehr weiterzusprechen.

Sprich weiter!

Oft ermuntern wir unsere Gesprächspartner aber auch zu längeren Vorträgen, vielleicht deshalb, weil wir höfliche Menschen sind. Es gibt nämlich auch Signale dafür, daß wir dem anderen die Sprecherrolle (weiter) zugestehen:

- Wir begleiten seine Äußerungen mit bedächtigem Kopfnikken,
- oder wir geben zustimmende Kurzkommentare wie «hm», «ah ja», «interessant», «genau».

Alle diese Signale senden wir relativ unbewußt und nehmen sie auch so wahr. Es gibt aber durchaus die Möglichkeit, sie bewußt zu beobachten und ganz gezielt als Steuerelemente im Gespräch zu verwenden. Probieren Sie es aus.

8.8 Körpersprache

Ebenso wie wir den Sprecherwechsel beobachten und bewußt steuern können, ist es auch möglich, die Körpersprache zur Gestaltung von Gesprächen (und von Beziehungen!) zu nutzen. Wir werden uns im folgenden auf die Merkmale beschränken, die wir am sichersten auch bewußt kontrollieren können: körperliche Abstimmung (Rapport), räumliche Distanz und Blickkontakt.

Rapport

Wenn Sie allein in einem Restaurant sitzen, können Sie in aller Ruhe die Gäste an anderen Tischen beobachten. Sie können zwar nicht hören, was dort gesprochen wird. Aber in welcher Beziehung die Menschen zueinander stehen – bzw. hier: sitzen –, das können Sie erahnen.

Beispielsweise sitzt an einem Tisch in der Ecke ein Paar: Er ein gutaussehender Mittvierziger; sie vielleicht Ende Dreißig. Sie sitzen einander gegenüber. Gegessen haben sie offenbar schon, das Geschirr ist bereits abgeräumt, nur noch zwei leere Weingläser stehen auf dem Tisch. Sie sprechen mit gedämpften Stimmen. Man hat den Eindruck, daß sie sich mögen, und es hat den Anschein, als ob sie ihre Umgebung vergessen haben und sich allein fühlen. Da tritt der Kellner an ihren Tisch. Beide schrecken auf. Der Mann schaut kurz auf seine Armbanduhr. «Wie, schon so spät?» scheint er zu sagen.

Wir, die Autoren, hoffen und wünschen Ihnen, daß Sie diese höchst angenehme Erfahrung ebenfalls kennen: Mit einem anderen sympathischen Menschen «ins Gespräch vertieft» zu sein, darüber die Zeit und andere Menschen zu vergessen, die sich – zufällig oder nicht – im gleichen Raum aufhalten.

Diesen Zustand des Versunkenseins ins Gespräch, diese Konzentration auf den Gesprächspartner und das Gesprächsthema nennen einige Psychotherapeuten «Rapport».

Theorie

Der Ausdruck «Rapport» kommt aus dem Bereich der Hypnose, die schon im 19. Jahrhundert besonders in Frankreich eine Blütezeit erlebte. Mit Rapport bezeichneten damals französische Autoren die innere Übereinstimmung zwischen Hypnotiseur und Hypnotisand. Sie erkannten, daß erst diese innere Übereinstimmung, der Rapport, einen Hypnotisanden bereit sein läßt, den Suggestionen seines Hypnotiseurs zu folgen. Der Ausdruck «Rapport» hat sich im internationalen Fachchinesisch der Hypnotiseure bis heute erhalten.

Die Hypnose erlebt heute in den westlichen Ländern eine Renaissance – und das mit gutem Grund. Immer mehr Menschen entdecken, daß hypnotische Kommunikationsmuster keineswegs nur exotische Phänomene sind, die sich allenfalls auf Varieté-Bühnen und in abgedunkelten Hotelzimmern abspielen. Im Gegenteil: Hypnose und Rapport wie auch Trance und Suggestion sind Alltagsphänomene. Wir nehmen sie nur gewöhnlich nicht bewußt wahr. Und wenn wir etwas davon wahrnehmen, benutzen wir gewöhnlich Wörter der Alltagssprache, um dieses Phänomen zu bezeichnen. So beschreiben wir das oben erwähnte Paar im Restaurant als «ins Gespräch versunken». Ein Hypnosefachmann würde davon sprechen, daß die beiden einen «guten Rapport» entwickelt haben und in Trance gegangen sind. Daß der männliche Teil des Paars beim Erscheinen des Kellners offensichtlich überrascht auf seine Uhr schaut, würde unser Hypnoseexperte als typisches Zeichen für «Zeitverzerrung» – also ein verändertes Zeitgefühl – werten und darauf hinweisen, daß Zeitverzerrung ein typisches Trancephänomen ist. Darüber hinaus würde er aufgrund seiner Kenntnis hypnotischer Prozesse davon ausgehen, daß die beiden Gesprächspartner sich wechselseitig bestimmte Gedanken und Gefühle suggeriert haben. Welche? Das wollen wir Ihrer Fantasie überlassen. Über Suggestion finden Sie jedenfalls weitere Einzelheiten im Kapitel 13.5.

Was hat das mit Körpersprache zu tun? Sehr viel. Ein aufmerksamer Gast hätte bei dem Gespräch unseres Paares im Restaurant von Nebentisch aus nämlich folgendes beobachten können: Wann immer einer der beiden seine Sitzhaltung änderte – sich zum Beispiel vor- oder zurücklehnte –, folgte der andere mit weniger als zehn Sekunden Verzögerung mit einer entsprechenden Bewegung, so daß – gewissermaßen als Ergebnis dieser höchstwahrscheinlich unbewußten Bewegungen – beide Gesprächspartner eine symmetrische Sitzhaltung einnehmen: beide zurückgelehnt, beide vorgelehnt. Die gleiche Übereinstimmung wäre zu beobachten bei Mimik und Gestik, bei Bein-, Arm- und Kopfhaltung, bei Sprechtempo und -rhythmus. Sprechtempo und -rhythmus können wir auch wahrnehmen, wenn wir die Worte nicht verstehen.

Rapport bzw. gefühlsmäßige und inhaltliche Übereinstimmung drücken sich körperlich wahrnehmbar aus.

Wir haben gesehen: Wenn Körperhaltungen und -bewegungen zweier Gesprächspartner sich einander angleichen, fühlen sich die beiden miteinander wohl – sie haben die gleiche Wellenlänge. Wie wäre es, wenn wir in einem wichtigen Gespräch die richtige Wellenlänge aktiv suchen, die Entwicklung von gegenseitiger Sympathie aktiv unterstützen?

Konkret: Was könnte Alf tun, um sich seinen Kunden auf einer emotionalen Ebene geneigt zu machen? Er könnte das tun, was im Jargon der Hypnotherapeuten «Pacing» heißt. Man kann «Pacing» mit «Spiegeln» übersetzen. Es bedeutet, dem Gesprächspartner auf den verschiedenen Ebenen des Gesprächs zu folgen – allerdings zeitverzögert (also anders als ein realer Spiegel): eine ähnliche Sitzposition einnehmen, sich in Sprechtempo und Lautstärke an das Gegenüber anpassen, seinen Bewegungen mit einiger Verzögerung folgen. Alf könnte darüber hinaus auch paraphrasieren und dabei bestimmte Wörter und Redewendungen (Metaphern) seines Gegenübers verwenden. Das entscheidende bei alldem ist jedoch, daß sich Alf in sein Gegenüber einfühlt, phasenweise seine Perspektive übernimmt und ihm dadurch das Gefühl gibt, wirklich verstanden zu werden.

Wir sind sicher, daß Sie das bei vielen Ihrer Gesprächspartner ohnehin schon tun, intuitiv und spontan. Wir machen Sie hier lediglich auf eine Möglichkeit aufmerksam, nämlich darüber hinaus und bewußt auch mit solchen Gesprächspartnern eine gemeinsame Wellenlänge zu finden, mit denen das bisher noch nicht möglich war.

Übrigens, unter den derzeit bekannten Talkshow-Moderatoren gibt es Meister und Meisterinnen des Spiegelns in unserem Sinn. Gute Moderatoren verstehen es, durch Stimmführung, Mimik, Gestik und Körperhaltung – wie natürlich auch durch Wortwahl und Sprache – eine vertrauliche Gesprächsatmosphäre zu schaffen, die es ihren Gästen ermöglicht, trotz des Wissens um Millionen Zuschauer aus dem Nähkästchen zu plaudern. Dabei sind es nicht bestimmte, immer gleiche Körpersignale, die man gewissermaßen als Rezepte niederschreiben und auswendig lernen könnte. Das «Geheimnis» der Wirkung eines guten Talkmasters auf den einzelnen Gesprächspartner liegt in seiner Fähigkeit, sich emotional, körperlich und geistig auf den jeweiligen Gast so einzustellen, daß dieser das Gefühl bekommt, mit einem «Bruder (oder einer Schwester) im Geist» zu sprechen. Als Zuschauer könnten Sie kritisch einwenden: Aber das ist doch nur eine Illusion des Gastes. Der Moderator spielt in Wirklichkeit doch nur den verständnisvollen Gesprächspartner; er tut so, als ob er mit dem Gast mitfühlt. Hans Riebensahm ist sich da nicht so sicher. Gute, wirklich gute Schauspieler versichern glaubhaft, daß sie die gespielten Gefühle tatsächlich fühlen. Die Tränen sind echt. Und umgekehrt: spielen nicht auch wir Normalbürger manchmal die Gefühle, von denen wir meinen, daß sie erwartet werden – auf dem Friedhof oder bei einer Hochzeit –, fühlen uns aber dann doch irgendwie traurig oder freudig-festlich, je nachdem?

Also: Zwischen «So tun als ob» und «Wirklich fühlen» ist der Unterschied nicht so groß, wie man gemeinhin annimmt.

Bedenken Sie dabei auch: Was bei Moderatorinnen oder Moderatoren auf unbeteiligte Fernsehzuschauer wie teilweise «aufgesetzt» oder gar lächerlich wirken mag, wirkt auf die Betroffenen meistens durchaus positiv.

Wir möchten diesen Abschnitt noch einmal zusammenfassen:

Sie haben eine größere Chance, bei Ihrem Gesprächspartner oder Ihrer Gesprächspartnerin für Ihr Anliegen ein offenes Ohr zu finden, wenn es Ihnen gelingt, mit ihm einen guten Rapport zu entwickeln.
Sie können die Rapportentwicklung aktiv unterstützen, indem Sie Ihr Gegenüber auf verschiedenen Ebenen spiegeln – körperlich, sprachlich, gedanklich, emotional.

Das erfordert zwar ein gewisses Training, lohnt sich aber vor allem dann, wenn Sie bisher häufiger auf taube Ohren getroffen sind, als Ihnen lieb sein konnte.

Distanz und Nähe

Kehren wir noch einmal zurück ins Restaurant. Da sitzen noch andere Gäste, die wir beobachten können. Beispielsweise die drei Herren dort hinten an dem großen runden Tisch.

1. Abstände

Wir sehen, daß zwei von ihnen näher beieinandersitzen. Der dritte Herr sitzt von den beiden weiter weg und von jedem der beiden anderen gleich weit entfernt. In einem doppelten Sinn können wir sagen, die beiden ersten Herren «stehen» bzw. sitzen sich näher. Demgegenüber distanziert sich der einzelne Herr von den beiden anderen. Oder distanzieren die beiden gemeinsam sich von ihm?

Räumliche Distanz und Nähe sind gewissermaßen als Abbildungen emotionaler Distanz und Nähe zu verstehen. Diesen Zusammenhang empfindet jeder von uns intuitiv. Wen wir «nicht ausstehen können», von dem halten wir uns auch räumlich fern. Sofern das möglich ist. Im Fahrstuhl geht das manchmal nicht. Nehmen wir zunächst einmal an, Sie steigen in einen Fahrstuhl ein, in dem schon ein fremder Passagier steht. Der Fahrstuhl ist für maximal sieben Personen zugelassen, also relativ klein. Was tun Sie? Sie suchen sich einen Standplatz in möglichst großer Distanz zu Ihrem Mitpassagier. Nehmen wir weiter an, in jedem Stockwerk steigt ein weiterer Passagier zu. Was tun Sie, was tun die anderen? Mit jedem neu zugestiegenen Fahrgast werden die Abstände zwischen den Menschen so ausbalanciert, daß jeder von jedem ungefähr gleich weit entfernt ist. Was geschieht, wenn wir im voll besetzten Fahrstuhl zu einer räumlichen Nähe genötigt sind, die unserer inneren Distanz zu diesen Menschen überhaupt nicht entspricht? Beobachten Sie einmal Ihre Mitfahrer. Die meisten – vielleicht auch Sie selbst – werden vermutlich angestrengt die Anzeigetafel mit den Stockwerksnummern studieren. Die Abwendung des Blicks gleicht hier gewissermaßen das Übermaß körperlicher Nähe aus.

Theorie

In dem Buch «Körpersprache und Kommunikation» von Michael Argyle (1979, S. 282) werden vier Distanzbereiche beschrieben, die von Angehörigen der US-amerikanischen Kultur beachtet werden:

intim: (bis 50 cm)	bei intimen Beziehungen; Körperkontakt ist leicht; man kann den anderen riechen und seine Wärme fühlen; man kann ihn sehen, aber nicht sehr gut; man kann flüsternd reden.
persönlich: (50 – 120 cm)	bei nahen Beziehungen; man kann den anderen berühren; man kann ihn besser sehen, aber nicht seinen Atem riechen.
sozial-beratend: (250 – 350 cm)	bei eher unpersönlichen Beziehungen, zum Beispiel von hinter einem Tisch aus und bei unabhängiger Arbeit.
öffentlich: (350 cm und mehr)	bei Persönlichkeiten des öffentlichen Lebens und bei öffentlichen Anlässen.

Argyle betont, daß diese räumlichen Distanzen für Nordamerikaner gelten. In Deutschland mögen die entsprechenden Distanzen etwas geringer sein. In südlichen Breiten dagegen bevorzugen die Menschen im Gespräch noch geringere Abstände. Das kann im konkreten Fall zu Komplikationen führen. In einem «Spiegel»-Interview erzählte die chilenische Schriftstellerin Isabel Allende folgende Anekdote:

Allende *«Die Nordamerikaner sind immer noch unglaublich puritanisch ... Mir ist das auch aufgefallen im Umgang der Menschen untereinander. Ich glaube, es handelt sich um ein Erziehungsdefizit. Hier in den USA lernen die Kinder nicht, ihre fünf Sinne zu gebrauchen. Meine Enkelin ist jetzt vier Jahre alt, und neulich rief der Kindergarten an, um uns mitzuteilen, daß die Kleine unter Sehstörungen leide. Sie könne den Abstand zu anderen Kindern nicht einschätzen und sei ihnen so nahe gekommen, daß die sich angegriffen fühlten. Das ist natürlich totaler Quatsch. Bei uns in der Familie hat sie diese Distanz nie kennengelernt.» (Der Spiegel, 6/1997, S. 169f.)*

Fazit: Es gibt in unterschiedlichen Kulturen unterschiedliche Normen im Hinblick darauf, welche Distanz zum Gesprächspartner als angemessen gilt. Wir empfehlen Ihnen, sich darauf einzustellen. Vor einem wichtigen Gespräch mit Menschen anderer Nationalität könnten Sie sich entsprechend informieren.

2. Blickkontakt

Gelegentlich sprechen wir davon, daß wir jemandem «einen Wunsch von den Augen ablesen». Diese Redensart ist durchaus nicht nur metaphorisch zu verstehen. Wir können uns in der Tat bestimmte Wünsche gegenseitig von den Augen ablesen. Die Dauer eines Augen-Blicks, den wir empfangen oder jemandem zuwerfen, ebenso wie die Häufigkeit des Blickkontakts sind nämlich eine weitere Möglichkeit, den Wunsch nach emotionaler Nähe oder Distanz auszudrücken. Wenn uns ein sympathischer Mensch des anderen Geschlechts (oder des gleichen Geschlechts – je nach Präferenz) «tief in die Augen schaut», dann wissen wir intuitiv, daß dieser Mensch emotional an uns interessiert ist. In dieser Redewendung ist die Tiefe des Schauens allerdings tatsächlich nur eine Metapher. Denn wir schauen jemandem eben nicht tief oder weniger tief in die Augen, sondern längere oder kürzere Zeit sowie mehr oder weniger häufig.

Wenn jemand uns zu lange in die Augen sieht, werden wir diesen Blick als zudringlich empfinden und vielleicht sogar ärgerlich werden. Wir haben dann das Gefühl, jemand «dringt unbefugt in uns».

Übrigens ist die emotionale Bedeutung verschieden langer Augen-Blicke in unterschiedlichen Kulturen durchaus nicht gleich. Wenn Sie zum Beispiel mit einem Angehörigen des nigerianischen Ibo-Volkes zu tun haben, können Sie unter Umständen bemerken, daß er Ihnen nicht direkt in die Augen schaut. Möglicherweise sind Sie als Träger der deutschen Kultur geneigt, von diesem afrikanischen Gesprächspartner deswegen anzunehmen, daß er (oder sie) Sie nicht mag. Das Gegenteil könnte richtig sein: Einem Fremden direkt in die Augen zu sehen gilt dort als unhöflich. Das Vermeiden des Blickkontakts ist deshalb ein Ausdruck der Höflichkeit und des Respekts.

Wir sehen: Wir benutzen unterschiedliche Körpersignale, um anderen unsere emotionale Distanz oder Nähe mitzuteilen:
1. die räumliche Distanz,
2. Dauer und Häufigkeit des Blickkontakts,
3. die Körperorientierung, das heißt das Zu- oder Abwenden.

Diese drei Faktoren stehen in einem dynamischen Zusammenhang: Je größer die räumliche Distanz, desto länger und häufiger können wir uns erlauben, unserem Gesprächspartner in die Augen zu sehen. Je geringer die räumliche Distanz, desto mehr fühlen wir uns genötigt, den Körper und den Blick vom Gegenüber abzuwenden. Wenn wir diese Zusammenhänge in einem öffentlichen Gespräch nicht beachten, könnte das unser Gesprächspartner als Wechsel auf die private Ebene deuten. Das mag von uns so intendiert sein. Ob es der andere akzeptiert, ist eine andere Frage. Die Antwort wird er uns durch seine entsprechenden Körpersignale geben.

Um bei unserem Gesprächspartner keine unnötigen Abwehrreaktionen zu provozieren, empfiehlt es sich im allgemeinen, seine Distanz-Signale zu respektieren.

Wenn also Alf bei seinem ersten Gespräch mit einem potentiellen Kunden einen Stuhl angeboten bekommt, der auf der anderen Seite des Schreibtisches steht, dann ist es ratsam, das zunächst einmal zu akzeptieren. Mit großer Wahrscheinlichkeit nämlich begreift sein Gesprächspartner den Schreibtisch als Grenze seines **persönlichen Territoriums**. Solche Grenzmarkierungen gibt es überall, zum Beispiel in der Eisenbahn: Gehören Sie auch zu den Menschen, die gern eine Tasche auf den leeren Sitz neben sich stellen?

Zurück zu Alf: Wenn sich im Verlauf des Kundengesprächs ein guter Rapport entwickelt, kann er später vielleicht seinem Gegenüber etwas näher rücken. Aber gerade dabei sollte Alf seinen Partner beobachten, um mögliche Abwehrsignale rasch zu bemerken und entsprechend reagieren zu können. Wartet er zu lange, wird sich bald eine ungute Stimmung bemerkbar machen, die im schlimmsten Fall einen Abschluß verhindert. Hier ist Sensibilität eine nützliche Fähigkeit. Zum Glück läßt sich auch diese Art von Sensibilität ausbilden.

8.9 Phasen im Gespräch

Wir haben uns in den letzten Kapiteln um einzelne Äußerungseinheiten in Gesprächen gekümmert (Fragen, Paraphrasen, Metakommunikation ...) und beschrieben, welche Funktion sie in Gesprächsprozessen haben und wie wir mit ihnen Gespräche aktiv gestalten können.

In diesem Kapitel geht es um größere Organisationseinheiten, die wir in Gesprächen beobachten oder auch aktiv herbeiführen können, um unsere Gespräche in die Richtung zu steuern, in der unser Gesprächsziel liegt: Es geht um Phasen eines Gesprächs. Um diese Phasen ein wenig zu verdeutlichen, wollen wir uns ein «Montagsgespräch» bei KASA Optik ansehen, jedenfalls die für uns wichtigen Ausschnitte:

Gesprächseröffnung:

Geschäftsführer Heise *Guten Morgen. Wir sind fast vollzählig. – Herr Sobotzik ist in Hannover. Frau Wasmer ist krank. – Ich werde das Gespräch leiten. Wer führt Protokoll?*

(Frau Walter meldet sich.)

GF *Danke, Frau Walter.*

Wir wollen diese Montagsrunde auf eine Stunde begrenzen.

Noch mal zur Organisationsform: Wir wollen hier besprechen: Was klemmt? Wo klemmt's? Dafür wollen wir Lösungen finden. Die speziellen Probleme, Urlaubsplanungen oder so was, bitte ich in den Abteilungen zu lösen.

Thema eins heute: Reparaturen.

Thema zwei: Ich nenne das mal «Langfristige Marktstrategien».

Das reicht für heute.

Also erstens: Reparaturen. Offensichtlich ein Dauerbrenner. Herr Berger, Sie hatten das Thema angeregt.

Informationsphase:

Produktmanager Berger *Ja, also unsere Kunden beklagen sich in zunehmendem Maß über unseren Umgang mit Reparaturaufträgen: Terminverzögerungen, Kostenvoranschläge stimmen nicht, widersprüchliche Informationen, Gerät kommt unrepariert zurück. Wir vom Außendienst kriegen das immer ab. Dabei haut das offensichtlich hier drinnen nicht hin. Beispiel: Ich bekomme von der Firma Braun 'ne Fehlerbeschreibung, notiere die. Gerät kommt. Ich sage zu Merker: «Das und das funktioniert nicht, Zettel liegt bei.» Ohne mich zu informieren, geht das Gerät an den Kunden zurück: «Fehler nicht gefunden.» Oder: Der Kunde kriegt 'n Kostenvoranschlag. Dabei läuft das Gerät noch auf Kulanz. Das gibt's doch gar nicht.*

Produktmanagerin Walter *Doch, das gibt's. Und noch ganz andere Sachen. Manchmal kommt so ein Gerät erst nach vierzehn Tagen ...*

Technischer Leiter Merker *Da muß ich mal was zu sagen. Wir in der Werkstatt ...*

GF *Sofort, Herr Merker, lassen Sie Frau Walter doch erst mal zu Ende berichten.*

Frau Walter bringt ihr Beispiel, beanstandet, daß zwischen Vertrieb, der Werkstatt und Rechnungsabteilung keine klare Kommunikation besteht.

Produktmanager Berger *Und wir müssen das ausbaden.*

GF *Gut, gut. Sind das nun Einzelfälle?*

Frau Walter *Nee, nee, das kommt öfter vor.*

Diskussionsphase:

THEMA 1: FEHLERANALYSE

GF *Wo klemmt's da?*

Technischer Leiter Merker beschreibt jetzt, woran das liegen kann. Alle versuchen, den Fehlern auf die Spur zu kommen.

GF (faßt die Diskussion zusammen) *Ich halte mal fest: Die Abläufe im Betrieb sind nicht klar geregelt. Von der Fehlermeldung bis zur Wiederauslieferung des Gerätes müssen die Abläufe klar und verbindlich sein.*

THEMA 2: VERANTWORTLICHKEITEN

GF (gibt neuen Impuls) *Bevor wir uns da was überlegen, noch das Problem der Verantwortlichkeiten: Reparaturen, das ist ein ganz sensibles Geschäft. Versetzen wir uns in den Kunden. Für den ist das eine* *unangenehme Sache, wenn da was nicht funktioniert. Und wir müssen versuchen – ich sag das mal sehr pathetisch –, seine Not zu lindern. Wenn wir das vernünftig tun, ist das gut fürs Image. Aber wer ist verantwortlich?*

Berger *Na, die Werkstatt.*

Herr Merker *Wenn wir wissen, was wir machen sollen, ja. Aber wir kriegen das Ding nur hingestellt, und dann heißt es: Mach mal. Ihr seid verantwortlich dafür, daß wir klare Informationen kriegen.*

Die Diskussion über die Verantwortlichkeit läuft zehn Minuten.

GF (faßt zusammen) *Ich denke, eins ist klar geworden: Die Leute im Vertrieb sind in jedem Fall das Bindeglied zum Kunden. Sie müssen vertreten, was an Informationen in die Werkstatt kommt. Sie müssen dem Kunden eventuelle Schwierigkeiten bei der Reparatur mitteilen. Sie bringen ihm gewissermaßen das Gerät zurück. Und er soll zufrieden sein. So.*

(Neuer Impuls.) *Nun wollen wir versuchen, eine Lösung zu finden. Ich schlage vor, daß wir das Thema «Marktstrategie» auf nächsten Montag vertagen. Das ist mir jetzt hier zu wichtig. Einverstanden?*

Zustimmung aller Anwesenden.

THEMA 3: LÖSUNGEN

Es werden mehrere Lösungen diskutiert und wieder verworfen. Endlich kristallisiert sich eine mögliche Systematik heraus.

Ergebnis- oder Entscheidungsphase:

GF *Ich fasse zusammen. Frau Wasmer, bitte schreiben Sie die einzelnen Punkte mit: 1. Die Produktmanager sind verantwortlich für die Reparatur. 2. Sie füllen im Beisein des Kunden oder nach Absprache mit dem Kunden die Reparaturkarte aus. 3. Das Gerät geht mit der Karte in die Werkstatt. 4. Die Werkstatt überprüft das Gerät, stellt den tatsächlichen Schaden fest, trägt das in die Karte ein. 5. Die Karte geht an die Kalkulation für den Kostenvoranschlag und im Durchschlag an den Produktmanager … (Wir kürzen hier ab.)*

Marketingchef Klaus *Das ist erst mal nur eine nützliche Idee. Da müssen wir natürlich noch dran arbeiten, es in eine gültige Form bringen.*

Produktmanagerin Walter *Ich schlage vor, jeweils ein Außendienstler,* *ein Techniker und jemand vom Büro setzen sich zusammen, schreiben das auf.*

GF *Herr Berger? Herr Merker? Frau Paul?* (Stimmen zu.) *Bis nächsten Montag. Dann verabschieden wir das. O. K.?*

Gesprächsausstieg:

GF *Gut, dann schließe ich unsere Sitzung. Ich denke, wir haben ganz gut gearbeitet. Bis dann.*

Das ist ein typischer Phasenverlauf für eine Besprechung. Mit der **Gesprächseröffnung** werden wir uns weiter unten genauer beschäftigen: In ihr werden der formale und der inhaltliche Rahmen abgesteckt.

Entscheidend für das Gelingen eines Gesprächs ist meistens, daß die **Informationsphase** nicht übersprungen wird. Gerade bei spontanen Besprechungen und dann, wenn das Gespräch konflikt- und emotionsgeladen ist, aber auch bei Zeitdruck stürzen sich die Teilnehmer häufig sofort in die Diskussionsphase, ohne eine ausreichende Informationsbasis für diese Diskussion gelegt zu haben. Alle sollten genau wissen, worum es geht. Das heißt: Sie sollten möglichst über einen Informationsstand verfügen, der eine chancengleiche Diskussion möglich macht. Beim Beschreiben und Erklären sollten alle sich bemühen, ihre Informationen eindeutig und verständlich zu formulieren (siehe Kapitel 8.5).

Auch in anderen Gesprächen wird die Informationsphase aus Zeitgründen oft verkürzt oder übersprungen.

Produktmanager Sobotzik kommt in die Werkstatt zu Nils Hartmann:

Du, ich brauch da mal so einen Adapter für die F 37.

Nils muß erst mühsam nachforschen, worum es eigentlich geht. Irgendwann stellt sich heraus, daß mit dem Adapter allein nichts gewonnen ist.

Wesentlich ökonomischer wäre es gewesen, wenn Herr Sobotzik die Situation kurz umrissen hätte. Dann hätte Nils auf der Basis seines Fachwissens die Lösung schnell gefunden.

Zurück zu unserer Dienstbesprechung: Der Gesprächsleiter

sollte darauf achten, daß diese Informationsphase nicht schon durch permanente Rechtfertigungs- und Lösungsversuche unterbrochen wird. Die gehören in die **Diskussionsphase**. Wenn es in der Diskussion um mehrere Themen geht, können Diskussions- und Ergebnis- / Entscheidungsphasen miteinander verschränkt werden. Es kann durchaus sinnvoll sein, in eine Diskussionsphase eine zusätzliche Informationsphase «einzuziehen», wenn sich herausstellt, daß Informationen ergänzt oder nachgeliefert werden müssen.

Entscheidend ist, daß der Gesprächsleiter die Phasen ankündigt, also die Grenzen kenntlich macht und darauf achtet, daß diese Phasen nicht vermischt werden.

In der **Ergebnis- / Entscheidungsphase** wird das Erreichte zusammengefaßt und von den Teilnehmern bestätigt. Über Entscheidungen wird – wenn nötig – abgestimmt. Diese Phase sichert die Verbindlichkeit der Gesprächsergebnisse.

Es ist für die Gestaltung eines Gesprächs sehr hilfreich, wenn Sie wissen, in welcher Phase sich das Gespräch befindet. Durch bewußten Phasenwechsel können Sie das Gespräch aktiv gestalten.

Theorie

In der linguistischen Gesprächsforschung gliedert man Gespräche prinzipiell in drei Phasen: die Eröffnungsphase, die Kernphase und die Beendigungsphase (vgl. Brinker / Sager 1995, S. 94). Für die Gesprächseröffnung und die Gesprächsbeendigung (bei uns «Gesprächsausstieg») gibt es offensichtlich klare Muster. Zum Beispiel beim Ausstieg aus einem Telefongespräch: Resümee, Dank / Wunsch, Verabschiedung. Die Gesprächseröffnung sehen wir uns im nächsten Kapitel genauer an. Für die «Kernphase» gibt es zwar typenbedingte Ablaufstrukturen, aber keine festen Muster (Brinker / Sager, S. 103). Für die Gesprächspraxis ist es jedoch zweckmäßig, auch hier eine wiedererkennbare Struktur deutlich zu machen. Wenn wir von den Zielen ausgehen, können wir drei Phasen erkennen: 1. (sich gegenseitig) informieren, 2, diskutieren (Meinungen, Standpunkte klären), 3. Ergebnisse sichern, Beschlüsse fassen. Diese Phasen können sich überlappen und in der Chronologie variieren (vor allem die Informations- und die Diskussionsphase). Wichtig für den Gesprächsteilnehmer ist es zu wissen, wo sich das Gespräch gerade befindet.

Für das Gelingen eines Gesprächs ist eine Phase von besonderer Bedeutung: die **Gesprächseröffnung**.

8.10 Gesprächseröffnung

Jedes Gespräch hat einen Ausgangspunkt. Auch Gespräche, die nicht eine fast schon formalisierte Einleitung haben, wie das Krisengespräch bei KASA Optik.

Nehmen wir an, Nils Hartmann trifft seinen ehemaligen Mitschüler Hans Pregel in der Fußgängerzone. Der Anlaß, miteinander zu sprechen, ist also zufällig:

Nils *Hallo.*

Hans *Tag, Nils. Wie geht's?*

Nils *Gut. Und selbst?*

Hans *Kann nicht klagen.*

Nils *Gut zu hören.*

Soweit die **Begrüßungssequenz**: unverbindliche Höflichkeiten mit der Funktion, die Beziehung zu sichern. Häufig sind solche Gespräche gleich wieder beendet, etwa mit folgender Schlußsequenz:

Hans *Du, ich muß weiter. Wir sollten mal wieder ausgiebig quatschen.*

Nils *Find ich auch.*

Hans *Ich ruf dich an. Grüß Bettina.*

Nils *Mach ich. Gruß an Frauke.*

Hans *Richt ich aus. Bis dann.*

Nils *Tschau.*

Sie kennen das: Einer hat's eilig, der andere vielleicht auch, oder das Interesse aneinander reicht nicht für ein längeres Gespräch. Aber nehmen wir einmal an, Hans ist an der Fortsetzung des Gesprächs interessiert. Dann könnte er Nils' **Gesprächsbereitschaft** testen, etwa so:

Hans *Gut zu hören. Schön, daß ich dich treffe. Hast du einen Augenblick Zeit?*

Oder:

Hans *Schön, daß ich dich treffe. Darf ich dich mal was fragen?*

Oder er setzt die Gesprächsbereitschaft voraus und macht sofort ein **Themenangebot**.

Hans *Gut zu hören. Was macht die Arbeit? Immer noch bei KASA?*

Geht Nils auf das Themenangebot ein, dann ist die Eröffnungsphase beendet. Vielleicht aber auch erst jetzt:

Nils *Sprechen wir erst mal von dir. Gut siehst du aus.*

Hans kann aber auch gleichzeitig mit dem Themenangebot abklären, ob Alf überhaupt der richtige Mann ist im Hinblick auf sein Gesprächsziel:

Hans *Schön, daß ich dich treffe. Hast du 'n Augenblick Zeit?*

Nils *Klar, was gibt's?*

Hans *Sag mal, du verstehst doch was von Autos.*

Bei spontanen Gesprächen wird in der Gesprächseröffnung meistens

- **die Beziehung gesichert,**
- **die Gesprächsbereitschaft erfragt,**
- **das erste Thema eingeführt.**

Oft wird in diesem Zusammenhang auch die Kompetenz des Partners geklärt.

Das gilt natürlich auch für Gespräche zwischen Unbekannten:

Guten Tag, entschuldigen Sie bitte. **Beziehungsgestaltung**

Sind Sie von hier? **Kompetenz klären**

Können Sie mir helfen? **Gesprächsbereitschaft erfragen**

Ich suche die Lotzestraße. **Thema**

Die Elemente Beziehungsgestaltung und Themenvorgabe (Informationen zur Sache) finden wir mehr oder weniger stark ausgeprägt in allen Gesprächseröffnungen.

Informationen zum Thema

Informationen darüber, worum es in diesem Gespräch gehen soll, sind besonders dann ein wichtiges Element der Gesprächseröffnung, wenn einer der Teilnehmer das Gespräch geplant hat, der andere auf *dieses* Gespräch nicht vorbereitet ist.

Geschäftsführer Heise hat Nils Hartmann zu sich gebeten:

Nils *Guten Tag. Sie wollen mich sprechen?* **Beziehung**

Heise *Tag, Herr Hartmann. Setzen Sie sich. Zigarette?* **Beziehung**

Nils *Danke. Noch immer Nichtraucher.*

Heise *Dann laß ich's auch mal. Ich habe noch mal mit Krause gesprochen.*

Nils *Mit Krause? Und worüber?*

Nils fühlt sich ein bißchen überfallen. Worum geht es? Herr Heise hätte nicht so mit der Tür ins Haus fallen sollen. Besser wäre es gewesen, wenn er Nils wenigstens eine «Überschrift» gegeben hätte:

Heise *Es geht um die Verzögerung bei der Maschinenwartung. Ich habe noch mal mit Krause gesprochen.*

Wir müssen uns also fragen: Welche Informationen braucht der Partner, um sofort thematisch ins Gespräch zu finden?

Alf hat auf einer Messe mit Direktor Dr. Kress von der Baumarktkette Poli über neue Möglichkeiten der Filialen-Gestaltung gesprochen. Kress war sehr interessiert. («Rufen Sie mich doch mal an. Dann machen wir einen Termin.») Das tut Alf:

Firma *Poli Baumärkte. Guten Tag. Was kann ich für Sie tun?*

Alf *Verbinden Sie mich bitte mit Herrn Dr. Kress.*

Firma *Wen darf ich melden?*

Alf *Alf Selke. Werbeagentur H & H.*

Firma *Einen Moment bitte ...*

Kress *Kress.*

Alf *Guten Tag, Herr Dr. Kress. Hier Selke, Alf Selke, Werbeagentur H & H. Schön, daß ich Sie direkt erreiche.* **Beziehung**

Haben Sie ein paar Minuten Zeit für mich? **Gesprächsbereitschaft**

Kress *Worum geht es, Herr Selke?*

Alf *Vielleicht erinnern Sie sich an mich. Wir haben uns Mitte September auf der IWA in Hannover getroffen. Unsere Agentur hatte dort einen Stand.* **Basisinfo**

Ich bin der Geschäftsführer.

Kress *Ja, ich erinnere mich. War das nicht in Halle 5: Kommunikation und Information?*

Fakten abgleichen

Alf *Richtig. Wir sprachen über die Möglichkeit, für Ihre Filialen ein neues Präsentationskonzept zu entwickeln. Sie waren sehr interessiert. Ich gab Ihnen ein bißchen Informationsmaterial. Sie baten mich um einen Anruf.*

Nun kann das Gespräch richtig losgehen.

Die Gesprächseröffnung beginnt wie oben:

- **Begrüßung** (Beziehungssicherung),
- **Gesprächsbereitschaft** erfragen.

Und dann liefert Alf die **Basisinformationen**, die nötig sind, um Herrn Dr. Kress auf das erste Thema des Gesprächs vorzubereiten: Er gibt die **notwendigen Fakten**. Er kann ja auch nicht erwarten, daß sich Dr. Kress nach so langer Zeit noch genau erinnert. Herr Dr. Kress **gleicht diese Fakten ab**, und zwar mit seinen eigenen Erinnerungen.

Sind nur Sie auf das Gespräch vorbereitet, sollten Sie dem Partner in der Eröffnungsphase die Basisinformationen liefern, die er braucht, um ins Gespräch zu kommen.

In unserem Gesprächsbeispiel gab es neben den notwendigen Basisinformationen auch Äußerungen zu **Klärung der Rollenbeziehung**:

Alf *... Ich bin der Geschäftsführer.*

Solche **Rollenvorgaben** in der Gesprächseröffnung dienen zunächst der Information auf der **Sachebene**. Zu dieser Ebene gehört auch die **Klärung der Kompetenz** des Gesprächspartners.

In Alfs Akquisitionsgespräch erübrigt sich eine solche Kompetenzklärung, weil Alf gleich mit Herrn Kress verbunden worden ist. Der Start hätte aber auch so sein können:

Firma *Moment, ich verbinde.*

Sekretärin *Kremer.*

Alf *Ich möchte bitte Herrn Dr. Kress sprechen.*

Sekretärin *Herr Dr. Kress ist in einer Besprechung. Kann ich Ihnen helfen?*

Alf *Das glaube ich kaum. Wann wird er zu erreichen sein?*

Oft ist es notwendig, daß wir für uns selbst klären, ob es (bezogen auf die Sache und unser Gesprächsziel) zweckmäßig ist, das Gespräch mit *diesem* Partner weiterzuführen.

Beziehungsgestaltung

Häufig dienen Rollenvorgaben in der Gesprächseröffnung nicht nur der Information auf der Sachebene, sondern auch der Beziehungsgestaltung. Wenn Alf sagt: «Ich bin der Geschäftsführer», gibt er dem Gespräch einen bestimmten Beziehungsrahmen: «Wir sprechen hier von Geschäftsführer zu Geschäftsführer», also als gleichrangige Partner. Auf diese Weise wird nicht nur die Rollenbeziehung festgelegt, es entsteht auch ein bestimmtes **Gesprächsklima**.

Erinnern Sie sich an das Gespräch zwischen Geschäftsführer Heise und Nils über die Maschinenwartung? Herr Heise schafft in seiner Gesprächseröffnung ein recht persönliches Klima:

Heise *Tag, Herr Hartmann. Setzen Sie sich. Zigarette?*

Nils *Danke. Noch immer Nichtraucher.*

Heise *Dann laß ich's auch mal.*

Er signalisiert seine Wertschätzung, mindert seine Dominanz, indem er Nils einen Platz und eine Zigarette anbietet und dann aufs Rauchen verzichtet.

Jede Gesprächseröffnung schafft ein bestimmtes Klima: freundschaftlich ◄ persönlich ◄ sachlich ► distanziert ► feindlich. Diese Merkmale sind ziemlich willkürlich gewählt. Sie können diese Skala auch mit anderen Begriffen besetzen: vertraut, nah, neutral, kühl, frostig ... entspannt, locker, gespannt, ernst, heiter ...

Stellen Sie in der Gesprächseröffnung ein Gesprächsklima her, das den Teilnehmern eine partnerschaftliche Gesprächsgestaltung ermöglicht.

Das ist oft leichter gesagt als getan. Sie kennen das: Sie sind geladen bis unter die Haarwurzeln und haben nur den einen Wunsch, Ihren Partner mal so richtig zusammenzufalten. Soooo klein mit Hut soll er werden!

Es ist wenig hilfreich, wenn wir Ihnen jetzt die Empfehlung geben: Abwarten, tief durchatmen, nüchtern die möglichen Konsequenzen eines Wutausbruchs kalkulieren. Es gibt Situationen, da will der Ärger raus, auch wenn Sie genau wissen, ein konstruktives Gespräch kann das kaum noch werden. Hier eine von Nils Hartmanns Gesprächseröffnungen zum Zweck der Selbstreinigung:

Nils *Bist du eigentlich noch zu retten, Kurt? Du machst in letzter Zeit nichts als Scheiße. Denkst du überhaupt noch nach, wenn du arbeitest? Guck dir das hier an ... Nicht da, du Dussel, hier!!*

Alles Du-Äußerungen, Unterstellungen, Verallgemeinerungen, persönliche Angriffe. Ergebnis: der andere ist so klein mit Hut, es entsteht alles andere als ein partnerschaftliches Klima. Vielleicht geht's ja auch so:

Nils *Kurt,* ich *bin so was von sauer. Ich könnte dich auf den Mond schießen. Du hast absolute Scheiße gebaut. Hier, guck dir das an!*

Ich-Äußerungen ► Meta-Äußerung (als Puffer) ► Du-Äußerungen (Bewertung). Der Ärger ist raus, aber Kurt ist nur unwesentlich geschrumpft.

Übrigens: Auch Kurt könnte aus einer solchen Gesprächseröffnung die Luft rausnehmen. Vielleicht so:

Kurt *Du, ich weiß, daß ich da Mist gemacht habe. Ich überleg auch schon die ganze Zeit, wie ich das wieder hinbekomme.*

Er rechtfertigt sich nicht, nimmt die Kritik an und deutet ein Lösungsangebot an. Das könnte den Zorn von Nils dämpfen. Mit dieser Problematik werden wir uns im Teil «Die Erprobung», Kapitel 15, über Kritikgespräche, genauer beschäftigen.

Häufig versuchen wir, das Gesprächsklima positiv zu gestalten, indem wir in **öffentlichen Gesprächen** zunächst auf die persönliche Ebene gehen. Vielleicht erinnern Sie sich: Personalchef Klages begann sein Vorstellungsgespräch mit Bettina Hartmann nach der Begrüßung zunächst recht privat:

Klages *Verreisen?*

Bettina *Mal sehen. Vielleicht fahre ich ein paar Tage zu meiner Schwester nach Berlin.*

Klages *Berlin? Da studiert mein Sohn. Psychologie.*

Dieser private Exkurs ergab sich zwanglos aus dem Gesprächsverlauf. Durch diesen Ebenenwechsel lockerte Herr Klages das Gespräch auf, versuchte, Bettinas Ängste zu reduzieren, förderte die Gesprächsbereitschaft.

Den Ebenenwechsel innerhalb von Gesprächen werden wir in Kapitel 12.1 genauer unter die Lupe nehmen.

In der Gesprächseröffnung ist ein solcher Ebenenwechsel jedoch häufig mit Vorsicht zu genießen. Geschäftsführer Heise bittet Nils wieder zum Gespräch:

Heise *Tag, Herr Hartmann.*

Nils *Tag, Chef.*

Heise *Setzen Sie sich doch. Schnäpschen?*

Nils *Danke.*

Heise *Immer noch sportlich aktiv?*

Nils *Na ja, hin und wieder bei den alten Herren.*

Heise *Find ich toll. Also, ich könnte keine zehn Minuten mehr hinterm Ball herlaufen.*

Nils *Wär mal 'n Versuch wert.*

Heise (lacht) *Ich weiß nicht. Aber sagen Sie mal, die Jugendabteilung beim RSV soll ja so gut sein. Ob das was für unsern Markus ist? Der wird jetzt sieben.*

Will Herr Heise über seinen Sohn sprechen? Will er Nils signalisieren: ich interessiere mich für Sie und Ihre Hobbies? Vordergründig schon. Aber das Gespräch könnte so weitergehen:

Nils *Also, bei uns wär er richtig.*

Heise *Das glaube ich gerne. Vielleicht komm ich Samstag mal mit ihm auf den Platz. – Was mir heute am Herzen liegt, Herr Hartmann: Wir sollten noch mal darüber sprechen, ob Sie nicht doch noch die Service-Abteilung übernehmen.*

Diese Wendung hat Nils befürchtet. Das ist ein Problemthema zwischen ihm und seinem Chef. Für Nils steht fest: nur nicht die Service-Abteilung!

Für viele Chefs ist ein solcher Ebenenwechsel in der Gesprächseröffnung eine bevorzugte Methode, um in Konfliktgesprächen mit Untergebenen Widerstände beim Gesprächspartner zu reduzieren, böse gesagt, ihn einzuwickeln. Manche kündigen sogar an, daß sie das folgende Gespräch als privates verstanden wissen wollen.

Also, Herr Hartmann, heute sprech ich mal nicht als Chef zu Ihnen, sondern ganz privat. Schnäpschen?

Aber auch in der Kundenwerbung und im Verkauf gehören diese «Human touch»-Gesprächseröffnungen zum beliebten Strategienrepertoire. Klaus Pawlowskis Versicherungsvertreter beginnt regelmäßig mit einer privaten Äußerung, etwa so:

Also, Ihr Haus, Herr Doktor ... Darf ich mal eben einen Blick in den Garten werfen?

Oder:

Hm, hier riecht es gut. Wieder mal beim Kochen, Herr Doktor?

Ob er das in einem Rhetorikkurs seiner Versicherungsgesellschaft gelernt hat? Klaus Pawlowski ist jedesmal gespannt darauf, was ihm diesmal für eine Gesprächseröffnung einfällt. Und das ist der Knackpunkt:

Für die Beziehungsgestaltung kann ein Ebenenwechsel öffentlich – privat durchaus positiv sein: Er schafft ein persönliches Gesprächsklima. Aber die Anknüpfung muß sich aus dem Gespräch zwanglos ergeben, sonst könnten Sie Widerstand erzeugen.

Gesprächsorganisation

Wir haben es schon im Kapitel über Metakommunikation (8.4) angesprochen und betrachten es jetzt noch einmal aus einem anderen Gesichtswinkel: In vielen Gesprächseröffnungen finden sich auch Hinweise zur Organisation des Gesprächs, vor allem dann, wenn es sich um stärker formalisierte Gespräche handelt. Hier noch einmal die Eröffnung des Krisengesprächs bei KASA:

Geschäftsführer Heise *Guten Morgen. Wir sind fast vollzählig. Herr Sobotzik ist in Hannover. Frau Wasmer ist krank. – Ich werde das Gespräch leiten. Wer führt Protokoll?* (Frau Walter meldet sich.)

GF *Danke, Frau Walter.*
Wir wollen diese Montagsrunde auf eine Stunde begrenzen ...
Thema eins heute: Reparaturen.
Thema zwei: Ich nenne das mal «langfristige Marktstrategien».

Herr Heise klärt die **Funktionsrollen**.
Er gibt den **Zeitrahmen** vor.
Er gibt die **Themenabfolge** bekannt.
Mit diesen Meta-Äußerungen gibt er dem Gespräch eine eindeutige Organisationsform (Entscheidungsdiskussion) und eine klare Struktur. Die Organisation von Gesprächen ist oft die Aufgabe eines Gesprächsleiters oder Gesprächsmoderators. Zu seiner Rolle und Funktion werden wir uns in Kapitel 9 genauer äußern.

8.11 Gesprächsthemen

Jedes Gespräch hat ein Thema, eine Sache, um die es geht. Meistens sind es sogar mehrere Themen:

Krause junior *Hat Borkemüller schon angerufen wegen der Fensterfarbe?*
Bettina *Bis jetzt noch nicht.*
Krause *Wenn er anruft, stellen Sie ihn bitte durch.*
Bettina *Mach ich.*
Krause *Noch was: Haben Sie schon die Abrechnungen von der Baustelle in Geismar?*
Bettina *Bis jetzt noch nicht.*
Krause *Rufen Sie bei Klappke an. Wir brauchen das dringend.*
Bettina *O. K.*

Erstes Thema: Fensterfarbe, zweites Thema: Abrechnung Geismar.

Themenankündigung

Wir haben es bereits in den Kapiteln über die Metakommunikation und die Gesprächseröffnung dargestellt: Wenn man zu Beginn eines Gespräches ankündigt, worum es gehen wird, setzt man einen inhaltlichen Rahmen (Gesprächsorganisation) und sorgt für Klarheit (Verständlichkeit in der Sache).

Geschäftsführer Heise in der Montagsbesprechung:

Wir wollen heute nicht Tagesprobleme besprechen, sondern es geht nur um das Thema «Verhältnis Produktmanagement – Fertigung».

(Gibt danach anhand eines Tafelbildes Überblick über die Problemlage.)

Er kündigt nicht nur das Thema an, sondern er schließt auch Themen aus, die die Teilnehmer eventuell – vielleicht auf Grund eines Rituals – erwartet haben. Es ist für den Ablauf jedes Gesprächs gut, die Themen anzukündigen.

Im Betrieb:

Ich möchte mit Ihnen zunächst über die Ausfälle in der Planungsabteilung reden. Und dann habe ich mir hier notiert: Kostenaufstellung Bollmann. Zunächst mal zur Planungsabteilung.

In privaten Gesprächen:

Ich möchte mit dir noch mal über Karen reden.

Das dient nicht nur der Gesprächsorganisation, sondern auch der Beziehungsgestaltung. Gerade im beruflichen Alltag weckt der Appell: «Kann ich Sie mal sprechen?» beim einen Mißmut und Ungeduld («Muß der mir meine kostbare Zeit rauben?»), beim anderen Ängste («Was will der wohl von mir?»).

Mit einer Themenankündigung setzen Sie einen inhaltlichen Rahmen und bereiten den Partner auf das vor, was auf ihn zukommt.

Themenauswahl

Nils und seine Mitarbeiter ärgern sich: Der technische Leiter, Franz Merker, hat sie zu einer «Sonderschicht» verdonnert. Nils findet am Freitag nur einen kleinen Zettel:

Sorgen Sie dafür, daß bis Dienstag die F 35 fertig montiert ist.

Am Dienstag kommt eine Abordnung aus Frankreich, und Merker will den Herren etwas bieten. Nils und seine Leute wissen, daß das nie und nimmer zu schaffen ist. Und muß es unbedingt die F 35 sein? Da gibt es doch andere spektakuläre Sachen. Zum Beispiel die K 23 C.

Vor allem aber ärgern sie sich darüber, daß Merker das einfach so anordnet, ohne wenigstens mit Nils darüber geredet zu haben. Nils und sein Vertreter, Dirk Braun, melden sich bei Franz Merker zu einem Gespräch an. Allerdings nehmen sie sich fest vor, das **Beziehungsthema** (Ärger über den Stil) aus dem Gespräch rauszuhalten und nur die **Sachthemen** (Zeitprobleme, andere Demonstrationsobjekte) ins Gespräch zu bringen.

Nils *Merker ist eben so. Der muß immer den strammen Max markieren. Das können wir in diesem einen Gespräch sowieso nicht ändern. Wichtig ist, daß er einsieht, daß das nicht zu schaffen ist, wenn wir es ordentlich machen wollen. Und daß wir ihm brauchbare andere Möglichkeiten zeigen: Da haben wir die K 23 C oder das neue Mikroskop für Satorius. Und dann möcht ich noch wissen, wann die ungefähr kommen.*

Es sind also oft die Gesprächsziele und die Gesprächsökonomie, die die Auswahl der Themen bestimmen. Häufig ist es klug, Themen zu vermeiden, die das Gelingen des Gesprächs gefährden könnten.

Das Problem der Überstundenregelung sollten wir allerdings besser nicht ansprechen. Da geht er gleich an die Decke. Das hat Zeit bis zur allgemeinen Planungsbesprechung.

Oft ist der Partner auch mit einem Thema überfordert. Wir wissen, er hat sich damit nie beschäftigt. Es gehört nicht zu seinen Aufgabengebieten:

Auch die Schwierigkeiten mit der Montage der Objektträger brauchen wir nicht anzusprechen. Bei diesen ganz speziellen Problemen kann er uns nicht helfen.

Oder bestimmte Themen sind nebensächlich, führen zum Abschweifen, gefährden die Stringenz des Gesprächs:

Am liebsten würd ich ihm bei der Gelegenheit ja mal stecken, daß es Blödsinn war, den Hartwig zum Außendienst zu überreden. Aber das gehört ja wohl da nicht hin.

Häufig ist es aber auch ganz einfach die Zeit, die uns zur Themenauswahl zwingt. Es ist oft besser, *eine* Sache gründlich zu erörtern, als zehn Themen nur mal eben anzureißen.

Außerdem haben wir nicht mehr als zwanzig Minuten Zeit. Du kennst ihn ja.

Nils und Dirk Braun stecken ihren Themenrahmen also klar

ab. Wir haben es schon im Kapitel über Gesprächsziele gesagt, die beiden sollten sich das kurz notieren:

ZIEL: Überzeugen: Wir präsentieren ein anderes Gerät.

THEMEN: 1. Zeitprobleme bei der F 35, ordentliche Arbeit
2. Alternative: K 23 C. Vorteile!!!!
3. Zeitplan

Bei der Auswahl der Themen sollten Sie sich folgende Fragen stellen:
Wie sieht mein Zeitbudget aus?
Was kann ich dem anderen inhaltlich oder auch emotional zumuten?
Über welche Themen kann ich mein Gesprächsziel am sichersten erreichen?
Also: Welche Themen spreche ich an, welche lasse ich weg?

Themenwechsel

Nils und Dirk werden also drei Themen ansprechen. Wenn sie vom ersten Thema zum zweiten wechseln, empfiehlt es sich, klare Grenzen zu setzen, also deutlich zu machen, daß ein Thema beendet ist und das neue beginnt.

Nils	*Ich hoffe, wir haben klargemacht, warum das mit der F 35 nicht geht.*	**Themenschluß**
	Natürlich haben wir uns überlegt, was wir statt dessen präsentieren können.	**Themenankündigung**

Beim Wechsel vom zweiten zum dritten Thema:

Nils	*Wir sind uns also einig: Wir zeigen die K 23 C. Ich führe sie vor. Das Ganze passiert am Arbeitsplatz von Dirk.*	**Themenschluß**
	Zum Schluß noch 'ne organisatorische Frage.	**Themenankündigung**

Wir sehen: Man kann solche Grenzziehungen mit einer inhaltlichen Äußerung oder auf der Meta-Ebene machen.

Oft ist es zweckmäßig, ein Thema damit abzuschließen, daß wir das Ergebnis noch einmal zusammenfassen:

Nils *Wir sind uns also einig: Wir zeigen die K 23 C. Ich führe sie vor. Das Ganze passiert am Arbeitsplatz von Dirk.*

Auf diese Weise kann man sich vergewissern, ob alles klar ist, ob der Partner den Themenwechsel akzeptiert. Das schließt allerdings nicht aus, daß Teilnehmer auch dann, wenn wir schon das neue Thema angekündigt haben oder bereits mittendrin sind, noch mal das alte aufrollen. Irgend etwas fällt ihnen plötzlich noch ein:

Aber ich hab da noch 'ne Frage zur F 35.

Manchmal ist es im Sinn der Beziehungsgestaltung nicht zu umgehen, daß dann eine «Schleife gedreht» wird. Aber wir sollten uns danach vergewissern, ob wirklich Schluß ist:

Ich hoffe, jetzt ist aber alles klar.

Natürlich können wir versuchen, einem solchen Nachklapp vorzubeugen, indem wir dann, wenn wir das Thema beenden wollen, gleich mal nachfragen:

Nils *Ich hoffe, wir haben klargemacht, warum das mit der F 35 nicht geht. Oder haben Sie dazu noch Fragen?*

Eine deutliche Grenzziehung beim Themenwechsel dient der Gesprächsorganisation. Sie gliedert und strafft das Gespräch und fördert die Verständlichkeit. Jeder weiß, wo das Gespräch steht. Das gibt ein Gefühl der Sicherheit.

Häufig geht der Themenwechsel unmerklich vonstatten. Irgendwie kommt man vom Thema ab, rutscht auf ein Nebengleis. Das kann strategisch durchaus geplant und auch zweckmäßig sein. Auf diese Weise kann man den Partner vielleicht von einer unangenehmen Zuspitzung bei der eigentlichen Themenbearbeitung auf einen Nebenkriegsschauplatz locken.

Nils und Dirk halten zwar das Beziehungsthema raus, aber Herr Merker spürt, daß das mit dem Zettel nicht so ganz richtig gelaufen ist. Er möchte das Thema deshalb zwar kurz ansprechen, es aber nicht vertiefen:

Merker *Ich weiß, Herr Hartmann, ich hätte Sie fragen sollen. Aber manchmal drängt die Zeit ... Das wissen Sie doch am besten. In diesem Zusammenhang: im nächsten Monat können Sie mit Verstärkung rechnen ...*

Natürlich gibt es da einen Zusammenhang, aber in diesem Fall ist das nichts weiter als ein Ablenkungsmanöver vom eventuell brisanten Thema «obrigkeitliche Willkür».

Nils stoppt diesen strategischen Ausflug mit einer entsprechenden **Meta-Äußerung**:

Das ist ja prima. Aber lassen Sie uns noch mal über Dienstag sprechen.

Auf einer Party oder beim Essen ist es vielleicht ganz nett, von einem Thema ins andere zu springen, vom Hundertsten ins Tausendste zu kommen. Aber in einem dienstlichen Gespräch sollte man immer wieder zum Thema zurückführen.

Ich würde ganz gerne zum Thema zurückkommen. Wir sprachen über ...

Oder:

Ich glaube, wir sind da ein bißchen abgeschweift. Unser Ausgangspunkt war die Frage ...

Wichtig ist also, daß man nicht nur formal «Zum Thema!» ruft, sondern das Thema noch einmal angibt und auch den Punkt nennt, an dem man zweckmäßigerweise wieder ansetzen sollte. Oft ist es nützlich, noch mal zu rekapitulieren, wo das Gespräch *vor* dieser Abschweifung stand, und einen Impuls zur Weiterführung des Themas zu formulieren:

Nils *Ich würde ganz gerne zum Thema zurückkommen. Wir sprachen über die Präsentation der K 23 C. Wir waren uns einig, daß wir das an Dirks Arbeitsplatz tun sollten. Für mich ist nun noch die Frage offen: Soll das einer von uns vorführen, oder machen Sie das?*

Es gibt allerdings Situationen, da ist ein Exkurs, ein kleiner Ausflug nötig. Zum Beispiel dann, wenn man merkt, daß Informationen fehlen, um das Thema sinnvoll weiter zu bearbeiten:

Nils *Ich merke, Sie haben sich mit den Möglichkeiten der K 23 C noch nicht beschäftigt. Wir haben das auch erst bei der Montage so richtig mitgekriegt. Das sollten wir erst mal kurz erzählen ...*

Wir sollten ein Thema nie weiter behandeln, wenn wir merken, daß die Informationsbasis nicht ausreichend ist. Der Partner kann eventuell nicht alles verstehen und deshalb die Tragfähigkeit unserer Argumente gar nicht einschätzen. Es ist ziemlich riskant zu hoffen, daß er zustimmt, nur, weil er nicht zugeben möchte, daß er überfordert ist.

Wahrscheinlicher ist es, daß er ablehnt, weil ihm das alles ein bißchen zu hoch und zu wenig plausibel und daher ein wenig zu unsicher erscheint. Vermögensberater können von diesen Reaktionen ein Lied singen (siehe Kapitel 14).

9 Gesprächsleitung

Der informelle Gesprächsleiter

Alle Handlungen, die der **Gesprächsorganisation** dienen, sind – genau betrachtet – Handlungen, die das Gespräch von einer übergeordneten Warte aus steuern, also gewissermaßen aus einer **Metaperspektive**. Wir haben im entsprechenden Kapitel, aber auch in den Kapiteln über Gesprächsphasen und über das Paraphrasieren und Fragen eine Reihe von Strategien zur Organisation von Gesprächen kennengelernt. Dabei sollte klar geworden sein:

Wer Gespräche eröffnet, Themen ankündigt und abschließt, Regeln zur Strukturierung und zum Gesprächsverhalten vorschlägt oder einklagt, der übernimmt – und sei es nur für eine kurze Spanne – Aufgaben eines Gesprächsleiters, in der neueren Terminologie: eines Gesprächsmoderators.

Diese Rolle kann in einem Gespräch zwanglos wechseln, je nach Gesprächsverlauf und Interessenlage.

Häufig ist es aber auch so, daß einer durchgängig die Rolle des **informellen Leiters** spielt, und keiner merkt's so recht. Als Basis für diese Rollenübernahme dient oft die Position in der Gruppe (zum Beispiel als Chef), das Wissen (als Fachmann), aber auch einfach die Fähigkeit, diese Rolle zu spielen, und das Wissen, daß es – wie gesagt – keiner merkt.

Wenn diese Aktivitäten dem Gesprächsverlauf dienen, wenn alle dabei die Möglichkeit behalten, sich ihren Bedürfnissen und Zielen entsprechend zu äußern, ist dagegen nichts einzuwenden. Wenn dieser informelle Leiter nur deshalb, weil er das Instrument der Steuerstrategien virtuos zu spielen weiß, das Gespräch auf Kosten der anderen Teilnehmer zu bestimmen versucht, ist Vorsicht geboten. Vielleicht können wir mit diesem Buch unsere Leser ja ein bißchen sensibilisieren für solche Abläufe und sie ermuntern, sich gegen solche Manipulationsversuche zu wehren. Manchmal reicht es, wenn man mit einer Meta-Äußerung eine solche Rollenübernahme anspricht.

Wenn ich das richtig verstehe, leiten Sie das Gespräch, Herr Luginger?

Oder wir beanspruchen selbst das Recht, etwas zur Gesprächsorganisation beizutragen. Günstig ist es, das mit einer Paraphrase einzuleiten:

Sie meinen also, Herr Luginger, wir sollten das Thema Bedarfserhebung abschließen. Ich denke aber, bei einigen von uns sind noch jede Menge Fragen offengeblieben. Ich schlage also vor, wir bleiben noch ein bißchen bei diesem Punkt.

Oder:

Sie meinen also, wir sind uns in diesem Punkt einig. Ich schlage vor, daß wir mal ein Meinungsbild erstellen.

Ob es allerdings für das Gespräch sehr förderlich ist, den Kampf um die «Richtlinien des Gesprächs» so weit zu führen, daß die Sachthemen auf der Strecke bleiben, wagen wir zu bezweifeln. Wenn das zu befürchten ist, schlagen wir vor, daß Sie auf andere Weise in die Organisation dieses Gesprächs eingreifen:

Das Gespräch läuft so, daß ich es für zweckmäßig halte, daß einer von uns dieses Gespräch leitet.

Sie fordern also, daß die Gruppe einen Teilnehmer **formell** zum Leiter dieses Gesprächs bestimmt. Und mit den Aufgaben, die ein solcher Gesprächsleiter «offiziell» erfüllen sollte, werden wir uns im nächsten Abschnitt beschäftigen.

Der offizielle Gesprächsleiter

Wenn wir uns im folgenden die Funktionen des Gesprächsleiters genauer ansehen, setzen wir voraus:

- Seine Rolle als Leiter dieses Gesprächs ist allen bekannt, und
- sie wird von allen akzeptiert.

Er ist also offiziell in dieser Funktion.

Zu seiner Rolle kommt er, indem er durch die Teilnehmer an einer Gesprächsrunde ausgeguckt oder gewählt wird, oft aber auch durch seine Position in der Gruppe. Nicht selten übernehmen die Verantwortlichen für dieses Gespräch auch die Gesprächsleitung. In einer Versammlung (zum Beispiel eines Vereins) ist das der Vorsitzende, in einem Dienstgespräch meistens der Chef. Gerade die Rollenvermischung Chef – Gesprächsleiter wollen wir weiter unten ein bißchen schärfer betrachten. Zunächst aber die Frage:

Wann brauchen wir einen Gesprächsleiter?

1. Wie wir gesehen haben, sollte man in einer Gesprächsrunde dann einen Gesprächsleiter benennen, wenn zu befürchten ist, daß einer der Teilnehmer das Gespräch an sich zieht oder eine ganze Gruppe im Gespräch ihre Interessen durchzusetzen versucht.
2. Eine Gesprächsleitung ist auch dann zu empfehlen, wenn das Thema Polarisierungen und Konfrontationen erwarten läßt und Entscheidungen notwendig sind.
3. Auch wenn die Thematik vielschichtig ist und die Teilnehmer in möglichst kurzer Zeit zu Ergebnissen kommen müssen, sollte einer das Gespräch moderieren.
4. Schließlich: Sind viele (mehr als acht) am Gespräch beteiligt, ist ein Gesprächsleiter unerläßlich.

Welche Aufgaben hat er?

Zur besseren Übersicht hier eine stichwortartige Aufzählung:

1. das Gespräch eröffnen

► Formalia klären, zum Beispiel: Zeitrahmen vorgeben, die Rollen klären (Protokoll, Berichterstatter ...),

- Themenübersicht geben, zum Beispiel: Themenrahmen oder Tagesordnung vorgeben (als Tischvorlage, am Pinboard),
- Gesprächsregeln vorgeben, zum Beispiel Redezeit, Vorschläge zum Gesprächsverhalten

2. durch die Tagesordnung führen

- die einzelnen Phasen einleiten,
- die einzelnen Themen ankündigen (zum Beispiel mit Pinboardkarten),
- Themen (Tagesordnungspunkte) abschließen:
- Ergebnisse zusammenfassen,

  Ergebnisse sichern, zum Beispiel durch Beschlüsse (abstimmen lassen), die Beschlüsse fürs Protokoll wiederholen (diktieren), die Ergebnisse in Stichworten an das Pinboard heften (zum Beispiel neben die Karte mit dem Programmpunkt)

3. das Gespräch formal organisieren

- eine Rednerliste führen,
- Wort erteilen (eventuell von der Rednerliste abweichen: «Direkt dazu»),
- darauf achten, daß die Redezeit eingehalten wird,
- zur Not das Wort entziehen,
- wenn nötig, eine Pause (eine «Auszeit») ankündigen

4. das Gespräch straffen

zum Beispiel Abweichungen und «Nebenkriegsschauplätze» verhindern, zum Thema zurückführen, – immer wieder zusammenfassen und (zum Beispiel durch Fragen) weiterführen.

5. für inhaltliche Klarheit sorgen

- verdeutlichen, zum Beispiel einen Fachterminus erklären oder um Erklärung bitten, Teilnehmer um Wiederholung oder Verdeutlichung bitten, (unterschiedliche) Standpunkte herauskristallisieren, einen mißverständlich formulierten Beitrag nachformulieren,
- Zusammenfassen einzelner Gesprächspassagen

6. Impulse geben

zum Beispiel Reizfragen stellen, wenn das Gespräch erlahmt, Überschriften für einzelne Themenkomplexe setzen, dafür sorgen, daß möglichst viele Gesichtspunkte in die Diskussion kommen (dabei Konflikte nicht vermeiden: Harmonisierung bedeutet oft Verschiebung des Konflikts)

7. **möglichst alle am Gespräch beteiligen**
   zum Beispiel die Stillen ermuntern, die Viel- und Langredner bremsen.

Verallgemeinert: Der Gesprächsleiter hat die Aufgabe, dafür zu sorgen, daß das Gespräch konstruktiv verläuft und die allgemeinen oder vorher vereinbarten Gesprächsregeln eingehalten werden.

Zu diesen allgemeinen Gesprächsregeln werden wir uns in Kapitel 10 äußern.

Sollte ein Gesprächsleiter mitdiskutieren?

Sollte er sich mit inhaltlichen Beiträgen am Gespräch beteiligen? Wir können diese Frage kaum grundsätzlich beantworten. Aber wir geben folgendes zu bedenken: Die Rolle des Gesprächsleiters gibt einem Teilnehmer eine Reihe von Machtmitteln an die Hand:

1. Ein Gesprächsleiter hat aufgrund seiner Funktion jederzeit die Möglichkeit, sich das Wort zu erteilen oder sich auf die Rednerliste zu setzen.
2. Seine Beiträge bekommen durch seine exponierte Position eventuell ein besonderes Gewicht.
3. Ergreift er Partei, benachteiligt er die Gegenpartei.
4. Er wird kaum in der Lage sein, seine Zusammenfassungen und Impulse neutral zu halten, wenn er sich inhaltlich engagiert.
5. Meistens ist er mit seinen Aufgaben als Gesprächsleiter voll ausgelastet.

All das können wir auch in der schlichten Frage zusammenfassen: *Sollte ein Schiedsrichter selbst Tore schießen dürfen?*

In Versammlungen und allgemeinen Diskussionsrunden (zum Beispiel Podiumsdiskussionen) ist es selbstverständlich, daß sich der Versammlungs- oder Diskussionsleiter inhaltlich neutral verhält. Wenn er zu einem Thema seine Meinung äußern möchte, gibt er offiziell für diesen Zeitraum die Gesprächsleitung ab. Zumindest kann man verlangen, daß er einen inhaltlichen Beitrag explizit ankündigt:

Da ich direkt betroffen bin, möchte ich kurz dazu meine Meinung sagen.

Wenn ein Diskussions- oder Versammlungsleiter gegen diese Regeln der Unparteilichkeit verstößt, sollten wir ihn als Teilnehmer in die Pflicht nehmen, zur Not die Vertrauensfrage stellen. Allerdings: Wenn wir hier *ganz generell* den inhaltlich abstinenten Gesprächsleiter fordern würden, wäre das ziemlich unrealistisch, vor allem im Hinblick auf **betriebliche Planungs- und Problemgespräche**.

Hier sollten wir unterscheiden zwischen vornehmlich hierarchisch organisierten Gesprächsgruppen und Teamgesprächen ohne formale Hierarchisierung.

Gerade in **hierarchisch** organisierten Dienstbesprechungen zu *Sachthemen* führt überwiegend der Vorgesetzte das Gespräch: Er hat den Überblick, er setzt die Ziele, er trägt die Verantwortung für die Beschlüsse. Das wird von allen meistens so akzeptiert, auch wenn sich jeder bewußt ist, daß eine freie Meinungs- oder Planungsdiskussion vor diesem Hintergrund einseitiger Machtkonzentration kaum möglich ist.

Es gibt Versuche, auch für solche Gespräche einem *Mitarbeiter* die Gesprächsvorbereitung und Gesprächsleitung zu übertragen, mit dem Ziel der Demokratisierung und größeren Transparenz.

Aber die meisten dieser Versuche haben lediglich die Qualität von Good-will-Aktionen. Inhaltlich hat nach wie vor der Chef das Steuer in der Hand. Die bestehenden Machtverhältnisse bleiben erhalten. Nicht selten kommt es zu erheblichen Rollenkonflikten beim Chef und beim formalen Gesprächsleiter (Was darf ich? Was muß ich?). Sehr hilfreich kann dagegen eine klare Rollenverteilung sein: Der Chef leitet das Gespräch, ein «Assistent» verdeutlicht die Themen und die Ergebnisse mit Hilfe von Karten an der Tafel oder am Flipchart.

Anders sieht es dagegen aus, wenn es in solchen hierarchisch organisierten Arbeitsgruppen um *Beziehungsprobleme* geht: Disziplin, Arbeitshaltung, Kommunikationsformen, Gesprächskultur, Teamzusammensetzung usw. In Gesprächen dieser Art ist der Vorgesetzte gut beraten, wenn er die Gesprächsleitung an einen Mitarbeiter abgibt.

Allerdings sollte der nicht in direkter Abhängigkeit zu ihm stehen. Vielleicht erklärt sich ein Kollege aus einer anderen Abteilung bereit, das Gespräch zu leiten. In vielen Betrieben ist man dazu übergegangen, Beziehungsgespräche in einzelnen Abteilungen durch externe Supervisoren leiten zu lassen. Sie fungieren gewissermaßen als neutrale Katalysatoren, Feedback-Geber und Berater (siehe auch Kapitel 14.1).

In immer stärkerem Maße entwickeln sich in Betrieben Teams, in denen relativ gleichgeordnete Spezialisten für einen betrieblichen Arbeitsbereich zuständig sind. Für die Teambesprechungen sollte jeweils ein anderer Gesprächsleiter oder «Koordinator» verantwortlich sein, der die Gespräche vorbereitet (Tagesordnung oder Themenliste) und sich im Gespräch weitgehend an die oben beschriebenen Regeln hält. Zur Frage der Neutralität des Gesprächsleiters äußern wir uns noch einmal in Kapitel 12.2, wenn es um das Thema «Ankündigung eines Rollenwechsels» geht.

Zum Schluß dieses Kapitels noch ein *Spezialfall:* Nicht selten kommt es vor, daß sich ein informeller Gesprächsleiter neben dem offiziellen zu etablieren versucht. Natürlich kann man den «Konkurrenten» mit einer ironischen Zwischenfrage schnell in die Schranken weisen, zum Beispiel:

Sind Sie jetzt der Gesprächsleiter?

Diese unmißverständliche Beziehungsbotschaft kann allerdings dazu führen, daß der andere sich bloßgestellt fühlt oder daß eventuelle Parteigänger empört aufheulen. Geschickter ist es, dem anderen das Gefühl zu geben, er habe sich korrekt, ja konstruktiv verhalten:

Danke, Herr Schmidt, das war eine interessante Anregung.

Wir gehen auf den anderen ein, integrieren ihn damit und behalten selbst die Kontrolle über das Geschehen, vor allem dann, wenn wir seine «Leiter-Äußerungen» zur Basis für unser weiteres Vorgehen machen.

Danke, Herr Schmidt, für diese Zusammenfassung. Darf ich sie noch ergänzen ...

Oder:

Danke, Herr Schmidt, für Ihre Anregung. Bitte gestatten Sie, daß ich sie noch etwas zurückstelle.

10 Gesprächsregeln

Inoffizielle Regeln

Wir haben gesehen: Eine Aufgabe des Gesprächsleiters ist es, darauf zu achten, daß die Gesprächsregeln eingehalten werden. Aber auch in unseren täglichen Gesprächen, zu zweit, zu dritt, am Stammtisch, in der Familie berufen wir uns immer wieder auf Regeln, die unsere Gespräche ordnen sollen:

Laß mich doch mal ausreden!

Unterbrich mich nicht dauernd!

Laß Paul doch auch mal was sagen!

Du redest mal wieder am Thema vorbei!

Diese Regeln stehen nirgends geschrieben, sie haben keine offizielle Verbindlichkeit. Aber offensichtlich kennt sie jeder, weil er sie im Laufe seiner persönlichen Kommunikationsgeschichte gelernt hat. Wir wissen: Sie repräsentieren nicht nur ein Stück Gesprächskultur. Wenn wir sie nicht beachten, besteht die Gefahr, daß ein Gespräch scheitert. Hier einige dieser Regeln ohne den Anspruch auf Vollständigkeit:

1. **sachbezogen**
   - beim Thema bleiben,
   - verständlich formulieren,
   - nicht zuviel Information in einem Beitrag;
2. **organisationsbezogen**
   - sich an vorgegebene Zeiten und vereinbarte Regeln halten;
3. **beziehungsgestaltend**
   - dem anderen die Chance geben, sich einzubringen (möglichst kurze Beiträge, den anderen zu Wort kommen lassen),

- dem anderen das Recht auf eine eigene Meinung zugestehen,
- bereit sein, ihm zuzuhören,
- ihn ausreden lassen (nicht unterbrechen),
- grundsätzlich bereit sein, sich zu verständigen,
- persönliche Angriffe vermeiden,
- den anderen nicht abwerten,
- so sachlich wie möglich bleiben (auch wenn es um die Beziehung, um Gefühle und um Werte und Normen geht),
- sich an Vereinbarungen halten,
- sich einer gemeinsamen Entscheidung unterwerfen.

Auch wenn jeder von uns diese Regeln kennt, übertreten wir sie täglich, meist unbewußt im Eifer des Gesprächs, aber auch bewußt, in der Hoffnung, uns einen Vorteil zu verschaffen.

Meistens ist kein Gesprächsleiter zur Stelle, der aufpaßt und uns zurückpfeift. Und wenn andere uns im Gespräch behindern, weil sie uns manipulieren wollen oder einfach undiszipliniert sind, greifen wir nicht ein, vielleicht aus Höflichkeit, vielleicht aber auch, weil wir nicht wissen, was wir tun sollen, wie wir jemanden bremsen können.

Hier eine Aufstellung der häufigsten Verstöße gegen ungeschriebene Gesprächsregeln und ein paar Möglichkeiten, sie abzuwehren:

Verstoß	Auswirkung	Möglichkeiten der Abwehr
1. Übermäßig lange Beiträge	▪ Beteiligungsmöglichkeiten der anderen Teilnehmer eingeschränkt ▪ Konzentrationsfähigkeit überfordert ▪ Verstehensschwierigkeiten ▪ Verärgerung der anderen Gesprächsteilnehmer	*sachbezogen:* ▪ Beitrag verkürzt oder selektiv paraphrasieren *organisationsbezogen:* ▪ auf Fehlverhalten hinweisen ▪ Gesprächsleiter: Redezeit begrenzen ▪ wenn nichts hilft: unterbrechen *beziehungsgestaltend:* ▪ im Zweiergespräch: den Blick abwenden

2. Sich durch häufige Wortmeldungen in den Vordergrund drängen	▪ Beteiligungsmöglichkeiten der anderen eingeschränkt ▪ Gesprächsbeteiligung evtl. einseitig polarisiert ▪ Resignation der anderen	*organisationsbezogen:* ▪ Zurückhaltung anmahnen ▪ die anderen zur Beteiligung ermuntern ▪ einen Gesprächsleiter fordern (der dann Rednerliste führt)
3. Andere häufig unterbrechen	▪ Gesprächsverlauf wird hektisch ▪ Konzentrationsfähigkeit der anderen eingeschränkt ▪ Äußerung des Unterbrochenen wird entstellt ▪ Verärgerung der Teilnehmer	*organisationsbezogen:* ▪ auf Fehlverhalten hinweisen ▪ darauf bestehen, ausreden zu können
4. Am Thema vorbeireden	▪ Gesprächszeit wird vergeudet ▪ Gesprächsziel gerät aus dem Blick	*sachbezogen:* ▪ abweichenden Beitrag ignorieren ▪ zum Thema zurückführen *organisationsbezogen:* ▪ auf Fehlverhalten hinweisen
5. Keine grundsätzliche Bereitschaft zur Einigung (Obstruktion)	▪ Gespräch dreht sich im Kreis oder wird blockiert ▪ Konfrontation auf Beziehungsebene ▪ keine Einigung möglich, gemeinsame Beschlüsse erschwert	*sachbezogen:* ▪ Widersprüche in der Argumentation des «Störenfrieds» nachweisen ▪ Argumentationen ignorieren *beziehungsgestaltend:* ▪ direkt auf sein Verhalten ansprechen (eventuell zum Gegenstand eines «Exkurses» machen) *organisationsbezogen:* ▪ im Zweiergespräch: Gespräch abbrechen
6. Unsachlich werden, andere persönlich angreifen	▪ Störung oder Konfrontation auf der Beziehungsebene	*beziehungsgestaltend:* ▪ persönlichen Angriff auf die Sachebene zurückführen ▪ direkt ansprechen (Exkurs?)

		▪ Regeln setzen (z. B. als Gesprächsleiter) *organisationsbezogen:* ▪ im Zweiergespräch: Gespräch abbrechen
7. (Nur) albern und blödeln	▪ Aufmerksamkeit der Teilnehmer wird abgelenkt ▪ Ernsthaftigkeit leidet	*organisationsbezogen:* ▪ direkter Hinweis auf Fehlverhalten (meist nicht sehr wirkungsvoll) ▪ im Zweiergespräch: Gespräch abbrechen *beziehungsgestaltend:* ▪ den «Blödler» bitten, sich aus dem Gespräch zurückzuziehen
8. Desinteresse zeigen: Schweigen, Nebengespräche	▪ Unsicherheit und Unbehagen der anderen Teilnehmer	*beziehungsgestaltend:* ▪ nach Gründen fragen ▪ das Verhalten als konstruktiv umdeuten («Reframing» – siehe Kapitel 13.5) *organisationsbezogen:* ▪ direkt ansprechen ▪ indirekt zur Mitarbeit anregen (z. B. spezielles Interesse wecken)

Diese Aufstellung bezieht sich nicht nur auf Gespräche, an denen mehr als zwei Personen beteiligt sind. Auch in Zweiergesprächen ärgern wir uns häufig über solche Regelverstöße.

So stellt die letzte Spalte nicht nur einen Katalog brauchbarer Strategien für den Gesprächsleiter bereit. Jeder Teilnehmer an einem ungeleiteten Gespräch kann mit diesen Mitteln steuernd in ein Gespräch eingreifen, auch in Zweiergesprächen eignen sich viele dieser Strategien zur Abwehr störender Verhaltensweisen.

Offizielle Regeln

Bettina Hartmann ist im Vorstand des Fördervereins Historische Spinnerei Gartetal, Nils ist Vorsitzender des Sportvereins RSV Geismar. Einmal im Jahr gibt es in beiden Vereinen eine Jahreshauptversammlung. Der Vorstand muß einen Rechenschaftsbericht abgeben. Die Mitglieder diskutieren über die Handlungen und Ziele des Vereins und fassen entsprechende Beschlüsse. Alle zwei Jahre wird der Vorstand neu gewählt. Auch Sie kennen sicher diese Versammlungen aus Ihren Vereinen und politischen Parteien.

Für diese Art von «Großraum-Gesprächen» gibt es besondere Regeln, über die man sich – wenn es hoch hergeht – immer wieder streitet:

Das war doch kein Antrag.

Das können wir jetzt nicht behandeln, denn das steht nicht auf der Tagesordnung.

Dieser Antrag ist nicht mehr fristgerecht eingereicht worden.

Hier zusammengefaßt die wichtigsten Regeln:

1. Vorbereitung

Im Vorstand wird die Tagesordnung aufgestellt. Für die Jahreshauptversammlung des RSV könnte sie so aussehen:

TOP 1: Begrüßung und Feststellung der Beschlußfähigkeit
TOP 2: Feststellung der Tagesordnung
TOP 3: Genehmigung des Protokolls der letzten Jahreshauptversammlung am 13. März 1997
TOP 4: Rechenschaftsbericht des Vorsitzenden
TOP 5: Bericht des Abteilungsleiters Fußball
TOP 6: Bericht des Abteilungsleiters Tischtennis
TOP 7: Bericht des Schatzmeisters
TOP 8: Bericht der Kassenprüfer
TOP 9: Wahl des Vorstandes
TOP 10: Wahl der Kassenprüfer
TOP 11: Mitgliederbeitrag (Antrag des Vorstandes)
TOP 12: Internationales Jugend-Turnier (Antrag Karl Feldkamp)
TOP 13: Erneuerung des Sportplatzes
TOP 14: Gründung einer Gymnastikabteilung (Antrag Angelika Seiler)
TOP 15: Reise der Herrenmannschaft nach Spanien (Antrag Horst Kemmerer)
TOP 16: Weitere Planungen für 1998
TOP 17: Verschiedenes

Diese Tagesordnung schickt der Vorstand fristgerecht (meist 14 Tage vorher) zusammen mit einer Einladung an alle Mitglieder. Mit dieser Einladung verschickt er auch das Protokoll der letzten Jahreshauptversammlung. Auch die Anträge für Tagesordnungspunkte 10, 11, 13 und 14 könnten mit der Einladung verschickt werden, da sie schriftlich vorliegen. Das ist bei Anträgen, die auf eine Änderung der Satzung des Vereins zielen, sogar immer vorgeschrieben.

2. Der Ablauf der Versammlung

Der Vorsitzende leitet die Versammlung, und zwar unparteiisch. Wenn er sich zur Sache melden will, gibt er die Leitung an ein anderes Vorstandsmitglied ab. Im übrigen übernimmt er die Aufgaben eines Gesprächsleiters, die wir in Kapitel 9 beschrieben haben. Vor Beginn gibt er eine Anwesenheitsliste herum. Dann ruft er die einzelnen Tagesordnungspunkte auf:

TOP 1 : Begrüßung und Feststellung der Beschlußfähigkeit

Wann ein Gremium beschlußfähig ist, steht in der Satzung.

TOP 2 : Feststellung der Tagesordnung

Der Vorsitzende fragt nach Änderungswünschen (Umstellungen, Ergänzungen). Über solche Änderungen wird abgestimmt. Danach wird die aktuelle Tagesordnung ebenfalls per Abstimmung beschlossen.

TOP 3 : Genehmigung des Protokolls

Jeder hat das Protokoll zugeschickt bekommen und kann prüfen, ob alles richtig wiedergegeben worden ist. Wenn nicht, kann er den Antrag stellen, daß der fragwürdige Passus entsprechend geändert wird.

TOP 4 – 8 : Rechenschaftsberichte

Der Vorsitzende, der Schatzmeister und alle anderen Ressortleiter berichten über das, was in ihrem Bereich im vergangenen Jahr gelaufen ist. Nach jedem Bericht gibt es die Möglichkeit zur «Aussprache». In ihr werden häufig die Weichen für anstehende Neuwahlen gestellt. Die letzten Funktionsträger sind die Kassenprüfer. Wenn sie dem Kassierer in ihrem Bericht eine ordentliche Kassenführung bestätigen können, stellt einer von ihnen den «Antrag auf Entlastung des Vorstands». Wenn Wahlen anstehen, ist der Verein in diesem Moment zunächst ohne Vorstand.

TOP 9 – 10: Wahl des Vorstands

Zweckmäßigerweise wird jetzt ein Wahlleiter benannt und gewählt. Ablauf einer solchen Wahl:

1. Wahlvorschläge sammeln (Namen für alle sichtbar machen).
2. Die Vorgeschlagenen fragen, ob sie kandidieren wollen.
3. Wenn ja, kann die Versammlung fordern, daß der Kandidat sich und seine Ideen vorstellt. Danach könnte es darüber eine Aussprache (Personaldebatte) geben.
4. Die Wahl selbst: In den meisten Fällen wird geheim gewählt. Oft geschieht das per Handzeichen oder per Akklamation, weil alle froh sind, jemanden für den ungeliebten Posten gefunden zu haben. Ein solches Verfahren kann die wahre Meinungsvielfalt verschleiern. Wir empfehlen geheime Wahl mit Stimmzetteln. Der Kandidat, der die meisten Stimmen erhält, ist gewählt.
5. Er wird gefragt, ob er die Wahl annimmt. Wenn er das tut, ist die Wahl für dieses Amt beendet.

Zunächst wird der erste Vorsitzende gewählt. Nach seiner Wahl kann er die Leitung der Versammlung und die Wahl des übrigen Vorstandes übernehmen.

TOP 11 – 15: Sachanträge

Wünsche im Hinblick auf die zukünftigen Aktivitäten des Vereins werden in Form von Sachanträgen geäußert. Dazu zwei Hinweise:

1. Sachanträge können zu jedem Zeitpunkt der Sitzung gestellt werden. Verfahrensablauf: Antrag (möglichst begründet) – Aussprache – Abstimmung – Bekanntgabe der Entscheidung.
2. Sachanträge müssen abstimmungsreif formuliert werden.

   Die Versammlung möge beschließen: Der Mitgliedsbeitrag soll um monatlich eine Mark auf sechs Mark angehoben werden, bei Schülern und Studenten um 50 Pfennig auf drei Mark.

   Das ist ein klar formulierter Antrag an den Vorstand, über den der Versammlungsleiter abstimmen lassen kann:

   Wer ist dafür? Wer ist dagegen? Wer enthält sich der Stimme?

Beim folgenden Antrag ist das kaum möglich:

Wir haben mit den Betreuern der A-Jugend und der B-Jugend zusammen gesessen und uns gesagt: Was Göttingen 05 kann, können wir schon lange. Wir sollten unsere Kontakte nach Dänemark und Holland erweitern und denken, wir könnten dann für Pfingsten 1999 ein internationales Jugendturnier zustande bringen.

Worüber soll die Versammlung abstimmen? Ob die Kontakte nach Dänemark und Holland erweitert werden sollen? Ob ein Jugendturnier stattfinden soll? Ob die Erweiterung der Kontakte eine zwingende Voraussetzung für das Turnier ist? Wohl doch, ob die Mitglieder des Vereins grundsätzlich für ein solches Turnier sind. Dann hätte der Antrag so formuliert werden müssen:

Wir stellen den Antrag: Die Versammlung möge beschließen: Pfingsten 1999 veranstalten wir ein Jugendturnier, möglichst mit internationaler Beteiligung.

In der Begründung können dann auch die Bedingungen und Voraussetzungen angesprochen werden. So klar formulierte Anträge können gut diskutiert und über sie kann gut abgestimmt werden. Die Formel «Die Versammlung möge beschließen» kann natürlich in der Formulierung fehlen. Allerdings stellt sie ein gutes Korrektiv dafür dar, ob ein Antrag abstimmungsreif formuliert ist.

Wir haben es oben schon erwähnt: Anträge «zur Sache» können dem Vorstand vor der Versammlung (fristgerecht) eingereicht werden. Sie stellen dann einen eigenen Tagesordnungspunkt dar.

TOP 17: Verschiedenes

Unter «Verschiedenes» dürfen keine Sachanträge gestellt und keine Beschlüsse gefaßt werden.

3. Anträge zur Geschäftsordnung

Anträge zur Geschäftsordnung («GO-Anträge») betreffen die *Organisation* des Gesprächs und unterbrechen die Rednerliste in der Sachdiskussion. Zum Zeichen dafür, daß er einen GO-Antrag stellen will, hebt der Antragsteller beide Hände. Was kann man als Teilnehmer beantragen?

Schluß der Rednerliste: Es sollen nur noch die zu Wort kommen, die zu diesem Zeitpunkt auf der Rednerliste stehen.
Schluß der Debatte: Die Diskussion soll sofort beendet, und über den zur Diskussion stehenden Antrag soll abgestimmt werden. Diese beiden Anträge kann nur stellen, wer zu diesem Tagesordnungspunkt noch nichts gesagt hat. Debatten-Cracks verdonnern einen Kumpel, sich inhaltlich nicht zu äußern, aber an geeigneter Stelle seinen entsprechenden GO-Antrag zu stellen.
Verlängerung oder Begrenzung der Redezeit.
Eine bestimmte Abstimmungsart: Wenn *ein* Mitglied eine geheime Abstimmung fordert, muß dem sofort zugestimmt werden.
Vertagung: der vertagte Punkt wird TOP der nächsten Sitzung
Nichtbefassung mit einem Antrag,
Verweisen an einen Ausschuß,
Unterbrechung der Sitzung,
Ausschluß der Öffentlichkeit,
Feststellung der Beschlußfähigkeit,
Wiederholen der Stimmen-Auszählung.
«Disziplinierungen»: Zum Beispiel Wort entziehen, den Versammlungsleiter auf seine Pflichten aufmerksam machen oder abwählen.
Es gibt unterschiedliche Möglichkeiten, auf einen Geschäftsordnungsantrag zu reagieren:

1. Der Versammlungsleiter schaut nur kurz in die Runde, sieht, daß es offensichtlich keine Gegenrede gibt, und verkündet:
   Ich stelle fest: keine Gegenrede. Der Antrag ist angenommen.
2. Der Versammlungsleiter fragt: «Gegenrede?» Wenn dann nichts kommt, verfährt er wie oben.
3. Einer der Anwesenden hebt beide Hände und ruft: «Gegenrede!» Nichts weiter. Dann muß der Versammlungsleiter sofort über den Antrag abstimmen lassen. Eine Diskussion ist nicht gestattet. Cracks warten nicht ab, ob und wie der Versammlungsleiter reagiert. Wenn ein GO-Antrag gestellt wird, rufen sie einfach «Gegenrede» in den Saal. Dann erreichen sie auf jeden Fall eine Abstimmung.
4. Ein GO-Antrag kann auch begründet werden. Wenn es einen

«Gegenredner» gibt, hat er jetzt seinerseits die Möglichkeit, seine Gegenrede zu begründen. Erst dann wird abgestimmt. Wichtig: Vor der Abstimmung sind keine weiteren Wortmeldungen mehr möglich.

4. Abstimmungsarten

Es gibt unterschiedliche Möglichkeiten, über einen Antrag oder bei einer Wahl abzustimmen
per Akklamation
per Handzeichen
geheime Abstimmung (mit Hilfe von Stimmzetteln)
namentliche Abstimmung
Hammelsprung: die Teilnehmer betreten den Saal durch unterschiedliche Türen: «Ja», «Nein», «Enthaltung»

5. Mehrheitsverhältnisse

Die meisten Entscheidungen in Versammlungen von Verbänden und Vereinen fallen mit **einfacher Mehrheit**: Es werden nur die Ja-Stimmen und die Nein-Stimmen gezählt. Stimmenthaltungen werden zwar abgefragt, aber beim Stimmenverhältnis nicht berücksichtigt. Bei gleicher Stimmenzahl «dafür» und «dagegen» ist ein Antrag abgelehnt. Wenn es allerdings darum geht, die Satzung zu ändern, muß der entsprechende Antrag häufig eine **absolute Mehrheit** finden. Viele Satzungen verlangen das. Mindestens ein Mitglied mehr als die Hälfte der Anwesenden muß dafür stimmen. Da wirkt sich jede Enthaltung wie eine Gegenstimme aus. In anderen Vereinssatzungen wird bei Anträgen zur Satzungsänderung eine **qualifizierte Mehrheit** gefordert: zwei Drittel der drei Viertel der Anwesenden (in einigen Fällen auch aller Mitglieder) müssen für den Antrag stimmen. Wenn bei einer Vorstandswahl mehr als zwei Kandidaten für ein Amt antreten, wird der gewählt, der die meisten Stimmen hat. Das nennt man dann **relative Mehrheit**.

Die Regeln für formalisierte Gespräche wie Versammlungen sind im Versammlungsrecht festgelegt und insgesamt erheblich komplizierter, als wir sie hier dargestellt haben. Aber wir meinen, daß unsere Zusammenstellung ausreicht, damit Sie in Ihrem Verein, Ihrer Partei, auf Ihrer Gewerkschafts- oder Betriebsversammlung sicher und erfolgreich mitmischen können. Wer mehr wissen will, dem empfehlen wir H. Meier: Zur Geschäftsordnung. Leske und Dudrich 1987.

11 Zusammenfassung des Teils «Die Grundlagen»: Das Kündigungsgespräch

Zum Schluß unseres Grundlagenteils wollen wir da anknüpfen, wo wir angefangen haben: bei Bettina Hartmann, ihrem dringenden Wunsch, bei Glas-Krause aufzuhören, und ihrem Bewerbungsgespräch mit Herrn Klages. Was Sie sicher vermutet haben: Es hat geklappt, Bettina kann bei Schmidt & Co anfangen. Das Kündigungsgespräch mit Krause junior stellt sie sich ganz einfach vor: «Ich leg ihm meine Kündigung auf den Tisch. Und wenn er fragt, warum ich gehen will, nenn ich ihm meine sachlichen Gründe: Interessantere Arbeit, bessere Bezahlung … Meine Beziehungsprobleme mit ihm werde ich auf keinen Fall rauslassen. Das bringt nichts mehr. Wahrscheinlich versteht er das gar nicht. (**Themenrahmen**) Ich denke, ich kann das ganz kurz machen. Mein **Ziel** ist: Das Gespräch soll sachlich enden. Er soll die Kündigung annehmen. Ich mach das gleich morgens, achte allerdings darauf, daß er an diesem Morgen nicht zu schlecht gelaunt ist. Sonst verschieb ich's lieber. Ich muß ja nicht unbedingt einen Wutausbruch provozieren. (**Zeitplanung**) Ich selbst versuche freundlich und sachlich zu bleiben.» (**Beziehungsangebot**)

Das sind ihre Überlegungen zur Struktur des Gesprächs, also zur «äußeren Situation». Und dann kam das Gespräch selbst. Es soll dazu dienen, Ihnen noch einmal die Stationen unseres Grundlagenteils in Erinnerung zu bringen.

(1) Bettina *Herr Krause, haben Sie ein paar Minuten für mich Zeit?*	**GESPRÄCHSERÖFFNUNG** Partnersituation erkunden
(2) Krause *Ja, was ist denn?*	
(3) Bettina *Darf ich mich setzen?*	
(4) Krause *Sie machen's heute aber spannend.*	
(5) Bettina *Ja, es fällt mir auch schwer, Ihnen das zu sagen. Ich möchte kündigen. Zum Quartalsende.*	Themenankündigung **INFORMATIONSPHASE**
(6) Krause *Sie wollen kündigen?*	Paraphrase (Zeitgewinn)
(7) Bettina *Ja, hier ist mein Kündigungsschreiben* (Legt einen Brief im Umschlag auf den Tisch.)	
(8) Krause *Sie wollen wirklich gehen?* (lange Pause) *Also also, das kommt für mich jetzt doch einigermaßen überraschend.* (Pause, während er den Brief überfliegt) *Haben Sie denn schon was Neues?*	Selbstoffenbarung
(9) Bettina (etwas zögerlich) *Ja.*	
(10) Krause *Ist das wirklich nötig?* (Pause) *Was hat Ihnen denn bei mir nicht gefallen?*	offene Frage (Unterstellung = Provokation), gleichzeitig Themenvorschlag
(11) Bettina (zögert) *Ich werde bei Schmidt & Co als Abteilungssekretärin arbeiten.*	ignoriert Provokation, antwortet auf Frage aus (8), hält damit Sachthema durch
(12) Krause *Ach ja? Das ist ja sogar ein Branchenwechsel. Das ist doch diese Papierfabrik, oder?*	
(13) Bettina *Ja, genau.*	
(14) Krause *Aber Sie haben meine Frage noch nicht beantwortet. Was hat Ihnen bei mir nicht gefallen?*	Metakommunikation: will sein Thema wieder ins Spiel bringen

(15) Bettina *Darum geht's gar nicht. Es ist eher so, daß ich gern wieder mehr mit Leuten zu tun haben wollte. Und bei Schmidt im Personalbüro werde ich mit vielen Leuten Kontakt haben.*	Metakommunikation: weist das Beziehungsthema zurück, argumentiert weiter auf der Sachebene
(16) Krause *War es mit mir hier allein nicht auszuhalten?*	geht scheinbar auf Bettina ein, wertet um, will sein Thema, insistiert mit geschlossener Frage
(17) Bettina *Bitte, Herr Krause.*	Metakommunikation: zeigt Grenzen
(18) Krause *Im Ernst, Ihre Kündigung trifft mich hart und macht mich etwas hilflos. Ich habe Sie und Ihre Arbeit immer sehr geschätzt, wissen Sie.* (Pause) *Deshalb sollten wir noch etwas darüber sprechen. Zunächst: Ist denn da gar nichts mehr zu machen?* (Pause, Bettina schweigt)	akzeptiert das, Selbstoffenbarung, Metakommunikation: leitet Diskussions- und Klärungsphase ein, gibt erstes Thema vor
(19) Krause *Jaja, schon gut. Ich denke, ich muß das akzeptieren. Aber ich werde Sie vermissen, Frau Hartmann. Es tut mir wirklich leid, daß Sie gehen.*	**DISKUSSIONS- UND KLÄRUNGSPHASE** Selbstoffenbarung (ist jetzt möglich, muß keine Angst mehr haben, in Abhängigkeit zu geraten)
(20) Bettina *Ehrlich gesagt, das erstaunt mich doch sehr.*	«öffnet ihr Beziehungsohr», geht jetzt auf sein Thema ein.
(21) Krause *Das glaube ich. Manchmal waren Sie ganz schön sauer auf mich, oder?*	Suggestivfrage
(22) Bettina *Das kann man wohl sagen.*	
(23) Krause *Ich weiß, ich bin soso zugeknöpft und abrupt. Das ist ein Fehler von mir. Vielleicht hab ich das*	private Argumentation

von meinem Vater. Sie kennen ihn ja noch. Ich bin der Chef, war seine Devise, da darf es keine Zweifel geben.	
(24) **Bettina** *Es wäre gut gewesen, wenn wir schon früher mal so persönlich miteinander gesprochen hätten.*	Metakommunikation: geht inhaltlich auf seine Selbstoffenbarung nicht ein
(25) **Krause** *Dann würden Sie mich jetzt nicht verlassen. Stimmt's?*	Suggestivfrage. Ziel: Beziehungsbotschaft
(26) **Bettina** *Nein, so nun doch nicht. Das Gespräch nimmt jetzt eine Richtung, die mir nicht so behagt. Ich verlasse doch nicht Sie, sondern diese Firma.*	Metakommunikation: will diese Näheangebote zurückweisen
(27) **Krause** *Aber es ist meine Firma, und Sie sind – jedenfalls im Moment noch – meine Sekretärin. Wenn Sie die Firma verlassen, verlassen Sie zwangsläufig auch mich.*	
(28) **Bettina** *Also so, wie Sie das sagen, Herr Krause, stimmt das nicht. Dieses persönliche Verhältnis, das Sie jetzt unterstellen: von meiner Seite her, das muß ich klar sagen, hat das nicht existiert.*	Metakommunikation Beziehungsbotschaft: soll Grenzen verdeutlichen, Distanz signalisieren
(29) **Krause** *Tja, das muß ich dann wohl so zur Kenntnis nehmen. – Schade eigentlich. Ich hätte mir was anderes gewünscht.*	akzeptiert das
(30) **Bettina** *Ich auch, Herr Krause. Es hat mich manchmal schon sehr gekränkt, wie Sie mit mir umgegangen sind. Wenn Sie jetzt sagen, Sie hätten mich und meine Arbeit geschätzt, dann muß ich sagen, ich habe davon nicht viel gemerkt, eher im Gegenteil. Ich fühlte mich manchmal geradezu geringschätzig behandelt.*	kann jetzt dem Beziehungsthema kaum noch ausweichen, hat sich aber eine distanzierte und sachliche Basis geschaffen

(31) Krause *War es wirklich so schlimm?*	
(32) Bettina *Ja, manchmal schon. Erinnern Sie sich noch an die Geschichte mit dem Vorstandstermin beim GCG? Da haben Sie diesen Termin gemacht, ohne mir Bescheid zu sagen; und mir wollten Sie dann die Schuld in die Schuhe schieben. Ich fand das ungerecht, ich finde es immer noch ungerecht.*	bringt Beispiel
(33) Krause *Sie meinen, die Überschneidung mit dem Britting-Termin?*	Paraphrase: Verstehenssicherung
(34) Bettina *Genau.*	
(35) Krause *Und da hätte ich Ihnen die Schuld in die Schuhe geschoben? Aber ich wußte doch, daß ich den Vorstandstermin nicht an Sie weitergegeben habe. Da kann ich doch nicht Ihnen die Schuld geben. Das können Sie so nicht sagen.*	Paraphrase: Vorbereitung eigener Stellungnahme
(36) Bettina *Ich kann nur sagen: ich habe es so in Erinnerung. Kann sein, daß ich mich irre oder Sie mißverstanden habe.*	Metakommunikation: will sich nicht auf den typischen Streit um die «Wahrheit» einlassen
(37) Krause *Wirklich, Bettina, ich wiederhole mich, ich habe Ihre Arbeit immer sehr geschätzt, und ich bedaure außerordentlich, daß Sie weggehen.*	geht darauf ein
Aber daran bin ich wohl letztlich selbst schuld, wenn ich das jetzt richtig sehe.	zieht sein Fazit (als Beziehungsbotschaft).
(38) Bettina *Hmh.*	
(39) Krause *Ja, ja, sagen Sie es ruhig laut: Krause ist selbst schuld daran, wenn ich woanders hingehe.*	Beziehungsbotschaft: scheinbare Zustimmung – Hoffnung auf «späte Sympathie»

(40) **Bettina** *Herr Krause, offen gestanden, es ist jetzt zu spät, um zerbrochenes Porzellan noch kitten zu wollen. Aber ich will auch nicht ausschließen, daß ich zu unserem distanzierten Verhältnis beigetragen habe. Ich habe in Ihnen tatsächlich immer nur den Chef gesehen, kaum den Menschen Krause. Den erlebe ich eigentlich erst jetzt in diesem Gespräch. Ein bißchen wenigstens. Und das macht mir den Abschied nicht ganz so leicht.*

Metakommunikation: setzt Grenzen, entlastet Krause

faßt Beziehungsklärung zusammen

vorsichtige Selbstoffenbarung

(41) **Krause** *Das hoffe ich doch. Und wenn Sie irgendwann nach ein paar Jahren bei Schmidt auch dort die Nase voll haben, vielleicht überlegen Sie sich ja dann, doch wieder zu uns zu kommen.*

signalisiert Gesprächsschluß

«Höflichkeitsformel» oder ernster Wunsch?

(42) **Bettina** *Im Moment kann ich mir das nicht vorstellen. Aber man weiß ja nie.*

GESPRÄCHSSCHLUSS

(43) **Krause** *Genau. So, und nun gehn Sie wieder an die Arbeit. Ein paar Wochen müssen wir ja noch miteinander zurechtkommen. Im übrigen danke ich Ihnen auch für Ihre Offenheit, Bettina. Ich würde mich nicht wundern, wenn wir nach diesem Gespräch in diesen letzten Wochen besser zusammenarbeiten könnten als die Jahre vorher. Schaun wir mal. Und mit der Kündigung, das geht in Ordnung. Um das Formale kümmere ich mich.*

wieder Chef

(44) **Bettina** *Danke, Herr Krause. Ich bin noch etwas durcheinander.*

Metakommunikation: Selbstoffenbarung

Haben Sie etwas dagegen, wenn ich mich für eine Stunde in die Cafeteria zurückziehe?

(45) **Krause** *Das hätte ich nicht so gerne, Frau Hartmann. Es liegt einiges auf Ihrem Schreibtisch, was so schnell wie möglich raus soll. Bitte verschieben Sie Ihre blaue Stunde auf heute abend.*

(46) **Bettina** *Schade. Na gut.*

Ein gelungenes Gespräch, wie wir meinen. Beide sind bemüht um eine positive **Gestaltung der Beziehung**. Bettina setzt klare-Grenzen, Krause Junior akzeptiert das. Er zeigt Verständnis, übernimmt Verantwortung dafür, daß die Zusammenarbeit problematisch war. Als Gestaltungsmittel dienen Metakommunikation und gezielte Selbstoffenbarungsbotschaften.

Themenbearbeitung: Es ist trotz der emotionalen Anteile ein sachbezogenes Gespräch. Bettina gelingt es zunächst, das Beziehungsthema rauszulassen. Sie hält die Themengestaltung fest in der Hand (11,15). Schließlich läßt sich das Thema «Beziehungsklärung» nicht mehr umgehen. Aber es gelingt ihr, dafür eine sachliche Basis zu finden (Beziehungsbotschaften 24,30). Als sie merkt, daß die Beispiele für ihre Beziehungsprobleme mit Krause (32) nur zu einem Streit um Sichtweisen führen, verzichtet sie auf weitere Einzelheiten, akzeptiert Krauses Perspektive (36). Sie hält ihre primär sachbezogene Haltung bis zum Schluß durch, weist alle Versuche Krauses, persönliche Nähe herzustellen, bestimmt, aber höflich zurück (40, 42). Krause akzeptiert Bettinas Distanz. Auf dieser Basis und durch (für Bettina überraschende) Selbstoffenbarungs- und Beziehungsbotschaften (19, 23) gelingt es ihm, das Beziehungsthema ins Gespräch zu bringen, die wahren Gründe für die Kündigung zu erfahren. Wichtige Strategie dabei ist die Frage (besonders die Suggestivfrage 21).

Gesprächsorganisation: Bettina eröffnet das Gespräch, erkundet die zeitlichen Möglichkeiten Krauses, kündigt ihr Thema an. Die Informationsphase und die Phase der Klärung und Diskussion sind nicht so klar abzugrenzen, wie beispielsweise bei einer Dienstbesprechung oder einem Planungsgespräch. Allerdings hätte das Gespräch auch zu Ende sein können, nachdem Bettina das mitgeteilt hat, was für sie wichtig war. Aber schon in dieser Informationsphase wird deutlich, daß Krause noch eine Aussprache möchte. Er leitet die Phase der Klärung und Diskussion ein:

(18) Deshalb sollten wir noch etwas darüber sprechen. Zunächst: Ist denn da gar nichts mehr zu machen?

Damit gibt er auch das erste Thema dieser Phase vor. Er beendet auch die gesamte Klärungsphase:

(43) So, und nun gehen Sie wieder an die Arbeit.

Fazit: Er organisiert den formalen Ablauf des Gesprächs. Bettina hält bei der Themengestaltung die Fäden in der Hand. Auch deshalb ist das Gespräch gelungen: Krause hat das Gefühl, seine Rolle als Chef angemessen gespielt zu haben, Bettina hat die Themen so gestaltet, wie sie es geplant hatte: sachlich und mit Distanz.

DIE VERTIEFUNG

Wir haben im Grundlagenteil dieses Buches versucht, ein paar grundsätzliche Voraussetzungen dafür zu beschreiben, daß ein Gespräch gelingt. Wir haben Ihnen gezeigt, wie Sie sich auf eine Gesprächssituation einstellen, wie Sie für dieses Gespräch realistische Ziele bestimmen und auch die äußeren Bedingungen – Ort und Zeit – so wählen können, daß Ihr Gespräch einen angemessenen Rahmen hat. Aber auch, wenn Sie sich gründlich vorbereitet haben: Die «innere Situation», der tatsächliche Gesprächsverlauf, wird immer ein bißchen anders sein, als Sie es erwartet haben.

Wir haben versucht, Ihnen zu zeigen, wie Sie den Verlauf eines Gesprächs aktiv gestalten können im Hinblick auf die Entwicklung der Inhalte, die Organisation des Gesprächs und die Beziehung zwischen den Beteiligten. Normalerweise reicht das für den Kommunikationsalltag in Ihrem Büro oder Ihrer Praxis, für die üblichen Gespräche mit Ihren Vorgesetzten, Mitarbeitern, Kunden.

Aber wir wollen noch ein paar Schritte weiter gehen, tiefer hinein in die Möglichkeiten aktiver Gesprächsgestaltung.

Viele Bereiche haben wir im Grundlagenteil zwar angesprochen, aber nicht vertieft:

- Wir haben zwar dargestellt, daß öffentliche Gespräche geprägt sind durch die sozialen Rollen, die Sie und Ihre Partner spielen, aber wir haben Ihnen noch nicht gezeigt, wie Sie Ihre Rolle nach Ihren Bedürfnissen variabel gestalten können.
- Wir haben zwar viel davon gesprochen, wie wichtig für Ihre Gespräche die Beziehung ist, und auch ein paar Empfehlungen zur Gestaltung der Beziehung ausgesprochen. Aber es fehlen Modelle, mit deren Hilfe Sie Beziehungen analysieren und eine Erklärung dafür finden können, warum das Gespräch mit dem «lieben Kollegen Meier» wieder mal – offensichtlich auf der Beziehungsebene – gescheitert ist. Modelle, die Ihnen helfen können, das in Zukunft anders anzugehen.

- Wir haben zwar häufig davon gesprochen, daß jemand Argumente vorbringt, und Sie wissen natürlich, was Sie tun, wenn Sie argumentieren. Aber wie Sie gute Argumente finden und erfolgversprechend in ein Gespräch einbringen können, das sollten wir uns etwas genauer ansehen.
- Genauso wie den Begriff «Suggestion», der ja immer wieder durch die Seiten des Basisteils geistert und hinter dem keinesfalls die Schwarze Magie lauert.

Der Teil «Die Vertiefung» kann also noch ganz spannend werden. Bleiben Sie dran.

12 Wie können wir die Faktoren der «äußeren Situation» als Mittel zur Gestaltung von Gesprächen verwenden?

Wir haben im Basisteil die Rahmenbedingungen für ein Gespräch beschrieben und dargestellt, was sich zu beachten lohnt, wenn Sie sich auf ein Gespräch vorbereiten. Sie erinnern sich an unseren Fragenkatalog:

Wer (in welcher Rolle) spricht **mit wem** (in welcher Rolle)?
Worüber sprechen Sie?
Warum (aus welchem Anlaß), **wozu** (mit welchem Ziel)?
Wann und **wo** findet das Gespräch statt?

Diese Faktoren können Sie auch bewußt **beeinflussen**, also nach Ihren Bedürfnissen verändern, mal mehr, mal weniger,

- **vor dem Gespräch**, um sich einen Rahmen, eine «äußere Situation» zu schaffen, die Ihnen dann im Gespräch größere Erfolgschancen eröffnet,
- **während des Gespräches**, um den Gesprächsprozeß, die «innere Situation», so zu gestalten, wie sie Ihnen am günstigsten erscheint.

Wir haben das bereits im Grundlagenteil für die äußeren Bestimmungsgrößen (Zeit und Ort) und im Hinblick auf die Gesprächsziele herausgearbeitet. Aber auch die anderen Faktoren sind variierbar:

Natürlich ist Bettina auch in ihrem Kündigungsgespräch immer noch in der Rolle der Sekretärin, und auch Krause junior wird es kaum gelingen, aus diesem öffentlichen Gespräch ein privates zu machen. Dennoch gibt es eine Reihe von Möglichkeiten, um scheinbar festgefügte Gesprächsbedingungen so zu modifizieren, daß Sie Gesprächsbarrieren abbauen und ihre Ziele leichter erreichen können.

12.1 Öffentlicher Gesprächsrahmen – privater Gesprächsrahmen

Öffentlich

öffentlich

Wir sagten es schon: Öffentlich sind für uns Gespräche dann, wenn die Beteiligten in einer sozialen **Rolle** sprechen. Bettina spricht mit Krause junior **als** Sekretärin. Sekretärinnen haben objektiv bestimmbare Aufgaben, Verpflichtungen und Interessen, die im Berufsbild festgelegt sind. Die Firma und alle sonst Betroffenen erwarten, daß Sekretärinnen entsprechend handeln, ob sie nun Hartmann, Fritsche oder Maier-Reifenberg heißen. Das heißt: sie «spielen» Rollen. In Kapitel 12.2 dieses Teils werden wir uns den Begriff «Rolle» genauer ansehen.

privat

Auch das Beratungsgespräch, das Nils mit dem Versicherungsvertreter führt, ist nach der Definition oben ein **öffentliches Gespräch**. Und wenn Bettina zu ihrer Ärztin geht oder zur Lehrerin ihres jüngsten Sohnes Paul, Frau Knotek, weil da mal wieder was «vorgekommen ist», stehen öffentliche Gespräche an.

Theorie

Öffentlich – privat

In der Gesprächstheorie werden häufig unterschiedliche Grade von Öffentlichkeit angenommen: zum Beispiel privat, nicht öffentlich, halb öffentlich, öffentlich (Henne/Rehbock 1982). Als ein Kriterium dient der Ort: «Gespräche, die in der Öffentlichkeit geführt werden, z. B. in den Massenmedien» (Techtmeier 1984, S. 55). Ein zweites ist die gesellschaftliche Bedeutung, ein drittes die Zahl und die Funktion der Anwesenden. Für uns ist eine solche Abstufung in Form von «Näherungswerten» (Henne/Rehbock, S. 35) nicht sehr «verbraucherfreundlich». Wenn Bärbel Techtmeier sagt: «Die Abstufung ‹privat› bis ‹öffentlich› ist im Grunde die Abstufung zwischen ‹individuell gerichtet› bis ‹sozial gerichtet›», dann benennt sie die Attribute, die auch für unsere Abgrenzung gelten. Wir führen als Orientierungsgröße die soziale Rolle ein: **rollengebundene** Gespräche haben für uns **öffentlichen** Charakter. Zum Rollenbegriff siehe Kapitel 12.2.

Viele Gespräche, die die Welt bewegen, finden in gemütlichen Sitzecken statt. Oder in Parks. Wenn der Bundeskanzler mit seinem russischen Kollegen, im Park lustwandelnd, über die Situation in einer der russischen Republiken plaudert, bleibt das trotz Blumen und Kieswegen und trotz des Plaudertons ein öffentliches Gespräch. Sie vergessen beide sicher ihre Rollen nicht, obgleich immer mal wieder private Anteile (Gesundheit, Ferien ...) ins Gespräch einfließen mögen.

Und der folgende Dialog zwischen Nils und seiner Tochter Karen? (Nils hat uns zwar versichert, daß das Gespräch nicht *so* gelaufen ist, jedenfalls nicht genau so, aber wir müssen bei der Wahrheit bleiben.) Also: ist dieses Gespräch zwischen Vater und Tochter ein **privates** Gespräch?

Karen *Papa, mit meinem Examen, das klappt erst in zwei Semestern.*

Nils *Nicht mit mir, Karen. Zwei Semester hast du schon drangehängt und nun noch zwei. Such dir einen anderen Goldesel.*

Karen *Aber ...*

Nils *Nichts ‹aber›. Mach dein Examen, wann du willst, aber nicht mit meinem Geld. Oder dem von Mama.*

Karen *Nicht so schnell, Papa! Ich habe mich erkundigt. Als Vater bist du verpflichtet ...*

Da haben wir's: **als** Vater ... Aus diesem zunächst so privat klingenden Gespräch ist unversehens ein öffentliches geworden. Karen beruft sich auf die Verpflichtungen, die Eltern, und zwar *alle* Eltern, gegenüber Kindern haben. Sie spricht Nils in seiner sozialen Rolle **als** Vater an. Also kann auch ein Gespräch im engsten Familienkreis durchaus öffentlichen Charakter haben.

Nils' Schwester Christine besitzt mit ihrem Lebensgefährten gemeinsam ein Haus. Die Besitzverhältnisse sind vertraglich geregelt. Wenn es um Reparaturen, Versicherungsfragen, Nachlaßprobleme geht, führen sie ihre Gespräche **als** Mitbesitzer. Diese Planungsgespräche haben öffentlichen Charakter. Das ist gut so, und dessen sind sie sich bewußt. Es kommt zu «innerfamiliären» Regelungen, die Vertragscharakter haben. Auf die sie sich berufen können. Christine ist clever: Häufig hält sie die Ergebnisse ihrer Gespräche in ein paar Notizen fest. Man weiß ja nie ...

Gerade in engen Beziehungen ist es oft sehr hilfreich, Gesprächen bewußt einen öffentlichen Rahmen zu geben. Öffentliche Gespräche führen zu Abmachungen und Verträgen, auf die man sich berufen kann.

In engen Beziehungen sind immer Gefühle mit im Spiel, die Sachebene wird oft durch die Beziehungsebene überlagert.

Paare, bei denen es «kriselt», sind gut beraten, wenn sie ihre privaten Streitigkeiten in ein öffentliches Gespräch zum Beispiel mit einem Paarberater überführen.

Sie können einem Gespräch dann einen öffentlichen Rahmen geben, wenn Sie vorher Ihre soziale Rolle und die Rolle des anderen klar bestimmen.

Privat

Als privat bezeichnen wir ein Gespräch dann, wenn die Teilnehmer als Individuen, nicht als «Rollenträger» miteinander sprechen, wenn es um persönliche Interessen, Erfahrungen und Ziele geht, wenn sich die Beteiligten nicht auf öffentliche Regularien (zum Beispiel Gesetze), Verträge, öffentliche Interessen und Rollenverpflichtungen beziehen.

Krause junior, unser Personalchef, bringt das «Kündigungsgespräch» mit Bettina (in Kapitel 11) einmal kurz auf die private Ebene, das heißt, er spricht als **Individuum** Achim Krause:

Krause *Ich weiß, ich bin so, so zugeknöpft und abrupt. Das ist ein Fehler von mir. Vielleicht hab ich das von meinem Vater. Sie kennen ihn ja noch. ‹Ich bin der Chef›, war seine Devise, ‹da darf es keine Zweifel geben.›*

Innerhalb eines Gesprächsrahmens (öffentlich oder privat) kann man also die Ebenen wechseln.

Ebenenwechsel

Solche Ebenenwechsel sind häufig sehr wirksam, vor allem in der Gesprächseröffnung. Wir haben das in Kapitel 8.10 schon beschrieben: Wir fangen in einem öffentlichen Gespräch mit etwas Privatem an, um dem Partner zu zeigen: «Ich interessiere mich für dich als Mensch, ganz unabhängig von unseren öffentlichen Interessen und Zielen in diesem Gespräch.» Wir signalisieren damit Nähe und Wertschätzung.

Aber auch **innerhalb** eines Gespräches kann der Wechsel von der öffentlichen auf die private Ebene diesen Effekt haben. Sie haben das sicher schon erlebt: Mitten in einer festgefahrenen Verhandlung sagt einer der Teilnehmer:

Ich glaube, wir könnten jetzt erst mal was zu trinken brauchen.

Allerdings dienen solche Ebenenwechsel oft auch als Ablenkungsmanöver. Klaus Pawlowskis Versicherungsvertreter streut immer dann, wenn er Widerstand ahnt, eine private Passage ein:

Zwischendurch mal was anderes, Herr Doktor, Ihr Pullover ... Klasse. Ich frag mich die ganze Zeit: wo haben Sie den gekauft?

Klaus Pawlowski ist immer wieder überrascht, was seinem Besucher so einfällt.

Was wir im Hinblick auf die Gesprächseröffnung gesagt haben, gilt auch für den Ebenenwechsel mitten im Gespräch:

Ein solcher Ebenenwechsel ist dann wirkungsvoll, wenn er sich aus der konkreten Situation zwanglos ergibt.

Wenn jedoch der Partner dieses Vorgehen als Mittel zum eigentlichen Zweck dieses Gesprächs erkennt, wird er entweder (innerlich) lächeln oder sich wappnen und *die* Widerstände aufbauen, die man ja eigentlich beseitigen wollte.

Die bisherigen Beispiele zum Ebenenwechsel waren eher konventionell. Die Absicht des Sprechers ist leicht zu durchschauen: auflockern, Nähe signalisieren. So ein kleiner privater Exkurs verpflichtet zu nichts. Der Sprecher findet leicht auf die angemessene (öffentliche) Ebene zurück.

Oft ist ein solcher Ebenenwechsel jedoch eine Strategie mit weiterreichenden Zielen. Schon im «Kündigungsgespräch» zwischen Bettina und Krause junior deutet sich so etwas an. Sehen wir uns die Phase des Ebenenwechsels noch einmal an:

Krause *Ich weiß, ich bin so, so zugeknöpft und abrupt. Das ist ein Fehler von mir. Vielleicht hab ich das von meinem Vater. Sie kennen ihn ja noch. ‹Ich bin der Chef›, war seine Devise, ‹da darf es keine Zweifel geben.›*

Krause junior bittet um Verständnis für sein öffentliches Verhalten, indem er es mit sehr privaten Argumenten begründet. Dadurch macht er es Bettina zumindest schwer, die sachbezogene Form der Themengestaltung durchzuhalten. Vielleicht hofft er auch, den schlechten Eindruck, den Bettina von seinen Qualitäten als Chef hat, etwas zu korrigieren. Nachdem die Kündigung ausgesprochen ist, muß er keine Angst mehr haben, Schwäche zu zeigen und dadurch angreifbar zu werden. Schade eigentlich, daß für viele Chefs das Eingeständnis persönlicher Schwächen nicht zum Rollenbild gehört.

Es scheint im Geschäftsleben eine gängige Strategie zu sein, in eine öffentliche Beziehung eine private Ebene einzuziehen: private Unternehmungen, die Familien lernen sich kennen. Das kann auf der öffentlichen Ebene nicht folgenlos bleiben. Es entstehen Abhängigkeiten, daraus Verpflichtungen.

Zum Beispiel, wenn Geschäftsleute Politiker auf ihre Privatjacht oder zum Wiener Opernball einladen ...

Öffentliche und private Argumente

Die Unterscheidung öffentlich – privat betrifft aber nicht nur den **Gesprächsrahmen** oder den **Ebenenwechsel**, sondern auch einzelne Äußerungen im Gespräch. Wir haben es gesehen: Krause junior bringt in ein öffentliches Gespräch Argumente ein, die eine private Basis haben.

Bettinas Schwester Christine – genau, die aus Berlin – arbeitet in der Elektro-Abteilung des Kaufhauses Hercules. Sie berichtet von folgendem Gespräch:
Abteilungsleiter Knoke bittet sie in sein Büro:

Knoke *Frau Selke, Sie müssen heute eine Stunde länger bleiben.*

Christine *Heute? Wieso denn das, Herr Knoke?*

Knoke *Die neuen Fernseher sind gekommen. Die müssen wir noch aufbauen. Und Sie sollen sie auszeichnen. Morgen ist Samstag. Da muß das stehen.*

Christine *Tut mir leid, Herr Knoke, das geht heute nicht. Mein Freund holt mich um halb sieben ab. Wir wollen ins Theater.*

Knoke *Nichts zu machen, Frau Selke. Ich brauche Sie.*

Christine *Aber er kommt doch im Augenblick nur alle vierzehn Tage am Wochenende. Könnte nicht Frau Fritsche ...?*

Knoke *Die hat ihre Überstunden in diesem Monat schon gemacht. Sie noch nicht.*

Christine *Kann ich nicht nächstes Wochenende ...?*

Knoke *Ich brauche Sie nicht am nächsten Wochenende, sondern heute. Ihre private Situation kann ich hier nicht berücksichtigen. Tut mir wirklich leid für Sie, Frau Selke.*

Christine ist empört: «‹Tut mir wirklich leid für Sie, Frau Selke›. Daß ich nicht lache. Dieser Kerl will mich nur schikanieren. Kein bißchen Verständnis.»

Aus Christines Sicht: Schikane. Herr Knoke würde sagen: Ich bin halt konsequent. Dienst ist Dienst ...

Kein Zweifel: Dies ist ein öffentliches Gespräch: Herr Knoke **als** Abteilungsleiter spricht mit Christine **als** Untergebener. Aber Christine **argumentiert privat**: Sie nennt individuelle Gründe dafür, daß sie ihre Weigerung für angemessen hält. Und diese privaten Begründungen weist Herr Knoke zurück. Natürlich kann ein privates Argument in einer öffentlichen Situation sehr wirkungsvoll sein.

Ein privates Argument appelliert an das Verständnis des Partners, an sein Einfühlungsvermögen. Man hofft, daß er sich vorstellt, was er selbst in einer solchen Situation fühlen und tun würde.

Und das klappt ja auch manchmal: Bettina wird in ihrer Einstellung gegenüber Krause junior verunsichert. Und ihre Tochter Karen hat in ihrer Zwischenprüfung in Soziologie folgendes erlebt: Mitten im Prüfungsgespräch fühlte sie sich hundeelend. Wahrscheinlich wegen der Aufregung. Und das hat sie dann gesagt:

Mir geht es im Augenblick nicht gut. Könnten wir eine Pause machen?

Und ihr Professor hat ihr diese Pause gegönnt. Wohlgemerkt: «gegönnt». Denn es liegt im Ermessen des «Situationsmächtigen», private Argumentationen zu akzeptieren und entsprechend zu handeln.

Umgekehrt erwartet Abteilungsleiter Knoke von Christine mit großer Selbstverständlichkeit, daß sie seine privaten Begründungen akzeptiert:

Frau Selke, übernehmen Sie mal eben das Kommando, meine Frau hat heute Geburtstag. Ich spring kurz in die Konfektionsabteilung.

Dieses grenzenlose Vertrauen ... Am liebsten würde Bettina auf diese und ähnliche Argumentationen antworten:

Tut mir leid, Herr Knoke, Ihr Privatleben interessiert mich nicht. Machen Sie Ihre privaten Einkäufe in der Pause.

Geht aber nicht. Er ist der Chef.

Wer private Argumente in öffentliche Gespräche einbringt, sollte sich fragen: Wie gut kenne ich meinen Partner? Und er mich? Wie ist unsere Beziehung? Hat sie irgendwelche privaten Facetten? Kann ich privates Einfühlungsvermögen voraussetzen? Diese Fragen müßten sich Untergebene stellen, aber auch ihre Chefs. Und für die sollte zusätzlich gelten:

Sachzwänge und das Bedürfnis, seine Autorität unter Beweis zu stellen, sollten nicht verhindern, daß man auch die privaten Argumente wahrnimmt und ernst nimmt – schon des Klimas wegen.

Und Christine Selke in dem unangenehmen Gespräch mit Abteilungsleiter Knoke? Sie hätte ahnen können, daß sie mit ihren *privaten* Argumenten nicht durchkommt. Aber welche *öffentlichen* hätte sie gehabt? Ihr Überstunden-Soll hat sie noch nicht erfüllt. Da sitzt Knoke am längeren Hebel. Bettina: «Sag mal, geht das überhaupt, daß er das so *kurzfristig* bestimmen kann? Hättest du nicht sagen können: *‹Tut mir leid, Herr Knoke. Sie sind verpflichtet, eine solche Aktion einen Tag vorher anzukündigen›?*» Wenn das irgendwo geschrieben steht, ist es ein gutes öffentliches Argument.

Wir sehen: öffentliche Argumente berufen sich auf überindividuelle Interessen oder Regeln, auf festgeschriebene Gesetze und Verträge.

In unserem Fall begründen sie nicht die Angemessenheit oder die Glaubwürdigkeit einer Handlung, sondern ihre Rechtmäßigkeit.

12.2 Rollen

Wie gesagt, als «öffentlich» bezeichnen wir Gespräche, in denen die Teilnehmer als Träger von **sozialen Rollen** miteinander sprechen: **als** Sekretärin, **als** Personalchef, **als** Abteilungsleiterin, **als** Meister.

Rollenbestimmung

Wir wissen: Nils Friedrich ist nicht nur Meister in der Fertigungsabteilung von KASA, sondern gleichzeitig auch Mitglied des Betriebsrats. Nun hat der technische Leiter Merker die neue Überstundenregelung für die Fertigungsabteilung ausgeknobelt. Nils findet das geradezu schwachsinnig: «Da muß ich mal mit Merker reden.» Aber **als** was?

Spricht er in seiner Rolle als Meister? Dann vertritt er die Interessen seiner unmittelbaren Mitarbeiter.

Oder spricht er als Mitglied des Betriebsrats? Dann vertritt er die Interessen der Gesamtbelegschaft.

Das sollte er sich vorher genau überlegen.

Zunächst: Als Meister ist er jederzeit berechtigt, die Angelegenheit seinem unmittelbaren Vorgesetzten, Herrn Merker, vorzutragen. Aber wird er in dieser Rolle Erfolg haben?

Welchen **Status** hat er als Meister aus der Sicht Merkers?

Berät der sich im allgemeinen mit seinen Meistern und speziell mit Nils Friedrich? Ist er vernünftigen Argumenten gegenüber aufgeschlossen?

Aber Nils sollte sich auch klarmachen: Wenn er als Mitglied des Betriebsrats auftritt, fährt er gleich schweres Geschütz auf: Er überspringt die Ebene der unmittelbaren Zusammenarbeit, zeigt, daß er Zweifel hat an der Bereitschaft Merkers, sich vernünftigen Argumenten zu öffnen.

Außerdem muß er sich natürlich mit den Kollegen im Betriebsrat besprechen, vielleicht sogar einen offiziellen Beschluß herbeiführen. Und dann: Es wäre gut, wenn er nicht nur auf die Rückendeckung durch seinen Betriebsrat verweisen könnte, sondern wenn er zusätzlich arbeitsrechtliche Argumente vorbringen könnte.

Allgemein: Vor einem Gespräch ist es wichtig, seine Rolle klar zu bestimmen und die mit dieser Rolle verbundenen Möglichkeiten und Grenzen abzuchecken.

Rollenbeziehung

Ein solcher Check bedeutet auch, daß man sich die Rollenbeziehung in diesem Gespräch klarmacht. Bin ich in der **dominanten** oder in der **untergeordneten** Position? Merker ist Nils' Vorgesetzter, er ist – wie man so schön abstrakt sagt – «weisungsbefugt». Daran ändert auch nichts, daß sich Nils ihm in vielen Situationen überlegen fühlt. Nicht fachlich, sondern in der Art, wie man Menschen führt. Innerlich lächelnd findet er sich mit den oft kleinlichen Anweisungen Merkers ab. Für eine Rollenbeziehung ist es unerheblich, wie man sich im Verhältnis zum Partner *erlebt*. Entscheidend sind die Position und die sich daraus ergebenden **Machtverhältnisse**.

Rolle und Macht

Nils ist nun mal der **Untergebene**, und er muß oft das gesamte Repertoire seiner rhetorischen Strategien durchgehen, um Merker dazu zu bringen, seine Meinung überhaupt anzuhören.

Er weiß: das gern geschürte Feuerchen der Hoffnung, daß es gelingen möge, sich mit der Kraft des besseren Arguments aus sozialen Abhängigkeiten zu befreien, dieses Feuerchen ist eine schöne Illusion. Herrschaftsverhältnisse können durch noch so brillantes Argumentieren, durch noch so geschickte Gesprächsführung niemals *direkt* verändert werden.

Auch wenn Sie dieses Buch sorgfältig durchgearbeitet haben, verehrte Leserinnen und Leser, wird Ihnen das nicht gelingen. Sie werden zwar die Strategien Ihres Vorgesetzten durchschauen können, und das ist schon sehr viel, denn dann können Sie geschickter reagieren. Aber Sie können Ihren Chef nicht dazu zwingen, Ihnen zuzuhören, über Ihre Argumente nachzudenken.

Christine Selke wird länger arbeiten müssen, ob sie will oder nicht. Und Nils kann Abteilungsleiter Merker in seiner Rolle als Meister keine Anweisungen geben. Das läßt diese in der Organisationsstruktur des Betriebes festgelegte Rollenbeziehung nicht zu.

Weil Nils das weiß, hat er sich ein zusätzliches **Machtmittel** geschaffen: Er hat sich mit anderen solidarisiert: im Betriebsrat. An dem kommt auch Herr Merker nicht vorbei.

Zwar kann Nils auch in dieser Rolle seinem Abteilungsleiter keine Anweisungen geben. Aber er kann ihn dazu zwingen, sich zu rechtfertigen.

So kann Nils das Machtgefälle wenigstens ein Stückchen ausgleichen, sich zumindest gegen Willkür zur Wehr setzen.

Seine Kollegin Katrin Borchers braucht diese Rollenergänzung nicht, um sich bei ihren Vorgesetzten Gehör zu verschaffen. Sie ist Computerspezialistin bei KASA. Klar, fast alle arbeiten im Betrieb mit dem PC, und auch die Fertigung ist teilweise computergesteuert. Aber wenn es darum geht, ein Programm umzustellen, wenn etwas nicht funktioniert, dann muß Katrin ran. Und sie schafft's eigentlich immer. Durch diese Expertenrolle hat sie sich ein starkes Machtpotential aufgebaut. Da kann es zu Gesprächen wie diesem kommen:

Geschäftsführer Heise trifft Katrin auf dem Flur:

Heise *Gut, daß ich Sie treffe, Frau Borchers, ich wollte Sie schon anrufen.*

Katrin *Ich hab wenig Zeit, Herr Heise. Kaselke hat Probleme. Da muß ich sofort runter.*

Heise *Nur ganz kurz. Ich habe da auf der Tagung in München dieses neue System TTF kennengelernt. Hat mich sehr überzeugt. Ich habe schon mit Selbmann* (Buchhaltung) *gesprochen. Ich denke, wir werden uns das anschaffen. Wie lange wird es dauern, die Geräte umzurüsten?*

Katrin *Das wird überhaupt nicht gehen, Herr Heise.*

Heise *Nicht gehen? Und wieso?*

Katrin *Jedenfalls nicht im Augenblick. Unsere Geräte sind nicht ohne weiteres dafür geeignet. Eine Umrüstung für alle Geräte würde etwa drei Wochen dauern. Woher soll ich die Zeit nehmen?*

Heise *Aber das System hat eine Menge Vorteile ...*

Katrin *... und Nachteile. Wir sollten das in Ruhe bereden.*

Heise *In Ordnung. Wenn Sie Zeit haben, kommen Sie zu mir rauf.*

Was Katrin sagt, hat Gewicht. Sie ist die Spezialistin, deshalb hat man sie eingestellt. Ihr Wissen ist ihre Macht.

Die Macht der Experten scheint die Macht der Vorgesetzten in immer stärkerem Maße einzuschränken. Goethe konnte noch äußerst kompetent gleichermaßen über physikalische, über biologische, politische und ästhetische Probleme schreiben. Im Zeitalter der Informations- und Wissensexplosion kann jeder nur in einem begrenzten Sachgebiet wirklich Bescheid wissen. Um Zusammenhänge herzustellen, umfassende Ideen zu entwickeln und ihre Chancen und Grenzen bestimmen zu können, dazu ist es oft nötig, daß sich Experten zusammensetzen: **Arbeit im Team**. Das wird immer stärker zur betriebswirtschaftlichen Zauberformel. Wahrscheinlich nicht so sehr deshalb, weil wir ein neues Wir-Gefühl aufgebaut haben (unser Betrieb als Wertschöpfungsgemeinschaft, Kommunitarismus statt Liberalismus), sondern weil wir es nicht anders schaffen, den Informationsalltag zu bewältigen. Für die einen bedeutet das den Verlust alter Ordnungsprinzipien, für die anderen eine Chance für mehr Mitbestimmung und Mitverantwortung.

Aber Euphorie ist fehl am Platze:

- Teamarbeit schafft zusätzliche Reibungspunkte,
- Teamarbeit braucht mehr Zeit und terminliche Absprachen,
- Teamarbeit schafft neue Abhängigkeiten.

Vor allem aber: **Teamarbeit muß gelernt werden**.

Noch einmal zurück zur Formel «Wissen ist Macht» und zu Bettinas Schwester Christine. Erinnern Sie sich? Herr Knoke, der Chef der Elektroabteilung, hatte nicht mit sich reden lassen: Heute abend werden die Fernseher ausgepackt, und damit basta! Christine ist empört und erzählt das abends ihrer Schwester am Telefon: «Der schikaniert mich, wo er kann. Am liebsten würde ich mal die Sache mit der kleinen Bause auspacken.»

«Mach das doch.»

«Du, ich bin drauf und dran.»

Wenn Christine die «Sache mit der kleinen Bause» ausgepackt hätte, wäre das Gespräch mit Abteilungsleiter Knoke vielleicht anders weitergegangen. Beginnen wir mit der Stelle, an der Christine sagt:

Christine *Kann ich nicht nächstes Wochenende ...?*

Knoke: *Ich brauche Sie nicht am nächsten Wochenende, sondern* *heute. Ihre private Situation kann ich hier nicht berücksichtigen. Tut mir wirklich leid für Sie, Frau Selke.*

Christine *Dann sollte ich Sie mal auf* Ihre *private Situation ansprechen. Vor allem auf Ihr Verhalten gegenüber der Kollegin Bause. Hören Sie auf, mich zu schikanieren. Ich weiß eine Menge. Und nicht alle mögen Sie hier im Betrieb.*

Knoke *Was wollen Sie damit sagen?*

Christine *Denken Sie mal drüber nach.*

Dann hätte Knoke eventuell ganz schön in der Falle gesessen. Christine weiß, daß Knoke die Auszubildende Elke Bause permanent belästigt. Die hat Angst, sich offiziell zu beschweren, und hat sich Christine anvertraut. Und wenn Christine das jetzt «auspackt»? Ist das Erpressung? Oder legitime Abwehr von obrigkeitlicher Willkür?

Bettina meint: «Das geschieht dem recht, diesem arroganten Lüstling.»

Und was meinen Sie?

Auf jeden Fall bahnt sich hier ein Machtspiel an. In Unternehmen und Behörden, in Schulen und Verbänden sind solche Spiele an der Tagesordnung. Machtgewinn durch Intrigen: Bettina kann da ganze Romane erzählen: Herr Meier hat etwas über Frau Bremer gehört und versucht mit einem entsprechenden Hinweis Frau Tatje zu gewinnen für eine kleine Runde Mobbing. Und Nils weiß genau, wie der Betriebsratsvorsitzende Lamann sich seine Wiederwahl gesichert hat: Er war dem Kollegen Sobotzik bei der Wohnungssuche behilflich und der Kollegin Wasmer bei der Kreditbeschaffung. Und die Sobotziks spielen wiederum mit den Ulbrichts Doppelkopf. Das waren schon mal vier sichere Stimmen ... mit der von Lamann.

Bettina meint: «Wer da nicht mitheult, geht unter.»

Nils hat noch Ideale: «Meine Devise: fair geht vor. Bin ich immer gut mit gefahren.»

Bettina: «Aber nicht, wenn du täglich in so 'nem Spiel drinsteckst.»

Karen hat natürlich wieder was ganz Schlaues auf Lager: den kategorischen Imperativ von Kant: «Handle nur nach derjenigen Maxime, durch die du zugleich wollen kannst, daß sie ein allgemeines Gesetz werde.»

Wir (die Autoren) enthalten uns einer Stellungnahme. Die Verantwortung für Ihr Gesprächsverhalten haben Sie! Eventuell auch dafür, daß in Ihrer Firma oder Ihrem Team eine Stimmung ist wie bei Hercules in der Elektro-Abteilung. (Zu diesem Thema haben wir ja schon in Kapitel 8.4, Metakommunikation, einiges gesagt.)

Theorie

Macht wird von dem Soziologen Max Weber definiert als «jede Chance, innerhalb einer sozialen Beziehung den eigenen Willen auch gegen Widerstreben durchzusetzen, gleichviel, worauf diese Chance beruht» (1956, S. 36). Macht stellt also immer ein Ungleichgewicht dar. Einer ist der Mächtige, der andere der «Ohnmächtige». Vielleicht deshalb,

- weil der eine einfach über größere physische Kräfte verfügt als der andere,
- weil er mehr weiß oder mehr kann,
- weil er eine höhere Position hat,
- weil Gesetze oder Verordnungen es so bestimmen,
- weil er Mitglied einer zahlenmäßig stärkeren Gruppe ist,
- weil der andere existenziell von ihm abhängig ist,
- oder auch psychisch (zum Beispiel in einer Liebesbeziehung).

Macht ist also zunächst einmal ein **wertneutraler** Begriff für ein Ungleichgewicht zwischen Personen (übrigens auch Tieren).

Wenn wir einer Person **freiwillig** Macht einräumen, dann spricht man von **Autorität**. Eine Autoritätsbeziehung entsteht also durch freiwillige Unterordnung. Jeder von uns kann Lehrerinnen und Lehrer nennen, die Autorität hatten, vielleicht, weil sie ihr Wissen gut vermitteln konnten, weil sie ihre Macht nicht mißbrauchten. Autoritätspersonen sind Vorbilder, haben es deshalb allerdings auch leicht, uns zu beeinflussen. Wer Autorität hat, braucht keine institutionellen Machtmittel (wie Verordnungen) und keine Gewalt zur Durchsetzung seines Willens. Wir folgen ihm freiwillig. Allerdings ist es ratsam, kritisch zu überprüfen, wohin. Anhänger oder Fan zu sein bedeutet häufig, die kritische Distanz zu verlieren. Autorität erwirbt sich jemand, sie kann auch wieder schwinden. Wir sprechen sie ihm zu, aber –

wenn er unser Vertrauen enttäuscht – auch wieder ab. Vielleicht wäre es nicht schlecht, dafür zu sorgen, daß sich eine «Autorität» auf ihrer Macht nicht mühelos ausruhen kann. Klaus Pawlowski versucht das mit seinem Arzt, indem er permanent nachfragt und dem Mann sicher ganz schön auf die Nerven geht. Denn der ist das in seiner Rolle als Arzt nicht gewöhnt, daß man seine Autorität in Frage stellt.

Herr Merker, Nils' Chef, hat Macht, aber (jedenfalls für Nils) keine Autorität. Merkers Macht ist institutionell abgesichert. Jens kann diese Rollenbeziehung nicht direkt verändern, weil er seinerseits nicht die Macht dazu hat. Max Weber nennt das ein **Herrschaftsverhältnis**: «Herrschaft soll heißen die Chance, für einen Befehl bestimmten Inhalts bei angebbaren Personen Gehorsam zu finden» (Weber, S. 36). Herrschaftsverhältnisse ergeben sich also daraus, daß jemand den Anspruch erhebt oder das **Recht** hat, uns **Befehle zu geben**. Er kann das auf der Basis «natürlicher» Ordnungssysteme (physische Kraft, Alter) oder abgesichert durch institutionalisierte Ordnungen (Gesetze, Richtlinien, betriebliche Struktur). Hierarchien in Betrieben sind nach dieser Definition Herrschaftsverhältnisse, daran führt kein Weg vorbei.

Wenn Katrin Borchers ihre Expertinnenposition «überbeansprucht», kann es sein, daß der Chef sie entläßt und einen gefügigeren Experten sucht. Er hat die Macht, jemanden zu entlassen, sie nicht.

Auch wenn ein Chef Entscheidungen mit seinem Team diskutiert, Beschlüsse abstimmen läßt, auch wenn er seine Anordnungen zu begründen pflegt, auch wenn er auf die persönlichen Wünsche seiner Untergebenen eingeht – es sind seine Untergebenen. Er hat letzten Endes als Chef die Machtmittel, «auch gegen Widerstreben» der anderen «seinen Willen durchzusetzen». Wenn er das nicht tut, ist das gut für ihn, denn er gewinnt dadurch ein hohes Maß an Autorität. Und es ist gut für das Arbeitsklima in seinem Betrieb, denn alle erleben sich nicht als Befehlsempfänger, sondern als Mitarbeiter. Soziologisch formuliert: Er verfügt über Machtmittel, die es ihm ermöglichen, Herrschaft auszuüben. Aber er benutzt sie nicht. Immerhin: juristisch gesehen hat er das letzte Wort. Allerdings ist da ja noch der Betriebsrat.

Wir haben gesehen: Es ist wichtig, vor einem Gespräch seine Rolle zu bestimmen und damit auch die Rollenbeziehung. Und die ist häufig von Machtunterschieden gekennzeichnet.

Rolle offenlegen, Rollenwechsel ankündigen

Diese bewußte Rollenbestimmung ist vor allem dann wichtig, wenn man in einer Gruppe, eventuell in einem Arbeitsteam, eine **Funktionsrolle** hat. Eine solche Funktionsrolle ist zum Beispiel die eines Protokollführers oder die eines Gesprächskoordinators oder Gesprächsleiters.

Wir haben in Kapitel 9 die Frage gestellt, ob sich ein Koordinator (oder Gesprächsleiter) inhaltlich am Gespräch beteiligen darf. Wie auch immer sich eine Gesprächsrunde entscheidet, wenn sich der Leiter in die Diskussion einmischt, sollte er zumindest seinen Rollenwechsel ankündigen:

Ich spreche jetzt mal nicht als Gesprächsleiter, sondern als Mitglied dieses Teams, weil ich von dieser Entscheidung direkt betroffen bin.

Ein Gesprächsleiter hält die Fäden der Gesprächsorganisation in der Hand: Er kann sich auf die Rednerliste setzen, er faßt die Gesprächsergebnisse zusammen usw. Wenn er jetzt auch noch vehement seine Meinung zur Sache äußert, kann das bei den anderen Teilnehmern ein unangenehmes Gefühl auslösen: Der mißbraucht seine Rolle und die damit verbundene Macht, um seine Interessen durchzusetzen.

Durch eine Markierung des Rollenwechsels macht er deutlich: Ich bin mir der Rollenproblematik bewußt. Er gewinnt an Autorität und Glaubwürdigkeit, vermeidet eventuell Widerstände bei den anderen Teilnehmern.

Wir sehen: Häufig ist es sehr hilfreich, wenn man vor oder in einem Gespräch seine Rolle offenlegt.

Wenn Geschäftsführer Heise sein Gespräch mit Katrin Borchers mit der Floskel beginnt,

Liebe Frau Borchers, ich spreche jetzt mal nicht als Chef zu Ihnen, sondern als Mensch, dann mag das eine Finte sein. Wenn sich aber Nils Hartmann entschließt, als Betriebsratsmitglied mit Abteilungsleiter Merker zu sprechen, sollte er das in jedem Fall ankündigen:

Herr Merker, ich komme nicht als Meister zu Ihnen, sondern als Mitglied des Betriebsrats.

Dann ist für beide der Gesprächsrahmen klar.

Auch **mitten** in einem Gespräch kennen wir solche Rollenbestimmungen. Wie gerne würde Bettina in einem ihrer so beliebten Gespräche mit Pauls Lehrerin, Frau Knotek, die Bemerkung fallenlassen:

Wissen Sie, Frau Knotek, ich bin ja auch Pädagogin.

Nur um deutlich zu machen: Ich bin auch nicht ganz blöd, wenn es um Kindererziehung geht. Um ein gewisses Gleichgewicht ins Gespräch zu bringen.

Es gibt viele Situationen, in denen es hilfreich ist, seine Rolle und damit seine Kompetenzen offenzulegen, zum Beispiel,

- wenn unser Partner unsere Kompetenzen falsch einschätzt:

  Hier geht es um Versicherungsfragen. Die kann ich Ihnen als Kundenbetreuerin *nicht beantworten. Das macht bei uns Herr Fleischer.*

- wenn wir dem Gespräch einen anderen Rahmen geben wollen:

  Nils Hartmann: Ich hab Ihnen das als Meister gesagt, also aus der Sicht meiner Leute. Jetzt mal als Mitglied des Betriebsrats.

- wenn wir merken, daß wir auf einer bestimmten «Beziehungsschiene» nicht weiterkommen.

  Abteilungsleiter Merker im Gespräch mit Nils: Herr Hartmann, wir sind beide Mitarbeiter dieser Firma. Und als Mitarbeiter dieser Firma *wollen wir doch beide, daß wir wettbewerbsfähig bleiben.*

- Wir erkennen hier unschwer die Metapher «Wir sitzen alle im selben Boot». Merker will Nils aus der Oppositionsrolle auf die Beziehungsebene «gleichberechtigte Partner» locken.
- Als schlagfertige Reaktion auf die «Boot»-Metapher wird häufig das folgende Bild kolportiert: «Klar, Sie als Steuermann, ich als Ruderer.» Nils könnte dieses Bild aufnehmen und antworten:

  Natürlich wollen wir das beide. Aber wie das geht, darf nicht ich bestimmen, das bestimmen Sie.

Es gibt Gespräche, die nur das Ziel haben, eine Rollenbeziehung zu klären. Nils wurde ein halbes Jahr nach bestandener Meisterprüfung bei KASA als Meister eingestellt. Er war damals 35 Jahre alt. Bis zu seiner Einstellung hatte Dirk Braun, ein älterer Techniker, sozusagen kommissarisch, das Team geleitet. Nils merkte sehr schnell, daß Dirk Probleme damit hatte, jetzt ins zweite Glied zurückzutreten. Nils hat dann versucht, in einem Gespräch beim Bier das Problem anzusprechen:

Nils *Ich bin dein Vorgesetzter, Dirk. Aber ich weiß, daß du das Team sehr gut geführt hast, bis ich kam. Ich weiß, daß du mehr Erfahrung hast als ich in dem, was hier so läuft. Ich würde mich gern mit dir beraten, wenn es sein muß. Ich würde dich gern zu meinem Stellvertreter machen.*

Dirk *O. K., mein Lieber, aber ich werde nicht zimperlich sein, wenn mir was stinkt.*

Seitdem läuft es gut zwischen den beiden. Natürlich nur deshalb, weil Nils diese Rollenabsprache einhielt und sich mit Dirk in kniffligen Situationen berät. Schwieriger wäre es gewesen, wenn Nils in seiner alten Firma nach seiner Prüfung Vorgesetzter *der* Kollegen geworden wäre, mit denen er vorher am Band gestanden hatte. Auch da wäre ein solches **Rollengespräch** sinnvoll gewesen. Ob es aber Rollenkonflikten hätte vorbeugen können, wagen wir zu bezweifeln. Nils hätte zu viel aus den alten Beziehungen mit in die neue Rollenbeziehung geschleppt. Das hätte sich dann so angehört:

Hör mal, Nils, als du noch einer von uns warst, hättest du in diesem Fall was anderes gesagt.

Wir haben manche Schicht zusammen gefahren, und jetzt willste mich zu Ewald abschieben?

Wie soll man sich in einer solchen Rolle wohl fühlen? Und kann man solche Konflikte durch Gespräche lösen? Hat hier nicht die Betriebsleitung einen Fehler im Personalmanagement gemacht?

Wenn eine Rollenbeziehung nicht klar oder problematisch ist, sollte man sie zum Gegenstand eines Gesprächs machen.

Über Rollenkonflikte werden wir ein Stückchen weiter unten sprechen.

Rollenabsprachen

Wenn Nils mit seinen Kollegen vom Betriebsrat in eine Verhandlung mit der Betriebsleitung geht, ist ein Programmpunkt der Vorbereitungssitzung immer die Rollenabsprache: Wer übernimmt in der Verhandlung welche Funktionsrolle?

Wenn bei wichtigen Gesprächen mehrere Personen als «Team» beteiligt sind, sollten sie vor dem Gespräch ihre Funktionsrollen in diesem Gespräch klären.

Handlungsspielräume

Bleiben wir bei Nils und seiner Rolle als Meister bei KASA Optik. Hier läßt sich noch eine weitere Facette der Rollenbestimmung deutlich machen: Es gibt nicht *die* Rolle des Meisters. Natürlich gelten einige Rollenattribute für alle Meister in Industriebetrieben: Sie sind verantwortlich für eine Gruppe von Mitarbeitern, organisieren und beaufsichtigen deren Arbeit. Sie vertreten ihre Gruppe gegenüber den vorgesetzten Stellen (Abteilungsleitung, Geschäftsleitung ...) und handeln nach deren Anweisungen. Sie sind also gleichermaßen Vorgesetzte und Untergebene. Aber: der Meister hat bei KASA einen anderen Status als bei Schmidt & Co, und Meister Ewald in der Dreherei füllt seine Rolle anders aus als Nils Hartmann in der Feinoptik. Ewald ist sachlich, distanziert, fest in seinen Entscheidungen, die er gern allein trifft, allerdings in Absprache mit den Vorgesetzten. Nils Hartmann ist der «Vater seiner Mannschaft», streng, aber herzlich, zugänglich für Vorschläge und Wünsche, sehr kritisch gegenüber den Anweisungen und Erwartungen von oben. Und diese individuelle Rollenauffassung gibt ihm in unterschiedlichen Situationen unterschiedliche Handlungsspielräume.

Rollengestaltung

Als Abteilungsleiter Merker neu in die Firma kam, hat Nils im ersten Gespräch erst einmal herausgefunden, wie Merker «seine Rolle spielt». Nils hat also getestet, wie weit er gehen kann, was ihm seine Rolle als Meister diesem neuen Vorgesetzten gegenüber für Handlungsspielräume gibt.

Er hat dann schnell gemerkt, daß er nicht so forsch loslegen darf, daß in der Auffassung Merkers von seiner Rolle als Abteilungsleiter Distanz und Autorität zwei wichtige Bestimmungsgrößen sind. Allerdings gibt es auch Tage, an denen er sehr zugänglich ist. Nils testet das meist dadurch, daß er Merker auf sein Hobby (Tischtennis beim TTC Rotweiß) anspricht. Wenn Merker am Wochenende gewonnen hat, ist er offener. Wir nennen dieses «Erproben» der jeweiligen Handlungsspielräume Rollengestaltung. Also:

Wenn man seine Rolle in einem Gespräch definiert hat, sollte man in der ersten Gesprächsphase ausprobieren, wie man sie in dieser Situation spielen kann.

Die **Grenzen** für die Gestaltung der Rolle im Gespräch setzt immer der Partner in der konkreten Situation und nicht ein abstraktes Rollenbild nach dem Muster «als Meister mußt du immer ...», «als Sekretärin erwartet man von dir ...».

Theorie

Wenn wir Ihnen hier die **Rollentheorie** mit ihren verschiedenen Ansätzen, mit ihren Facetten, mit ihrer Widersprüchlichkeit darstellen wollten, müßten wir eigens dafür ein Buch schreiben. Wir skizzieren hier nur den Erklärungsrahmen für unsere Gesprächsempfehlungen.

Der Begriff «soziale Rolle» wurde von Ralf Dahrendorf aus den USA nach Deutschland «eingeführt». Für Dahrendorf sind «soziale Rollen ... Bündel von Erwartungen, die sich in einer gegebenen Situation an das Verhalten der Träger von Positionen knüpfen» (1964, S. 26).

Wir erwarten also von einer Lehrerin in der Grundschule, daß sie geduldig ist, aber Autorität hat, daß sie alle Kinder gleich behandelt ... Sie, liebe Leserinnen und Leser, könnten diese Rollenattribute sicher ergänzen. Wenn wir dann unsere Liste vergleichen würden, stünden dort mit wenigen Abweichungen ähnliche Erwartungen. Und wenn ich Ihnen erzählen würde, daß Frau Knotek, die Lehrerin von Paulchen Hartmann, einem ihrer Drittkläßler eine Ohrfeige verpaßt hat, würden Sie empört sagen: «Das geht aber nicht, **als** Lehrerin darf sie das nicht.» Frau Knotek ist in unseren Augen (eventuell auch in den Augen der Schulbehörde) als Lehrerin «nicht mehr tragbar». Diese Metapher benutzen wir, um Rollenverletzungen massiver Art zu bewerten. Die praktischen Sanktionen reichen von der Rüge bis zur Suspendierung. Dahrendorf (S. 27): «Wer seine Rolle nicht spielt, wird bestraft; wer sie spielt, wird belohnt, zumindest aber nicht bestraft.»

Unser Beispiel zeigt aber auch: Rollenausstattungen unterliegen historischem Wandel. Noch vor dreißig Jahren war es selbstverständlich, daß ein Drittkläßler von seiner Lehrerin mal eins hinter die Ohren bekam. Ich könnte unser Beispiel erweitern und Ihnen erzählen: «Diese besagte Frau Knotek ist unverheiratet und hat ein Verhältnis mit einem verheirateten Mann.» Wahrscheinlich sagen Sie: «Na und? Das ist für ihre **Funktion** als Lehrerin nicht relevant.» Vielleicht sagen Sie aber auch: «Hier in unserer katholischen Gegend schickt sich das nicht für eine Lehrerin» (für ihren **Status** als Lehrerin).

Fazit: Rollenausstattungen folgen häufig den Bedingungen eines bestimmten gesellschaftlichen Umfelds. Und: Es gibt offensichtlich **funktionsrelevante** und **statusbedingte** Rollenattribute.

Das **«strukturell-funktionale» Rollenmodell** von Dahrendorf wurde viel kritisiert, als rigide, sogar als pädagogisch gefährlich. Rollenhandeln im Dahrendorfschen Sinne sei eine «konformistische Selbstübergabe des Individuums an die Gruppe» (Tennbruck 1961, S. 1ff.). Es sei systemerhaltend, lähme die Innovation und damit die gesellschaftliche Veränderung.

Jürgen Habermas (1970) hat diese Kritik aufgegriffen und in Anlehnung an H. G. Mead ein **«interaktionistisches» Rollenmodell** angeregt. Er geht von folgenden Annahmen aus: Jeder Mensch hat eine **Ich-Identität**, das heißt, weiß von sich mehr als alle anderen, und er hat das Bedürfnis, sich in seiner Einzigartigkeit zu verwirklichen. Auf der anderen Seite hat er eine **soziale Identität**. Er weiß, wo er in seinem gesellschaftlichen Umfeld steht. Er weiß, daß die Anerkennung der Gesellschaft für seine Existenz wichtig ist. Häufig erlebt er einen Widerspruch zwischen seinen individuellen Bedürfnissen und den gesellschaftlichen Erwartungen. Frau Knotek könnte in mancher Stunde total ausflippen, wenn ihre Drittkläßler so richtig loslegen. Aber sie muß ja **als** Lehrerin geduldig sein. Viele Menschen spüren diesen Widerspruch kaum noch, da sie immer nur darauf aus sind, die Erwartungen der Gesellschaft zu kalkulieren und zu erfüllen. Sie passen ihre eigenen Bedürfnisse (ihre Ich-Identität) diesen gesellschaftlichen Erwartungen an. Und hier setzt Habermas' didaktisches Konzept an: Wir müssen lernen, in sozialen Situationen eine **Balance** herzustellen zwischen der sozialen Identität und der Ich-Identität, also zwischen Rollenübernahme und eigenem Rollenentwurf. Nur dann können wir unser Rollenspiel autonom gestalten. Dazu brauchen wir die Fähigkeit, eine Situation zu analysieren und die Erwartungen zu bestimmen, die unsere Partner in dieser Situation an uns in dieser Rolle haben: wir brauchen also **Situationsdistanz und Rollendistanz**.

Die interaktionistische Theorie nennt diese erste Phase **«role-taking» (Rollenbestimmung)**. Erst dann können wir an die freie Ausgestaltung und Erprobung in dieser Interaktionssituation gehen: ans **«role-making» (Rollengestaltung)**. Dazu gehört natürlich, daß man schon in seiner Jugend gelernt hat, gesellschaftliche Normen sind zwar häufig bindend, aber sie gewähren einen gewissen Handlungsspielraum. Um ihn zu nutzen, braucht man ein angemessenes Repertoire von Handlungsalternativen. Klaus Pawlowski ermuntert seine Studierenden im Examenskolloquium, in ihren mündlichen Prüfungen auszuprobieren, ob sich das rollentypische Frage-Antwort-Spiel nicht in ein Fachgespräch umwandeln läßt. Bei vielen Kollegen gelingt das sicher nicht, und es ist ratsam, brav die erwartete Rolle zu spielen. Das kann ziemlich frustrierend sein, aber da muß man dann durch. Deshalb ist für Habermas eine Voraussetzung für das autonome Rollenspiel eine gute Portion **Frustrationstoleranz**. Auch deshalb, weil wir nicht erwarten können, daß unser Gesprächspartner über die gleiche Rollenflexibilität verfügt wie wir. Wer in einer Familie aufgewachsen ist, die vorwiegend positional organisiert war (traditionelle Vater-, Mutter-, Kind-Rollen), wird große Schwierigkeiten haben, seine Berufsrolle flexibel zu gestalten, also zum Beispiel seine Machtbefugnisse als Vorgesetzter in Frage zu stellen. Das kann zu großen Problemen in Gesprächen führen. Nils Hartmann kann ein Lied davon singen. Wir hoffen trotzdem, daß wir Sie in unserem Buch dazu ermuntern können, Ihre Rolle in Gesprächssituationen möglichst bewußt und autonom auszugestalten.

Rollenkonflikt

Es gibt eine andere Situation, in der es sehr wichtig sein kann, seine Rolle öffentlich zu machen. Wie wir wissen, hat Nils Hartmann ein Hobby: Fußball. Und er ist Vorsitzender vom RSV Geismar. Die erste Mannschaft des RSV ist gerade in die Bezirksliga aufgestiegen. Rolf, einer seiner Mitarbeiter, ist der Stürmerstar der Mannschaft. Nils drückt schon mal ein Auge zu, wenn Rolf zehn Minuten früher Feierabend macht, um zum Training zu fahren. Aber nun liegt in der Firma ein dicker Auftrag an, Überstunden sind angesagt, und da werden auch noch zwei Mann krank. Und ausgerechnet in dieser Situation will Rolf zwei Stunden früher weg, zum Sondertraining. Nils ist in einem Rollenkonflikt. Als Vorsitzender beim RSV weiß er: das Training ist wichtig. Die Mannschaft soll ja nicht gleich wieder absteigen. Als Meister bei KASA kann er Rolf in dieser Situation nicht freigeben. Im Gespräch mit Rolf und dem Trainer hilft er sich, indem er seinen Konflikt deutlich macht:

Jungs, ich bin da in einer blöden Situation. Als Vereinsboß muß ich sagen: wir brauchen das Sondertraining. Und Rolf muß dabeisein. Aber als sein Meister sag ich: geht nicht, Leute. Kann ich nicht machen. In dieser Situation jedenfalls. Schon wegen der anderen. Ich kann nicht sagen: «Der Rolf kommt nicht. Der muß in meinem Verein Fußball spielen.» Das müßt ihr verstehen.

Das hilft im Moment nicht weiter, aber es klärt die Situation. Einen ähnlichen Fall kennt Bettina aus der Vorstandsarbeit im Förderverein Historische Spinnerei Gartetal. Ein wichtiges Mitglied ist Frau Kloppke. Wichtig deshalb, weil sie auch Gemeindedirektorin ist. Jedes Jahr bekommt dieses Museumsprojekt von der Gemeinde einen Zuschuß. Aber jetzt muß gespart werden, und nun ist Frau Kloppke permanent in einem Rollenkonflikt. Natürlich möchte sie als Mitglied dem Förderverein den Zuschuß erhalten, aber darf sie das als Gemeindedirektorin?

Der Vorstand des Vereins hatte sie (aus gutem Grund) als Gast zur Planungssitzung für 1998 gebeten. Es blieb ihr nichts anderes übrig, als ihren Rollenkonflikt offenzulegen:

> *Ich versteh das schon, daß ihr von mir eine Sonderbehandlung erwartet, bei den Etatberatungen mein ich. Ich bin da in einer unangenehmen Situation:* Als Mitglied *sag ich: wir brauchen die Zuschüsse.* Als Gemeindedirektorin *muß ich dafür sorgen, daß alle Zuschußprojekte gleich behandelt werden. Wenn wir Zuschüsse kürzen müssen, gilt das auch für unseren Verein. Bitte, habt dafür Verständnis.*

Da hat sie recht. «Das mußten wir einsehen», sagt Bettina. «Immerhin, sie wird niemals *gegen* unsern Zuschuß plädieren, aber bevorzugen kann sie uns nicht. Wenn das auch das Ziel unseres Gespräches mit ihr war, das können wir nicht von ihr erwarten.»

Es ist häufig unerläßlich im Hinblick auf den Gesprächsverlauf und die Gesprächsziele, einen Rollenkonflikt deutlich zu machen.

In Gesetzen und Verordnungen versucht man, solchen Rollenkonflikten vorzubeugen. Bundestagsabgeordnete müssen dem Präsidenten des Bundestages offenlegen, für welche außerparlamentarische Institution (außer ihrer Partei) oder für welches Wirtschaftsunternehmen sie zusätzlich tätig sind.

12.3 Beziehungen

Im ersten Teil dieses Buches haben wir darzustellen versucht, welchen Stellenwert die Beziehung zwischen den Gesprächspartnern im Gespräch hat. Eine positive Beziehungsgestaltung ist eine wesentliche Voraussetzung dafür, daß Gespräche gelingen. Wir haben auch bereits angedeutet, daß wir Beziehungen auf zwei Ebenen betrachten können: auf der **soziologischen** Ebene und auf der **sozialpsychologischen**. Die soziologische Ebene – die der **Rollenbeziehungen** – haben wir uns in Kapitel 12.2 schon genauer angesehen.

Rollenbeziehungen sind in einer Gesellschaft, in einem Betrieb klar definiert: Herr Merker ist Nils' **Vorgesetzter**, Bettina geht **als** Stellungssuchende in das Bewerbungsgespräch mit Herrn Klages, der ihr **als** Personalchef Fragen stellt. Diese Rollenbeziehungen sind vor jedem Gespräch als Faktoren der «äußeren Situation» kalkulierbar, sind feste Voraussetzungen, mit denen man im Gespräch selbst umgehen muß.

Aber Nils' und Herrn Merkers Beziehung hat noch eine andere, **sozialpsychologisch** bestimmbare Ebene: die des **gegenseitigen Erlebens**. Und die stimmt – wir sahen das bereits – in diesem Fall mit den soziologischen Gegebenheiten nicht ganz überein: Nils erlebt Herrn Merker als nicht sehr kompetent, er fühlt sich ihm in vielem überlegen. Wie Herr Merker ihn erlebt, weiß er nicht genau: vielleicht als gefährlich, unbequem, erfahren in seinem Job? Aber er weiß, wie Merker ihn erleben *möchte*: angepaßt, untergeben, eben so, wie es seinen Vorstellungen von einem guten Untergebenen entspricht.

Nils und Merker arbeiten täglich zusammen. Sie kennen sich gut. Deshalb kann Nils, wenn er sich auf ein Gespräch mit Abteilungsleiter Merker vorbereitet, diese Beziehung mitbedenken, jedenfalls so, wie er sie einschätzt.

Wenn Alf zu einem neuen Kunden kommt, müssen beide erst eine Beziehung aufbauen, müssen sich im Gespräch kennenlernen, entwickeln Sympathie, Antipathie, Interesse, Nähe- oder Distanzgefühle füreinander.

Strategien, mit deren Hilfe Sie dieses gegenseitige Erleben in einem Gespräch aktiv gestalten können, haben wir im Teil «Die Grundlagen» in fast jedem Kapitel dargestellt. Wir haben Ihnen gezeigt, wie Sie in einer Gesprächseröffnung Vertrauen herstellen oder eine lockere Atmosphäre schaffen können. Sie haben gesehen, daß Fragen, Paraphrasen und Metakommunikation gute sprachliche Mittel zur Beziehungsgestaltung sind.

In diesem Kapitel wollen wir Sie mit zwei Modellen zur Beschreibung von Beziehungen bekannt machen und Ihnen damit weitergehende Möglichkeiten darstellen, ihre Beziehungen zu anderen Menschen zu analysieren und in Gesprächen aktiv zu gestalten.

Das «Ertel-Modell»

Theorie

Wir **beobachten** Beziehungen zwischen Menschen. Aus der Art, wie sie miteinander umgehen, können wir schließen, wie sie zueinander stehen.

Diese Beobachtungen können wir beschreiben, und wir tun es auch täglich. Ist es nicht spannend, in einem Café Mutmaßungen darüber anzustellen, wie es dem Paar am Nebentisch miteinander geht? Nils und Bettina machen sich daraus einen Sport. Und wir **erleben uns selbst** in Beziehungen mit anderen. Mit einigen haben wir eine gute Beziehung, vielleicht auch eine sehr enge, mit anderen eine distanziertere. Und auch unser eigenes Erleben können wir beschreiben. Die Kategorien, mit denen das möglich ist, hat der Göttinger Psychologe Suitbert Ertel (1970) entwickelt. Grundlage ist das sogenannte Osgoodsche Differential, das wir in Kapitel 12.4 (Einstellungen) kennenlernen werden. Wie wir Beziehungen erleben, wird von drei Faktoren bestimmt: 1. **Dominanz** versus **Submission** (analog Osgood: Potenz), 2. **Nähe** versus **Distanz** (Osgood: Erregung), 3. **Zuneigung** versus **Abneigung** (Osgood: Valenz).

Sie könnten demnach Ihre Wahrnehmung der eigenen Beziehung, sagen wir zu Ihrem Kollegen Fritz Perlemann, etwa so beschreiben: Er ist mir **leicht überlegen** (Faktor Dominanz) und **ziemlich distanziert** (Faktor Distanz), und ich **mag** ihn, er ist mir durchaus sympathisch (Faktor Zuneigung). Als kollegiale Beziehung wäre das gewissermaßen im grünen Bereich.

Im allgemeinen entsprechen sich die Wahrnehmungen einer Beziehung von beiden Seiten her: Wenn Person A die Person B sympathisch findet, dann wird in den meisten Fällen auch B die Person A mögen. Es gibt aber auch Menschen, die – um ein Wort von Groucho Marx abzuwandeln – niemals einer Person Zuneigung entgegenbringen würden, die zu erkennen gäbe, daß sie diesen Menschen sympathisch findet.

- Natürlich sind Beziehungen niemals statisch. Beziehungen bilden sich, entwickeln und verändern sich und enden in den meisten Fällen auch schon lange, bevor «der Tod sie scheidet». Beziehungen bilden sich auf der Grundlage der sozusagen präkommunikativen wechselseitigen Einstellungen der späteren Beziehungspartner.

Wir sehen: Das Modell von Ertel eignet sich recht gut, um Beziehungen zu analysieren. Das macht es zu einem brauchbaren Planungsmodell. Es ist nützlich, wenn Sie sich auf Gespräche vorbereiten. Voraussetzung dabei ist allerdings zunächst, daß Sie den Partner kennen.

Versuchen wir, dieses Modell auf die tägliche Gesprächspraxis anzuwenden.

Vor einem Gespräch mit Merker weiß Nils:

- Merker fühlt sich als Chef (zeigt ausgeprägte Dominanz).
- Er hält Distanz. Wenn er allerdings unsicher wird, pflegt er unvermittelt Nähe zu signalisieren (um Verständnis zu bitten).
- Er schätzt Nils offensichtlich als kompetenten Fachmann, jedenfalls signalisiert er das. Sicher hat er auch etwas Angst vor dieser Kompetenz, da er selbst fachlich recht unsicher wirkt. Persönlich mag er Nils wohl weniger. Jedenfalls läßt er bei Betriebsfeiern gerne mal ein paar ironische Bemerkungen fallen.

Das bedeutet für Nils: Er hält seine Gespräche bewußt auf der Sachebene, ist inhaltlich gut vorbereitet, beweist seine Fachkompetenz, ohne Merker zu zeigen, daß er ihn oft für nicht ganz kompetent hält. Persönliche Bereiche spricht Nils kaum an. In diesem Beziehungsrahmen ist je nach Gesprächsanlaß und Gesprächsziel Platz für (gemäßigte) freundliche, kollegiale «Töne» («Gut, daß Sie sich das noch mal ansehen ...»), aber auch für die Bereitschaft zu harter Konfrontation («Herr Merker, ich kann unmöglich einsehen, was diese Fertigungskontrolle soll ...»). Durch das, was er sagt, und durch die Art, wie er es sagt, macht er seinem Vorgesetzten ein bestimmtes **Beziehungsangebot** für ein Gespräch. Meistens geht Merker darauf ein. Nur hin und wieder setzt er ein anderes Angebot dagegen, zum Beispiel kürzlich nach der Jahreshauptversammlung des RSV:

Merker *Übrigens, Herr Hartmann, ich gratuliere zur Wiederwahl.*

Nils *Danke. Aber woher ...*

Merker *Ich weiß es von einem Freund. Ich finde, für den RSV sind Sie ein Glücksgriff.*

In solchen Situationen weiß Nils nicht so recht, wie er sich verhalten soll. Ein solches Angebot an Nähe und Zuneigung kann er nicht ganz einschätzen. Strategie? Ehrlich gemeint? Ihm kommen leichte Zweifel an seiner Beziehungsdiagnose, und er denkt darüber nach, ob er nicht doch mal beim Bier ...

Wenn seine Schwester Vera, die Verwaltungschefin von Neu-Bethlehem, zu einem Gespräch mit Professor Ammelsbach geht, weiß sie:

- Da besteht eine gute Vertrauensbasis. Ammelsbach schätzt Vera sehr, sowohl fachlich als auch menschlich (**Zuneigung**).
- Da besteht so viel **Nähe**, daß sie beide auch über private Dinge sprechen, daß sie sich durchaus auch Probleme dieser Art anvertrauen können.
- Vera erlebt sich meist als gleichberechtigte Partnerin, obgleich Ammelsbach in der Rolle des Vorgesetzten ist. Allerdings gibt es eine kleine Einschränkung: Hin und wieder reagiert er empfindlich auf sehr direkte Kritik an seinem Verhalten und betont dann gerne, daß er als Chef schon wisse, wo's langgehen muß.

Entsprechend sind ihre **Beziehungsangebote** meistens «kompatibel»: offen, partnerschaftlich, respektvoll, auch dann, wenn einer von beiden mal irgend etwas verschusselt hat. Bereits diese Kurzanalysen zeigen:

1. Wenn wir eine Beziehung beschreiben, die wir mit jemandem haben, beschreiben wir *unsere* Einschätzung. Wir gewinnen Sie aus dem Zusammenleben, der gemeinsamen Arbeit, aus Signalen, die uns der andere gibt und die wir interpretieren. Nils kann nicht genau wissen, ob Merker ihre Beziehung genauso einschätzt, es sei denn, er macht diese Beziehung zum Gegenstand eines Gesprächs. Vielleicht beim Bier, wenn er sich wieder einmal geärgert hat. Das könnte ganz hilfreich sein für die weitere Zusammenarbeit.
2. Von den drei Faktoren des gegenseitigen Erlebens (Domi-

nanz, Nähe, Zuneigung) scheint die Zuneigung die wichtigste zu sein. Wenn wir einen Menschen schätzen oder mögen und spüren, daß auch er uns schätzt, werden wir seine Dominanz besser ertragen können. Erst auf der Basis von Zuneigung können wir Nähe wirklich ertragen: Wenn uns jemand auf die Pelle rückt, den wir unsympathisch finden, kann das ganz schön unangenehm werden.

Erinnern Sie sich an unsere Strategien zur Beziehungsgestaltung aus dem «Grundlagen»-Teil? Sie dienten in erster Linie dazu, Zuneigung zu signalisieren, um auf dieser Basis das Gefühl von Dominanz zu mindern und die Distanz zu verringern.

Wie gesagt: Das «Ertel-Modell» eignet sich recht gut, wenn Sie eine Beziehung beschreiben wollen und sich auf ein Gespräch vorbereiten. In erster Linie natürlich auf ein Gespräch mit jemandem, zu dem bereits eine Beziehung besteht.

Eine Beziehung entsteht aus dem beiderseitigen Erleben der Partner. Dieses Erleben umfaßt Gefühle der Überlegenheit bzw. Unterlegenheit (Dominanz / Submission), der Wahrnehmung von Nähe bzw. Distanz und Gefühlen der Zu- oder Abneigung. Dem Erleben entsprechen bestimmte Beziehungsangebote, die allerdings je nach Anlässen und Gesprächszielen modifiziert werden können.

Das zweite Modell eignet sich vor allem dann, wenn wir herausfinden wollen, warum ein Gespräch gescheitert oder gelungen ist, und wir uns für das nächste Gespräch ein anderes Beziehungsangebot überlegen müssen. Es kann uns aber auch dann helfen, wenn wir während eines Gesprächs merken, daß es zu scheitern droht, wenn wir nicht spontan unser Verhalten und damit unser Beziehungsangebot verändern.

Das transaktionsanalytische Modell

Aus einer ganz anderen Tradition heraus als Suitbert Ertel hat in den fünfziger Jahren der amerikanische Psychotherapeut Eric Berne im Rahmen der von ihm so genannten Transaktionsanalyse ein Beziehungsmodell entwickelt. Es ist weniger abstrakt und deshalb auch außerhalb von Psychologie und Psychotherapie bekannt und geschätzt (z. B. wird das Bordpersonal der Lufthansa mit Hilfe dieses Modells für den Umgang mit Flugpassagieren geschult). Es eignet sich sehr gut zur Analyse wie zur Strukturierung von Gesprächen. Insbesondere erlaubt es einem Gesprächsteilnehmer, bestimmte destruktive Gesprächsstrukturen rechtzeitig wahrzunehmen und gegenzusteuern.

Theorie

Nach Berne (1988) denken, fühlen und handeln wir alle stets aus einem bestimmten Ich-Zustand heraus. Er hat zunächst drei solcher Zustände beschrieben, die er «Eltern-Ich-Zustand», «Erwachsenen-Ich-Zustand» und «Kind-Ich-Zustand» nannte.

Später wurden diese Zustände begrifflich weiter ausdifferenziert, so daß die Transaktionsanalytiker heute mit fünf bis sechs Zuständen rechnen.

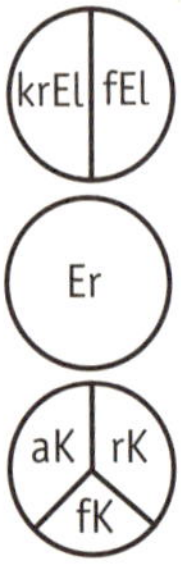

kritisches / fürsorgliches Eltern-Ich

Erwachsenen-Ich

angepaßtes / rebellisches
freies Kind-Ich

Wir können diesen Ich-Zuständen bestimmte Verhaltensmuster zuordnen:

Kritisches Eltern-Ich: Normen setzen, bewerten, Dominanz-Anspruch erheben, rechthaben wollen, tadeln, strafen oder Strafen androhen (dominant: Beziehungs- und Appellbotschaften).

Fürsorgliches Eltern-Ich: loben, helfen, trösten (dominant: Beziehungsbotschaften).

Erwachsenen-Ich: neutral, reflektiert, argumentativ, sachbezogen handeln.

- **Angepaßtes Kind-Ich**: ängstlich und gehemmt sein, sich hilflos und hilfsbedürftig zeigen, Konflikt vermeiden, Normen unreflektiert akzeptieren, gehorchen (dominant: Beziehungs- und Selbstoffenbarungsbotschaften).
- **Rebellisches Kind-Ich**: sich egozentrisch und trotzig zeigen, unreflektiert widersprechen, stören (dominant: Beziehungsbotschaften).
- **Freies Kind**: spielerisch, angstfrei agieren, von Zwängen und Konventionen befreit handeln, kreativ sein.

Wenn wir mit einem anderen Menschen sprechen, befinden wir uns ebenso wie der Gesprächspartner in einem dieser Ich-Zustände. Beziehungen ergeben sich aus den sogenannten Transaktionen zwischen den Ich-Zuständen der beteiligten Personen.

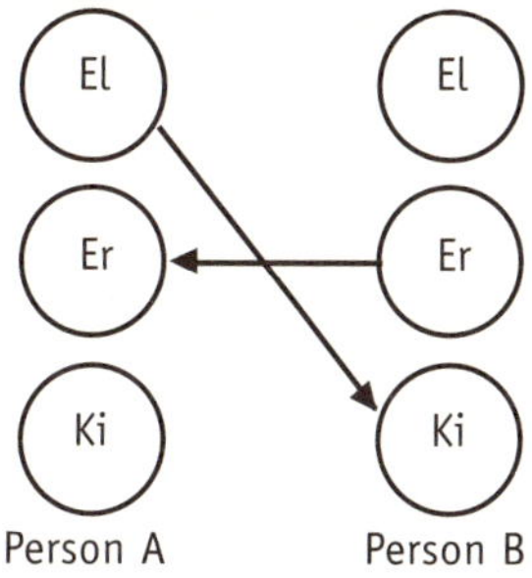

Als Transaktion wird «die kleinste Einheit der menschlichen Kommunikation» (Gündel 1991, S. 27) bezeichnet. Diese Einheit besteht aus einer «Stimulus» genannten Äußerung der Person A und der Reaktion darauf von seiten der Person B. Es gibt nun in einem Gespräch von zwei Menschen (bei drei angenommenen Ich-Zuständen) 3 × 3 = 9 verschiedene Transaktionsmuster, bei denen Stimulus und Reaktion **komplementär** ausgerichtet sind. Berne nennt sie **«Parallel-Transaktionen»**, weil die Transaktionspfeile in den Modellzeichnungen parallel verlaufen.

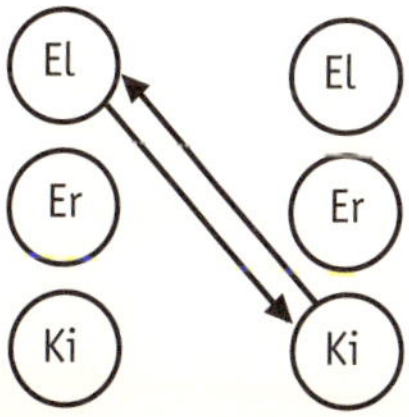

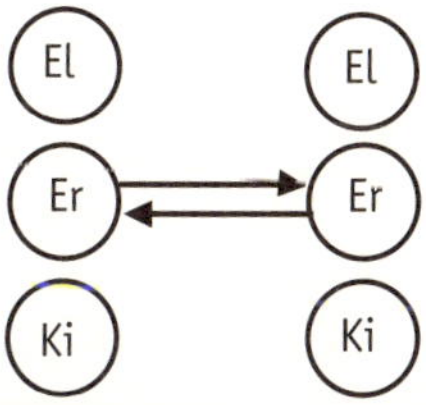

Nils **(zu Kurt)** *Was hast du da wieder für einen Mist gebaut.*

Kurt *Tut mir leid, Nils, wird nicht wieder vorkommen.*

Kurt **(zu Nils)** *Was hat Merker zur neuen Überstundenregelung gesagt?*

Nils *Ich denke, er wird sich die Sache noch mal überlegen.*

Von diesen Mustern wird angenommen, daß sie im allgemeinen ohne Schwierigkeiten funktionieren, weil sie ein universelles Kommunikationsbedürfnis befriedigen helfen: Nils schimpft und erwartet, daß Kurt «so klein wird mit Hut», und Kurt reagiert auch entsprechend. Kurt stellt eine sachbezogene Frage und erwartet, daß Nils ihm entsprechend antwortet, und Nils tut das.

Anders verhält es sich bei **«gekreuzten» Transaktionen**.

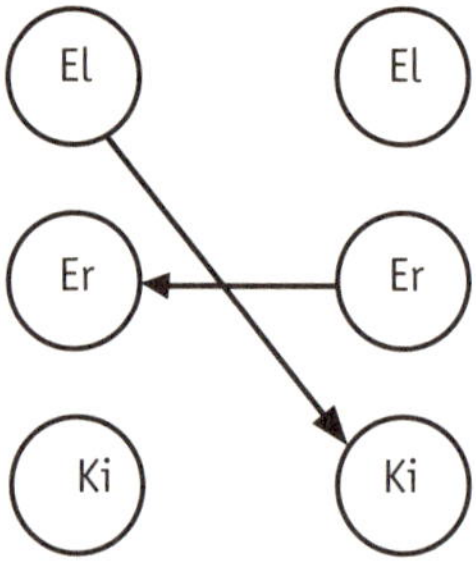

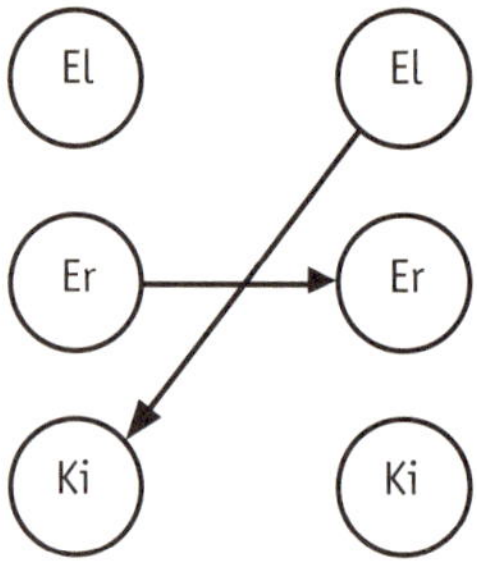

Nils **(zu Kurt)** *Was hast du da wieder für einen Mist gebaut!?*

Kurt *Du, das Material ist derart brüchig. Das läßt sich kaum anders bearbeiten.*

Kurt **(zu Nils)** *Was hat denn Merker zu der neuen Überstundenregelung gesagt?*

Nils *Was interessiert dich das? Dir ist ja sonst auch scheißegal, was hier läuft.*

Im ersten Beispiel spricht Nils aus dem Eltern-Ich, aber Kurt reagiert nicht entsprechend aus dem Kind-Ich, sondern geht auf die Erwachsenen-Ebene und argumentiert. Im zweiten Beispiel reagiert Nils auf die «Erwachsenen-Frage» Kurts aus dem strafenden Eltern-Ich. Was nun?

Sobald sich Transaktionen kreuzen – also nicht mehr komplementär verlaufen – entsteht bei beiden Gesprächspartnern ein starkes Bedürfnis, das Kommunikationsmuster zu verändern oder das Gespräch abzubrechen. Im ersten Beispiel wird Nils – wenn die Beziehung nicht sowieso hoffnungslos gestört ist – auf die Begründung Kurts wahrscheinlich ebenfalls aus dem Erwachsenen-Ich reagieren, zum Beispiel mit «Zeig mal her». Im zweiten Beispiel könnte Kurt – wie von Nils erwartet – aus dem Kind-Ich reagieren oder das Gespräch abbrechen. Wir können also bewußt eine Transaktion kreuzen, um einem Gespräch eine andere Wendung zu geben.

Noch dynamischer verlaufen Gespräche, wenn einer oder beide Gesprächspartner **«verdeckte» Transaktionen** einsetzen. «Verdeckt» soll hier bedeuten, daß unter oder hinter dem vordergründigen Beziehungsangebot ein verdecktes Angebot gemacht wird wie in der Szene, in der der Herr seine neue Tanzbekanntschaft noch zu einem «Glas Wein bei sich» einlädt.

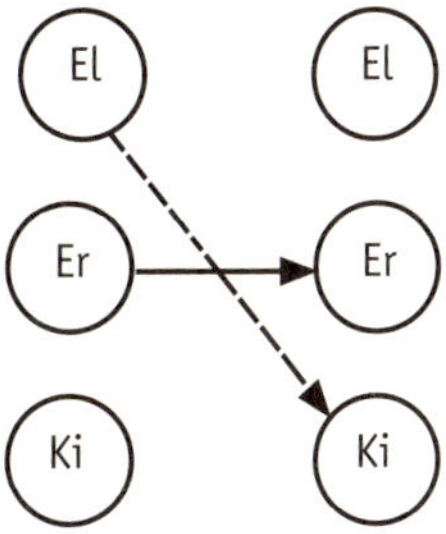

Nils (zu Kurt) (barsch) *Die Linse ist nicht sehr paßgenau.*

Vom Wortlaut her eine Erwachsenen-Äußerung, der Ton aber zeigt, daß Kurt sie als Kritik verstehen soll.

Verdeckte Transaktionen führen häufig zu Kommunikationsmustern, die von den Transaktionsanalytikern «Spiele» genannt werden (vgl. Eric Berne: Spiele der Erwachsenen). Charakteristische Erscheinungen bei derartigen Spielen sind ungute Gefühle – von leichtem Unbehagen bis hin zu exzessiven Wutausbrüchen – in Verbindung mit einem abrupten Wechsel der Ich-Zustände.

Wir sehen: Beziehungen in diesem Modell werden als analog verstanden zu den Beziehungen, die die meisten von uns als Kinder in unseren Herkunftsfamilien erfahren haben. Das mag auf den ersten Blick befremden. Bei näherer Betrachtung erscheint dieses Verständnis von Beziehungen jedoch durchaus plausibel und in Übereinstimmung mit unseren Alltagserfahrungen.

Peter, der Sohn von Bettina und Nils, arbeitet in seinem ersten Jahr als Pfleger in einem Hospiz (Station für Sterbende), gemeinsam mit zwei gelernten Krankenschwestern: Schwester Irmgard und Schwester Karin. Schwester Irmgard ist die Dienstälteste, und das weiß hier jeder.

Die drei wechseln sich bei der Pflege des alten Herrn Faber ab. Er ist schwer krank und wird voraussichtlich die nächsten acht Wochen nicht überleben. Er schläft schlecht. Deshalb ordnet der behandelnde Arzt bei seiner Morgenvisite an, ihm allabendlich ein bestimmtes Schlafmittel in relativ hoher Dosierung zu verabreichen. Peter hat Spätdienst und kommt am Nachmittag. Später am Abend gibt er Herrn Faber dann das verordnete Medikament. Nach einer Woche fällt ihm auf, daß Herr Faber schon am Nachmittag nicht mehr ansprechbar ist. Er scheint nicht nur nachts zu schlafen, sondern auch die Tage zu verdösen. Peter beschließt deshalb, ihm an diesem Abend das Schlafmittel nicht zu geben. Trotzdem schläft Herr Faber bis zum Ende seines Dienstes um 23 Uhr ruhig und fest. Bei der nächtlichen Übergabe an Schwester Karin teilt ihr Peter seinen Entschluß mit. Herr Faber schläft bis zum anderen Morgen durch. Als am Morgen Schwester Irmgard erfährt, daß Herr Faber das verordnete Schlafmittel nicht bekommen hat, ist sie sehr aufgebracht. Herr Faber ist allerdings an diesem Tag deutlich besser orientiert und ansprechbar. Als Peter am Nachmittag wiederkommt, um den Spätdienst zu übernehmen, wird er von seiner Kollegin Irmgard auf das nicht verabreichte Schlafmittel angesprochen. Das hört sich ungefähr so an:

Irmgard	*Ich habe gehört, du hast dem Patienten das Haloperidol nicht gegeben?*	**vorwurfsvoller Ton, kritisches Eltern-Ich**
Peter	*War das falsch?*	**ängstlich, angepaßtes Kind (komplementär)**
Irmgard	*Das war angeordnet! Du weißt genau, das war angeordnet!*	**aggressiv-strafend, kritisches Eltern-Ich**
Peter	*Ja aber, ich dachte, weil er schon die ganzen Tage immer so zu war …*	**um gut Wetter bemüht, angepaßtes Kind-Ich**

Irmgard	*Das ist doch unmöglich! Wenn Dr. Schöne etwas anordnet, kannst du doch nicht eigenmächtig das Mittel absetzen! Wo kommen wir denn da hin!*	**empört, strafend, Eltern-Ich**
Peter	*Meinst du wirklich, ich soll es ihm heute abend wieder geben, wo er dann doch wieder den ganzen Tag schläft?*	**vorsichtig, angepaßtes Kind-Ich**
Irmgard	*Also, daß du das jetzt noch fragen kannst! Da verschlägt's mir echt die Sprache. Ich möchte wissen, was du in deiner Ausbildung gelernt hast.*	**voller Verachtung, kritisches Eltern-Ich**
Peter	*Ich hab es doch nur gut gemeint.*	**angepaßtes Kind-Ich**
Irmgard	*Wenn ich das dem Chef erzähle, mein lieber Mann ...*	**kritisches Eltern-Ich**

Wir haben es in diesem Beispiel mit dem typischen Fall einer komplementären Beziehung zu tun. Irmgard beansprucht aus ihrem kritischen Eltern-Ich-Zustand heraus Autorität. Peter, der noch etwas unsichere Pfleger, reagiert darauf aus dem Zustand des angepaßten Kindes. So wie wir das Beispiel hier konstruiert haben, kann man davon ausgehen, daß Schwester Irmgard auch in anderen Gesprächen mit Peter kraftvoll zubeißt. Dazu ist es keineswegs notwendig, daß Irmgard formell die Vorgesetzte von Peter ist. Wie Peter auf die Attacke Irmgards auch anders reagieren könnte, soll das folgende Gesprächsbeispiel zeigen.

Irmgard	*Ich habe gehört, du hast dem Patienten das Haloperidol nicht gegeben?*	**vorwurfsvoller Ton, kritisches Eltern-Ich**
Peter	*Stimmt. Der Patient war schon am Nachmittag nicht ansprechbar. Er brauchte kein Schlafmittel mehr.*	**selbstbewußt argumentierend, Erwachsenen-Ich (gekreuzte Transaktion)**
Irmgard	*Aber das war angeordnet!*	**gemäßigt vorwurfsvoll kritisches Eltern-Ich**
Peter	*Na ja, weißt du. Vor einer Woche hat Schöne das angeordnet. Und bis gestern ist niemandem aufgefallen, daß die Medikation nicht mehr nötig ist.*	**argumentierend, Erwachsenen-Ich**

Irmgard	*Aber das geht doch nicht! Wenn Dr. Schöne etwas anordnet, kannst du doch nicht eigenmächtig das Mittel absetzen!*	**ebenfalls argumentierend, Erwachsenen-Ich**
Peter	*Also wir sind hier doch nicht in einem normalen Krankenhaus. Unsere Patienten sollen würdig sterben können. Und dazu gehört doch nicht, daß man sie in Dauerschlaf versetzt, bis sie nicht mehr atmen! Oder?*	**ruhige, sichere Stimme, argumentierend, Erwachsenen-Ich**
Irmgard	*Na ja, wenn du das so siehst. Aber ich sag das Schöne nicht. Das mußt du schon selber machen.*	**bestimmt, Erwachsenen-Ich**
Peter	*(lacht) Keine Bange, das mach ich schon.*	**belustigt, freies Kind-Ich**
Irmgard	*Da bin ich aber gespannt, was der für'n Gesicht macht.*	**ebenfalls belustigt, freies Kind-Ich**
Peter	*(lacht) Ich auch. Jedenfalls kriegt Herr Faber von mir kein Schlafmittel mehr.*	**triumphierend, freies Kind-Ich**

Trotz gleicher Ausgangslage verläuft hier das Gespräch völlig anders. Peter hat den anfänglichen Vorwurf Irmgards mit seiner Antwort aus dem Erwachsenen-Ich durchkreuzt. Schon in der nächsten Äußerung zeigt Irmgard Wirkung: Statt einer offensiven Behauptung wie im ersten Gespräch leitet sie ihre Antwort mit einem «Aber» ein, dem sprachlichen Zeichen einer eher defensiven Haltung. Irmgard geht auf das Beziehungsangebot von Peter ein (Erwachsenen-Ich spricht zu Erwachsenen-Ich), und Peter hat in diesem Gespräch deutlich die Führung.

Zugegeben: Dieses Beispiel ist idealtypisch konstruiert.

In der Realität geht das sicher nicht so schnell mit der Änderung des Kommunikationsmusters. Irmgard hätte wahrscheinlich noch eine Weile versucht, weiter aus dem Eltern-Ich zu agieren:

Peter *Vor einer Woche hat Schöne das angeordnet. Und bis gestern ist niemandem aufgefallen, daß die Medikamente nicht mehr nötig sind.*

Irmgard *Aber dir Grünschnabel fällt das auf ...*

Wenn Peter weiter geduldig aus dem Erwachsenen-Ich agiert (zum Beispiel beschreibt, wie er das entdeckt hat), wird Irmgard nicht umhinkönnen, ihre Haltung zu ändern.

Transaktionsanalyse und Sprechausdruck

Vielleicht ist es in unseren Beispielen bereits deutlich geworden: Es besteht ein enger Zusammenhang zwischen den unterschiedlichen Ich-Zuständen und der Art, wie wir sprechen. Anders gesagt: Wenn wir die Merkmale für einen Ich-Zustand beschreiben wollen, kommen wir am Sprechausdruck nicht vorbei. Das hat auch Eric Berne, der «Erfinder» der Transaktionsanalyse, so gesehen und in seinem Buch «Was sagen Sie, nachdem Sie ‹Guten Tag› gesagt haben» (München 1975, S. 269 ff.) beschrieben. Probieren Sie es aus: Versuchen Sie, die folgenden Äußerungen aus dem kritischen und dem fürsorglichen Eltern-Ich und aus dem Erwachsenen-Ich zu sprechen:

Ich habe gehört, du hast dem Patienten das Schlafmittel nicht gegeben.
Wenn Dr. Schöne etwas anordnet, kannst du doch nicht eigenmächtig das Mittel absetzen.
Wir sind doch hier nicht in einem normalen Krankenhaus.

Das geht erstaunlich gut. Die unterschiedliche Wirkung ergibt sich nur durch die unterschiedliche Sprechausdruckshaltung. In der folgenden Übersicht haben wir versucht, diese Haltungen etwas genauer zu beschreiben. Wir benutzen dazu ein ähnliches Raster wie im Kapitel 8.6 (Sprechausdruck).
In dieser Übersicht s. S. 220 fällt auf:

- Der **Stimmklang** spielt eine wichtige Rolle bei der Unterscheidung der Ich-Zustände.
- Das rebellische Kind-Ich hat ähnliche Merkmale wie das kritische Eltern-Ich, nur sind diese Merkmale stärker ausgeprägt (Lautstärke, Tempo, Stimmhöhe). Wenn wir eine Aktion aus dem Eltern-Ich rebellisch und trotzig beantworten, schlagen wir offensichtlich mit den gleichen Mitteln zurück, «setzen nur noch einen drauf».

	Stimmhöhe	Stimmklang	Melodiekurve	Lautstärke	Tempo	Pausen (Sprechfluß)	Akzente	Artikulation
Erw.-I.	mittel	fest	eher flach	mittel	mittel ► schnell	sinngemäß (flüssig)	überwieg. dynamisch	präzise
Krit. E-I.	hoch	hart	flach ► bewegt	eher laut	eher schnell	nicht immer sinngemäß	melod + dynamisch	häufig überdeutlich
Fürs.E.-I.	tief	weich	bewegt	eher leise	langsam	viele Pausen	überwieg. melodisch	?
angep. K.-I.	hoch	dünn eng	eher flach	eher leise	eher schnell	(stockend)	?	eher undeutlich
reb.K.-I.	sehr hoch	hart	bewegt	sehr laut	sehr schnell	?	melod. + dynamisch	?
freies K.-I.	hoch	hell weit	sehr bewegt	?	eher schnell	(flüssig)	überwieg. melodisch	?

Eine Beziehungsentwicklung vorausplanen

«Wenn Ihr Mann nach Hause kommt, ziehen Sie sich eine nette Bluse an.»

Peter hätte sich bereits *vor* dem Gespräch überlegen können, wie er das Gespräch mit Schwester Irmgard gestaltet, denn er kennt sie. Er weiß, daß sie ihn für einen Grünschnabel hält, dem man noch zeigen muß, wo's langgeht. Er seinerseits akzeptiert ihre Erfahrung, kann aber mit ihrem autoritären Gehabe schlecht umgehen. Auf dem Hintergrund dieser Beziehungseinschätzung könnte er sich zum Beispiel vornehmen, ihre Eltern-Ich-Äußerungen wenn irgend möglich aus dem Erwachsenen-Ich zu beantworten.

Aber wenn wir unseren Partner vor einem Gespräch nicht kennen? Wir haben behauptet, daß es dann kaum möglich ist, die Gestaltung der Beziehung zu planen. Wir wollen das im letzten Abschnitt dieses Kapitels etwas revidieren.

Nehmen wir an: Sie bereiten sich auf das Gespräch mit einem unbekannten Partner vor, einem Kunden, einem Personalchef, einem potentiellen Vertragspartner. Dann können Sie sich generell vornehmen, daß Sie dafür sorgen wollen, daß sich der andere in diesem Gespräch seiner Rolle entsprechend wohl fühlt, und machen ihm ein entsprechendes Beziehungsangebot.

Das heißt nicht, daß Sie ihm schmeicheln müssen. Aber es gibt offensichtlich eine Reihe kommunikativer Tugenden, die das Klima eines Gesprächs **positiv** gestalten helfen:

- die Rolle des anderen akzeptieren,
- sein Selbstwertgefühl stützen,
- die allgemeinen Gesprächsregeln beachten (siehe Kapitel 10), zum Beispiel die Unterschiede von Meinungen und Haltungen akzeptieren, bereit sein, ihm zuzuhören, sich für seine Argumente offenhalten, verständlich zu erklären und beschreiben, ihn ausreden lassen.

Sie können sich auch auf die Ertelschen Kriterien stützen:

- Will ich, daß er mich als dominant erlebt? Eher nicht.
- Will ich ihm Nähe signalisieren, zum Beispiel etwas Persönliches einflechten?

Sie können sich auch eine bestimmte Haltung vornehmen, zum Beispiel, den anderen nur aus dem Erwachsenen-Ich anzusprechen. Umgekehrt können Sie natürlich die Beziehungsentwicklung auch **negativ** planen, vielleicht um einen Konflikt zu verdeutlichen, um das Gespräch bald abbrechen zu können, eventuell die gesamte Beziehung zu beenden. Ziel ihrer Planung: Der andere soll sich «nicht wohl fühlen». Was Sie sich in diesem Fall vornehmen sollten, brauchen wir hier nicht näher auszuführen: Kippen Sie die kommunikativen Tugenden einfach ins Gegenteil.

Ob Sie Ihre Planungen dann im Gespräch, in der «inneren Situation» so verwirklichen können, ist selbstverständlich eine andere Frage. Der andere hat ja auch seine Vorstellungen. Vielleicht wollen Sie, daß er sich wohl fühlt, und er möchte Sie zum Teufel jagen. Wenn es Ihnen dann schrecklich geht, haben Sie Ihr Ziel erreicht: Er fühlt sich wohl.

Zwar entwickeln sich Beziehungen zwischen Personen, die sich noch nicht kennen, normalerweise erst im Verlauf von Gesprächen. Wir können aber unsere Beziehungsangebote im voraus planen und damit die Beziehungsgestaltung.

12.4 Einstellungen

Was halten Sie von vegetarischem Essen? Und von Joschka Fischer? Und von der SPD generell? Ist für Sie Weihnachten noch ein Fest mit Tannenbaum und Lichterglanz? Suchen Sie im Urlaub die Ruhe oder das Erlebnis, das Neue?

Kein Problem, auf diese Fragen zu antworten, oder? Natürlich haben Sie eine Meinung dazu. Vielleicht schwanken Sie etwas bei der Urlaubsfrage und sagen: «Kommt drauf an, wie's mir geht. Aber im allgemeinen mache ich gerne Erlebnisurlaub.» Wir orientieren unsere Entscheidungen und Handlungen an solchen grundsätzlichen Beurteilungen, wir können auch sagen **Einstellungen**. Mehr noch, auf der Basis solcher Einstellungen organisieren wir unser Leben: Wir lassen uns morgens Zeit zum Frühstücken, lesen dabei die Zeitung, fahren mit dem Fahrrad ins Büro, essen mittags nur etwas Leichtes. Abends fernsehen? Nur im Notfall. Oder wenn's Fußball gibt.

Das trifft für Sie alles nicht zu? Kein Wunder: Sie haben eben andere Einstellungen als Klaus Pawlowski.

In diesem Fall ist das nicht problematisch. Sie und Klaus Pawlowski sind ja nicht unmittelbar aufeinander angewiesen und müssen sich nicht darüber einigen, welches Fernsehprogramm heute abend eingeschaltet wird. Aber an den unterschiedlichen Einstellungen zum Fernsehen und zu speziellen Sendungen sind schon Familien zerbrochen. Bei den Hartmanns gibt es inzwischen zwei Geräte.

Einstellungen im Gespräch erschließen

Sehen wir uns im folgenden noch einmal das zweite Gespräch zwischen Pfleger Peter und seiner Kollegin an: Wie war das bei Schwester Irmgard? Auf Peters Mitteilung, er habe Herrn Faber das Schlafmittel nicht gegeben, reagiert sie so:

Aber das geht doch nicht! Wenn Dr. Schöne etwas anordnet, kannst du doch nicht eigenmächtig das Mittel absetzen!

Sie äußert eine Einstellung gegenüber dem Stellenwert von ärztlichen Anordnungen: Sie sind unbedingt zu befolgen. Wenn Peter diese Einstellung noch nicht gekannt hat, aus dieser Äußerung kann er sie erschließen. Offensichtlich schätzt er diese Einstellung als gar nicht so fest ein. Vielleicht erschließt er das aus der eher vorsichtigen, defensiven Äußerung Irmgards «Aber das geht doch nicht». Jedenfalls setzt Peter seine eigene Einstellung dagegen:

Also wir sind hier doch nicht in einem normalen Krankenhaus. Unsere Patienten sollen würdig sterben können. Und dazu gehört doch nicht, daß man sie in Dauerschlaf versetzt, bis sie nicht mehr atmen.

Diese Einstellung ist für ihn offensichtlich ein festes Leitbild, aus dem er seine praktischen Handlungen ableitet.

Das äußert er klar (*mit fester, ruhiger Stimme*) und bringt damit seine Kollegin ein bißchen in die Zwickmühle. Denn diese Einstellung hat sie ja offensichtlich auch. Und sie bewertet die Einstellung «Humanität und Fürsorge» offensichtlich höher als die, man müsse ärztlichen Anordnungen unbedingt Folge leisten. Wir werden diese Zwickmühle und wie man sie strategisch ausnutzen kann weiter unten unter dem Stichwort «kognitive Dissonanz» genauer unter die Lupe nehmen.

Wir können die Einstellungen unserer Partner im Gesprächsverlauf erschließen und entsprechend unsere Gesprächsplanung und unsere Ziele modifizieren.

Wenn wir dieses zweite Beispielgespräch näher betrachten, wird zunächst einmal deutlich:

1. Einstellungen sind immer Einstellungen **zu** einem Gegenstand. Irmgard äußert ihre Einstellung gegenüber ärztlichen Anordnungen, Peter verdeutlicht seine Einstellung zum Umgang mit Sterbenden.
2. Einstellungen enthalten immer eine Wertung des Gegenstands zwischen den Polen extrem negativ und extrem positiv. Peter bewertet humanitäres Handeln gegenüber Patienten sehr positiv, die Forderung, man müsse ärztlichen Anordnungen unbedingt Folge leisten, eher negativ.
3. Einstellungen sind unterschiedlich bedeutsam für die so eingestellte Person. Für Irmgard hat die Einstellung «Sterbende human behandeln» offensichtlich einen höheren Wert als die Einstellung «ärztlichen Anordnungen Folge leisten».
4. Einstellungen sind die Basis entsprechender Handlungen. Peter gibt Herrn Faber das verordnete Schlafmittel nicht.

An diesem Beispiel aus dem Hospiz wird auch deutlich: Einstellungen markieren für die an einem Gespräch beteiligten Personen gewissermaßen Orientierungsrahmen. Schwester Irmgard überlegt nicht lange, wie sie auf die Mitteilung Peters reagieren soll. Ihre Einstellung zum Stellenwert ärztlicher Anordnungen grenzt ihren Handlungsspielraum zunächst stark ein. Das klingt vielleicht negativ, ist aber in der Alltagspraxis ein großer Vorteil: Irmgard spart Zeit. Einstellungen dienen der Ökonomie unseres Verhaltens. Hätte Peter nicht seine so feste Überzeugung im Hinblick auf seine Fürsorgepflicht gegenüber seinen Patienten, dann wäre er vielleicht erst nach vielen Rückfragen und Diskussionen oder nach einer schlaflosen Nacht zu einer Entscheidung gekommen, Herrn Fabers Schlafmittel abzusetzen.

Eigene Einstellungen helfen uns, rasch Entscheidungen zu treffen, und geben uns deshalb im Gespräch eine gewisse Sicherheit.

Theorie

In der Sozialpsychologie werden **Einstellungen** als **mehrdimensionale Konstrukte** betrachtet. Konstrukt bedeutet: Einstellungen gibt es nicht wirklich in dem Sinn, wie wir einen kühlen Luftzug als wirklich betrachten oder das angenehme Gurgeln der Kaffeemaschine. Eine Einstellung ist nicht einfach nur positiv oder negativ, wie ein Mensch groß oder klein ist (das wäre dann «eindimensional» in der Dimension «Länge»). Eine Einstellung ist auch nicht nur dreidimensional wie eine Kiste (1. Länge, 2. Breite, 3. Höhe). Sie ist mehrdimensional in dem Sinne, daß eine bestimmte Einstellung durch mehr als nur drei oder vier Merkmale charakterisiert werden kann.

Da werden zunächst drei sogenannte Komponenten einer Einstellung unterschieden:

1. die **kognitive** Komponente,
2. die **affektive** Komponente,
3. die **konative** (oder Handlungs-) Komponente.

Die **kognitive** Komponente umfaßt das, was ich von diesem Einstellungsgegenstand weiß, also die Inhalte von Überzeugungen, Meinungen, Vorurteilen, Wertvorstellungen, Haltungen, Glaubenssätzen und andere für «wahr» gehaltene Sachverhalte. Peter «weiß»: Als Pfleger habe ich die Pflicht zur Fürsorge, und die muß ich erfüllen.

Die **affektive** Komponente gibt wieder, wie ich den Gegenstand der Einstellung empfinde und bewerte. Diese Empfindungen haben (nach dem Sozialpsychologen Osgood, 1957) drei Merkmale (Dimensionen), die wir jeweils als Endpunkte einer Skala sehen können. Man nennt dieses Raster das «semantische Differential»:

a) Wir empfinden und bewerten einen Einstellungsgegenstand
positiv ◄ 0 ► negativ (Osgood: Valenz);

b) Wir empfinden und bewerten seine Kraft oder Mächtigkeit
stark ◄ 0 ► schwach (Potenz)

c) Wir empfinden und bewerten die Faszination eines Einstellungsgegenstandes
aufregend ◄ 0 ► langweilig (Erregung)

Peter erlebt seine Rollenverpflichtungen positiv, als sehr stark bindend. Und die Erregungsdimension? Vermutlich hätte er sich sehr aufgeregt, wenn Irmgard diese Einstellung nicht akzeptiert hätte und es zu einer Diskussion über ihre Haltung (Einstellung) gekommen wäre.

Die Handlungskomponente schließlich umfaßt alle die Verhaltensweisen, die zu den beiden anderen Komponenten «passen». Für Peter ist es stimmig, das Schlafmittel abzusetzen.

Gerade diese Stimmigkeit zwischen der kognitiven Komponente einer Einstellung und der Handlungskomponente ist häufig gestört. Wie oft kommt es vor, daß wir etwas tun, was der eigenen Überzeugung zuwiderläuft. Viele Raucher sind – wenn man sie danach fragt – überzeugt, daß das Rauchen ihrer Gesundheit schadet. Dennoch rauchen sie. Dieser Sachverhalt erzeugt in ihrem Kopf einen Zustand, den der Sozialpsychologe Festinger (1957) **kognitive Dissonanz** genannt hat. Dieser Zustand der Spannung zwischen Überzeugung und Handlung wird vermutlich von jedem Menschen als unangenehm erlebt. Deshalb gibt es eine – vermutlich genetisch bedingte – Tendenz, kognitive Dissonanzen entweder gar nicht erst entstehen zu lassen oder doch – wenn sie schon entstanden sind – so schnell wie möglich wieder aufzulösen, also wieder einen Zustand des Gleichgewichts, der Konsonanz herzustellen. Wie lösen Raucher ihre kognitive Dissonanz auf? Da gibt es mehrere Möglichkeiten.

Sie passen ihr Verhalten ihrer Einstellung an: Sie hören auf zu rauchen oder reduzieren den Zigarettenkonsum schrittweise – und zwar konsequent.

Sie planen eine Anpassung in nächster Zukunft: «Morgen, morgen geht's los, spätestens dann, wenn ich weniger Streß habe.»

Sie ändern ihre Einstellung: «Rauchen ist doch nicht so schädlich, wie immer behauptet wird; öffentliche Kampagnen übertreiben die Gefahr des Rauchens maßlos.» («Anti-Raucher-Hysterie»)

Sie spielen die Wertigkeit ihrer problematischen Handlung herunter: «Acht Zigaretten pro Tag, was ist das schon?»

Sie werten sich und ihre problematische Handlung auf: «Ich bin eben ein Genießer. Rauchen ist Genuß. Dafür sterbe ich gern ein paar Jahre früher.»

Sie befreien sich aus der Verantwortung für ihr Dilemma: «Ich kann nicht aufhören. Ein Macht, die stärker ist als ich selbst, treibt mich immer wieder dazu. Ich bin süchtig, krank. Am besten, ich gehe zu einem Hypnotiseur, der mir die Sucht wegsuggeriert.»

Nehmen wir an, Sie haben zu einer politischen Partei eine positive Einstellung. Aber der große Parteivorsitzende hat schon wieder einmal eine Äußerung gemacht, die Sie daran zweifeln läßt, ob Sie noch auf dem «richtigen Dampfer» sind. Welche der genannten Methoden verwenden Sie, um wieder in Konsonanz zu kommen und der Partei Ihre Stimme weiter zu sichern? Und was sagen Sie Ihren Freunden, die so impertinent fragen: «Sag mal, *die* wählst du?»

Nicht alle Methoden da oben sind geeignet, aber vielleicht fallen Ihnen noch andere ein.

Wahrscheinlich können Sie jetzt auch das Dilemma von Schwester Irmgard besser einschätzen. Sie löst ihre kognitive Dissonanz, indem sie ihrer positiven Einstellung gegenüber ihrer Fürsorgepflicht größeres Gewicht gibt als ihrer Einstellung «unbedingte Folgeleistung».

Einstellungen vor dem Gespräch erkunden

Wir haben oben am Beispiel aus dem Hospiz demonstriert, wie man bestimmte Einstellungen aus einigen konkreten Äußerungen im Gespräch erschließen kann.

Es gibt aber Gesprächssituationen, in denen es mehr Erfolg verspricht, wenn wir uns schon *vorher* ein Bild von unserem Partner machen, von seinen Einstellungen zum Gesprächsgegenstand. Wir haben dann die Möglichkeit, unser eigenes Gesprächsverhalten, unsere Gesprächsstrategien diesen Einstellungen anzupassen. Damit erhöhen wir die Chance, unsere Gesprächsziele zu erreichen. Was hält Karens Prüfer grundsätzlich von Prüfungen? Was hält der für Kulturförderung zuständige Ministerialbeamte grundsätzlich von Museumsprojekten wie der Historischen Spinnerei Gartetal?

In vielen Fällen wird es leichter sein, als Sie befürchten, sich ein solches Bild zu machen.

Wenn Alf, Bettinas Bruder – der mit der Werbeagentur –, sich auf ein Erstgespräch mit einem potentiellen Kunden vorbereitet, sieht er sich zunächst sehr gründlich die typografische Gestaltung der Geschäftspapiere an: kreativ? eher konservativ?

Wenn er Glück hat, gibt es einen Bekannten in der Umgebung des zukünftigen Gesprächspartners, der ihn mit Zitaten, Einschätzungen und schriftlichem Material versorgt. Oft stattet er dem Betrieb auch vorher «rein zufällig» einen Besuch ab. Was hängt die Geschäftsleitung an die Pinnwände? Wie ist es formuliert? Er macht sich ein Bild von der Umgebung seines Gesprächspartners und schließt daraus auf dessen Einstellungen. Und wenn er das vorher nicht erkunden kann, macht er die Ermittlung der Einstellung zum ersten Programmpunkt seines Gespräches:

Wie wollen Sie, daß andere Ihren Betrieb/Ihr Produkt sehen?

Soweit ihm das möglich ist, berücksichtigt er in seinen Vorschlägen die Einstellungen seiner Gesprächspartner.

Wenn möglich, erkunden Sie *vor* einem wichtigen Gespräch die Einstellungen Ihres künftigen Partners im Hinblick auf Ihren Gesprächsgegenstand.

Einstellungen verändern

Wie gesagt: Alf berücksichtigt die Einstellungen seiner Partner, *soweit ihm das möglich ist.* Das heißt: Soweit er nicht in eine kognitive Dissonanz gerät, also massiv gegen seine eigenen Einstellungen handeln müßte, nur um diesen Auftrag zu bekommen. Er zieht moralische, ästhetische und geschäftliche Grenzen. Klar, bei der Atomwirtschaft würde er sich nicht um einen Auftrag bemühen. Aber es gibt Kunden, die kommen zu ihm, legen 5000 DM auf den Tisch und den fertigen Text dazu, haben ganz feste Gestaltungsideen und sagen:

Machen Sie mir daraus einen schönen Prospekt.

Alfs Antwort:

Tut mir leid. Meine Dienstleistung ist nicht drucken, sondern beraten.

Natürlich überlegt er sich sehr gründlich: Beende ich damit das

Gespräch, oder versuche ich, den Kunden umzustimmen, also seine Einstellung gegenüber den Aufgaben einer Werbeagentur zu verändern?

Jeder von uns kennt Situationen, in denen es notwendig ist, einen Partner zur Änderung einer Einstellung zu bewegen. Nils muß Herrn Merker davon überzeugen, daß dessen neue Überstundenregelung nicht praktikabel ist. Und wenn Bettina ihre Tochter Karen dringend bittet, ihr Zimmer aufzuräumen, bevor am Donnerstag die Putzfrau kommt, versucht sie zwar Karen zur Änderung ihres *Verhaltens* zu bewegen. Aber auch dieses Verhalten ist die Handlungskomponente einer Einstellung Karens: «Mein Zimmer ist mein Zimmer, und wenn das die Putzfrau stört, braucht sie ja nicht reinzugehen.»

Oft unterziehen wir uns einer harten Aufgabe, wenn wir eine Einstellung unseres Partners verändern wollen. Je nach Bedeutsamkeit der Einstellung werden wir einen langen Atem brauchen und unter Umständen auch auf Granit beißen.

Aus sportlichem Ehrgeiz hat Karen einmal über einen Zeitraum von Wochen regelmäßig mit einem Kommilitonen diskutiert, der einer Sekte angehört. Er wollte sie überzeugen, daß sein Glaube (auch eine – sehr komplexe – Einstellung) «wahr» sei. Karen wiederum wollte ihn überzeugen, daß dieser Glaube eine Fülle von Irrtümern enthält. Ihre Strategie bestand vornehmlich darin, ihm Widersprüche zwischen verschiedenen Elementen seiner Glaubensauffassung aufzuzeigen, um bei ihm kognitive Dissonanzen zu erzeugen. Es ist ihr nicht gelungen. Auch ihm ist es nicht gelungen, Karen in ihrer Einstellung zu verunsichern. Schließlich trennten sie sich unentschieden.

Die Lehre, die sie für sich persönlich aus dieser Erfahrung gezogen hat, ist die:

Eine Einstellung, eine Überzeugung, die – häufig als Dogma – tief im Selbstkonzept einer Person verankert ist, kann durch Gespräche allein nicht verändert werden.

Oft sind es erst tiefgreifende Ereignisse oder existenziell bedeutsame Erlebnisse, die uns verunsichern und Einstellungen verändern helfen. Denken wir an die Einstellung zur Atom-Energie vor und nach Tschernobyl, unsere und die vieler anderer. Je älter ein Mensch ist, desto fester sind lange gehegte Einstellungen im Selbstkonzept verankert. Ein Wähler, der seit 50 Jahren SPD gewählt hat (Handlungskomponente), wird mit großer Wahrscheinlichkeit jeglicher Wahlpropaganda von anderen Parteien widerstehen. Auch wenn seine Partei «Mist baut», wird ihn das kaum in eine kognitive Dissonanz bringen. Ein Jungwähler hingegen, der bei seiner ersten Wahl für den Bundestag die FDP gewählt hat, kann unter dem Eindruck schon einer einzigen Rede von Joschka Fischer im Jahr darauf die Grünen in den Landtag wählen, wenn ihn die Rede Joschka Fischers an der Richtigkeit seiner bisherigen Entscheidung zweifeln läßt. Er löst seine kognitive Dissonanz durch Änderung seiner bisherigen Einstellung.

Wenn Sie sich also auf ein Gespräch vorbereiten, mit dem Ziel, eine Einstellung Ihres Partners zu verändern, überlegen Sie, ob dieses Ziel realistisch ist.

Die Chancen sind groß,

- wenn Sie es mit einem jüngeren Menschen zu tun haben,
- wenn diese Einstellung für Ihren Partner nicht so wichtig ist (affektive Komponente).

Entscheidend ist aber:

- Es muß Ihnen gelingen, beim Gesprächspartner eine kognitive Dissonanz zu erzeugen im Hinblick auf die Einstellung, die Sie verändern wollen.
- Und Sie sollten ein passendes Argument, einen guten Vorschlag zur Hand haben, der es dem anderen erleichtert, diese Dissonanz aufzulösen.

Dennoch gelingt es häufig nicht, die **Einstellung** des Partners zu verändern, und Sie müssen sich damit zufrieden geben, daß Sie ihn zu einer **Handlung** oder **Entscheidung** bewegt haben, die seinen Einstellungen im Grunde nicht entspricht.

Und meistens reicht das ja auch.

Theorie

In der Verhaltenstherapie gibt es eine Methode, den Klienten dazu zu bewegen, gegen seine Einstellungen zu handeln. Riebensahm (1983) beschreibt die Schritte einer solchen (therapeutischen) Beeinflussung wie folgt:

1. Schritt: Der Therapeut bringt den Klienten dazu, etwas Bestimmtes zu tun (z. B. indem er ihn überredet).
2. Schritt: Der Klient tut dies.
3. Schritt: Der Klient macht im Zusammenhang mit dieser Handlung eine spezifische (positive) Erfahrung.
4. Schritt: Der Klient gewinnt dadurch eine veränderte Sichtweise oder eine neue Überzeugung (kognitive Komponente).
5. Schritt: Der Klient handelt (in Zukunft) entsprechend seiner neuen Einsicht bzw. Überzeugung.

Karen hatte da kürzlich ein Referat im Soziologie-Hauptseminar von Professor Seller zu halten. Das Thema: «Einstellungen». Ein faszinierendes Thema, aber sie merkte schon bald: So, wie ich das angehe, werde ich es nie zum geplanten Termin schaffen. Sie kennt die Einstellung von Professor Seller zur Arbeitshaltung von Studenten:

Kognitive Komponente: Studenten sind von Natur aus träge. Sie müssen lernen, Verpflichtungen pünktlich zu erfüllen.

Entsprechende **Handlungskomponente**: Kein Aufschub für Referate! Wenn sie es nicht schaffen, gibt es keinen Schein.

Eine weitere Einstellung von ihm: Er ist fasziniert von seiner Wissenschaft. Handlungskomponente: Er versucht diese Faszination auf seine Studierenden zu übertragen.

Wir geben Karens Versuch, einen Aufschub zu bekommen, in dem Ausschnitt wieder, der hier wichtig ist:

(1) **Karen** *Ich bin am 15. November mit meinem Referat dran.*

(2) **Seller** *Ich weiß. Über Einstellungen.*

(3) **Karen** *Genau. Das Thema hat mich richtig gepackt. Und mir sind jede Menge Zweifel gekommen: Zum Beispiel meine ich: Das Osgoodsche Differential ist zur Erhebung von Einstellungen nur bedingt geeignet.*

(4) **Seller** *Und warum?*

(5) **Karen** *Die Skalierung ist doch sehr kompliziert, und die Begriffe finde ich ziemlich willkürlich. Außerdem habe ich ein paar neuere Autoren gelesen …*

(6) **Seller** *Das war doch gar nicht Ihre Aufgabe. Welche denn?*

(7) **Karen** *Bloomenberg und ...*

(8) **Seller** *Voß? Der hat massive Zweifel.*

(9) **Karen** *Genau. Der hat die Untersuchung gemacht mit Kaufhauskunden.*

(10) **Seller** *Richtig.*

(11) **Karen** *Das fand ich toll, wie einfach der vorgegangen ist. Und nun hatte ich mir vorgestellt: Ich mache in unserem Seminar einen kleinen Test. Die Hälfte der Leute befrage ich nach Osgood, die andere nach Bloomenberg.*

(12) **Seller** *Das gefällt mir.*

(13) **Karen** *Mir auch. Ich finde, dann wird nicht nur klar, was Einstellungen sind, sondern auch die Erfassungsproblematik. Und zwar auf sehr einfache Weise.*

(14) **Seller** *Sehr schön, Frau Hartmann, sehr schön.*

(15) **Karen** *Die Sache hat nur einen Haken.*

(16) **Seller** *Und der wäre?*

(17) **Karen** *Ich kann den Termin nicht einhalten. Und ich würd's doch gerne etwas gründlicher machen. Oder ich muß nur ganz dröge den Roth und den Osgood ... Das könnt ich natürlich auch am 15.*

(18) **Seller** *Das wäre in der Tat schade. Aber was mach ich in der Sitzung? Sie hatten sich damals bereit erklärt, die Sache zum 15. fertig zu machen.*

(19) **Karen** *Klar, da hab ich auch noch nicht geahnt, wie mich das faszinieren würde.*

(20) **Seller** *Das Problem ist, da kommen täglich Kommilitonen von Ihnen, die ihre Termine nicht einhalten können: Die Oma ist krank. Sie müssen umziehen. Damit sollten die mal ihrem Chef irgendwo in der freien Wirtschaft kommen. Eh der seine Planungen umschmeißt, schmeißt er lieber seine unzuverlässigen Mitarbeiter raus. Oder?*

(21) **Karen** *Wahrscheinlich. Damit Ihre Planung nicht durcheinanderkommt, mach ich folgenden Vorschlag: Ich referiere in der Sitzung am 15. kurz die Systematik von Roth, und in der darauffolgenden Sitzung diskutiere ich das Problem Osgood, auf der Basis meiner kleinen Untersuchung.*

(22) **Seller** *Nein, nein, Frau Hartmann. Ich hätte das lieber im Zusammenhang. Lassen Sie mich überlegen. Meinen Sie, daß Sie es – sagen*

wir mal – bis zur Sitzung am 6. Dezember schaffen? Ich bau dann was um. Es ist mir schon wichtig, daß Sie die komplexe Problematik im Zusammenhang darstellen, wenn Sie sich schon so intensiv darum gekümmert haben ...

Wie hat Karen das hinbekommen?

Äußere Situation:

1. Sie kannte vor dem Gespräch die Einstellungen ihres Professors.
2. Entsprechend war sie inhaltlich gut vorbereitet.

Innere Situation:

1. Vor diesem Hintergrund konnte sie ihn zunächst in seiner positiven Einstellung zu seinem Fach bestätigen und ihm zeigen:
   Ich teile diese Einstellung. Es ist Ihnen gelungen, mich zu begeistern (Handlungskomponente). Entsprechend hab ich mich intensiv mit dem Gegenstand beschäftigt, aus eigenem Antrieb, über das Erwartete hinaus (3).
   Es gelingt ihr auf dieser Basis nicht nur, ihre Aktivitäten im Gespräch zu *belegen* (5–11), sondern auch, ihren Professor für eine Modifikation des Referats zu begeistern.
2. Erst nachdem sie sich diese sichere Basis geschaffen hat, bringt sie ihn in die kognitive Dissonanz (15–17), einen Widerspruch zwischen seiner Einstellung (kognitive Komponente) *Die trägen Studierenden müssen ihre Verpflichtungen einhalten* und der notwendigen Handlung *Terminverschiebung.*
3. Professor Seller ringt kräftig (18–20). Er möchte ja nicht, daß er sein Image beschädigt (*Seller fordert unbedingte Zuverlässigkeit*). Da ist für ihn Karens Äußerung (19) sehr hilfreich. Sie sagt ja nicht:
   Da hab ich auch noch nicht geahnt, daß ich es nicht schaffen werde.
   Damit würde sie seine negative Einstellung zum Arbeitseifer von Studierenden bestätigen. Sondern sie sagt
   Klar, da hab ich auch noch nicht geahnt, wie mich das faszinieren würde.
   und bestätigt damit die positive Einstellung Sellers zu seinem Fach.

4. Sicher hatte sie hier schon gewonnen. Aber da er noch ein verzweifeltes Rückzugsgefecht führt (20), bietet ihm Karen eine weitere Lösungsmöglichkeit für seine Dissonanz an (21). Vorsicht: Er könnte darauf eingehen. Ist der Terminvorschlag für Karen praktikabel? War diese Lösungshilfe noch nötig?
5. Offensichtlich nicht. Professor Sellers Einstellung «faszinierendes Fach» scheint sehr stark zu sein (vor allem in der affektiven Komponente). Da ist es eben das geringere Übel, den Termin zu verschieben, als einer Studentin die wissenschaftliche Begeisterung zu nehmen.

Karen hat sicher nicht seine grundsätzliche Einstellung verändert, daß Studenten von Natur aus träge sind. Dazu wären eine Menge Gegenbeweise nötig. Aber zumindest hat sie ihn in dieser Einstellung verunsichert und die Handlungskomponente beeinflußt. Wie gesagt: In den meisten Fällen reicht das ja.

Die Strategie verallgemeinert:
1. Einstellung positiv verstärken,
2. kognitive Dissonanz herstellen,
3. Lösungsmöglichkeiten anbieten.

Diese Strategie werden wir unter einem anderen Gesichtswinkel in Kapitel 13.5 (Suggestion) noch einmal aufgreifen.

Wir übernehmen nicht die Garantie dafür, daß Sie mit dieser Strategie immer Erfolg haben.

Aber Sie lernen in den folgenden Kapiteln noch andere kennen.

13 Welche sprachlichen Möglichkeiten haben wir, um Einstellungen zu verändern und Handlungen zu beeinflussen?

13.1 Argumentieren

Eine Möglichkeit, die Einstellung unseres Partners zu verändern oder ihn zu einer Handlung zu bewegen, ist die Argumentation. Sie gehört zu den zentralen Äußerungsformen in Gesprächen. Wir können in diesem Buch nicht in alle Einzelheiten des Argumentierens einsteigen. Wir verweisen Sie auf das Buch von Manfred Kienpointer «Vernünftig argumentieren» (Reinbek 1996, rororo sachbuch 60109). Aber wir wollen Sie so weit mit Argumentationsmustern und argumentativen Strategien bekannt machen, daß Sie in der Lage sind, die Argumentationen Ihrer Partner zu durchschauen, angemessen zu reagieren und selbst angemessene Argumentationen zu finden und ins Gespräch einzubringen.

Die Struktur der Argumentation

Auch im Gespräch zwischen Karen und Professor Seller wird argumentiert, zum Beispiel gleich zu Beginn: Karen will deutlich machen, warum ihr der Autor Osgood als Basis für ihr Referat nicht ausreicht:

Karen *Zum Beispiel meine ich: Das Osgoodsche Differential ist zur Erhebung von Einstellungen nur bedingt geeignet (a).*

Seller *Und warum?*

Karen *Die Skalierung ist doch sehr kompliziert, und die Begriffe finde ich ziemlich willkürlich (b). Außerdem habe ich ein paar neuere Autoren gelesen …*

Karen stellt eine Behauptung auf (a) und begründet diese Behauptung (b).

Eine solche Äußerungsfolge nennen wir Argumentation.

Sehen wir uns das an einem weniger komplexen Beispiel an: Vor einer gefährlichen Kurve steht folgendes Schild:

Hier stoßen häufig Autos zusammen

▼

deshalb

▼

fahr 30 km/h

Auch das ist eine vollständige Argumentation.

Und das Verkehrsamt der Stadt könnte argumentieren:

Wir haben diese extreme Geschwindigkeitsbegrenzung eingeführt, weil *da in den letzten zwei Jahren sechs tödliche Unfälle passiert sind.*

Unsere Beispiele zeigen:

1. Zu einer Argumentation gehören immer zwei Aussagen:

DAS, WAS BEGRÜNDET WIRD		DIE BEGRÜNDUNG
Das Osgoodsche Differential ist zur Erhebung von Einstellungen nur bedingt geeignet.	**weil**	*Die Skalierung ist doch sehr kompliziert, und die Begriffe finde ich ziemlich willkürlich.*
Fahr hier nur 30 km/h. Wir haben diese extreme Geschwindigkeitsbegrenzung eingeführt,	**weil**	*Hier stoßen häufig Autos zusammen, da in den letzten Jahren sechs tödliche Unfälle passiert sind.*
Argumentandum ►	Operator ►	Argument

2. Begründet werden kann

- *die Richtigkeit («Wahrheit») einer Behauptung: «Der Osgood ist zur Einstellungsmessung nur bedingt geeignet.»*
- *die Berechtigung oder Angemessenheit einer Aufforderung: «Fahr hier nur 30 km/h.»*
- *die Notwendigkeit oder Angemessenheit einer Handlung: «Wir haben diese extreme Geschwindigkeitsbegrenzung eingeführt ...»*

3. Die Form der Argumentation kann reaktiv oder aktiv sein:

Reaktive Argumentation:

Karen *Zum Beispiel meine ich: Das Osgoodsche Differential ist zur Erhebung von Einstellungen nur bedingt geeignet.*

Seller *Und warum?*

Karen *Die Skalierung ist doch sehr kompliziert, und die Begriffe finde ich ziemlich willkürlich. Außerdem habe ich ein paar neuere Autoren gelesen ...*

Professor Seller fragt nach der Begründung für Karens Behauptung. Wir haben im Kapitel über Fragen (8.2) gesehen, wie wichtig solche Begründungsfragen sind, zur Vorbereitung der eigenen (Gegen-)Argumentation, aber auch für die gemeinsame

Klärung eines strittigen Sachverhalts. Hier drängt sich die erste Empfehlung geradezu auf:

Wenn Ihnen eine Behauptung, ein Vorschlag, eine Maßnahme Ihres Partners nicht einleuchten, fragen Sie nach Gründen.

Aktive Argumentation

Das städtische Ordnungsamt, das die Geschwindigkeitsbegrenzung eingeführt hat, will einer kritischen Begründungsfrage vorbeugen und liefert die Begründung gleich mit:

Wir haben diese extreme Geschwindigkeitsbegrenzung eingeführt, weil da in den letzten zwei Jahren sechs tödliche Unfälle passiert sind.

Wir nennen das eine aktive Argumentation.

Eine solche aktive Argumentation kann, wie wir gesehen haben, *so* aussehen:

Hier stoßen häufig Autos zusammen,	**Argument**
▼	
deshalb	**Operator**
▼	
fahr hier nur dreißig.	**Argumentandum**

Wir nennen dieses Vorgehen **induktiv**.

Oder sie sieht *so* aus:

Wir haben diese extreme Geschwindigkeitsbegrenzung eingeführt,	**Argumentandum**
▼	
weil	**Operator**
▼	
da in den letzten zwei Jahren sechs tödliche Unfälle passiert sind.	**Argument**

Wir nennen diese Schrittfolge **deduktiv**. Es ist allgemein üblich, in Alltagsgesprächen deduktiv zu argumentieren.

Räum mal dein Zimmer auf. – Die Putzfrau kommt heute.

Ein schwieriger Kunde, dieser Herr Reiter.
– Für neue Ideen kaum zu gewinnen.

Der Vertrag ist noch nicht fertig. – War noch keine Zusage von der Bank da.

Wenn wir deduktiv argumentieren, besteht allerdings Gefahr, daß unser Partner schon nach dem Argumentandum abschaltet, vor allem dann, wenn es um eine harte Kontroverse geht, wenn also Widerspruch zu erwarten ist und wenn Gefühle mitspielen:

Die Aufforderung *«Räum mal dein Zimmer auf»* entwickelt bei Bettinas Tochter Karen bereits derartige Widerstände, daß sie kaum noch bereit ist, Bettinas Argument zu hören («Die Putzfrau kommt heute»), geschweige darüber nachzudenken. Und wenn Bettina zu Krause junior sagt: *«Der Vertrag ist noch nicht fertig»*, könnte es sein, daß der sich darüber so ärgert, daß ihn die plausible Begründung («War noch keine Zusage von der Bank da») gar nicht mehr erreicht.

Umgekehrt: Eine **induktive** Argumentation hält den Partner bis zum Ende in Spannung.

Bettina *Die Bank hat noch keine Zusage gegeben ..., deshalb konnte ich den Vertrag noch nicht fertig machen.*

Wenn wir Widerspruch erwarten, ist es oft günstiger, induktiv zu argumentieren, also erst die Begründung für unsere Handlung, Bitte oder Behauptung zu äußern und dann die Schlußfolgerung.

Theorie

Der erste, der die Argumentation systematisiert hat, war **Aristoteles.** Für ihn besteht eine vollständige Argumentation aus drei Schritten oder – wie er sagt – aus drei Urteilen:

Obersatz (Prämisse):	Alle Planeten haben die Form einer Kugel.
Untersatz	Die Erde ist ein Planet.
Schlußsatz (Konklusion):	Die Erde hat die Form einer Kugel.

Aristoteles **nannte** dieses dreischrittige Schließverfahren **Syllogismus.** «Der Syllogismus ist ein Schluß, in welchem aus zwei Urteilen ein drittes, aus ihnen ableitbares, durch sie bestimmtes Urteil, der Schlußsatz, gefolgert wird.» (Fogarasi 1974, S. 218) Im Obersatz (der Prämisse) müssen also die beiden anderen Urteile enthalten sein.

Wenn wir eines unserer Beispiele von oben in diese Form bringen, merken wir, daß der Obersatz fehlt:

?	OBERSATZ (PRÄMISSE)
Hier stoßen häufig Autos zusammen:	UNTERSATZ (ARGUMENT)
Fahr 30 km/h.	SCHLUSSATZ (ARGUMENTANDUM)

- Wenn wir den Obersatz ergänzen wollen, müssen wir eine **Verallgemeinerung**, eine grundsätzliche Basis für die anderen beiden Sätze suchen, vielleicht diese:

Wenn die Gefahr besteht, daß Autos bei hoher Geschwindigkeit zusammenstoßen, muß man die zulässige Geschwindigkeit reduzieren.	OBERSATZ
Hier stoßen häufig Autos zusammen.	UNTERSATZ
Fahr 30 km/h.	SCHLUSSATZ

In unserer alltäglichen Argumentation verzichten wir meistens darauf, diesen Obersatz zu formulieren. Aristoteles nannte diese verkürzte Form des Syllogismus **Enthymem**. Wir unterstellen den Obersatz (die Prämisse) als bekannt, als selbstverständliches Urteil, als «soziale Gewißheit».

Die Bedeutung der Prämisse für die Überzeugungskraft einer Argumentation zeigt sich sehr gut in dem folgenden Modell, das auf St. Toulmin (1975) zurückgeht (s. a. Oelschläger 1980):

ARGUMENT (Untersatz)		ARGUMENTANDUM (Schlußsatz, Konklusion]
Professoren an Hochschulen sollten helfen, die Gesellschaft zu verändern.	**deshalb** → **Schlußregel**	*Professoren sollten keine Beamte mehr sein.*

(PRÄMISSE, OBERSATZ)

Beamte können die Gesellschaft nicht verändern helfen.

Toulmin nennt also die Prämisse «Schlußregel». Die **Schlußregel** bildet gewissermaßen die **Rechtfertigungsbasis** für die Argumentation. Sie setzt unter die Brücke zwischen Argument und Argumentandum einen Pfeiler. Wenn der nicht hält, bricht die Brücke ein. Sprich: Wenn unser Partner diese Prämisse nicht auch vertritt, wird ihn unsere Argumentation kaum vom Hocker reißen. Wahrscheinlich wird er widersprechen:

Das leuchtet mir nicht ein. Beamte können doch auch was bewegen.

Damit fordert er Sie auf, Ihre Schlußregel (Prämisse) zu begründen. Die Prämisse wird also Ihrerseits zum Argumentandum. Die entsprechende Argumentation könnte so aussehen:

Der Beamtenstatus verlangt die Treue zur Verfassung	**deshalb** →	*Beamte können die Gesellschaft nicht verändern helfen.*

Wer der Verfassung treu sein muß,
kann die Gesellschaft nicht verändern.

Vielleicht ist Ihr Partner mit dieser Prämisse einverstanden. Wahrscheinlich ist auch sie für viele strittig. Auch für ihre «Wahrscheinlichkeit» lassen sich sicher wieder Argumente finden.

Wir können mit diesem Schema auch die Begründung eines Handlungszieles (oder Zwecks) darstellen. (Diese Modifikation stammt von Völzing, 1979, S. 46). Der Pfeil ändert gewissermaßen die Richtung:

Professoren an Hochschulen könnten helfen, die Gesellschaft zu verändern. ← **damit** — *Professoren sollten keine Beamten mehr sein.*

Nur wenn Sie keine Beamten mehr sind,
können sie die Gesellschaft verändern helfen.

Aus diesen Strukturmodellen kristallisieren sich drei Fragen im Hinblick auf unsere tägliche Argumentationspraxis heraus:

1. Wie finden wir die Argumente, die unsere jeweiligen Gesprächspartner überzeugen könnten?
2. Welche Formen von Argumenten gibt es, und wie sind sie in ihrer Wirksamkeit einzuschätzen?
3. Wie kann man Argumentationen anderer entkräften?

Wie finden wir überzeugende Argumente?

Wir haben gesehen: Wenn wir argumentieren, wollen wir nicht beweisen, daß etwas **wahr ist**. Wir wollen, daß der andere etwas **für wahr hält** («Du hast recht, Professoren sollten keine Beamte mehr sein»). Wir wollen, daß er eine Aufforderung angemessen findet («Du hast recht, ich sollte hier langsamer fahren.»). Deshalb suchen wir Argumente, die die anderen von der Wahrscheinlichkeit einer Aussage, von der Richtigkeit einer Meinung, von der Angemessenheit einer Aufforderung überzeugen. Dabei ist nicht jedes Argument für jeden unserer Ansprechpartner gleichermaßen geeignet. Für die Meinung, daß Professoren keine Beamten mehr sein sollten, können wir sicher eine ganze Reihe guter Argumente finden. Aber wir werden im Kreis von Professoren andere vorbringen müssen, als wenn wir mit Gewerkschaften darüber reden. Es geht also nicht nur darum, gute Argumente zu finden, sondern die für eine Situation geeigneten. Oder sagen wir es anders: Gute Argumente sind die, die *diesen Partner in dieser Situation* überzeugen könnten.

Erinnern wir uns an das Gespräch zwischen Karen und Professor Seller: Auch Karen hofft, daß sie die richtigen Argumentationen gefunden hat:

Karen *Das Osgoodsche Differential ist zur Erhebung von Einstellungen nur bedingt geeignet.*	**Argumentandum**
Seller *Und warum?*	**Begründungsfrage**
Karen *Die Skalierung (bei Osgood) ist sehr kompliziert, und die Begriffe finde ich willkürlich.*	**Argument**

Zunächst einmal kann sie davon ausgehen, daß Herr Professor Seller diesen argumentativen Zusammenhang kennt, daß er in seinem täglichen **Erfahrungsbereich** als Wissenschaftler liegt. Ob Karens Mutter mit einer solchen Argumentation etwas anfangen könnte, ist eher zweifelhaft. Nicht weil sie dumm ist. Sie hat sich noch nie mit Fragen der Wissenschaftstheorie beschäftigt. Ein entsprechender Dialog zwischen Mutter und Tochter könnte so ablaufen:

Karen *Ich muß den Termin für mein Referat bei Seller verschieben.*	**Argumentandum**
Bettina *Wieso denn das?*	**Begründungsfrage**
Karen *Der Autor, den ich da bearbeiten muß, ist so problematisch. Wenn ich das anständig machen will, muß ich noch andere lesen.*	**Argument**

Das kann Bettina nachvollziehen.

Die erste Voraussetzung dafür, daß Sie mit Ihrer Argumentation Erfolg haben, ist, daß der inhaltliche Zusammenhang aus dem Wissens- und Erfahrungsbereich Ihres Partners stammt.

Karen hofft, daß sie mit ihrer Argumentation bei Professor Seller Erfolg hat, weil sie annimmt, daß die **Prämisse** ihrer Argumentation Sellers Grundsätzen entspricht. Diese Prämisse lautet:

Bedingung für eine wissenschaftlich fundierte Untersuchung ist, daß die Kriterien handhabbar und die Parameter durchdacht sind.

Sie ist sich sogar ganz sicher, daß er diesen Grundsatz vertritt, denn sie kennt seine **Einstellung** gegenüber wissenschaftlichen Untersuchungen: Sie müssen präzise und fundiert sein.

An einer anderen Stelle argumentiert sie sinngemäß in zwei Schritten:

Das Thema fasziniert mich	**Argument 1**
Deshalb	
mag ich es nicht so oberflächlich behandeln.	**Argumentandum 1 ►**
	Argument 2
Deshalb	
kann ich den Termin nicht einhalten.	**Argumentandum 2**

Auch das ist genau die richtige Argumentation für Professor Seller. Wir haben das ja schon bei der Analyse des Gesprächs in Kapitel 12.4 gesehen: Sie übernimmt seine Perspektive. Die beiden Grundsätze, die die Prämissen in diesen argumentativen Schritten bilden, entsprechen seiner eigenen Einstellung:

Wenn einen Wissenschaftler ein Thema fasziniert, will er es grundlegend behandeln.

Wenn er ein Thema grundlegend behandeln will, braucht er Zeit.

Sie holt ihn gewissermaßen da ab, wo er ist. Das Ganze trifft sogar noch eine Ebene tiefer, es trifft seine Gefühlsebene:

Mein Fach ist faszinierend. Es ist wert, daß man sich grundlegend mit seinen Theoremen beschäftigt.

Natürlich hätte Karen auch so argumentieren können:

Meine Mutter war krank, und da mußte ich den ganzen Haushalt machen.	**Argument**
Deshalb	
kann ich den Termin nicht einhalten.	**Argumentandum**

Die Prämisse für diesen argumentativen Schluß lautet:

Private Probleme können wichtiger sein als berufliche Verpflichtungen.

Diesem Grundsatz kann Professor Seller mit Sicherheit nicht zustimmen. Im Gegenteil: Er bestätigt genau seine negative Einstellung gegenüber der Arbeitsauffassung der Studenten: «Studenten sind von Natur aus träge.»

Der zweite Grundsatz lautet: Bei der Suche nach der passenden Argumentation sollten Sie die Perspektive Ihres Partners übernehmen, also von seinen Denk- und Handlungsmustern ausgehen, ihn da abholen, wo er ist.

Theorie

Aristoteles hat ein Verfahren entwickelt, mit dessen Hilfe wir «bei einer Sache das möglicherweise Glauben erweckende ... finden» können (1980, S. 12): die **Topik**. Ein **Topos** ist für ihn ein Fundort für überzeugungsträchtige Argumente. Für Pawlowski (1990, S. 256) sind Topoi «Muster, die unser Denken, Fühlen und Handeln bestimmen und lenken. Topoi können sein: Regeln für kognitive Abläufe, aber auch soziale Werte und Normen». Topoi sind an bestimmte Kulturkreise gebunden. In unserer durch das Christentum geprägten Kultur können Juristen erfolgreich argumentieren, wenn sie als Rechtfertigungsbasis die Topoi «Mitleid» und «Gnade» benutzen, in anderen Kulturen wäre das wirkungslos. Und: Diese Grundmuster verändern sich im Laufe der Zeit. Auf Topoi wie «Ehre» und «Vaterland» konnte man lange Zeit keine überzeugenden Argumentationen aufbauen. Die Popularitätstendenz dieser Werte ist (wir sagen: leider) wieder leicht steigend. Dagegen kann man heute aus dem Topos «Sicherheit» alles begründen. Hinter ihm verbirgt sich auf einer noch tieferen Ebene der Verhaltensantrieb «Angst». AKW-Gegner, Versicherungsvertreter oder auch Werbung für Slip-Einlagen bauen ihre Argumentationen auf dem Topos «Sicherheit» auf. Er hat, wie Bornscheuer (1976) sagen würde, ein hohes Maß an **Habitualität**, einen hohen Stellenwert in einer Gesellschaft. Und er ist vielfältig auslegbar. Bornscheuer nennt das **Potentialität**. Ich kann auf dem Hintergrund dieses Topos sowohl gegen als auch für Atomkraft argumentieren:

Ohne Atomstrom gehen in Deutschland die Lichter aus. — **deshalb** → *Wir brauchen Atomkraft im Jahre 2000.*

Wenn die Gefahr besteht, daß wir sonst unseren Energiebedarf bald nicht mehr decken können, brauchen wir die Atomkraft.

▼

TOPOS: SICHERHEIT

Der Mensch kann die Atomkraft nicht mit absoluter Sicherheit beherrschen. **deshalb** → *Die Atomkraftwerke müssen weg.*

Wenn der Mensch die Atomkraft nicht beherrschen kann, muß sie weg.

▼

TOPOS: SICHERHEIT

Die Beispiele zeigen:

1. Der Topos ist gewissermaßen die stabile Basis, auf der die Prämisse der Argumentation ruht. Wir müssen herausfinden, auf welchen Grundsätzen der andere sein Handeln aufbaut.
2. Und wir müssen wissen, in welche Richtung er diese Handlungsgrundsätze auslegt, das heißt, welche Meinungen und Gefühle er mit diesen Topoi verbindet, sprich: Wir müssen seine Einstellungen kennen.

Spätestens auf der Ebene der Potentialität treffen sich also Sozialpsychologie und Rhetorik (siehe dazu Pawlowski 1990, S. 264).

Welche Arten von Argumenten gibt es?

Wenn wir passende Argumente suchen, sollten wir nicht nur von den Voraussetzungen des Partners ausgehen, also seine Perspektive übernehmen, sondern wir sollten auch überlegen, mit welcher Art von Argumenten sich diese Behauptung, diese Aufforderung gegenüber diesem Partner am überzeugendsten begründen läßt: mit Statistik, mit Fakten, mit persönlichen Empfindungen? Nehmen wir an, Alfs Partner in der Werbeagentur S & S, Dirk Seemann, möchte Alf davon überzeugen, daß einer der Firmenwagen ersetzt werden muß. Dirks Argumentandum:

Wir sollten den Opel verschrotten und einen neuen Wagen anschaffen.

Mit welchen Argumenten könnte er die Notwendigkeit dieser Maßnahme begründen?

1. Er könnte **Fakten** anführen:

   Ich hab mal zusammengestellt, was wir in letzter Zeit für Reparaturen für den Wagen ausgegeben haben. Sieh dir das an.

   Fakten sind ohne Zweifel die wirkungsvollsten Argumente.

Nur sollten wir diese Fakten nicht nur behaupten, sondern am besten gleich belegen können. Solche Belege kann man vorbereiten (Dirk: «Ich habe hier mal zusammengestellt ...»). Der Partner kann die Richtigkeit nachprüfen.

Dirk könnte auch sagen:

Das Ding ist wirklich inzwischen Schrott.

Aber das wäre dann nur wieder eine neue Behauptung, die ohne Belege nicht viel wert ist.

2. Vielleicht gibt es ja auch eine **Abmachung**, auf die er sich berufen kann:

   Wir hatten vor einem Jahr beschlossen: Spätestens im März '98. Jetzt haben wir April.

   Wenn Alf diese Abmachung als bindend anerkennt, hat Dirk gute Karten. Er hat ein Full-house, wenn er diese Abmachung belegen kann. Gegen Verträge kann man schlecht etwas einwenden.

3. Dirk könnte auf **(gemeinsame) Erfahrungen** zurückgreifen:

   Wie oft hat der Wagen mich im letzten Jahr im Stich gelassen? Denk doch nur an unsere gemeinsamen Fahrten nach Köln und Frankfurt!

   Diese Erfahrungen sind besonders schlagkräftige Argumente, wenn sie mit eindrucksvollen Beispielen gestützt werden.

4. Überhaupt sind **Beispiele** häufig sehr wirkungsvoll:

   Im September die Bremsen, im November die Kupplung, und als der erste Frost kam, die ewigen Startprobleme.

   Überprüfen Sie Ihr Kommunikationsverhalten und das Ihrer Partner. Sie werden feststellen, daß das Beispiel (die Vereinzelung) eine der geläufigsten Argumentationsformen ist. Wir schließen gern von einer Besonderheit auf eine Verallgemeinerung. Warum? Das Beispiel selbst kann der Partner kaum bestreiten, höchstens die Zulässigkeit des Schlusses.

5. Das Gegenteil der Vereinzelung ist die Verallgemeinerung. Dirk könnte **Normen und Wertvorstellungen** ins Spiel bringen:

   Du, es geht auch um unser Renommee. Ich kann mit dieser alten Karre nicht mehr bei unseren Kunden vorfahren.

   Dirk argumentiert hier auf dem Hintergrund einer sehr verbreiteten Prämisse («Das Renommee einer Firma hängt ab vom Wagen, in dem man vorfährt»). Wir wollen hier über die Gültigkeit dieser Norm nicht diskutieren. Aber das Beispiel zeigt noch einmal, daß die Überzeugungskraft normativer Argumente sehr stark von der Einstellung des Partners abhängt, also davon, ob er die Prämisse anerkennt.

6. Es ist eine andere Art der Vereinzelung, wenn sich Dirk auf die **Meinung anderer Personen** beruft:

   Herr Sowinski (der Leiter der Reparaturwerkstatt) *sagt auch, der Wagen ist hin. Peter Priebel* (Grafiker bei S & S) *sagt, in den Wagen würde er sich nicht mehr reinsetzen.*

   Die Überzeugungskraft solcher Argumente hängt davon ab, ob und in welchem Maße der Partner die genannten Personen als Autoritäten anerkennt. Da hat Herr Sowinski, oberflächlich betrachtet, als Fachmann größere Chancen als Peter Priebel. Aber wer weiß, wie die Beziehung zwischen Alf und Peter Priebel ist ...

   Als Autoritäten können auch Institutionen («Das haben sie im Fernsehen gesagt») oder Gruppierungen dienen («Der ganze Kegelklub meint das»).

7. Eine andere Art von Institution ist für viele die **Statistik**:

   Der Wagen hat jetzt in acht Jahren 260 000 km runter. Ich hab in der ADAC-Zeitschrift gelesen, daß da 80 % aller Wagen mit 200 000 km schon auf der Halde sind.

   Ein ganz schwaches Argument in diesem Zusammenhang, und Dirk würde es auch sicher nicht bringen. Aber wir brauchten halt ein Beispiel. Statistische Argumente sind jedoch oft sehr wirkungsvoll, denn sie geben unserer Argumentation den *Anschein* von wissenschaftlicher Stimmigkeit und Objektivität:

   Kein Wunder, daß die Straßen so verstopft sind, 90 % aller Haushalte haben mindestens einen Wagen, 25 % sogar zwei.

   Allerdings versprechen Statistik-Argumente nur dann Erfolg, wenn Statistiken für unseren Partner «Autoritäten» darstellen. Das muß man halt wissen.

8. Kaum nachprüfbar aber sind argumentative «Blicke in die Zukunft», also **Prognosen**:

Den kriegen wir mit Sicherheit nicht mehr durch den TÜV. Der verreckt uns demnächst auf der Autobahn.

Prognoseargumente sind deshalb oft sehr wirkungsvoll, weil sie die Gefühle unserer Partner berühren: bei einer positiven Prognose ihre Hoffnungen und Wünsche, bei einer negativen ihre Ängste.

9. Vielleicht setzt ja Dirk ohnehin auf die **Gefühle** von Alf:

Du, versteh das doch, ich fühl mich zunehmend unsicher in dem Ding. Weißt du, ich kann die alte Rostlaube nicht mehr sehen.

Wenn wir mit Empfindungen und persönlichen Bedürfnissen argumentieren, gehen wir davon aus, daß der Partner bereit und in der Lage ist, sich in uns hineinzuversetzen, unsere Gefühle nachzuempfinden, unsere Bedürfnisse zu akzeptieren. Wir hoffen auf Zustimmung auf der Ebene von Verständnis. Die Prämisse unserer Argumentation lautet: «Du solltest dafür sorgen, daß ich mich wohl fühle.»

Meistens handelt es sich bei diesen Gefühlsbegründungen um private Argumente. Wir haben schon in Kapitel 12.1 über die Möglichkeiten und Grenzen privater Argumentationen in öffentlichen Situationen gesprochen. Entscheidend ist die Frage: Können wir bei diesem Partner in dieser Situation privates Einfühlungsvermögen voraussetzen? Gefühlsargumente können allerdings auch öffentlichen Charakter haben. Es gibt komplexe Vorgänge, die wir häufig nur aus dem Gefühl heraus bewerten können. Sogar in Besprechungen mit weitreichenden Folgen sind solche Gefühlsurteile durchaus üblich.

Das Angebot von KME ist wirklich verlockend. Aber ich weiß nicht, ich hab da so ein komisches Gefühl.

Wenn der Sprecher einen anerkannten Status in der Gruppe hat, bekommen solche Gefühlsargumente einen hohen Stellenwert und bringen nicht selten einen wichtigen Klärungsprozeß in Gang.

Zurück zum Gespräch zwischen Dirk und Alf und den unterschiedlichen Argumentationsmitteln. Welche Dirk verwendet, um Alf zu überzeugen, wird von ihrer Beziehung abhängen und davon, wie Dirk die Grundhaltung und die Einstellungen von Alf einschätzt. Wenn Sie sich die Beispiele oben noch einmal ansehen, werden Sie feststellen, daß alle Argumente das Ziel haben zu begründen, warum der alte Wagen ausrangiert werden sollte. Im Mittelpunkt standen also die **Nachteile**, die dieser Wagen bringt.

Wir meinen, es wäre besser gewesen, der alten Karre kein Argument mehr zu gönnen und gleich die **Vorteile** einer Neuanschaffung zu begründen. Argumentandum:

Du, wir sollten uns endlich den neuen Wagen gönnen.

Vielleicht macht es Ihnen Spaß, die möglichen Argumente selbst zu suchen und auf ihre Wirksamkeit hin zu befragen:

1. Fakten,
2. Abmachungen,
3. (gemeinsame) Erfahrungen,
4. Beispiele (Vereinzelungen),
5. Normen und Wertvorstellungen (Verallgemeinerungen),
6. Autoritäten,
7. Statistiken,
8. Prognosen,
9. persönliche Empfindungen und Bedürfnisse.

Damit das für Sie realistischer wird, statten Sie doch Alf mit den Einstellungen und Empfindungen eines Bekannten oder Kollegen aus.

Wie kann man Argumente entkräften?

Natürlich wünschen wir uns, daß wir in der Lage sind, den Argumenten anderer erfolgreich zu begegnen. Sie *widerlegen* zu können, scheint die höchste Stufe von Eloquenz und Sachverstand zu sein. Widerlegen heißt: einen *Gegenbeweis* führen. Meistens geht es nur darum, die Argumentationen des Partners zu *entkräften*. Wirklich *widerlegen* könnte Alf eigentlich nur die beiden ersten Argumentationsarten: Fakten und Verträge:

1. **Fakten** kann man mit anderen Fakten widerlegen:

Dirk *Ich hab mal zusammengestellt, was wir in letzter Zeit für Reparaturen für den Wagen ausgegeben haben.*

Alf (sieht sich die Aufstellung genau an) *Das stimmt nicht ganz. Ich habe von der Buchhaltung andere Zahlen. Hier ...*

Nur müssen diese Zahlen dann stimmen, die anderen müssen falsch sein. Wer Fakten widerlegen will, muß gut vorbereitet sein. Meistens werden wir uns damit begnügen müssen, den Wert dieser Fakten zu entkräften, also anzuzweifeln oder zu relativieren:

4000 Mark, das ist doch nicht viel für einen so alten Wagen.

Oder:

In letzter Zeit? Das sind immerhin anderthalb Jahre!

Alf kann Dirk mit **Fragen** in Zugzwang bringen:

Was verstehst du unter «in letzter Zeit»? DEFINITIONSFRAGE

Vielleicht kommen Dirk ja dann selbst Zweifel an der Schlagkraft seines Arguments.

Alf könnte auch bestreiten, daß das Argument das Argumentandum überhaupt stützt:

4000 Mark? Aber deshalb brauchen wir uns doch nicht gleich einen neuen Wagen zu kaufen.

Danach könnte er selbst seine Argumentation aufziehen:

Bedenk doch mal: Was sind diese Reparaturkosten gegen den Anschaffungspreis für einen Neuwagen ...

Eine beliebte Strategie ist auch die **Scheinstütze**. Alf gibt Dirk scheinbar recht, stützt seine Argumentation sogar:

Du hast recht. Das sieht nicht so toll aus. Vor allem nimmt das ja eher noch zu. Aber wir können ja mal durchrechnen, was wir für einen neuen hinblättern müßten ...

Auf diese Weise zeigt er, daß er das Argument Dirks ernst nimmt, sogar bereit ist, sich weitergehend damit zu beschäftigen (Beziehungsgestaltung). Allerdings hat die Sache einen Haken: Wenn Dirk diesen Auftakt als Strategie erkennt, verpufft die Sache sehr schnell. Will Alf wirklich auf die Argumentation seines Partners eingehen? Zeigt nicht schon die Situation und sein offensichtliches Interesse, daß er das nur vorgibt?

2. Argumente, die sich auf **Verträge** berufen, kann man nur widerlegen, wenn man einen weitergehenden Vertrag hat oder wenn der Partner bestimmte Passagen mißverstanden hat und man das nachweisen kann. Dirk beruft sich in unserem Fall auf eine mündliche Abmachung:

   Wir hatten vor einem Jahr beschlossen: Spätestens im März '98 ...

   Alf kann nun bestreiten, daß es diese Abmachung gibt. Das ist nicht sehr überzeugend und führt meistens zu einem Streit über das Erinnerungsvermögen der beiden.

   Er kann aber auch wieder den Wert dieser Abmachung relativieren:

   Mensch du, das war vor einem Jahr.

   Haste dir mal unser Geschäftsjahr angesehen?

   Auch hier eignen sich wieder gut **Fragen**, um die eigene Gegenargumentation vorzubereiten:

   Hilf mir auf die Sprünge. Was haben wir damals genau gesagt?

   Übrigens: der kleine Puffer vorneweg («Hilf mir auf die Sprünge») ist ganz gut für die Beziehungsgestaltung. Ohne ihn könnte Dirk die Frage als ziemlich «pädagogisch» erleben. Sprechen Sie sie einmal laut, und fügen Sie noch das kleine Wörtchen «na?» an. Dann wissen Sie, was wir meinen.

3. Gemeinsame **Erfahrungen** kann man zwar mit Gegenerfahrungen kontern:

   Dirk *Wie oft hat er mich im letzten Jahr im Stich gelassen? Denk doch nur an unsere gemeinsamen Fahrten nach Köln und Frankfurt.*

   Alf *Das war zweimal. Ich war eigentlich immer mit dem Ding zufrieden.*

   Aber Sie merken schon: Besonders stark ist das nicht.

   Da steht Erfahrung gegen Erfahrung, und weiter kommt man auf diese Weise selten. Erfolgsträchtiger ist es schon, wenn Alf bestreitet, daß Dirk aus solchen Einzelerfahrungen allgemeine Schlüsse ableiten kann:

   Das war zwei-, dreimal, vielleicht auch vier-. Aber deshalb ist der Wagen doch noch nicht Schrott.

4. Die gleiche Strategie könnte er auch bei den **Beispielen** anwenden:

Dirk *Im September die Bremsen, im November die Kupplung, und als der erste Frost kam, die ewigen Startprobleme.*

Alf *Da gibt es sicher noch ein Beispiel mehr. Aber aus drei Beispielen kann man doch nicht ableiten, daß wir einen neuen Wagen brauchen.*

Alf geht mit dieser Entgegnung auf die Meta-Ebene. Er gibt seinem Partner zu verstehen, daß er mit dieser Art zu argumentieren nicht einverstanden ist. Eine wirkungsvollere Möglichkeit gibt es nicht, um diesen beliebten Schlüssen (vom Einzelfall aufs Allgemeine) zu begegnen. Auch diese Entgegnung könnte Alf mit einer «Scheinstütze» einleiten:

Alf *An Köln erinnere ich mich noch ganz gut. Das war wirklich nicht so toll. Die Bremsprobleme und das mit der Kupplung war in der Tat sehr ärgerlich. Aber aus drei Beispielen ...*

Das kann ein sinnvoller Schritt zur Beziehungsgestaltung sein. Die eigentliche Entgegnung wird dadurch eventuell sanft gebettet. Oft ist es für die «Gesprächshygiene» unerläßlich, sich gegen solche Schlüsse vom Besonderen aufs Allgemeine nachdrücklich zu wehren – zum Beispiel gegen Schlüsse wie diesen aus einer Boulevard-Zeitung:

Nigerianer tötet Frau auf offener Straße. Ausländerproblematik übermächtig.

Solche Verallgemeinerungen sind äußerst ärgerlich. Sie werden auch von Politikern oft sehr wirkungsvoll eingesetzt. Es gibt allerdings auch Schlüsse dieser Art, gegen die wir kaum etwas einwenden können:

Ein Motorrad kommt für mich nicht in Frage. Ich hab als Zivi in der Notaufnahme gearbeitet. Da haben sie einen Motorradfahrer nach einem Unfall eingeliefert ... o Gott.

Der Sprecher braucht nicht noch mehr Belege, um seine Entscheidung einleuchtend zu begründen. Auch in der Diskussion um die Sicherheit von Atomreaktoren sollten die Beispiele Tschernobyl und Harrisburg als Belege eigentlich ausreichen.

5. Die meisten argumentativen Auseinandersetzungen entzünden sich an **Normen und Wertvorstellungen**:

Dirk *Du, es geht auch um unser Renommee. Ich kann mit dieser alten Karre nicht mehr bei unseren Kunden vorfahren.*

Alf könnte nun sofort seine eigene Einstellung dagegensetzen und sie mit Argumenten stützen:

Alf *Ich fahre sogar mit dem Fahrrad zu einem Kunden. Unser Renommee hängt nicht von der Art unseres fahrbaren Untersatzes ab, sondern von der Qualität unserer Arbeit.*

Dirk wird sich von dieser Argumentation sicher nicht sofort überzeugen lassen. Er wird sein Argument («Auto = Renommee») weiter stützen. Alf wird dagegenhalten, und beide hoffen, daß sich im Lauf des Dialogs die eigenen Gründe als die besseren durchsetzen. So läuft das meistens ab. Überprüfen Sie einmal Ihre Meinungsstreits zu Hause und im Betrieb.

Eine andere, häufig erfolgreichere Methode ist die, den anderen erst einmal kommen zu lassen. Wir haben das schon in Kapitel 8.2 vorgeschlagen: Alf könnte eine offene **Frage** stellen:

Dirk *Du, es geht auch um unser Renommee. Ich kann mit dieser alten Karre nicht mehr bei unseren Kunden vorfahren.*

Alf *Wie kommst du denn darauf?*

Nun ist Dirk in Zugzwang. Er muß sein Argument stützen. Vielleicht so:

Dirk *Ich denke mir, ein Kunde schließt von unserem Auto auf unsere Leistungsfähigkeit.*

Alf *Hast du das schon mal gemerkt, zum Beispiel wenn du zu 'ner Präsentation kommst?*

Alf fragt also weiter. Diese Fragen veranlassen Dirk nicht nur dazu, neue Argumente einzubringen, sondern seinen Standpunkt gründlich zu überdenken. Vielleicht kommen ihm selbst allmählich Zweifel. Irgendwann wird Alf eine Stelle finden, an der er seine Gegenargumentation wesentlich erfolgreicher anbringen kann als bei einem sofortigen Konter.

Auch eine **Definitionsfrage** ist oft sehr hilfreich:

Dirk *Du, es geht auch um unser Renommee. Ich kann mit dieser alten Karre nicht mehr bei unseren Kunden vorfahren.*

Alf *Was verstehst du unter «Renommee»?*

Dirk *Na ja, was die von unserer Leistungsfähigkeit halten.*

Alf *Belegen wir die durch unser Auto oder durch die Qualität unserer Produkte?*

Eine andere gute Möglichkeit, eine erfolgreiche Gegenargumentation vorzubereiten, ist die **Paraphrase**.

Alf *Du meinst also, unser Renommee hängt von dem Auto ab, das wir fahren.*

Wir haben in Kapitel 12.3 ausführlich gezeigt, welche Vorteile diese Strategie hat: Alf gewinnt Zeit, zeigt Dirk, daß er dessen Argument ernst nimmt, bringt ihn dazu, sich noch einmal zu vergegenwärtigen, was er da eigentlich für eine Meinung geäußert hat usw. Er könnte auch hier mit einer Scheinstütze beginnen:

Du, ich finde auch, daß wir auf unser Renommee achten müssen. Aber meinst du wirklich, das hängt von unserem Auto ab?

6. Ein **Autoritätsargument** können wir am einfachsten dadurch entkräften, daß wir diese Autorität nicht anerkennen:

Dirk *Herr Sowinski* (der Leiter der Reparaturwerkstatt) *sagt auch, der Wagen ist hin. Peter Priebel* (Grafiker bei S & S) *sagt, in den Wagen würde er sich nicht mehr reinsetzen.*

Im Fall Peter Priebel fällt das Alf nicht schwer:

Alf *Was der Priebel sagt, interessiert mich gar nicht.*

Bei Werkstattleiter Sowinski ist das nicht sehr glaubhaft.

Alf könnte die Autorität ab- oder umwerten, zum Beispiel ihr ein bestimmtes eigenes Interesse unterstellen:

Alf *Der Sowinski will doch nur, daß wir ein neues Auto kaufen.*

Er könnte auch eine Gegenautorität aufbauen:

Alf *Karpik sagt, der läuft noch munter zwei Jahre.*

Herr Karpik ist ein befreundeter Tankstellenbesitzer, der immer den Ölwechsel macht. Er hat kaum ein eigenes Interesse. Wenn auch Dirk ihn als Autorität anerkennt, ist das ein brauchbarer Konter.

Oft kann es erfolgreich sein, den Kontext des Zitats in Frage zu stellen:

Dirk *Herr Sowinski sagt auch, der Wagen ist hin.*

Alf *In welchem Zusammenhang hat er das gesagt?*

Hier kommt also wieder die **Frage** als Konterstrategie ins Spiel. Alf könnte die Autorität «hinterfragen»:

Hältst du den für kompetent?

Oder:

Warum hat er das wohl gesagt?

7. **Statistik-Argumente** sollen ein hohes Maß an Beweiskraft suggerieren. Diese Beweiskraft kann man auf der **Meta-Ebene** anzweifeln:

   Dirk *Der Wagen hat jetzt in acht Jahren 260 000 km runter. Ich hab in der ADAC-Zeitschrift gelesen, daß da 80% aller Wagen nach 200 000 km schon auf der Halde sind.*

   Alf *Bitte, komm mir nicht mit Statistiken. Mit denen kann man alles beweisen.*

   Alf kann auch die dahinterstehenden Interessen ins Spiel bringen:

   Alf *Du, die vertreten doch auch nur die Interessen der Autoindustrie.*

   Wirkungsvoll kann es auch sein, wenn er die wissenschaftliche Basis der Daten in Frage stellt:

   Alf *Das war sicher 'ne Leserumfrage. Aber erstens stehen die Mitglieder des ADAC nicht für alle Autofahrer. Und zweitens: An so 'ner Umfrage nehmen erfahrungsgemäß nur wenige teil.*

   Das letzte Argument müßte er allerdings belegen können.

   Hier zeigt sich: Wenn es Ihnen gelingt zu belegen, daß die Basis der Statistik zweifelhaft ist, können Sie ein solches Argument gut entkräften.

   Alf könnte natürlich auch eine Gegenstatistik bringen, aber das endet dann meist wie das Hornberger Schießen: Es knallt, aber keiner trifft.

   Versuchen Sie doch auch hier einmal, die Konterstrategien in **Fragen** umzuformulieren.

8. Die sind häufig das einzige Mittel, um sich gegen **Prognosen** zur Wehr zu setzen:

   Dirk *Den kriegen wir mit Sicherheit nicht mehr durch den TÜV.*

   Alf *Woher weißt du das?*

Kannst du das belegen?

Gibt es dafür konkrete Anhaltspunkte?

Alf fragt nach den Voraussetzungen für diese Behauptung. Dirk muß jetzt Autoritäten heranziehen oder eine Analogie herstellen:

Dirk *Denk mal an deinen alten Volkswagen ...*

Er könnte auch versuchen, diese Prognose mit Beispielen wahrscheinlich zu machen:

Dirk *Der Boden ist fast durchgerostet, der Kühler tropft ...*

Eventuell muß Alf auf der Basis dieser Fakten zu dem Schluß kommen, daß die Prognose ein hohes Maß an Wahrscheinlichkeit hat. Wir sehen: Prognose-Argumente sind nur dann leicht angreifbar, wenn die Faktenlage ungesichert ist.

9. Ganz schwierig ist der Umgang mit **persönlichen Empfindungen und Erfahrungen**. Wir können ja nicht bestreiten, daß sie stimmen. Wenn wir das tun, werten wir den Partner ab, gefährden die Beziehung. Wir könnten natürlich diesen Dialog abbrechen:

   Wenn du das so empfindest, ist das eben so. Lassen wir es dabei.

   Das ist immer dann möglich, wenn es um einen Meinungsaustausch geht und nicht um eine gemeinsame Entscheidung, wie in unserem Beispiel. Wie argumentiert Dirk?

   Dirk *Wir sollten den alten Opel verschrotten und einen neuen Wagen anschaffen.*

   Alf *Wieso denn das?*

   Dirk *Du, versteh das doch, ich fühl mich zunehmend unsicher in dem Ding.*

   Natürlich könnte Alf schon die Prämisse dieser Argumentation («Du solltest dafür sorgen, daß ich mich sicher fühle») zurückweisen:

   Alf *Das interessiert mich überhaupt nicht, ob du dich sicher oder unsicher fühlst. Wir haben kein Geld für einen neuen Wagen.*

   Vielleicht wäre das in diesem Gespräch nicht gerade die richtige Strategie. Aber Sie kennen sicher Situationen, in denen es notwendig ist, solchen Vereinnahmungsversuchen mit

Entschiedenheit zu begegnen. Eine allgemeine Formel für das Zurückweisen solcher Gefühlsargumente könnte lauten: «Mach mich nicht mitverantwortlich für dein Wohlergehen.»
Zurück zu unserem Beispiel-Dialog. Am liebsten würde Alf ja so etwas sagen wie:

Deine Unsicherheit hat nicht mit dem Auto zu tun, sondern mit deinem Fahrstil.

Diese Äußerung kommt garantiert auf Dirks Beziehungsohr an, und damit ist nicht viel gewonnen.
Wir sehen: Oft ist es ein sensibles Geschäft, solche Gefühlsargumente zurückzuweisen. Vielleicht sollte Alf zunächst signalisieren, daß er Dirks Gefühle ernst nimmt:

Dirk *Du, versteh doch, ich fühl mich zunehmend unsicher in dem Ding.*

Alf *Nicht so toll. Und woran liegt das?*

Er akzeptiert und fragt mit dem Ziel, die Angemessenheit dieser Empfindungen näher zu beleuchten, sie vielleicht später zu bezweifeln. Wenn der andere seine Empfindungen etwas umfangreicher darstellt, können wir ein solches Akzeptanz-Signal gut in die Form einer **Paraphrase** kleiden.
Vor dem Hintergrund dieser Akzeptanz kann Alf jetzt versuchen, Dirks Gefühle umzuwerten:

Alf *Wenn du dich unsicher fühlst, liegt das wirklich nur an der Verkehrstauglichkeit, oder schämst du dich mit der Karre?*

Er könnte versuchen, Dirk klarzumachen, daß persönliche Gefühle sich schlecht verallgemeinern lassen:

Alf *Ich akzeptiere das, aber deshalb ist das Auto doch noch nicht Schrott.*

Oder er könnte ihm Alternativen aufzeigen.

Alf *Du könntest die weiten Touren ja auch mit dem Zug machen.*

Natürlich hat ein solches Lösungsangebot nur dann Chancen, wenn es für Dirk zustimmungsfähig, also eine echte Alternative ist.

Diese Vorschläge zum Entkräften von Argumenten erheben nicht den Anspruch auf Vollständigkeit und allgemeine Gültigkeit. Aber ein paar grundsätzliche Erkenntnisse können wir ableiten:

1. Wenn von einem Beispiel oder einer Einzelerfahrung auf eine Forderung oder Erkenntnis geschlossen wird, kann es wirkungsvoll sein, die Berechtigung dieses Schlusses anzuzweifeln.
2. Die Strategie der Scheinstütze kann der Beziehungsgestaltung und damit der Vorbereitung unserer Gegenargumentation dienen. Wenn sie offensichtlich unaufrichtig ist, wird sie oft als rhetorischer Trick entlarvt.
3. Fragen und Paraphrasen sind im argumentativen Dialog oft wirkungsvoller als spontane Gegenargumentationen oder Zurückweisungen.

Eins ist in den letzten beiden Abschnitten sicher deutlich geworden: Ein argumentativer Dialog ist nicht nur eine Abfolge von Begründungen und Gegenbegründungen. Damit ein solcher Dialog gelingt, müssen sich die Argumentationen im Erfahrungsbereich der Partner bewegen – und es muß eine partnerschaftliche Beziehung bestehen. Das bedeutet: Wenn wir jemanden mit unseren Argumenten überzeugen wollen, empfiehlt es sich, diese Argumentationen entsprechend vorzubereiten.

Argumentationen vorbereiten

1. Begriffsklärung

Oft scheitern Diskussionen an einer schlechten Vorbereitung. Da prallen Meinungen hart aufeinander, ohne daß die Chance für eine Annäherung in Sicht ist. Wir haben das Gefühl, als argumentierten wir ins Leere. Das kann zunächst daran liegen, daß wir von anderen Begriffsinhalten ausgehen als unser Partner.

Dirk *Ich hab mal zusammengestellt, was wir in* letzter Zeit *für Reparaturen für den Wagen ausgegeben haben.*

Alf *Was heißt «in letzter Zeit»?*

Dirk *Du, es geht auch um unser* Renommee. *Ich kann mit dieser alten Karre nicht mehr bei unseren Kunden vorfahren.*

Alf *Was verstehst du unter «Renommee»?*

Alf stellt in diesen Beispielen **Definitionsfragen**, um zu verhindern, daß sie beide im Verlaufe des Gesprächs aneinander vorbeireden, weil sie von anderen Voraussetzungen ausgehen.

Geschäftsführer Heise zu seinem technischen Leiter:

Ich finde die Kommunikationsstruktur im Betrieb nicht gut. Ich meine damit nicht das Informationsmanagement. Das klappt ganz gut. Ich meine die Art, wie wir miteinander umgehen: in den Abteilungen, zwischen den Abteilungen ...

Herr Heise bestimmt den Basisbegriff des folgenden Gesprächs *vorher* und schafft damit gemeinsame Voraussetzungen. So eine prophylaktische Begriffsklärung ist dann zu empfehlen, wenn wir (zum Beispiel in einer hierarchischen Beziehung) nicht erwarten können, daß unser Partner eine Definitionsfrage stellt.

Vor allem bei Begriffen mit breiten Bedeutungs- und Assoziationshöfen sollten wir uns vorher mit unserem Partner darüber einigen, welche Bedeutungskomponente Gegenstand des Dialogs sein soll. Entweder wir fragen nach, bevor wir von uns aus Stellung nehmen:

A *Wir sollten in den Süden fliegen. Ich brauch unbedingt Erholung.*

B *Was verstehst du unter «Erholung»?*

Oder wir geben unsere Begriffsbestimmung vor:

A *Ich brauch unbedingt Erholung: Wärme, Sonne und Baden. Deshalb sollten wir in den Süden fliegen.*

Sie können Mißverständnisse vermeiden und verhindern, daß Sie und Ihr Partner aneinander vorbeireden, wenn Sie vor einem Austausch von Argumenten die Basisbegriffe klären.

2. Beziehung gestalten

Wir haben in den vergangenen Kapiteln immer wieder herauszuarbeiten versucht, daß die «Klimavorsorge» eine wichtige Voraussetzung für das Gelingen von Gesprächen ist. Im Abschnitt über das Entkräften von Argumenten haben wir gesehen, daß dies auch für die Wirksamkeit von Argumentationen gilt. Der erste Argumentationstheoretiker, Aristoteles, sagt sinngemäß, die beste Argumentation sei nichts wert, wenn unser Partner nicht in der Stimmung ist, sie an sich heranzulassen und sich gedanklich mit ihr zu beschäftigen. Denn «wir geben unser Urteil nicht in gleicher Weise ab, wenn wir traurig bzw. freudig sind oder wenn wir lieben oder hassen» (Rhetorik, 2,5). Den anderen in diese aufnahmebereite Stimmung zu bringen, ist häufig eine äußerst sensible Aufgabe.

Erst wenn wir die Beziehung positiv gestalten und von der Stimmungslage des Partners ausgehen, haben wir die Chance, für unsere Argumentationen ein offenes Ohr zu finden.

3. Erzählen

In der klassischen Rhetorik gibt es folgendes Grundschema für den Aufbau einer Rede:

- exordium (Einleitung),
- narratio (Erzählung),
- argumentatio (Beweisführung),
- peroratio (Schluß).

Die Einleitung benutzte der Redner dazu, sich selbst als glaubwürdig darzustellen, also in unserer Terminologie «die Beziehung zu gestalten». Der Erzählteil sollte die Argumentation auf andere Weise emotional vorbereiten: Er sollte die Zuhörer zum Miterleben, Mitempfinden bringen.

Von Cicero wird berichtet, daß er es in seinen Plädoyers verstand, in der «narratio» in seinen Zuhörern die Gefühle zu wekken, die er als Basis für seine argumentative Beweisführung brauchte: Mitleid, Angst, Trauer, Wut ... Zur Illustration seiner Erzählungen soll er unter anderem weinende Kinder und jammernde Witwen in den Gerichtssaal gebracht haben. «Denn», so sagt er in «De oratore» (2,178), «nichts ist ja beim Reden wesentlicher ..., als daß der Zuhörer dem Redner gewogen ist und daß er selbst so tief beeindruckt wird, daß er sich mehr durch den Drang seines Herzens und einen inneren Aufruhr als durch ein Urteil oder seine Einsicht lenken läßt.» In diesem Zitat finden wir die drei klassischen Wirkungsmittel: «ethos» (Charakter des Redners), «pathos» (Stimmung, Gefühl), «logos» (argumentative Beweisführung).

Was für die zusammenhängende Rede gilt, können wir recht gut auch für die Vorbereitung einzelner argumentativer Schritte im Gespräch verwenden. Ob Sie weinende Kinder vor Ihrem Gesprächspartner aufmarschieren lassen, müssen Sie selbst entscheiden.

Erzählungen haben immer dann den Stellenwert wirkungsvoller Argumente, wenn Sie an den Erfahrungs- und Erlebnisbereich des Partners anknüpfen, wenn Sie ein Bild herstellen, in dem er sich «zu Hause fühlt».

Eine plastische Erzählung ist häufig ein sehr eindrucksvolles Argument. Oft reicht eine Erzählung, um eine Bitte oder eine Behauptung plausibel erscheinen zu lassen.

Warum argumentieren wir?

Theorie

Wenn jemand etwas behauptet oder uns zu etwas auffordert, behauptet er damit

- daß seine Äußerungen **wahrhaftig** sind, daß er weder sich noch uns täuscht,
- daß seine Behauptung **wahr** (zumindest «wahrscheinlich») ist,
- daß seine Aufforderung **angemessen** (gerechtfertigt) ist.

Nach Jürgen Habermas (1974, S. 123 ff.) sind das die drei «Geltungsansprüche», die wir im Gespräch in Frage stellen können. Etwas genauer:

1. Wir können Zweifel haben, daß jemand das, was er sagt, auch so meint, zum Beispiel, daß er uns nur zu unserem Vorteil beraten will. Diese Zweifel kann der andere durch Argumentationen nicht ausräumen. Seine Wahrhaftigkeit (Glaubwürdigkeit) kann er nur versichern. Wenn wir ihm da keinen Vertrauensvorschuß geben, können wir die Kommunikation auch gleich abbrechen.

2. Wir können dem anderen deutlich machen, daß wir eine Behauptung so nicht stehen lassen wollen, daß wir Zweifel haben, ob sie stimmt. Wir können nach Gründen fragen oder widersprechen. Das ist ein Anlaß für den Partner zu argumentieren, um den «Geltungsanspruch der Wahrheit» zu rechtfertigen.
3. Wir können Zweifel haben, daß das, wozu uns jemand auffordert, richtig (der Situation angemessen) ist. Auch dann wird er argumentieren, wenn er nicht den Geltungsanspruch mit Gewalt durchsetzen kann oder will.

Grundsätzlich argumentieren wir also, wenn etwas **strittig** ist oder wenn wir annehmen, daß es strittig sein könnte: die Wahrheit einer Behauptung, die Angemessenheit einer Aufforderung.

Aber warum argumentieren wir und werfen dem anderen nicht nur Befehle oder Drohungen oder gleich noch härtere Gegenstände an den Kopf, wenn wir ihn dazu bringen wollen, etwas zu tun oder zu lassen?

Der erste Grund: Wir unterstellen dem Partner **Vernunft**, das heißt:

- Wir nehmen an, daß der andere **grundsätzlich in der Lage** ist, vernünftige Schlüsse zu ziehen.
  Die Nachbarin der Hartmanns versucht zwar, ihren Schnauzer Kasimir mit Argumenten zu überzeugen –
  Kasimir, spring Herrn Hartmann nicht an. ARGUMENTANDUM
  Du hast so schmutzige Pfoten. ARGUMENT
  ob jedoch Kasimir diesen Schluß als plausibel nachvollziehen kann, ist eher zweifelhaft.
- Wir nehmen an, daß unser Partner in diesem Moment bereit und in der Lage ist, vor allem **seinen Verstand** zu benutzen, uns zuzuhören, über unsere Argumente nachzudenken und ihnen dann zuzustimmen oder sie abzulehnen.
  Wie oft sind Sie in Gesprächen schon verzweifelt, weil Sie mit ihren wirklich guten Argumenten gegen eine Wand aus emotionalen Widerständen gerannt sind?
  Wie oft hat Alf seinem Partner schon nahebringen wollen, daß

der seine Reisen zum Beispiel zu einer Präsentation mit der Bahn oder mit dem Flugzeug machen soll und nicht im Firmenwagen. Aber der scheint taub zu sein für die besten Argumente. Seine Begründung:

Ich bin schon immer mit dem Wagen gefahren.

Inzwischen vermeidet Alf dieses Thema.

Wenn die (emotionalen) Widerstände des Partners oder seine ideologische Position eine argumentative Auseinandersetzung nicht zulassen, kann es sinnvoll sein, das Gespräch zu diesem Thema abzubrechen.

Der zweite Grund: Uns fehlen oft die Voraussetzungen, auf unseren Partner mit anderen Mitteln einzuwirken.
Krause junior kann Bettina Hartmann Anweisungen geben, ohne deren Angemessenheit zu begründen:

Frau Hartmann, machen Sie das Angebot an Marx bis mittags fertig.

Auch seine Handlungen muß er nicht durch Argumente rechtfertigen:

Ich komme morgen eine Stunde später.

Wenn Bettina früher gehen will, muß sie schon gute Gründe vorbringen. Es bleibt ihr nichts anderes übrig, ob sie nun in diesem Augenblick bei Krause junior Vernunft unterstellen kann oder nicht.

Wir haben es schon in Kapitel 12.1 angedeutet, als wir über die Funktion von öffentlichen und privaten Argumenten sprachen, und Peter Schneider hat es in einem treffenden Aphorismus zusammengefaßt: «Die Mächtigen befehlen, die Ohnmächtigen argumentieren.»

Mit welchem Ziel argumentieren wir?

Wenn wir argumentieren, hoffen wir im allgemeinen, daß der andere unsere Argumente plausibel findet, ihnen zustimmt und entsprechend handelt.

Alf sagt zum Beispiel in einem Kundengespräch:

Ich empfehle Ihnen einen Beileger in den örtlichen Tageszeitungen. ARGUMENTANDUM

Grund eins: So kriegen wir eine hohe Verbreitung. ARGUMENTE *1.*
Zweitens: Die Dinger sind genau so teuer wie eine Anzeige. *2.*
Drittens: Wir können sie noch über andere Kanäle *3.*
an den Verbraucher bringen: Postwurf, Thekenauslage,
Verteilen in der Fußgängerzone.
Und schließlich viertens: Relativ geringe Produktions- *4.*
kosten pro Exemplar wegen der hohen Auflage.

Er hofft, daß dem Kunden diese Argumente einleuchten und er einem Beileger zustimmt. Das Ziel der Argumentation ist also: Zustimmung (Konsens) ► entsprechende Handlung (Kooperation)

Theorie

In der Argumentationstheorie wird häufig als Ziel der Argumentation der **Konsens** genannt (Kopperschmidt 1978, 1980; Habermas 1971). Konsens ist – so meinen wir – ein Bewußtseinszustand (Ich bin mir bewußt, daß ich der Argumentation zustimme). Natürlich ist es erstrebenswert, daß jemand, der so handelt oder entscheidet, wie wir es wollen (also mit uns kooperiert), auch mit uns innerlich übereinstimmt. Dann steht er dahinter, dann können wir uns auf ihn verlassen. Für den Gesprächsalltag ist das aber eine sehr idealistische Voraussetzung: Wenn unser Partner uns zustimmt oder so handelt, wie wir es wollen, können wir daraus nicht unmittelbar auf einen Konsens, eine innere Übereinstimmung, schließen. Wir wissen nicht genau, ob die Plausibilität unserer Argumentation den anderen zur Kooperation bewegt hat oder ob er uns aus taktischen Gründen zustimmt und mitmacht. Nehmen wir an, der andere hat unsere Argumentation verstanden, ist bereit sich mit ihr auseinanderzusetzen. Dann passiert bei unserem Partner etwa folgendes:

1. reflektieren 2. bewerten 3. probehandeln 4. reagieren

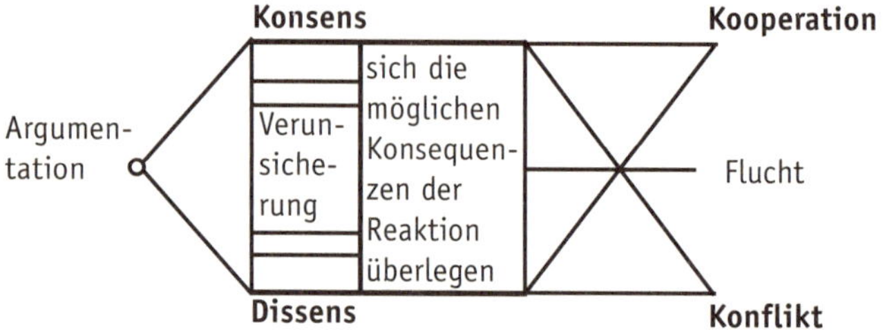

- Zugegeben: Das Schema ist zunächst ein bißchen verwirrend. Gehen wir einfach mal die vier Schritte in der obersten Zeile der Grafik durch, um das gesamte Schema zu interpretieren:

1. reflektieren: Der Hörer denkt über unsere Argumentation nach.
2. bewerten: Entweder er stimmt zu (Konsens), oder er lehnt sie ab (Dissens), in einigen Punkten oder grundsätzlich – oder er ist verunsichert.
3. probehandeln: Er überlegt sich, wie er reagieren könnte und was die Reaktion für Folgen hätte.
4. reagieren: Er signalisiert,
   - daß er mit uns einig ist oder mitmachen will (Kooperation),
   - daß er nicht mit uns übereinstimmt (Konflikt),
   - daß er sich nicht sicher ist, zum Beispiel fragt er nach, äußert einzelne Bedenken,
   - daß er das Thema nicht weiter behandeln will (Flucht), zum Beispiel lenkt er ab, geht auf ein anderes Thema über.

Die Phase 3 ist in dieser Schrittfolge besonders wichtig. Unser Partner spielt durch, welche Reaktion jetzt angemessen und vernünftig wäre. **Und nicht immer ist es für ihn vernünftig, seinen Überzeugungen gemäß zu handeln**, also bei Konsens mit uns zu kooperieren, bei Dissens eine Kooperation abzulehnen.

1. **Konsens ► Konflikt**

Es gibt Situationen, da ist er zwar unserer Meinung, aber es könnte für ihn sehr problematisch werden, wenn er uns ohne weiteres zustimmen oder unseren Plänen folgen würde. In ihm tobt ein kleiner Kampf zwischen Überzeugungen und Verpflichtungen oder sozialen Bindungen: «Die Idee von Peter überzeugt mich, aber ich hatte doch Paul schon zugesagt ...», «Peter hat recht, aber wenn ich ihm zustimme, rastet Paul aus.»

Peters Bindungen können verhindern, daß er seinen Überzeugungen folgt. Mit Begriffen wie «Corpsgeist» und «Fraktionszwang» werden solche Handlungen oft als soziale oder politische Tugenden etikettiert.

2. **Dissens ► Kooperation**

Aber auch wenn unser Partner sagt «O. K., mach ich», können wir nicht unbedingt daraus schließen, daß er von der Stimmigkeit unserer Argumentation überzeugt ist, vor allem, wenn er von uns abhängig ist, sozial oder finanziell. Wenn er uns seiner Überzeugung gemäß die Kooperation verweigern würde, könnte das für ihn Nachteile haben: «Ich finde das, was Peter will, total blödsinnig, aber wenn ich nicht mitmache ...» Er überlegt sich die Folgen und stimmt zu oder macht mit, obgleich er anderer Meinung ist.

Je stärker ein Untergebener die existenzielle Abhängigkeit vom Wohlwollen des Vorgesetzten erlebt, desto geringer ist sein Mut zum begründeten Widerspruch, zur argumentativen Auseinandersetzung.

3. **Dissens ► Flucht**

Es gibt Situationen und Themen, da lohnt es sich nicht zu widersprechen, auch wenn wir anderer Meinung sind: «Soll ich mich an seinem Geburtstag mit ihm streiten?», «Muß ich deswegen Streß machen?» Meistens geht es dann um Kleinigkeiten, um Meinungsgeplänkel über Nebensächlichkeiten. Wenn allerdings Entscheidungen erwartet werden, schieben wir sie hinaus: «Ich überleg mir das.» Oder wir entziehen uns: «Du, ich hab jetzt keine Zeit.» «Bitte nicht hier und jetzt.» Solche «nicht-linearen» Reaktionen lösen häufig innere Spannungen (Dissonanzen) aus. Und die können wir uns bei unserer Überzeugungsarbeit zunutze machen. Wie, haben wir in Kapitel 12.4 (Einstellungen) beschrieben.

Wir sollten die Ziele unserer Argumentationen nicht zu hoch stecken: Viel erreicht haben wir schon, wenn der Partner bereit ist, über unsere Argumente nachzudenken, noch mehr, wenn er in seinen eigenen Einstellungen oder in seinem Handlungsplan verunsichert wird. Wir können fast eine Rangfolge des möglichen Argumentationszieles aufstellen:

1. Der Partner ist bereit, unsere Argumente anzuhören.
2. Er denkt über diese Argumente nach, gleicht sie mit seinen Standpunkten oder Planungsmustern ab.
3. Er stimmt uns zwar nicht zu, zeigt aber Verständnis für unseren Standpunkt, unsere Idee.
4. Er gibt zu, daß wir von unserem Standpunkt aus recht haben.
5. Er ist in seinem Standpunkt verunsichert.
6. Er handelt in unserem Sinne, ändert seine Einstellungen jedoch nicht.
7. Er ist überzeugt, daß wir recht haben (Konsens).
8. Er ändert seine Einstellung, verwirft seine Pläne.

9. Er handelt in unserem Sinn (Kooperation), und zwar aus Überzeugung.

Jeder dieser Schritte könnte ein realistisches Endziel für uns sein, für das es sich lohnt, sich auf einen argumentativen Dialog einzulassen. Die Situation läßt eben oft nicht mehr zu. Aber wir haben noch andere Ziele, wenn wir argumentieren:

- **Innovation:** Wir wollen unseren Partner für etwas interessieren und in ihm eine Meinung entwickeln.
- **Bestätigung:** Auch wenn wir wissen, daß wir grundsätzlich gleicher Meinung sind wie unser Partner, tauschen wir unsere Argumente aus, zum Beispiel zur politischen Lage, nach einem Theaterbesuch. Auf diese Weise ergeben sich andere Facetten, neue Perspektiven und Erkenntnisse.
- **Standpunkte festlegen und Argumente überprüfen:** Wir versuchen, den Konsens in einer Gruppe (Interessenvertretung, Partei) mit Argumenten zu untermauern, die wir dann gemeinsam nach außen vertreten können.
- **Abgrenzen (gegen die Meinung des Partners):** Wir wissen von vornherein, daß es keine Übereinstimmung oder Kooperation geben wird, möchten aber, daß der andere nachvollziehen kann, warum das so ist.
- **Aufmerksamkeit gewinnen:** Wir liefern eine argumentative Show, zeigen, daß wir kluge Schlüsse ziehen können, beweisen unsere Überlegenheit, machen uns auf (fast) jeder Party unentbehrlich.

Wir sehen: Es geht beim Argumentieren nicht nur um das Herstellen von Konsens. Es geht um Handlungsbeeinflussung. Es geht auch um Beziehungsgestaltung, um Selbstdarstellung, um das Erzeugen von Gefühlen, um Innovation. Und nicht zuletzt argumentieren wir häufig mit dem Ziel, einen Konflikt zu verdeutlichen, uns abzugrenzen, einen Dissens zu begründen.

Grenzen von Argumentation

Häufig unterschätzen wir die Wirkung unserer Argumentation. Wenn Alf seinem Partner Dirk spontan widerspricht, muß das nicht heißen, daß es in nächster Zeit kein neues Dienstfahrzeug gibt. Alf denkt mit großer Wahrscheinlichkeit über diese Argumente nach, vor allem dann, wenn Dirk ihn an der richtigen Stelle «abgeholt» hat. Argumente sind gewissermaßen Samenkörner. Sie brauchen oft eine gewisse **Keimzeit**. Da sind wir häufig etwas zu ungeduldig, haben kein Vertrauen zur Langzeitwirkung unserer guten Gründe.

Wenn wir nicht gleich Zustimmung finden, häufig schon beim geringsten Anzeichen für Dissonanz, schieben wir das nächste Argument nach, überschwemmen den Partner geradezu mit unseren Begründungswasserfällen:

Dirk *Du, wir sollten die Präsentation bei Konietzke verschieben.*

Alf *Und wieso?*

Dirk *Wir schaffen das nicht.*

Alf *Ich denke schon, daß wir das schaffen. Wir haben noch drei Tage Zeit.*

Dirk *Schon, aber die Andrucke von Zoellner sind noch nicht da.*

Alf *Die hat er für morgen versprochen.*

Dirk *Weiß ich auch, aber Bernd hat die Zeichnungen auch noch nicht fertig.*

Alf *Der sitzt dran und bleibt heut abend 'ne Stunde länger.*

Dirk *Na gut, aber die müssen wir auch noch einpassen.*

Alf *Das mache ich morgen abend.*

Dirk *O. K., aber ...*

Das geht noch über einige Stationen so weiter. Typisch für dieses «argumentative Insistieren» ist die Einleitungsformel «Ja ... aber». Irgendwann blockt Alf total ab.

Alf *Nerv mich nicht, ich mach das alleine.*

Sie kennen sicher Situationen, in denen Sie auf dieses Insistieren ziemlich aggressiv reagieren, jedenfalls nicht so, wie man es in einem *argumentativen* Dialog erwartet: vernünftig.

Es kann aber auch sein, daß Alf weichgeklopft ist und nachgibt:

Alf *Na gut, ruf Konietzke an.*

Hinterher fühlt er sich nicht *überzeugt*, sondern *überredet*. Es war nicht die Plausibilität der Argumentationen, sondern die Penetranz der Kanonade, die ihn zur Kooperation bewogen hat. Irgendwann hat er die Ohren zugemacht. Später ärgert er sich. Vielleicht wäre es schon nach dem zweiten Argument ganz nützlich gewesen, die Rechtfertigungsbasis Dirks zu paraphrasieren und sich diese Basis genauer anzusehen:

Dirk *Du, wir sollten die Präsentation bei Konietzke verschieben.*

Alf *Und wieso?*

Dirk *Wir schaffen das nicht.*

Alf *Ich denke schon, daß wir das schaffen. Wir haben noch drei Tage Zeit.*

Dirk *Schon, aber die Andrucke von Zoellner sind noch nicht da.*

Alf *Die hat er für morgen versprochen.*

Dirk *Weiß ich auch, aber Bernd hat die Zeichnungen auch noch nicht fertig.*

Alf *Du meinst also, es ist noch soviel zu tun, daß wir den Termin mit Konietzke nicht halten können?* (PARAPHRASE)

Dirk *Genau.*

Alf *Dann laß uns doch mal einen kleinen Zeitplan machen ...*

So wird aus der Abfolge Argument–Gegenargument ein Planungsgespräch.

Sie entwerten Ihre Argumentationen, wenn Sie Ihrem Partner nicht Zeit lassen, über die Plausibilität dieser Argumentationen nachzudenken. Mit «insistierender Argumentation» erreichen Sie oft sehr schnell bei Ihrem Partner die Grenzen der Zuhör- und Verständigungsbereitschaft.

Eins ist in diesem Kapitel sicher klar geworden: Das beste Argument ist nichts wert, wenn der andere nicht bereit ist, sich damit gedanklich zu beschäftigen. Und dann drohen wir oder bitten inständig oder versprechen einen Rosengarten. Das sind andere Möglichkeiten, jemanden zu einer Handlung zu bewegen.

13.2 Raten, Warnen, Drohen, Erpressen

Raten, Warnen

Alfs Partner Dirk muß dringend zu einem Kunden nach Düsseldorf. Da in Nordrhein-Westfalen gerade die Sommerferien begonnen haben, gibt ihm Alf den Ratschlag:

Fahr mit der Bahn. Da hast du keinen Streß und kommst pünktlich an.

Er empfiehlt ihm also, etwas Bestimmtes zu tun, und begründet diese Empfehlung mit den positiven Folgen. Er hätte das Ganze auch in eine Warnung kleiden können:

Wenn du mit dem Wagen nach Düsseldorf fährst, stehst du garantiert drei Stunden im Stau.

Er nennt ihm die negativen Folgen einer bestimmten Handlung.
Nils Hartmann zu seinem Vorgesetzten, Herrn Merker:

Wir sollten die F 50 nicht mit der Post schicken. Ich fürchte, die kommt nicht heil an.

Nils rät Herrn Merker also davon ab, etwas zu tun, und begründet das. Diese Form der Warnung ist vielleicht noch etwas zwingender als der Wenn-dann-Satz oben, weil am Anfang eine Aufforderung steht. Genau betrachtet sind Ratschläge und Warnungen Argumentationen. Der erste Teilsatz gibt das an, was der andere tun sollte oder besser nicht tun sollte, der zweite nennt die Begründung. Wir würden diese Äußerungsformen hier gar nicht erwähnen, wenn die Grenze zu einem anderen Sprechhandlungstyp in unserer Gesprächspraxis nicht so häufig verwischt wäre: zur Drohung und Erpressung.

Sehen wir uns zunächst einmal die etwas harmlosere Form an. Drohungen haben oft die äußere Form von Ratschlägen: Nils zu einem neuen Mitarbeiter.

Michael, ich rate dir, morgens pünktlich zu kommen. Deine Probezeit ist noch nicht um.

Oder sie werden als Warnungen deklariert:

Michael, ich warne dich: Noch einmal so einen Murks, und du packst deine Sachen.

Wenn wir jemanden warnen, haben wir keine Kontrolle über die Konsequenzen. Alf nimmt zwar an, daß es Staus geben wird, aber er kann sie nicht herbeiführen oder verhindern. Aber wenn Nils' Mitarbeiter Michael nicht so spurt, wie Nils sich das vorstellt, dann hat der die Macht, ihn zu feuern, kann also die Konsequenzen herbeiführen, die er ihm angedroht hat. Er kündigt zwar eine Warnung an, äußert aber eine handfeste Drohung.

Drohungen setzen also immer voraus, daß der andere bestimmte Machtmittel besitzt.

Theorie

Für die linguistische Pragmatik haben Warnung und Drohung dieselbe Struktur (vgl. Wunderlich 1976, S. 277 ff.): «Wenn du p tust, dann q» oder «Tu p nicht, sonst q». Allerdings ist das inhaltliche Muster jeweils ein anderes. Bei der Warnung können die genannten Konsequenzen («Du stehst garantiert im Stau», «Die F50 kommt bestimmt nicht heil an») als Sachargumente gewertet werden. Sie geben dem anderen die Möglichkeit, diesen Schluß als plausibel zu akzeptieren oder als nicht zwingend zu verwerfen. Sie lassen ihm die Freiheit, darüber nachzudenken und entsprechend zu handeln. Kienpointer (1996, S. 149 ff.) spricht hier von «praktischen Schlüssen». Drohungen sind für ihn keine Argumentationen, sondern Trugschlüsse: Jemand hat die Machtmittel, dem Partner negative Konsequenzen aufzuzwingen, wenn dieser andere nicht tut, was er will. Der Partner hat keine Möglichkeit, über die Plausibilität dieses Schlusses nachzudenken. Er kann allenfalls die angedrohten Folgen abwägen. Er handelt nicht, weil er überzeugt ist, sondern weil er Angst vor diesen Folgen hat. Weiter unten wollen wir uns mit diesem Problem unter den Stichwörtern «Überzeugen – überreden» etwas genauer beschäftigen.

Drohen ist also eine Machtdemonstration, der Versuch, Macht zu stabilisieren. Es gibt Chefs, die stehen auf dem Standpunkt «Wenn ich nicht drohe, tun die Leute nichts». Selbstverständlich ist die Wahl des Führungsstils ihre Entscheidung.

Nils Hartmann hat solche Drohgebärden im allgemeinen nicht nötig. Aber Michaels Verhalten bringt Nils mächtig auf die Palme. Der zwingt ihn geradezu zu diesen Drohungen. Nur muß Nils wissen, daß diese Form der Handlungsbeeinflussung nicht gerade ein geeignetes Mittel ist, die Beziehung positiv zu gestalten.

Drohungen sind oft ein sehr wirkungsvolles Mittel, wenn wir etwas durchsetzen wollen. Manchmal das letzte, das uns bleibt, wenn wir uns gegen Herrschaftsakte zur Wehr setzen wollen. Im Kapitel 12.2 konstruierten wir folgendes Gespräch zwischen Bettinas Schwester Christine und ihrem Chef, Herrn Knoke:

Christine *Kann ich nicht nächstes Wochenende ...?*

Knoke *Ich brauche Sie nicht am nächsten Wochenende, sondern heute. Ihre private Situation kann ich hier nicht berücksichtigen. Tut mir wirklich leid für Sie, Frau Selke.*

Christine *Dann sollte ich Sie mal auf Ihre private Situation ansprechen. Vor allem auf Ihr Verhalten gegenüber der Kollegin Bause. Hören Sie auf, mich zu schikanieren. Ich weiß eine Menge. Und nicht alle mögen Sie hier im Betrieb.*

Knoke *Was wollen Sie damit sagen?*

Christine *Denken Sie mal drüber nach.*

Ist diese Drohung legitim? Entscheiden Sie selbst. Beziehungsfördernd ist sie zumindest nicht. Aber ist diese Beziehung überhaupt noch zu kitten?

Fazit: Wenn wir die entsprechenden Machtmittel haben, besitzen wir auch die Voraussetzungen, jemandem zu drohen.

Wie man richtig wirkungsvoll droht, brauchen wir hier nicht zu zeigen. Wir sind sicher: Da finden Sie schon die richtigen Worte. Ungleich schwieriger ist es, sich gegen Drohungen zur Wehr zu setzen.

Wie könnte Herr Knoke auf Christine Selkes Drohung reagieren?

1. Er könnte vor Konsequenzen warnen

Bitte, Frau Selke, wenn Sie es so haben wollen. Wenn Sie mir da wirklich etwas vorzuwerfen haben, werden Sie diese Anschuldigungen vor der ganzen Mannschaft vorbringen müssen. Sind Sie dazu bereit?

Und dann wartet er geduldig darauf, daß diese Argumentation im Partner keimt. Drohungen entstehen ja oft aus einer etwas gespannten Gefühlslage, unüberlegt, ohne die Konsequenzen genau bedacht zu haben. Allerdings: Wer so kontert, braucht eine gute Portion Selbstbewußtsein oder muß sich seiner Sache ziemlich sicher sein. Sehr häufig sind wir das nicht und müssen andere Möglichkeiten suchen, uns zur Wehr zu setzen.

Alf hat einen zugesagten Termin nicht einhalten können. Der Kunde droht:

Herr Selmer, bei meinem Anruf in der letzten Woche hatten Sie versprochen, daß die Prospekte spätestens Montag dasein sollten. Heute haben wir Mittwoch. Wir wollen am Montag auf die Messe. Das wissen Sie genau. Wenn die Dinger bis Freitag nicht hier sind, war das der letzte Auftrag, den Sie von uns bekommen haben.

Alf wird zunächst einmal kalkulieren: Ist die Drohung ernst gemeint? Was hätte es für Konsequenzen für den Kunden, wenn er die Agentur wechseln würde?

Und wenn die Drohung wirklich ernst genommen werden muß, was hätte das für Folgen für Alfs Agentur?

Nehmen wir an: Die Drohung ist ernst zu nehmen, und Alf kann und will diesen Kunden nicht verlieren. Wie könnte er reagieren?

2. Er könnte sein eigenes Verhalten rechtfertigen

Wir haben ein paar Probleme mit den Farben. War ja auch etwas kompliziert, das müssen Sie zugeben. Dadurch verzögert sich die Sache.

Ob Alfs Probleme seinen Kunden interessieren? Diesen wohl kaum. Der steht offensichtlich sehr unter Druck und ist mächtig verärgert.

3. Er könnte Verständnis äußern

Wer so verärgert ist, daß er sogar drohen muß, will zunächst, daß man ihn ernst nimmt und versteht:

Ich verstehe, daß Sie stinksauer sind ...

Manchmal dämpft ein solches Empathie-Signal den ersten Ärger. Aber es kann durchaus passieren, daß der andere diese Versicherung nur als Floskel wertet. Das tut er mit großer Wahrscheinlichkeit dann, wenn Alf so fortfahren würde:

Ich verstehe, daß Sie stinksauer sind, aber ...

Ja-aber-Formulierungen haben häufig wirklich nur den Wert einer Floskel. Vom Bedeutungsgehalt her widerspricht zudem der Aber-Satz der ersten Aussage. Glaubwürdiger ist es so:

Ich verstehe Ihren Ärger. Wir haben Sie hängenlassen, und nun haben Sie Angst, daß Sie die Sachen nicht mehr rechtzeitig vor der Messe bekommen.

Erkennen Sie die Strategie? Durch eine Paraphrase «spiegelt» Alf die Empfindungen und Befürchtungen des Kunden, gibt ihm die Möglichkeit, sie eventuell zu überdenken. Außerdem zeigt Alf ihm, daß er die Probleme einschätzen kann und sich ernsthaft mit ihnen beschäftigt (siehe auch Kapitel 8.3). Übrigens könnte Alf diese Paraphrase auch seiner Rechtfertigung voranstellen:

Ich verstehe Ihren Ärger. Wir haben Sie hängenlassen, und nun haben Sie Angst, daß Sie die Sachen nicht mehr rechtzeitig vor der Messe bekommen. Wir haben ein paar Probleme mit den Farben. War ja auch etwas kompliziert, das müssen Sie zugeben. Dadurch verzögert sich die Sache.

4. Er könnte auf die Meta-Ebene gehen

Wir sagten: Drohungen sind oft spontane emotionale Handlungen. Natürlich kann Alf diese Tatsache auch zum Gegenstand seiner Reaktion machen.

Herr Mertens, unsere Geschäftsbeziehung war bisher so gut. Da denke ich, wir sollten nicht mit Drohungen aufeinander losgehen.

Ob eine solche Meta-Äußerung im Rahmen Ihres Berufsalltags und Ihrer Geschäftsverbindungen einen großen Effekt hätte, müssen Sie selbst entscheiden. Diese Strategie ist immer dann wirkungsvoll, wenn die Stimmigkeit der Beziehung für den Partner, der uns droht, einen sehr hohen Wert darstellt. Auch er weiß: Drohungen sind kein Zeichen von Wertschätzung und Vertrauen.

Eine andere Form der Drohung ist die Erpressung.

Ich habe hier ein paar interessante Fotos, Herr Benke. Wieviel ist es Ihnen wert, wenn ich sie nicht Ihrer Frau zukommen lasse?

Formal gibt es keinen erkennbaren Unterschied zur Drohung. Die Gangart ist allerdings etwas schärfer, und es kommen drei Dinge hinzu:

- Hier möchte jemand nicht nur seine Macht demonstrieren, sondern auch einen klar definierten – meist materiellen – Vorteil für sich herausschlagen.
- Die Machtmittel des Erpressers sind unbestreitbar. Sie sind keine soziale Position, kein angebliches Wissen. Es sind Fakten: Fotos, Briefe, eine Geisel.
- Oft ist die Abgrenzung zur Drohung nicht leicht. Ist die Äußerung von Christine Selmer eine Drohung oder eine Erpressung? Ganz sicher können wir von Erpressung sprechen, wenn die angedrohte Handlung juristisch gesehen strafbar ist (§ 253 StGB).

Ab und zu sprechen wir auch von **sanfter Erpressung**:

Sie bekommen den Auftrag nur, wenn Sie mit dem Preis erheblich heruntergehen.

Wir können die Sache auch etwas schneller abwickeln. Aber das hat natürlich seinen Preis.

Wahrscheinlich fallen Ihnen bei diesen Äußerungen zwei andere Begriffe ein: «Verhandeln» oder «Aushandeln» und «Versprechen».

Theorie

Für den Linguisten Dieter Wunderlich (1976, S. 288) sind die Erpressung und das Aushandeln nur dadurch unterschieden, daß die Erpressung «keine Alternativen zuläßt ..., während das Aushandeln sehr wohl Alternativen zuläßt, über die auch verhandelt werden könnte» (S. 287). Seine Beispiele:

Aushandeln: «Wenn du mir die Jacke nähst, reparier ich deine Lampe.»

Erpressung: «Wenn du mir die Jacke nicht nähst, reparier ich nicht deine Lampe.»

Wunderlich spricht bei dieser Art der Erpressung von einem «bedingten Versprechen» (S. 288).

Versprechen geben wir aber häufig auch, ohne eine Bedingung an sie zu knüpfen. Linguistisch gesehen ist ein Versprechen zunächst einmal eine Behauptung, daß wir etwas tun oder lassen werden und daß wir unter normalen Bedingungen auch die Möglichkeit dazu haben (Wunderlich, S. 156).

13.3 Versprechen

Meistens versprechen wir etwas, wenn wir einen **Beziehungskonflikt lösen** wollen. Jemand hat uns zum Beispiel kritisiert, und wir versprechen, uns danach zu richten:

Nils (zu seinem Mitarbeiter Kurt) *Die F43 sollte längst montiert sein. Du hast wohl heute Blei in den Fingern.*

Kurt *O. K., ich beeil mich. In einer Stunde bin ich soweit.*

Oder wir versprechen, etwas zu tun, um einem solchen **Konflikt** (zum Beispiel einer Kritik) **vorzubeugen**:

Kurt (bevor Nils ihn darauf anspricht) *Nils, für die F43 brauch ich noch 'ne Stunde. Aber dann ist sie garantiert fertig.*

Häufig versprechen wir etwas, um zu bestätigen, daß wir eine **Verpflichtung ernst nehmen**:

Ich hatte Ihnen gesagt, die ganze Sache wird nicht teurer.

Und ich verspreche Ihnen, daß wir bei dem Preis bleiben.

Natürlich geben wir auch ein Versprechen, um dem Partner eine **Freude zu machen**:

Ich bringe dir einen ganz dicken Blumenstrauß mit.

Allerdings gibt es Situationen, in denen wir sehr leichtfertig mit solchen prognostischen Äußerungen umgehen, nur um die Situation zu retten und die Beziehung für den Moment zu kitten. Wenn wir dabei zu hoch greifen und der Partner sich auf unser Versprechen verlassen hat, kann so ein falsches oder windiges Versprechen allerdings zum Bumerang werden. Die Beziehung ist wieder mal, diesmal vielleicht sogar stärker gestört, und unsere Glaubwürdigkeit und Zuverlässigkeit bekommt zumindest in den Augen dieses Partners einen deutlichen Knacks.

Und wie gehen wir mit Versprechungen anderer um? Wie könnte Nils auf Kurts Versprechen reagieren?

Nils *Die F43 sollte längst montiert sein. Du hast wohl heute Blei in den Fingern.*

Kurt *O. K., ich beeil mich. In einer Stunde bin ich soweit.*

Nils *Wenn das Gerät nicht in einer Stunde montiert auf meinem Tisch steht, fällt deine Mittagspause aus, mein Lieber.*

Nils droht also mit unangenehmen Konsequenzen, wenn Kurt sein Versprechen nicht einhält. Nicht sehr beziehungsfördernd, zugegeben. Aber oft bleibt uns kaum etwas anderes übrig, wenn der andere merken soll, daß er mit einem Versprechen eine Verpflichtung übernommen hat. Natürlich hätte Nils das auch etwas partnerschaftlicher ausdrücken können:

Also in einer Stunde. Ich verlaß mich drauf.

Auch hier wird dem anderen klar: Der andere erwartet, daß ich meine Verpflichtung erfülle. In beiden Fällen nimmt Nils allerdings an, daß das Versprechen realistisch ist, daß Kurt es erfüllen kann. Wenn wir da Zweifel haben, empfiehlt es sich, die Realisierungsmöglichkeiten zu problematisieren.

Alfs Geschäft lebt von Versprechungen. Allerdings bemüht er sich, auf der Skala zwischen bescheidener Zurückhaltung und maßloser Übertreibung für jeden Kunden den angemessenen Wert zu finden:

Alf *Sie werden sehen: In einem Jahr kennt Sie in Leipzig jedes Kind.*

Kunde *Nana, und wie wollen Sie das machen?*

Nach dieser provokanten Frage sind Konkretisierung und Präzisierung gefragt. Und die hat Alf parat, darauf können wir uns verlassen.

Immerhin: Der Kunde äußert Zweifel und fragt nach. Und das tun wir häufig zuwenig angesichts der vielen Versprechungen, die uns täglich (zum Beispiel von der Werbung) gemacht werden. Vor allem dann, wenn diese Versprechungen unsere Grundbedürfnisse wie Besitz, Schönheit und Sicherheit betreffen (siehe dazu Kap. 14).

13.4 Bitten

Haben Sie das als Kind auch so gehaßt? Sie wollten etwas haben, ein Eis, Ihren Teddy, und das haben Sie dann unmißverständlich geäußert:

Ich will ein Eis.

Ich will meinen Teddy.

Aber Ihre Eltern konnten das anscheinend nie richtig verstehen, denn sie fragten – hörbar ratlos – nach:

Wie *heißt das?*

Wie *sagt man?*

«Man» waren offensichtlich alle anderen deutscher Zunge, außer Ihnen. Oder Ihre Eltern übersetzten diese Appelläußerung in richtiges Deutsch:

Ich möchte bitte *ein Eis.*

Ich möchte bitte *meinen Teddy.*

Sie haben es schnell gelernt: So ausgedrückt, waren Ihre Appelle meistens erfolgreich, auch die verrücktesten Wünsche hatten eine Chance, wenn Sie das Wörtchen «bitte» einschoben. Am stärksten entfaltete es seine Wirkung, wenn es am Ende stand, etwas langgezogen gesprochen wurde, wobei man am besten die Lippen etwas schmollend stülpte:

Ich möchte so gerne in den Zoo ... büüütte.

Und so ist es auch noch heute, am Arbeitsplatz, bei Ämtergängen, im Restaurant: Eine Aufforderung, in eine Bitte gekleidet, hat oft größere Chancen, als wenn wir die Angemessenheit dieser Aufforderung mit zwingenden Argumenten zu rechtfertigen versuchten.

Dabei gibt es eine Unmenge von «Verpackungsnuancen»: Von der einfachen Ergänzung des Appells durch das kleine Wörtchen «bitte» (vorweg, mittendrin, am Ende) bis zu flehentlichen «Bittformeln»:

Ich bitte Sie ganz dringlich ...

In Gottes Namen flehe ich Sie an ...

Bei diesen Nuancierungen spielen Sprechausdruck, Gestik und Mimik eine ganz wesentliche Rolle.

Vielleicht macht es Ihnen Spaß, möglichst viele «Bitt-Nuancen» an dem folgenden – eigentlich eindeutigen – Appell zu erproben und sich Situationen vorzustellen, in denen die jeweilige Form angemessen wäre:

Geben Sie mir eine Decke!

Wenn wir einen Appell als Bitte ankündigen («Darf ich dich um etwas bitten ...», «Ich habe da eine Bitte ...»), öffnen wir damit offensichtlich nicht nur das Appellohr des Partners, sondern auch sein Beziehungsohr. Wir signalisieren Wertschätzung, wir zeigen ihm, daß wir es nicht selbstverständlich finden, daß er uns zuhört und das tut, was wir wollen. Ein bißchen unterwerfen wir uns ihm, demonstrieren unsere Abhängigkeit von seinem Wohlwollen.

Wir glauben nicht, daß es notwendig ist, Ihnen hier eine Schale voller Strategien zum erfolgversprechenden Bitten zu servieren. Hier ein paar eher formale Grundsätze:

1. Bitten können **indirekt** formuliert werden, sie können zum Beispiel die Form von **Fragen** haben:

   Kannst du am nächsten Mittwoch für mich den Telefondienst übernehmen?

   Damit geben wir dem anderen einen relativ großen Entscheidungsspielraum.

2. Wir können – noch zurückhaltender – eine **Feststellung** als Bitte verschlüsseln:

   Ich hätte gerne, wenn am nächsten Mittwoch jemand meinen Telefondienst übernehmen würde.

   Dann hoffen wir, daß der andere diesen Wunsch als Bitte an sich interpretiert.

3. Wir können die Bitte **direkt** äußern:

   Bitte sei so nett und übernimm am nächsten Mittwoch für mich den Telefondienst.

   Dies ist nur ein Beispiel für die vielen möglichen Variationen der Formulierung.

4. Wir können alle direkten und indirekten Bitten **begründen**:

   Kannst du am nächsten Mittwoch für mich den Telefondienst übernehmen?

   Ich muß dringend zum Zahnarzt.

Dadurch können wir versuchen, den anderen davon zu überzeugen, daß unsere Bitte angemessen ist.

5. Wir können begründete und unbegründete, direkte und indirekte Bitten mit **Versprechen** verknüpfen:

Bitte übernimm doch für mich am nächsten Mittwoch den Telefondienst. Ich springe dann in der darauffolgenden Woche für dich ein.

Dann handeln wir etwas aus (s. oben S. 275).

Gerade, wenn wir jemanden um etwas bitten wollen, sollten wir seine Perspektive in dieser Angelegenheit übernehmen, ihn also da abholen, wo er sich vermutlich gerade befindet. Und wir sollten daran denken, daß die Beziehungsgestaltung eine wichtige Phase zur Vorbereitung einer Bitte darstellt. Dann wird uns sicher eine angemessene Formulierung und Präsentation einfallen. Und wenn wir nicht der Bittende, sondern der Gebetene sind? Oft sind massive Forderungen mit Bittformeln angereichert. Das Wörtchen «bitte» soll die Unausweichlichkeit zusätzlich unterstreichen:

Könnten Sie bitte *die Tür zumachen!!!*

Stellen Sie sich hinten an, wenn ich bitten *darf!!!*

Daß hier nicht Wertschätzung signalisiert werden soll, hören wir am «Ton». Darauf angemessen zu reagieren sollte nicht problematisch sein.

Ganz anders ist das bei wirklichen Bitten. Sie breiten sich häufig ungehindert und angenehm im Beziehungsohr aus, vor allem dann, wenn sie uns unsere Unentbehrlichkeit als Vertrauter und als einziger Retter in der Not signalisieren. Bitten, die uns an der richtigen Stelle abholen, machen uns weich, veranlassen uns häufig zu Handlungen gegen unsere Überzeugung:

Du bist der einzige, der mir helfen kann. Ich trau mich auch nicht, sonst jemanden zu fragen. Kannst du mir morgen deinen Wagen leihen?

Vielleicht spüren wir auch das Unbehagen in Form einer kognitiven Dissonanz. Da ist auf der einen Seite der Grundsatz «Ich verleihe mein Auto nicht», auf der anderen die Angst vor einer Beziehungsstörung. Es ist nicht leicht, mit Bitten umzugehen, die wir nicht erfüllen wollen oder können. Deshalb machen wir an dieser Stelle einen kleinen Exkurs unter der Überschrift:

Sich weigern

Wenn wir uns weigern, zeigen wir dem Partner, daß wir nicht bereit sind, das zu tun, was er von uns erwartet. Das ist nicht so schwer, wenn diese Weigerung keine negativen Folgen hat, für unsere Zukunft, für die Beziehung zum Partner. Häufig gibt uns der Partner schon in seinem Appell zu verstehen, daß er eine Weigerung akzeptieren würde:

Ich bin dir nicht böse, wenn du «Nein» sagst.

Nur, wenn du das wirklich willst.

Und wenn er das nicht tut? Wenn wir uns weigern, grenzen wir uns bewußt vom anderen ab. Das kann geplant und das erklärte Ziel sein: Nicht mit mir, ganz gleich, was das für Folgen hat! Aber wenn wir die Beziehung nicht gefährden wollen? Wenn wir wollen, daß der Partner einsieht, daß unsere Weigerung angemessen ist?

Hier zwei Strategien, die da helfen könnten:

Schritt 1 (für beide Strategien gleich):
Beziehungsgestaltung: Wertschätzung und Nähe signalisieren, zum Beispiel auf die Voraussetzungen des Partners eingehen:

Ich verstehe, daß du das brauchst …

Schritt 2:

ENTWEDER:	ODER:
Die eigene (besondere) Situation darstellen.	Die allgemeine (gemeinsame) Situation darstellen.
Daraus:	Daraus:
Argumente für die Weigerung *(Wenn ich zustimmen würde, hätte das folgende Konsequenzen …)*	Nach der Notwendigkeit / Angemessenheit der Maßnahme fragen, dagegen argumentieren.
▼	▼
Um Verständnis bitten.	Alternativen zeigen, eventuell Kompromiß aushandeln.

Die erste Strategie zielt stärker auf emotionale Übereinstimmung (mitfühlendes Verständnis), die zweite auf Vernunft und Einsicht. Selbstverständlich können Sie sich auch mit einer Meta-Äußerung helfen, etwa so:

Deine Bitte bringt mich ganz schön in die Bredouille. Auf der einen Seite versteh ich dich, und ich möchte dir helfen. Auf der anderen Seite: Ich verleihe mein Auto grundsätzlich nicht. An niemanden.

Sie zeigen dem Partner Ihr Dilemma, machen Ihren Zustand der kognitiven Dissonanz zum Gesprächsthema. Auch auf diese Weise signalisieren Sie Wertschätzung und Nähe und bitten um Verständnis für Ihre Haltung.

13.5 Suggestion

Wir haben bisher schon eine Reihe von Gesprächs- bzw. Kommunikationsformen behandelt, mit denen man einen Gesprächspartner bewegen kann, etwas Bestimmtes zu tun oder zu lassen: Wir können jemanden direkt auffordern («Holen Sie mir die Akte Baumann!»), wir können bitten («Bitte holen Sie mir ...»), wir können fragen («Würden Sie mir bitte ...»?), wir können indirekt auffordern («Ich brauche die Akte Baumann!»), wir können befehlen («Sie holen sofort die Akte Baumann!»). Darüber hinaus können wir derartige Aufforderungen argumentativ begründen («... ich habe nachher einen Termin mit ihm») oder emotional verstärken («... Himmelherrgottsakra, wie lange soll ich noch darauf warten?!»).

Widerstand

Direkte Aufforderungen und Befehle, oft auch Bitten, haben jedoch zwei gewichtige Nachteile: Sie können Widerstand provozieren, und sie können eine an sich gute Beziehung beeinträchtigen.

Viele Menschen reagieren ungehalten, wenn man sie ausdrücklich auffordert oder auch nur bittet, etwas Bestimmtes zu tun. Alle Menschen haben gelegentlich – zu recht oder zu unrecht – das Gefühl, daß man sie auf eine bestimmte Handlung festlegen will. Besonders häufig haben dieses Gefühl Menschen, denen es schwerfällt, nein zu sagen. Wer glaubt, daß der eigene Handlungsspielraum unzulässig eingeengt werden soll oder schon tatsächlich eingeengt wird, der reagiert – einem psychologischen «Naturgesetz» entsprechend – mit mehr oder minder starkem Widerwillen (vgl. den nachfolgenden Theoriekasten). Psychologen nennen diese Reaktion «Reaktanz» oder «Widerstand». Sinn des Widerstands ist die Wiederherstellung des bedrohten oder eingeschränkten Handlungsspielraums. Das muß im Einzelfall dem Betroffenen nicht unbedingt bewußt sein. Mentaler Widerstand dieser Art (= Reaktanz) wird vom Betroffenen erlebt als ein Gefühl der Ablehnung, des Widerwillens gegen eine Zumutung, gegen eine Person oder Institution. Im Verhalten kann sich Reaktanz auf unterschiedliche Arten ausdrücken. Der Ausdruck variiert zwischen den Polen «wütender Protest» und «versteckte Sabotage» (zum Beispiel Dienst nach Vorschrift oder übertrieben devotes Verhalten).

Theorie

Die Psychologen J. W. Brehm (1966) und Dorothee Dickenberger (1979) nennen die **folgenden Reaktionen**, in denen sich Reaktanz ausdrücken kann:

- Jemand, dessen Handlungsspielraum eingeschränkt wird – etwa durch das Verbot, während der Arbeitszeit das Betriebsgelände zu verlassen –, tut eben genau das, was er nicht tun soll.
- Zumindest gewinnt das Verlassen des Betriebsgeländes gerade durch das Verbot an Attraktivität. Der Betroffene entwickelt zunehmend mehr das Gefühl, in dieser Frage selbst entscheiden zu wollen und auch zu können.
- Der Betroffene kann auch seine Handlungsfreiheit demonstrieren, indem er etwas tut, was impliziert, daß er durchaus auch in der Lage wäre, das Betriebsgelände zu verlassen: Zum Beispiel, sich während einer offiziellen Arbeitspause 50 cm außerhalb des Tores zu stellen (um mit anderen zu reden und/oder eine Zigarette zu rauchen).

- Der Betroffene greift die andere(n) Person(en) an, die seinen Handlungsspielraum bedroht bzw. bedrohen. In unserem Beispiel könnte er persönlich oder über den Betriebsrat gegen das Verbot protestieren oder einfach nur Unmut äußern.

Die **Stärke der Reaktanz** ist von mehreren Faktoren abhängig. Nach Brehm und Dickenberger nimmt die Intensität dieses Gefühls zu

- mit dem Nachdruck, mit dem die Aufforderung vorgebracht wird. Ein im Befehlston vorgebrachtes «Sie holen jetzt sofort Akte Baumann!» wird demgemäß den stärksten Widerstand hervorrufen. Eine beiläufig gestreute Bemerkung «Ich brauche mal die Akte Baumann» provoziert weitaus weniger Widerstand.
- Darüber hinaus ist die Stärke des Widerstands abhängig davon, wie wichtig dem Betroffenen die bedrohte Handlungsalternative ist. Die Aufforderung, heute abend länger zu arbeiten, weil die gelieferten Fernsehgeräte noch in die Regale müssen, trifft bei Frau Selke demgemäß auf stärkeren Widerstand. Denn sie hatte sich ja mit ihrem Mann für diesen Abend schon etwas anderes vorgenommen. Hätte der Filialleiter die gleiche Aufforderung an die etwas schüchterne Auszubildende Elke Bause gerichtet, so hätte das bei der jungen Frau wenig, eventuell sogar gar keinen Widerstand hervorgerufen. Denn sie hatte für den Abend nichts weiter vor und hätte sich ohnehin vor dem Fernseher gelangweilt. Möglicherweise wäre Elke Bause sogar froh gewesen, weil sie sich wichtig gefühlt und außerdem zusätzliches Geld verdient hätte.
- Widerstand wird sich auch um so stärker bemerkbar machen, je mehr der Betroffene glaubt, daß die aktuelle Einschränkung weitere Einschränkungen nach sich ziehen wird (zum Beispiel könnte er glauben, daß dem Verbot, das Gelände zu verlassen, weitere Verbote folgen werden).

Wie schon erwähnt, können direkte Aufforderungen auch eine ansonsten gute Beziehung beeinträchtigen. Wenn Nils Hartmann zu seinem Vorgesetzten Herrn Merker sagen würde «Herr Merker, bitte holen Sie mir doch die Akte Baumann!», dann würde Herr Merker verständlicherweise irritiert sein und vielleicht zurückfragen «Herr Hartmann, geht's Ihnen nicht gut, oder wie soll ich das verstehen?» Eine solche direkte Aufforderung – auch wenn sie als Bitte verpackt ist – steht Nils Hartmann in seiner Rolle als Mitarbeiter gegenüber Herrn Merker nicht zu.

Mit einer direkten Aufforderung werden Sie besonders dann Widerstand provozieren, wenn Sie sich gegenüber dem Angesprochenen in der untergeordneten Position befinden.

Indirekte Suggestion

Reaktanz und Beziehungsstörungen können Sie weitgehend vermeiden, wenn Sie direkte Aufforderungen ersetzen durch indirekte Suggestionen. Das empfiehlt sich besonders dann, wenn Sie das Gespräch aus einer untergeordneten Position heraus führen wollen oder müssen. Wir möchten Ihnen Möglichkeiten aufzeigen, wie Sie mittels indirekter Suggestionen Verlauf und Ergebnis eines Gesprächs beeinflussen können. Doch bevor wir ins Detail gehen, noch ein paar allgemeine Bemerkungen zu Phänomen und Begriff der Suggestion.

Im Englischen bedeutet «suggestion» soviel wie bei uns «Vorschlag», «Rat», «Empfehlung», ist also relativ neutral besetzt. Dagegen hat das Wort «Suggestion» im deutschen Sprachraum einen schlechten Ruf. Es wird häufig mit unredlicher Manipulation in Verbindung gebracht. Da sich kaum jemand gern nachsagen läßt, andere zu manipulieren, leugnet er häufig, suggestive Formulierungen zu verwenden. Wir wissen deshalb nicht, ob Sie jetzt verwundert sind, wenn Sie hier lesen, Suggestion sei etwas ganz Alltägliches, Normales. Ja, Sie können gar nicht vermeiden, anderen etwas zu suggerieren. Ebensowenig können Sie vermeiden, durch Suggestionen anderer Menschen beeinflußt zu werden. Man kann grundsätzlich nicht kommunizieren, ohne zu beeinflussen und beeinflußt zu werden, wie der Wiener Psychologe Paul Watzlawick richtig feststellt. Wenn wir also ohnehin Suggestionen nicht vermeiden können, dann scheint es doch ratsam, sich klarzumachen, wie Suggestionen funktionieren. Wir können dann suggestive Formulierungen anderer leichter als solche erkennen; und wir können selbst Suggestionen auch bewußt nutzen.

Theorie

Der Gießener Professor Dr. Vladimir Gheorghiu hat sich über Jahrzehnte mit dem Phänomen der Suggestion beschäftigt. Er weist darauf hin, daß Suggestionsphänomene allgegenwärtig und offenbar biologischer Natur sind. Das heißt, Suggestion als solche hat eine notwendige Funktion im Zusammenleben von Menschen (und Tieren!). Er schreibt: «Alle psychischen und psycho-physiologischen Abläufe (Wahrnehmung, Gedächtnis, Psycho-Motorik usw.) können auf suggestivem Wege beeinflußt werden. Jeder Mensch beeinflußt sein Leben lang sich selbst und seine Mitmenschen.

Erscheinungsformen und Ausmaß suggestionskonformer Reaktionen sind stark kontextbedingt und durch interindividuelle Unterschiede gekennzeichnet. In jedem Lebens- und Tätigkeitsbereich, der auf zwischenmenschlichen Beziehungen beruht, kommt eine Vielfalt von verbalen und nonverbalen Ausdrucksformen direkter und indirekter Suggestionsformen zur Anwendung.» (1996, S. 127)

Die Chance, daß Ihr Gesprächspartner auf eine Suggestion so reagiert, wie Sie es sich wünschen, wird von vier Faktoren bestimmt. Diese Faktoren entsprechen angeborenen Funktionsprinzipien des menschlichen Organismus:

- **das ideodynamische Prinzip:** Imaginationen steuern Erleben und Verhalten;
- **das Anschluß- und Ausgrenzungsbedürfnis:** Freunden folgen und Feinde ablehnen;
- **das Freiheits- und Widerstandsbedürfnis:** Freiheit erstreben und sich gegen Einschränkungen der Freiheit wehren;
- **das Prägnanzbedürfnis:** Klarheit und Ordnung suchen, Mehrdeutigkeit und Chaos vermeiden.

Das ideodynamische Prinzip

Wie funktioniert Suggestion? Um das zu verstehen, versetzen Sie sich bitte einmal in die Situation von Herrn Merker: Auf einem Betriebsausflug der Firma KASA wird wie üblich abends gekegelt.

Zwei Mannschaften kegeln gegeneinander. Alle Mitglieder der Mannschaft von Nils Hartmann haben ihre zwei Würfe schon absolviert mit gutem Ergebnis. Auch die gegnerische Mannschaft, die Meister Merker anführt, hat schon fast alle Würfe ausgeführt. Fast. Herr Merker selbst muß seine zwei Würfe noch machen. Nach dem aktuellen Spielstand braucht Herr Merker nur noch zehn Punkte (Kegel) für den Sieg seiner Mannschaft. Für einen guten Kegler wie Merker sind zehn Kegel mit zwei Würfen eine Kleinigkeit. Das weiß Nils und greift zu einem suggestiven Trick, um den Sieg von Merkers Mannschaft zu verhindern: In dem Moment, als Merker zum ersten Wurf ansetzt, ruft Nils ihm zu: «Werfen Sie jetzt keinen Pudel!» (Für Nichtkegler: «Pudel» bedeutet Fehlwurf, also null Punkte.) Merker wirft tatsächlich einen Pudel und kann somit nicht mehr gewinnen. Merker ist sauer auf Nils. Aber Nils tut unschuldig: «Ich habe doch nur gesagt, Sie sollen *keinen* Pudel werfen.» Nils nutzt hier eine indirekte Suggestion auf zugegeben unfaire Weise.

Lassen wir die beiden darüber allein weiter streiten und fragen uns statt dessen: Was genau ist hier eigentlich passiert?

Noch einmal der Ablauf von Merkers Wurf in Zeitlupe:

1. Merker nimmt die Kugel in die rechte Hand.
2. Er visiert die Kegel an und bewegt gleichzeitig den rechten Arm nach hinten.
3. Der rechte Arm erreicht den Endpunkt seiner Rückwärtsbewegung.
4. Für einen kurzen Moment steht der Arm still.
5. Merker konzentriert sich auf die Kegel.
6. Unbewußt koordiniert sein Gehirn Kraft und Bewegungsrichtung seines Wurfarms.
7. In diesem Augenblick hört er Nils rufen: «Werfen Sie keinen Pudel!»
8. Um den Satz zu verstehen, sucht sein Gehirn im Gedächtnis nach einer Vorstellung, die zu dem soeben gehörten Wort «Pudel» paßt.
9. Das Gehirn findet im Gedächtnisspeicher das Bild einer Kegelkugel, die von der Kegelbahn abkommt und in der Rinne neben der Kegelbahn an den Kegeln vorbeirollt.

10. Diese Vorstellung unterbricht den unbewußt und automatisch ablaufenden feinmotorischen Koordinierungsprozeß.
11. Die kurze Unterbrechung reicht aus, um die feinmotorische Koordination zu verändern. Die Vorstellung vom Fehlwurf bestimmt nun den Bewegungsablauf und führt letztlich zum Pudel.

Der beschriebene Effekt wäre ebenso eingetreten, wenn Nils gerufen hätte «Werfen Sie einen Pudel!», ja auch dann, wenn er lediglich «Pudel!» gerufen hätte. Entscheidend für die Wirkung ist die Vorstellung, das innere Bild, das sich bei der Nennung dieses Wortes automatisch einstellt. Die Verneinung «keinen Pudel» hat lediglich den Zweck, die suggestive Absicht zu verschleiern und den Ausruf als wohlgemeinten Ratschlag erscheinen zu lassen.

Das Unbewußte reagiert nicht auf Verneinungen. Es reagiert nur auf gegenständliche Vorstellungen. Auch deshalb erreichen wir mit Verboten oft das Gegenteil dessen, was wir wollen.

Daraus ergibt sich: Jede verneinte Aussage suggeriert ihr Gegenteil.

Wir haben an diesem Beispiel demonstriert, wie die Vorstellung einer Bewegung die tatsächliche Bewegung steuert. Dieser Zusammenhang zwischen Vorstellungen und Bewegungsablauf ist genetisch programmiert und damit Teil unserer menschlichen Natur. Wir nennen ihn das «ideodynamische Prinzip». Aber nicht nur einfache Bewegungen wie beim Kegeln werden von Vorstellungen gesteuert. Auch sehr komplexes Verhalten, Gefühle und Gedanken folgen dem ideodynamischen Prinzip. Was wir im Alltag «Willen» nennen oder «Motivation», ist nichts anderes: Autosuggestion. Wir machen uns bestimmte Vorstellungen (von dem, was wir «wollen»). Diese Vorstellungen sind es dann, mit denen wir uns motivieren, das dann auch zu tun. Wer einen starken Willen hat, verfügt lediglich über viel Phantasie, um sich das Gewollte detailliert – und unter Umständen immer wieder über einen längeren Zeitraum – bildlich vorzustellen.

Die Kenntnis des ideodynamischen Prinzips läßt sich auf vielfältige Weise für Selbst- wie für Fremd-Suggestionen nutzen. Wann immer Sie jemanden veranlassen wollen, etwas Bestimmtes zu denken, zu sagen oder zu tun, dann erhöhen Sie die Wahrscheinlichkeit der erwünschten Reaktion, indem Sie diese Reaktion beschreiben – allerdings nicht in Form einer direkten Aufforderung, denn das könnte Widerstand hervorrufen.

Nehmen wir an, Sie wollen Ihrer Sekretärin per Suggestion die Entscheidung erleichtern, heute abend länger im Büro zu bleiben. Sie soll einen Bericht tippen, den Sie gerade auf Band sprechen. Sie wollen Ihre Mitarbeiterin jedoch nicht dazu «verdonnern». Schließlich hat sie in den letzten Wochen schon häufig Überstunden gemacht, und Sie wollen die an sich gute Beziehung nicht überstrapazieren. Folgende Möglichkeiten suggestiver Formulierungen könnten Sie wählen:

- *Ich nehme an, Frau Hartmann, Sie sind heute nicht darauf eingerichtet, zwei Stunden länger zu bleiben. – Ich diktiere gerade den Bericht an den Vorstand, der nach Möglichkeit noch heute abend hingefaxt werden soll.*
- *Ich überlege gerade, ob ich Frau Blau bitten kann, heute abend etwas länger zu bleiben, um den Bericht zu tippen. Sie werden sicher nicht bereit sein, auch heute noch einmal zwei Stunden länger zu machen.*
- *Frau Hartmann, Sie haben ja schon in den letzten Wochen immer wieder abends länger gearbeitet. Ich weiß nicht, ob Sie auch heute wieder bereit wären, vielleicht zwei Stunden länger zu bleiben, um diesen unseligen Vorstandsbericht fertig zu machen.*

Eine unabsichtlich entgegengesetzte Suggestion würden Sie geben, wenn Sie zu Frau Hartmann sagen würden:

Frau Hartmann, heute können Sie leider nicht pünktlich nach Hause!

Hierher gehört auch das Prinzip der «sich selbst erfüllenden Prophezeiung». Es beruht ebenfalls auf dem ideodynamischen Prinzip. Hierzu ein Beispiel:

Was tun Sie, wenn Sie sich auf ein schwieriges Gespräch vorbereiten? Wir empfehlen: Sie stellen sich den Moment vor, in dem das Gespräch beendet ist und Sie definitiv wissen, es ist für Sie gut gelaufen. Was werden Sie als nächstes tun? Mit Ihrer Sekretärin ein Gläschen Sekt trinken? Ihre Frau / Ihren Mann anrufen? Sich ganz entspannt in Ihren bequemen Lieblingssessel setzen? Musik hören? Sehr gut. Dann kommt der zweite Schritt: Nehmen Sie die Perspektive dieses «Moments danach». Malen Sie sich aus, wie Sie sich an das schwierige Gespräch erinnern: Wie haben Sie es angestellt, den Gesprächspartner zu überzeugen? Wie war Ihre Stimmung? Welche Kleidung hatten Sie an? Erinnern Sie sich an möglichst viele Einzelheiten.

Wenn Sie sich auf diese Weise auf ein schwieriges Gespräch oder eine beliebige andere Situation vorbereiten (zum Beispiel neugierigen Journalisten Rede und Antwort zu stehen), dann schaffen Sie gewissermaßen eine Reihe positiver Vorstellungen, an der Sie sich wie an einem Ariadnefaden vom Zeitpunkt «Jetzt» bis zu einem Zeitpunkt in der Zukunft leiten lassen, der in jedem Fall nach dem kritischen Gespräch liegen sollte.

Was wir eben beschrieben haben, ist ein autosuggestives Verfahren. Sie können die analoge Prozedur natürlich auch nutzen, um jemand anderem eine Zielvorstellung, eine Vision auszumalen und ihn damit in die so entworfene Zukunft zu (ver-)führen.

Theorie

In der Ausbildung zum Hypnotherapeuten (Psychotherapeut, der klinische Hypnose anwendet) werden bestimmte suggestive Sprachmuster gelehrt, die der amerikanische Psychologe und Psychiater Milton Erickson im Verlauf von Jahrzehnten intuitiv entwickelt hat. Hier eine kleine Auswahl von Beispielen solcher suggestiver Muster:

Formulierung	**suggerierter Gedanke / suggeriertes Verhalten**
Das ist ein erster Schritt.	Dem ein zweiter und dritter folgen sollte.
Ich bin froh, daß Sie diesen Fehler jetzt gemacht haben. Jetzt läßt er sich noch relativ leicht ausgleichen.	Fehler kommen vor. Sie haben zwar einen Fehler gemacht. Später darf das nicht mehr passieren.
Menschen lernen oft, ohne zu merken, daß sie lernen.	Auch Sie lernen oft, ohne es zu merken.

Ein früherer Kollege hat diese Aufgabe auf folgende Art gelöst: (folgt eine Schilderung)	Nehmen Sie sich an diesem Kollegen ein Beispiel.
Bisher konnten Sie das noch nicht.	Demnächst werden Sie es können.

Metaphern

Eine besonders interessante und vielseitige Form von Suggestion sind die sogenannten Metaphern. Auch sie nutzen das ideodynamische Prinzip.

Was ist unter diesem Begriff zu verstehen? Nehmen wir ein paar Beispiele. Wenn Nils Hartmann bei einer Feier auftaucht, sagen seine Freunde lachend:

Da kommt unser Partylöwe*!*

Alf berichtet nach einem unerfreulichen Kundengespräch:

Der hat mich doch voll gegen die Wand laufen *lassen. Das war echt ätzend. Als er mich nach Branchenkenntnissen gefragt hat, bin ich doch ganz schön ins* Schleudern gekommen. *Ich glaube, der wollte mich* verschaukeln. *Als ich das spitzkriegte,* ging mir das Messer *in der Tasche auf. Aber er hat* die Rechnung ohne den Wirt *gemacht. Ich werde ihm eine Rechnung präsentieren, daß ihm die* Tränen *kommen.*

Wir wünschen Alf, daß sich das Ganze im nachhinein als Mißverständnis herausgestellt und seine Agentur doch noch den Auftrag bekommen hat. Wenn er das erfährt, wird ihm sicher *ein Stein vom Herzen fallen.*

Diese wenigen Beispiele lassen uns ahnen, wie stark unsere Sprache, unser Wortschatz mit Metaphern durchsetzt ist. Bei unseren Beispielen handelt es sich um einzelne Wörter und auch um Wortverbindungen, die ursprünglich in einem anderen Bedeutungszusammenhang entstanden sind. Metaphern sind also Begriffe, deren Bedeutung von dem ursprünglichen in einen anderen Kontext übertragen wird. Das ist – etwas vereinfacht – die literaturwissenschaftliche Bedeutung des Begriffs «Metapher».

Im Sprachgebrauch von Psychologen und besonders von Hypnose-Fachleuten umfaßt der Begriff «Metapher» auch Anekdoten und Geschichten. Wenn wir Ihnen in diesem Buch Geschichten von Bettina und ihrem Mann Nils erzählen, von ihrer Tochter Karen und deren Freund, dann sind diese Geschichten psychologisch betrachtet Metaphern. Die Metaphern sollen Sie dazu einladen, das Verhalten unserer Figuren auf Ihre eigene Situation zu übertragen. Metaphern dieser Art bieten den unschätzbaren Vorteil, daß Leser oder Hörer sich ebensogut mit den einzelnen Figuren identifizieren («So geht's mir auch!»), wie sich von ihnen distanzieren können («Nee, das läuft bei mir anders!»). In beiden Fällen hat die Metapher Sie animiert, sich mit den beschriebenen Situationen auseinanderzusetzen.

Was haben Metaphern nun mit Suggestion zu tun? Zweierlei: Zum einen können Sie in der Form von Erzählungen Ihre Zielvorstellungen (Visionen) so beschreiben, daß Ihr Zuhörer meint, sie hätten nichts mit ihm zu tun. Geschichten provozieren selten Widerstand. Sie stimulieren gleichzeitig die Phantasie und geben der Phantasie eine bestimmte Richtung. Wie gut kann man neue Mitarbeiter mit Erfolgsstories motivieren – aber natürlich auch mit Horrorgeschichten entmutigen.

Zum anderen geben Sie mit der Wahl Ihrer Metaphern den Gesprächspartnern vor, wie sie über einen bestimmten Sachverhalt denken und fühlen sollten.

In einem Seminar bekamen fünf Teilnehmer die Aufgabe, ein bestimmtes Thema zu diskutieren und innerhalb von 40 Minuten zu einer einstimmigen Entscheidung zu kommen. Die Teilnehmer lösten diese Aufgabe mit Engagement und offensichtlich viel Spaß am Diskutieren. In der anschließenden Auswertung beschrieb der Seminarleiter die Diskussion, so wie er sie wahrgenommen hatte – mit einer Reihe von Metaphern etwa der folgenden Art:

Hier hat sich Bernd über den Tisch ziehen lassen, da hat Uschi eine Bombe gelegt, dort ist die Bombe hochgegangen, schließlich hat jemand das Ding gegen die Wand gefahren.

Sie können sich vorstellen, wie die vorher ausgelassene Stimmung der Gruppe umschlug in eine sehr angespannte Atmosphäre. Metaphern aus dem Bereich von Wettkampf, Krieg, Aggression und Unfall suggerieren entsprechende Stimmungen und Denkmuster. Hätte der Seminarleiter seine Metaphern aus den Bereichen Spiel, Spaß und Lernen genommen, wäre die freundliche und kreative Atmosphäre von vorher erhalten geblieben und verstärkt worden.

Hier hat Bernd als der Klügere nachgegeben, da hat Uschi sich sehr geschickt ins Gespräch eingefädelt und ist an den anderen vorbeigezogen; Hans hat das wiederum einen mächtigen Kick gegeben, so daß die anderen drei ihm gerne gefolgt sind.

Wenn man die beiden Äußerungen vergleicht, wird deutlich, wie die verwendeten Metaphern suggerieren, auf welche Weise die beschriebene Situation zu interpretieren ist.

Metaphern sind gewissermaßen Angebote, die beschriebene Situation auf ganz bestimmte Art zu sehen. Ankläger einerseits und Verteidiger vor Gericht andererseits versuchen – jeweils für ihre Zielsetzung – passende Metaphern zu finden.

Mit Hilfe unterschiedlicher Metaphern werden unterschiedliche Wirklichkeiten suggeriert, besser konstruiert. Der Richter hat eine dieser Konstruktionen später als Wahrheit (=Wirklichkeit) zu erklären.

Bevor Sie nach einiger Erfahrung früher oder später selbst passende Metaphern und andere Suggestionen erfinden und gestalten, achten Sie einfach mal auf die vielerlei Suggestionen, die Sie und andere Menschen unabsichtlich geben und empfangen. Sie selbst und Ihre Gesprächspartner werden davon profitieren.

Das Anschluß- und Ausgrenzungsbedürfnis

Inwieweit eine suggestive Formulierung von Ihrem Gesprächspartner aufgenommen und befolgt wird, hängt freilich nicht nur davon ab, wie geschickt das ideodynamische Prinzip genutzt wird. Bei schnellen Bewegungen in Sportarten, in denen es auf Geschicklichkeit ankommt wie beim Kegeln, im Tennis oder Eiskunstlauf, reicht zwar meist ein suggestiver Zuruf aus, um die Bewegungskoordination zu stören. Deshalb reagieren Hochleistungssportler im allgemeinen auch sehr allergisch auf solche Zuschaueräußerungen (zum Beispiel beim Tennis). Wenn es aber um komplexes Verhalten geht, wenn es um Verhalten geht, das erst in der näheren oder weiteren Zukunft stattfinden soll, kommt ein weiterer Faktor ins Spiel: das Anschlußbedürfnis.

Wie schon die alten Griechen wußten, ist der Mensch ein Gemeinschaftstier («zoon politicon»). Wir sind so programmiert, daß wir die Gesellschaft anderer Menschen brauchen. Wenn ich demzufolge die Gesellschaft eines oder mehrerer anderer Menschen suche, bin ich darauf angewiesen, daß ich von ihnen akzeptiert werde. Die Chance, akzeptiert zu werden, ist dann am größten, wenn ich diesen Menschen als «einer der ihren» erscheine. Auch Fremdenfeindlichkeit hat – traurig, aber wahr – stammesgeschichtliche Wurzeln. Der fremde Hund im eigenen Territorium wird verbellt, verfolgt, gebissen. Wenn der fremde Hund eine Chance haben will, akzeptiert zu werden, muß er so tun, als ob er «zur Familie» gehört. Genau das tun Menschen, die Anschluß suchen: Sie passen sich intuitiv den Gepflogenheiten, dem Verhalten derjenigen an, deren Gesellschaft ihnen am Herzen liegt. Die Art der Anpassung, von der wir hier reden, ist sehr subtil und vollzieht sich überwiegend unbewußt. So wie ein Chamäleon die Farbe seiner Haut der Farbe des jeweiligen Untergrundes anpaßt, so passen Menschen im Gespräch beispielsweise Mimik, Lautstärke und Klang der Stimme, Sprechgeschwindigkeit und Sprechrhythmus, Körperhaltung und sogar Atemrhythmus und Muskeltonus einander an. Auch Wortwahl, Satzbau und dialektale Färbungen tendieren im Gespräch dazu, sich einander anzugleichen. Beobachten Sie sich einmal selbst, wenn Sie sich mit guten Bekannten unterhalten, die einen anderen Dialekt sprechen als Sie selbst (auch sogenanntes Hochdeutsch ist in diesem Sinn ein Dialekt). Sie werden vielleicht merken, wie Sie Ihre Sprache ein klein wenig in Richtung auf den Dialekt Ihres Bekannten abwandeln. Die so signalisierte Anpassungsbereitschaft bedeutet für unseren Gesprächspartner: Er ist uns wichtig. Er oder sie kommt zu mir als Freund.

Wenn einer oder sogar beide Gesprächspartner diese subtile Anpassungsbereitschaft *vermissen* lassen, dann entsteht bei den Beteiligten ein Gefühl, das meist metaphorisch umschrieben wird: Die Chemie stimmt nicht, wir haben nicht die gleiche Wellenlänge, ich kann mit ihm nichts anfangen, wir können uns nicht riechen, ich finde keinen Draht zu ihm.

Wir haben schon im Kapitel «Körpersprache» beschrieben, wie Sie durch «Pacing» von Körperhaltung, Körperbewegungen, Gesten und nicht zuletzt des Atemrhythmus einen guten Rapport aufbauen und aufrechterhalten können.

Suggestionen werden mit größerer Wahrscheinlichkeit dann aufgenommen und befolgt, wenn Sie zu Ihrem Gesprächspartner «einen guten Draht» (= Rapport) haben.

Hier wollen wir auf eine weitere Möglichkeit aufmerksam machen, wie Sie den Rapport zu Ihrem Gesprächspartner verstärken können: mit Hilfe von **Schlüsselwörtern**.

Erinnern Sie sich an das Gespräch zwischen Schwester Irmgard und dem Zivildienstleistenden Peter im Hospiz (Kap. 12.3, Beziehungen)? Wir hatten diesen Dialog als Beispiel für ein weniger gelungenes Gespräch wiedergegeben. Stationsarzt Dr. Schöne hatte dem alten Herrn Faber Haloperidol (ein stark dämpfendes Schlaf- und Beruhigungsmittel) verordnet, weil er nachts sehr unruhig schlief. Peter fiel nach einigen Tagen auf, daß Herr Faber nun nicht nur nachts gut schlief, sondern auch tagsüber kaum ansprechbar war und die meiste Zeit verschlief oder verdöste. Daraufhin verzichtete er während seiner Schicht darauf, Herrn Faber das Haloperidol zu geben. Bei der Übergabe sagte er das Schwester Irmgard, die ihn dafür heftig kritisierte. Er dürfe nicht eigenmächtig einer Anordnung des Arztes zuwiderhandeln.

Wir wollen am Beispiel dieser Situation demonstrieren, wie der Zivildienstleistende Peter (aus der untergeordneten Position) durch den Gebrauch von Schlüsselwörtern den Verlauf und das Ergebnis des Gesprächs beeinflussen kann.

Irmgard *Ich habe gehört, du hast dem Patienten das Haloperidol* nicht gegeben?

Peter *Das stimmt, ich habe es ihm nicht* gegeben.

Irmgard *Das war* angeordnet! *Du weißt genau,* das war angeordnet!

Peter *Stimmt. Dr. Schöne hatte das vor einer Woche* angeordnet, *weil der Patient nachts sehr unruhig war und kaum geschlafen hat.*

Irmgard *Aber das kannst du doch nicht machen. Wenn Dr. Schöne etwas* anordnet, *kannst du doch nicht eigenmächtig das Haloperidol absetzen!*

Peter *Das Haloperidol* angeordnet *hat Dr. Schöne doch, damit der Patient besser schlafen kann.*

Irmgard *Ja und, wieso setzt du es dann ab?*

Peter *Weil der Patient inzwischen nicht nur nachts gut schläft, sondern auch den ganzen Tag verdöst und kaum ansprechbar ist. Das war ja wohl nicht der Sinn von Schönes* Anordnung.

Irmgard *Mag ja sein, aber trotzdem kannst du dich doch nicht einfach über seine* Anordnung *hinwegsetzen.*

Peter *Ich denke, ich habe seine* Anordnung *so befolgt, wie sie gemeint war.*

Irmgard *Na, das erklär ihm mal selber. Ich kann das jedenfalls nicht* verantworten.

Peter *Natürlich habe ich das zu* verantworten, *und ich werde es ihm selber sagen.*

Irmgard *Na, dann sieh mal zu.*

In diesem Gespräch kommen drei Schlüsselwörter vor: *nicht gegeben*; *angeordnet, Anordnung*; *verantworten.*

Zu Schlüsselwörtern werden sie dadurch, daß der eine Gesprächspartner, hier Peter, bestimmte Wörter des anderen (hier: Schwester Irmgard) aufgreift und selbst benutzt. In diesen Wörtern manifestiert sich gewissermaßen das Thema, die «gemeinsame Sache» (Kommunikation), über die gesprochen wird. Diese Wörter prägen das Gespräch.

1. Wenn Peter diese Wörter ebenfalls benutzt, signalisiert er ihr unterschwellig seine Anpassungsbereitschaft (befriedigt ihr und sein Anschlußbedürfnis) und fördert auf diese Weise den Rapport. Irmgard wird dadurch eher geneigt sein, seiner Argumentation zu folgen, als wenn er sich verhält wie in der ersten Version dieses Gesprächs (vgl. S. 216–218).
2. Sie bilden die Kristallisationspunkte des Gesprächs, also das, woran die Partner sich später noch erinnern werden.

Das Bedürfnis nach Klarheit und Prägnanz

Auch wenn Sie in einem Gespräch das Gefühl haben, der Rapport und Ihre Formulierungen stimmen, kann es dennoch sein, daß Sie nach einiger Zeit merken: Ihr Gesprächspartner kommt Ihnen keinen Millimeter entgegen. Ihr Gesprächspartner hat eine bestimmte Meinung, von der er durch noch so logische Argumente, durch noch so raffinierte Suggestionen, durch noch so einfühlsames Pacing nicht abgeht. Mehr noch, er ist nicht einmal bereit, sie in Frage zu stellen oder zu relativieren. Wir haben weiter vorn schon in anderem Zusammenhang (siehe Thema «Einstellung») berichtet, wie Bettinas und Nils' Tochter Karen einmal aus sportlichem Ehrgeiz über mehrere Wochen regelmäßig mit einem Kommilitonen diskutiert hat, der einer Sekte angehört. Sie wollte ihn davon überzeugen, daß die Bibel keineswegs – wie er glaubte – wörtlich zu verstehen sei. In der längeren Serie von zweistündigen Gesprächen ist ihr das nicht gelungen. Ebensowenig ist es allerdings auch dem Zeugen Jehovas gelungen, Karen von ihrer Ansicht abzubringen. Man trennte sich schließlich in der Einsicht, die jeweilige Gegenseite sei so verstockt und verbohrt, daß weitere Überzeugungsversuche zwecklos wären.

Unser Fazit war, daß eine Einstellung, eine Überzeugung, die tief im Selbstkonzept einer Person verankert ist, im allgemeinen durch Gespräche allein nicht verändert werden kann.

Wie ist das zu erklären? Auch hier haben wir es mit der Auswirkung eines biologischen Prinzips zu tun. Wie das Bedürfnis, sich anderen Menschen anzuschließen, und das Bedürfnis, seinen Handlungsspielraum zu bewahren, gibt es auch das Bedürfnis nach Klarheit, nach Eindeutigkeit, nach Prägnanz. Es hat die Funktion, das Überleben in einer prinzipiell unklaren, vieldeutigen Umwelt zu sichern. «Ordnung ist das halbe Leben», sagt das Sprichwort. Wir glauben, Leben ist Ordnung. Wo Chaos herrscht, müssen wir zwanghaft Ordnung schaffen, um uns sicher fühlen zu können. Hinter dem Bedürfnis nach Prägnanz und Ordnung steht das Bedürfnis nach Sicherheit. Die drängenden Fragen von Kindern nach dem Warum (donnert und blitzt es, ist das Gras grün, und warum wollen die Eltern sich trennen?) kommen aus dem gleichen Bedürfnis wie vermutlich Ihr Impuls, jetzt in diesem Buch zu lesen: Klarheit zu bekommen und damit Sicherheit.

Suggestionen werden vom Partner dann eher aufgenommen, wenn sie – zumindest anscheinend – mehr Klarheit, mehr Eindeutigkeit schaffen.
Suggestionen werden dann nicht aufgenommen, wenn für den Adressaten bereits alles klar zu sein scheint.

Wenn Sie in einer bestimmten Situation nicht wissen, was Sie tun sollen, und Sie fragen einen Freund, «Was würdest du tun an meiner Stelle?», dann sorgt seine Antwort für ein kleines bißchen mehr Klarheit. Eine Kollegin erzählte, daß sie beim beabsichtigten Kauf neuer Kleidung angesichts der unübersehbaren Fülle von Angeboten sich regelmäßig überfordert fühlte. Deshalb nahm sie gern ihre Mutter mit zum Einkaufen. Da die Mutter der (erwachsenen) Tochter stets sehr eindeutige Ratschläge zu geben pflegte, wußte die Kollegin so wenigstens sicher, welche Stücke sie nicht kaufen würde. Wenn wir – wie hier – Wahlmöglichkeiten reduzieren, kann das auch positiv sein im Sinn einer Zunahme von Klarheit. Wenn die Zahl der Alternativen unübersehbar groß erscheint, weckt die Einschränkung der Wahlmöglichkeiten nicht Widerstand, sondern im Gegenteil schafft sie überschaubare Ordnung und damit Sicherheit.

Für Klarheit und Ordnung sorgen unter anderem **Schlüsselwörter**. Wir haben weiter oben bereits erwähnt, daß sie Kristallisationspunkte des Gesprächs sind. Sie setzen den Partner gewissermaßen auf eine Schiene, auf der dann das Gespräch läuft, setzen Marken für seine Erinnerung. Schlüsselwörter strukturieren Gedanken, wie auch Gesprächsabläufe.

Theorie

Der Literaturwissenschaftler Werner Nothdurft (1996) beschäftigt sich intensiv mit dem Phänomen und der Funktion von Schlüsselwörtern. Er schreibt: «Schlüsselwörter organisieren die Erinnerung an das Geschehen in Interaktionsprozessen, in deren Verlauf sie sich herausbilden» (S. 380). Aufgrund ihrer Prägnanz können sie gewissermaßen als Etiketten auf dem Behälter dienen, in dem der semantische und pragmatische Gehalt eines Gesprächs abgelegt wurde. Er weist darauf hin, daß Schlüsselwörtern gerade auch durch ihre «formenhafte Prägnanz» (S. 381) rhetorische Wirksamkeit zukomme. Schlüsselwörter lassen bei den Gesprächspartnern leicht den Eindruck entstehen, das Wort stehe nicht nur für eine Sache, sondern sei die Sache selbst. Denken Sie zum Beispiel an das Gespräch zwischen Schwester Irmgard und Peter (S. 295–296). Durch die Wahl des Schlüsselwortes «Anordnung» bekommt die Tatsache, daß Peter dem Herrn Faber das Schlafmittel nicht gegeben hat, eine besondere Brisanz. Wenn in dem Gespräch statt von «Anordnung» nur davon die Rede gewesen wäre, daß Dr. Schöne «angeregt» habe, Herr Faber solle Haloperidol nehmen, bekäme der besprochene Ablauf eine ganz andere Bedeutung. Durch die scheinbare Stabilität der Bedeutung eines Schlüsselwortes («Anordnung ist Anordnung!») wird eine Klarheit geschaffen, die die vom jeweiligen Kontext abhängenden Bedeutungsunterschiede ignoriert.

Alf benutzt in einem Kundengespräch mehrfach den Begriff «positives Bild»:

Wie stellen Sie sich ein positives Bild *Ihrer Firma vor?*

Mit dieser Plakataktion schaffen wir gleich ein positives Bild.

Wenn Sie ein positives Bild *der Firma malen wollen, sollten wir ...*

Dieser Begriff durchzieht das Gespräch wie ein roter Faden, ist gewissermaßen die Überschrift für die Assoziationen des Kunden und die Planungsideen der beiden Partner. Diesen Begriff nimmt der Kunde mit nach Hause. Er dient für kommende Gespräche als Basis.

Geschäftsführer Heise lädt die verantwortlichen Herren zu einem Krisengespräch. Wenn er zu Beginn des Gespräches den Begriff «Krisengespräch» einführt, vielleicht noch einmal irgendwo wiederholt, wird er zum Schlüsselwort. Es könnte sein, daß dieses Gespräch ziemlich hektisch verläuft. Vielleicht wäre es besser so:

Ich habe Sie hergebeten, weil wir da ein Problem *haben. Wir müssen es gemeinsam* lösen.

Krisen erschüttern ein Gefüge, da muß man durch, irgendwie. Probleme können auch hart sein, aber man kann sie lösen.

Eine suggestive Strategie kann durchaus auch darin bestehen, zunächst für Unklarheit beim Partner zu sorgen, kognitive Dissonanzen zu schaffen. Das ist dann angebracht und oft notwendig, wenn der Gesprächspartner eine für ihn klare und gesicherte Überzeugung hat.

Ich bin überzeugt, daß ich nie eine Aktie kaufen werde. Viel zu unsicher.

Ich werde meine Kinder nie studieren lassen. Handwerk hat goldenen Boden.

Erst wenn es gelungen ist, diese festen Positionen zu verunsichern, Unklarheit zu schaffen, ergibt sich eine Chance, daß eine nachfolgende Suggestion aufgenommen wird. Allerdings muß diese Suggestion versprechen, die Klarheit wiederherzustellen.

Im Bereich der Hypnose ist das als «Konfusionstechnik» bekannt. Sie haben diese Technik bereits in Kapitel 12.4 (Einstellungen) unter dem Stichwort «Herstellen einer kognitiven Dissonanz» kennengelernt. Dort haben wir auch gezeigt, wie es Karen Hartmann gelungen ist, Herrn Professor Seller «über die Konfusion zu Klarheit zu führen».

Manche Kundenberater, zum Beispiel von Computerfirmen, scheinen dieser Strategie ebenfalls zu folgen. Sie reden – unverständlich – auf einen potentiellen Kunden so lange ein, bis der vollkommen verwirrt ist. Wenn dann die Suggestion kommt, «Dieser PC ist für Sie wie *maßgeschneidert*» (Metapher als Schlüsselwort), dann ist die Wahrscheinlichkeit recht hoch, tatsächlich eine Unterschrift unter den Kaufvertrag zu bekommen. Ob diese vermeintliche Klarheit beim Kunden allerdings längerfristig Bestand hat, ist eher fraglich.

Theorie

An dieser Stelle erscheint es uns zweckmäßig – gewissermaßen als theoretische Zusammenfassung des gesamten Kapitels 13 –, zwei Begriffe einzuführen, die in der Rhetorik eine große Rolle spielen: **überzeugen** und **überreden**.

Wenn wir jemandem drohen, um etwas zu erreichen, und der andere tut, was wir wollen, wird das sicher nicht aus Einsicht geschehen, sondern weil er Angst vor den angedrohten Folgen hat. Auch wenn wir ihm etwas versprechen oder ihn inständig bitten und ihm zur Unterstützung unserer Bitte schmeicheln, wird unser Partner mehr seinen Gefühlen folgen als der Vernunft. Wir haben ihn nicht überzeugt, sondern **überredet**. Wir haben «sein Bezugssystem kurzgeschlossen», wie Geissner sagt (1977, S. 235), «mit emotionalem Überdruck und der Suggestion, hier verwirkliche sich seine Wunschwelt oder beruhige sich seine Angstwelt». Angst, Hoffnung, soziale Anerkennung sind starke *unmittelbare* Handlungsantriebe. Der andere handelt im *Reflex*, nicht *reflektiert*. Wir lassen ihm nicht die Freiheit, nachzudenken, abzuwägen, sich von der Richtigkeit unserer Behauptung oder der Angemessenheit unseres Appells zu **überzeugen** und sich dann zu entscheiden, ob er mitmacht oder uns die Kooperation verweigert.

Die Bestimmung und auch die Bewertung dieses Begriffspaares erscheinen auf den ersten Blick recht einfach. Aber wir sollten es uns doch etwas genauer ansehen:

1. Können wir das wirklich so klar festlegen: Wenn wir argumentieren, verwenden wir ein **Überzeugungsmittel**, wenn wir jemandem schmeicheln, sein Mitleid zu wecken versuchen, ihm etwas suggerieren, sind das **Mittel der Überredung**? Klaus Pawlowski ist technisch nicht sehr versiert. Wenn er sich in ein Computergeschäft begibt, ist er meist sehr hilflos. Sich für ein funktionales Notebook zu entscheiden, stellt für ihn schon eine Überforderung dar. Der Verkäufer trägt Argumente vor, sicher sehr gute, aber auch sehr technische. Klaus Pawlowski fragt zwar nach, aber wahrscheinlich zu simpel, jedenfalls lächelt der Verkäufer mitleidig und zählt als Reaktion geradezu begeistert weitere technische Finessen und Vorteile auf. Die müssen einfach unentbehrlich sein, wenn er das so begeistert vorträgt. Schließlich entscheidet sich Klaus Pawlowski für das teurere Notebook. Als er das Ding nach Hause trägt, fühlt er sich gar nicht recht zufrieden. War das wirklich die richtige Wahl? Er **fühlt sich** doch etwas **überredet**. Der Verkäufer hatte zwar argumentiert, aber der Inhalt der Argumentationen blieb Klaus Pawlowski weitgehend verschlossen. Die *Fülle* der Argumente und die Begeisterung des Verkäufers waren die eigentlichen Handlungsauslöser.

   Wenn er hinterher *rationale* Gründe für seine Entscheidung hätte nennen müssen, wäre ihm das sehr schwer gefallen.

Andererseits können uns Gefühlsäußerungen durchaus überzeugen. Wenn jemand uns mit schmerzverzerrtem Gesicht bittet, ihm zu helfen, werden wir ihm nicht nur aus Mitleid beistehen, sondern weil wir **überzeugt** sind, daß das richtig ist. Und das könnten wir hinterher jemandem anderen gegenüber klar und überzeugend begründen.
Überzeugen und überreden können wir kaum von den verwendeten Mitteln her abgrenzen, eher schon von den Zielen her, ganz sicher aber nur, wenn wir die Wirkung einer Äußerung auf den Partner (ich bin überzeugt, ich fühle mich überredet) betrachten (vgl. Geissner 1977, S. 237).

2. Auch eine generelle Bewertung ist problematisch. Vordergründig ist es aller Ehren wert, jemanden mit Argumenten überzeugen zu wollen, und verwerflich, jemanden zu überreden. Aber wie oft haben wir nicht schon unsere Kinder mit Versprechungen, Bitten und auch Drohungen «zu ihrem Besten» überredet? Wir müssen uns immer neu fragen: Welche Folgen hat es für unseren Partner, wenn wir ihn zu einer Handlung bewegen? (s. Pawlowski 1996, S. 131) Und welche Folgen hat das für unsere Beziehung? Wenn Klaus Pawlowski sich wirklich dauerhaft zum Kauf dieses Notebooks überredet fühlt, wird er in dieses Geschäft und zu diesem Verkäufer nicht mehr gehen (siehe Kapitel 14).

DIE ERPROBUNG

Wir haben in den Teilen «Die Grundlagen» und «Die Vertiefung» gezeigt, was in Gesprächen passiert und wie Sie Ihre Gespräche im öffentlichen Rahmen aktiv gestalten können.

Diese Analyse- und Gestaltungsmittel wollen wir jetzt im letzten Teil auf zwei ausgewählte Gesprächssituationen anwenden, auf Beratungsgespräche und Kritikgespräche. Wir halten sie für wichtige Formen im Rahmen öffentlicher Gespräche. Wir werden Vorschläge zum Gesprächsverhalten für *beide* Partner entwickeln: für Berater und Ratsuchende, für Menschen, die Kritik vortragen, und die, die sie entgegennehmen müssen.

14 Beratungsgespräche

Es gibt im kommunikativen Alltag eine Fülle unterschiedlicher Beratungssituationen: Der Arzt berät seinen Patienten, ein Verkäufer berät einen Kunden, ein Vermögensberater tut das auch, ein Anwalt berät seinen Klienten, ein Beratungslehrer einen Schüler, ein Mitglied des Betriebsrates berät einen Kollegen, ein Unternehmensberater den Chef einer Firma. Schon diese Beispiele zeigen: Die Rollenverteilung ist immer die gleiche, auf der einen Seite der Spezialist, der über bestimmte Informationen verfügt, auf der anderen Seite der, der diese Informationen braucht, um angemessen entscheiden und handeln zu können.

Aber die Beispiele zeigen auch: Beratungssituationen unterscheiden sich, wenn wir uns die Interessen und die Ziele der Beteiligten ansehen: Wenn wir ein Problem im Betrieb haben, *suchen wir den Rat* eines Kollegen unseres Vertrauens und hoffen, daß er nur eines im Sinn hat, uns zu helfen. Wenn wir etwas Geld auf dem Konto haben, können wir davon ausgehen, daß uns irgendwann ein Anlageberater anspricht und uns seinen *Rat anbietet.* Wenn wir darauf eingehen, hoffen wir, daß er uns in unserem Sinne berät, aber wir wissen auch, daß er das nicht uneigennützig tut, sondern zum Vorteil seiner Bank.

Zwischen eigennützigen Beratungen, die in erster Linie das Ziel haben, uns etwas zu verkaufen, und Beratungen, die uneigennützig nur *unseren Vorteil* im Sinn haben, gibt es viele Abstufungen.

Theorie

An dieser Stelle erscheint es uns zweckmäßig, ein wenig über zwei Begriffe nachzudenken: **Verkaufen** und **Beraten**.

Die Fachliteratur versucht eine Abgrenzung. Brons-Albert (1995, S. 14): «Unter Verkaufsgesprächen werden professionell geführte, interessenbezogene Gespräche mit spezifischen Rollenerwartungen an Verkäufer und Kunden verstanden, deren Gesprächsanlaß die Absicht ist, eine Kauf-/Verkaufshandlung abzuwickeln.»

Das primäre Ziel des Verkäufers ist es also, sein Produkt an die Frau oder an den Mann zu bringen. Das Ziel des Beraters ist ein anderes: Er soll sein Fachwissen vermitteln, aus der Sicht des Profis Ratschläge zum Handeln geben, aus der Distanz desjenigen, der nicht unmittelbar betroffen ist, also uneigennützig handeln kann (vgl. Nothdurft/Reitemeier/Schröder 1994, S. 7). Und das ist der Knackpunkt: «uneigennützig handeln». Es gibt offensichtlich einen fließenden Übergang zwischen **uneigennützigen** und **eigennützigen** Beratungsgesprächen bis hin zum Verkaufsgespräch.

Eine uneigennützige Beratung erwarten wir von einem Kollegen unseres Vertrauens und von unserem Arzt. Aber bereits bei einer ärztlichen Beratung ist (angesichts der gegenwärtigen Situation im Gesundheitswesen) durchaus Zweifel angebracht, ob der Rat zu einem teuren Diagnoseverfahren wirklich nur *unserem* Besten dient, ob uns unser Arzt nicht etwas verkaufen will. Praktisch können wir uns bei jeder Beratung fragen: *Gibt es für den Berater noch ein anderes Interesse als das, uns bei der Lösung unseres Problems behilflich zu sein?*

Bei einer Kundenberatung – in unserer Bausparkasse oder in unserer Bank – sollte uns von vornherein klar sein, daß der Berater nicht ganz uneigennützig handelt. Er hat nicht nur sein Fachwissen, das er weitergibt, wie der Psychotherapeut und der Beratungslehrer. Er hat auch ein Produkt. Wenn er ein guter Berater ist, versucht er zwar gemeinsam mit uns herauszufinden, in welcher Form dieses Produkt unseren Bedürfnissen und Möglichkeiten entspricht, er hat jedoch das nachgeordnete Ziel, es uns zu verkaufen. Wohlgemerkt: das *nachgeordnete*. In den entsprechenden Arbeitsbereichen selbst (Banken, Versicherungen) sieht man das inzwischen etwas anders. Das Standardwerk zum Thema «Anlageberatung» (Geyer 1993) wendet sich zwar an Bank**berater**, aber deren primäres Ziel in ihren Kundengesprächen ist der *Verkauf*: «Sie wollen ihre Kunden überzeugen und zum Abschluß motivieren.» (S. 19) Und auch die Schulungsunterlagen der Kreditinstitute, die wir einsehen durften, sprechen von Verkaufstraining unter dem Wahlspruch: «Reden ist Silber. Verkaufen ist Gold.» Beraten gleich Verkaufen? Oder anders gefragt: Ist der Kundenberater unter dem Druck des Markts (und seiner «Führungsetage») in zunehmendem Maße gezwungen, das eigentliche Ziel seiner Arbeit im erfolgreichen Abschluß, also im Verkauf, zu sehen, nicht mehr in der Beratung? Wird seine Leistung danach bewertet, wie viele Abschlüsse er pro Monat getätigt hat? Für den Kunden würde das bedeuten: Der positiv besetzte Begriff «Beratung» wird benutzt, um ihm Vertrauen zu suggerieren und die eigentlichen Ziele zu verschleiern.

Wir leisten uns in diesem Buch den Luxus, diesem Trend nicht zu folgen. Wenn sich jemand freiwillig in eine **Beratungs**situation begibt, tut er das, weil er hofft, vom Informationsvorsprung des Beraters zu profitieren, und weil er hofft, daß der Berater vor allem den Vorteil seines Gegenübers im Auge hat, ob er ihm nun ein Anlagekonzept unterbreitet oder ihm eine Operation empfiehlt. Seine Erwartung ist eine andere als bei einem Verkaufsgespräch. In ein Verkaufsgespräch geht er normalerweise mit Distanz, wenn nicht sogar mit einer Portion gesunden Mißtrauens.

Beratungssituationen jedoch sind immer Situationen persönlicher Nähe, sind Vertrauenssituationen.

Wenn der Kunde merkt, daß dieses Vertrauen mißbraucht wird, dann wird er die Kundenbeziehung abbrechen. Wir glauben, daß ein Berater, der seine Aufgabe vom Bedürfnis des Kunden her definiert, langfristig gesehen erfolgreicher ist als ein Verkäufer, für den das vorrangige Ziel der Abschluß ist.

Wir werden uns zwei ganz unterschiedliche Beratungssituationen ansehen, jedenfalls was die Interessenlage betrifft: das kollegiale Beratungsgespräch und die Kundenberatung.

14.1 Die kollegiale Beratung

Immer häufiger finden wir in Betrieben und bei Behörden Personen, deren Hauptaufgabe es ist, ihre Kollegen **uneigennützig** zu beraten: Personalvertretungen, Vertrauensleute usw. Mitarbeiter, die mit ihren Problemen zu ihnen kommen, wollen über diese Probleme sprechen und hoffen, daß sie Ratschläge bekommen, wie sie sie angemessen lösen können. Wichtig ist, daß diese Berater unabhängig sind, also nicht betroffen von den Handlungen, die sie den Ratsuchenden empfehlen. Diese «Unbefangenheit» kann man nicht immer voraussetzen, vor allem dann nicht, wenn es nicht nur um das Problem einzelner Mitarbeiter geht, sondern um Probleme der Zusammenarbeit in einem Team. Deshalb engagieren Firmen oder auch die Mitarbeiter selbst (zum Beispiel ein Lehrerkollegium) professionelle, neutrale Berater, sogenannte Supervisoren. Für diese Supervisoren wurde von Karlheinz A. Geißler eine Systematik entwikkelt. Wir fanden sie in einem Buch von Bernd Weidenmann (Erfolgreiche Kurse und Seminare. Weinheim 1995, S. 50–52). Wir meinen: diese Systematik könnte Grundlage für jede uneigennützige Beratung sein, im Betrieb, aber auch in privaten Situationen.

Voraussetzungen

Der Berater sollte unabhängig sein. Der Idealfall sieht vor, daß zwei Berater einem Ratsuchenden gegenübersitzen. Auf diese Weise kommen unterschiedliche Wahrnehmungen und Sichtweisen zum Tragen. Ob das in der Praxis immer möglich ist, wagen wir zu bezweifeln.

PHASE 1: **Worum geht es?**

In dieser ersten Phase spricht nur der Ratsuchende. Die Berater hören zu. Dieses Nur-Zuhören ist zunächst für viele sehr ungewohnt. Den meisten von uns fallen sehr schnell Deutungen und Lösungen ein, und wir sind es gewöhnt, das, was uns spontan einfällt, auch sofort loszuwerden. Die Regel «Erst zuhören» soll verhindern, daß wir uns vorschnell auf Deutungen und Lösungen festlegen, ohne alle Facetten des Problems gründlich zu durchdenken.

Sie werden es merken: Es fällt zwar sehr schwer, nur zuzuhören. Aber es lohnt sich, das auszuprobieren. Sie erfahren viel mehr, und Sie werden viel sicherer Lösungen finden, die genau *diesem* Problem und *diesem* Betroffenen entsprechen.

PHASE 2: **Fehlen noch Informationen?**

Erst in dieser Phase beginnt der Dialog. Die Berater fragen, wenn ihnen etwas fehlt oder unklar ist, sie paraphrasieren, wenn sie feststellen wollen, ob sie etwas so verstanden haben, wie es vom Ratsuchenden gemeint war. Auch hier sind noch keine Deutungen und Lösungsangebote zugelassen.

PHASE 3: **Wie ging es uns?**

Die Berater geben dem Ratsuchenden Rückmeldungen. Was haben wir verstanden? Welche Assoziationen, Gedanken, Gefühle hat der Fall bei uns ausgelöst? Sie beschreiben dem Ratsuchenden gewissermaßen das Bild, das in ihnen entstanden ist. Auf diese Weise stellen sie einen Bezug her zwischen dem Fall ihres Ratsuchenden und sich selbst und ihrer Situation. So entwikkeln sie auch für den Ratsuchenden eine andere neue Sichtweise seines Problems, beleuchten es sozusagen von außen. Damit verhelfen sie eventuell auch dem Betroffenen dazu, sich ein wenig von dem Problem zu distanzieren und es rationaler zu betrachten.

PHASE 4: **Wie geht es mir damit?**
Der Ratsuchende sagt, wie er diese Rückmeldungen seiner Berater erlebt hat. Er beschreibt das «Bild», das er jetzt von seinem Problem hat.

PHASE 5: **Was ist zu tun?**
Erst jetzt beginnt die *gemeinsame* Suche nach einer angemessenen Lösung. Das Ganze ist also ein Gespräch, kein Vortrag der Berater. Die möglichen Lösungen sollten diskutiert werden. Es gibt Situationen, in denen es zweckmäßig ist, einen oder mehrere Handlungsschritte im Rollenspiel durchzuspielen, um Vorgehensweisen und Strategien zu erproben. Manche Vorgehensweisen erscheinen dem Ratsuchenden fremd, er ist unsicher, ob er diesen Weg gehen möchte oder gehen kann. Ein solches Rollenspiel zeigt ihm, wie es ungefähr laufen könnte, gibt ihm Sicherheit und Mut.

Die Berater sollten den Ratsuchenden nie in eine Richtung *drängen*. Der sollte überzeugt sein, daß dieser Weg, den man gemeinsam gefunden, eventuell ausprobiert hat, ein möglicher Weg für ihn ist, um sein Problem anzugehen und zu lösen. Gewiß: eine strenge Gesprächsstruktur. Aber sie macht es möglich, daß man sich gründlich einem Problem nähert, allen Facetten gerecht wird und einem Ratsuchenden so hilft, wie es für *ihn* in diesem *speziellen Fall* angemessen ist.

14.2 Die Kundenberatung

Eine Vorbemerkung: Es gibt zum Thema «Kundenberatung» eine Fülle branchenspezifischer Spezialliteratur. Wozu dann dieses Kapitel, das den Gesamtkomplex doch nur streifen kann? Zunächst: Vielleicht findet ja der Fachberater auch bei uns etwas, was er noch nicht weiß oder so bisher nicht gesehen hat. Vor allem aber: Es gibt ein wachsendes Heer von Ratsuchenden. Wir wollen für sie die Kommunikationsform «Kundenberatung» durchsichtig machen, ihnen zeigen, wie ein guter Berater arbeitet oder arbeiten sollte, also was sie erwartet, vor allem aber, was sie einfordern sollten, wenn sie sich vertrauensvoll in eine solche Beratungssituation begeben. Zurück zur Sache: Ein Kundenberater kann sehr viel aus dem Modell der kollegialen Beratung lernen, vor allem aber eines: Er muß geduldig zuhören!!

Wir wollen uns im folgenden nicht damit beschäftigen, wie es zu dem Beratungsgespräch gekommen ist, ob die Aktivität vom Berater oder vom Kunden ausgegangen ist. Die Frage, wie man akquiriert oder einen Geschäftstermin vereinbart, soll hier ausgespart werden. Wir wollen uns nur die Gesprächssituation selbst ansehen.

Ausgangssituation

Wir haben es im theoretischen Exkurs auf S. 304 deutlich gesagt: In einem solchen Beratungsgespräch hat der Berater das Ziel, den Kunden dazu zu bewegen, in seinem Sinn zu handeln, eine Ware zu kaufen, einen Vertrag abzuschließen. Wenn Alf seinen Kunden berät, möchte er seine Konzeption an den Mann bringen, zum Vorteil seiner Werbeagentur. Und Vera Falters Mann Jochen, Anlageberater in einer Bank, möchte, daß ein Kunde sein Geld so anlegt, daß auch die Bank ihren Schnitt dabei macht. Aber beide wissen, daß es da ein zweites Ziel gibt, das – wie wir meinen – entschieden wichtiger ist: die Zufriedenheit des Kunden. Der Kunde soll das Gefühl haben, daß das, wofür er sein Geld ausgibt oder anlegt, für ihn einen Vorteil bringt. Im Vertrauen darauf läßt er sich auf die Beratung ein.

Wir sagen es noch einmal: **Beratungssituationen sind Vertrauenssituationen**. Eine Vertrauensbasis herzustellen und über die Dauer des Gesprächs zu erhalten ist die wichtigste Aufgabe des Kundenberaters. Ja, wir gehen noch einen Schritt weiter: Auf dem Fundament dieses Vertrauensverhältnisses kann eine Kundenbindung über Jahre und Jahrzehnte, ja über ein ganzes Leben hinweg halten. Das bedeutet: Ausgangspunkt ist immer der Kunde, sind seine Voraussetzungen, seine Bedürfnisse und Erwartungen. Deshalb ist für uns eine Kundenberatung mehr als ein Verkaufsgespräch. Es ist eine vertrauensbildende Maßnahme. Für den Berater heißt das sehr praktisch: Perspektiven-Übernahme.

Gesprächsvorbereitung

Das beginnt schon bei der Vorbereitung auf das Gespräch. Anlageberater Jochen informiert sich vor einem ersten Beratungsgespräch so genau wie möglich über seinen Kunden: seinen Beruf, seine allgemeine Lebenssituation (Alter, Kinder, Wohnung, außerberufliche Funktionen und Interessen). Er sieht sich die Kontobewegungen an, die bisherigen Anlagegewohnheiten.

Schon hier «greift» das Konzept der **drei Regeln für die Themenbearbeitung** in Beratungsgesprächen (wir haben es schon in Kapitel 8.5 angesprochen): **Selektieren, popularisieren, strukturieren.** Übersetzt: Was braucht *dieser* Kunde? Welches Vorwissen hat er? Wie gehe ich im Gespräch vor?

Gesprächsphasen

1. Gesprächseröffnung

Sie wird in der Spezialliteratur auch «Kontaktphase» genannt. Der erste Schritt dieser Phase dient der Beziehungsgestaltung. Eine Voraussetzung dafür, daß wirklich eine Beratungsbeziehung entstehen kann, ist, daß für dieses Gespräch ein eigener, abgeschirmter Platz zur Verfügung steht. Jochen geht seinem Kunden stets entgegen und spricht ihn mit seinem Namen an. Die **Atmosphäre** des Gesprächs entsteht in den ersten fünf Minuten. Der Berater muß davon ausgehen, daß er seinen Kunden im Verlauf des Gesprächs auf unbekanntes Terrain führt: Die Situation ist für den Kunden wenig prägnant (siehe Kapitel 13.5, Suggestion). Und es geht um weitreichende, eventuell kostspielige Entscheidungen. Das macht ihn zunächst unsicher, vorsichtig, vielleicht sogar mißtrauisch. Auch dann, wenn der Kunde selbst um die Beratung gebeten hat, kann der Berater nicht davon ausgehen, daß die notwendige Vertrauensbasis von Beginn an vorhanden ist. Deshalb sollte man mit etwas Vertrautem beginnen: einer persönlichen Bemerkung oder Frage. Alf nennt das «human touch». Wir haben in Kapitel 8.2 gesehen, daß er sich auf Fotos im Büro seines Kunden bezieht:

Alf *Sie sind Fußballer?*

Kunde *Ach, Sie meinen die Fotos ...*

Vertrautes Gebiet sind auch die Themen Urlaub oder Wetter. Wichtig ist dabei, daß sich eine solche persönliche Anknüpfung zwanglos aus der Situation ergibt, echtes Interesse signalisiert und nicht als rhetorische Masche erscheint, als Anbiederung, als distanzlos.

Ein guter Berater hat wirklich Interesse an den Menschen, die ihm gegenübersitzen. Wenn er sein Interesse nur spielt, wird dies der Partner sehr schnell merken. Dieses echte Interesse hilft ihm, seinen Partner schon in dieser Phase so anzusprechen, daß der andere dieses Gespräch als ein sehr persönliches erlebt und sich leichter darauf einläßt. Das hilft dem Berater, seinen Kunden kennenzulernen.

Anlageberater Jochen bevorzugt persönliche Anknüpfungen, die bereits themenbezogen sind:

Jochen *Wie ich gesehen habe, sind Sie ja ein ganz alter treuer Kunde von uns. Sie haben Ihr Haus in Bördel über uns finanziert. Das war ...*

Kunde *Ich glaube, 1972.*

Entscheidend ist: Der Kunde sollte das Gefühl haben: Hier geht es um mich, um meine Person, um meine Bedürfnisse. Jochen hütet sich davor, sich in diesem Kontakthema zu verplaudern. Der Kunde erwartet ja auch, daß es zur Sache geht.

Der nächste mögliche Schritt ist die Klärung der **äußeren Bedingungen:**

Ich hoffe, Sie haben etwas Zeit mitgebracht.

Wie lange haben Sie Zeit für unser Gespräch?

Hier kann es zu ersten Einwänden kommen:

Also, viel Zeit hab ich nicht.

Unser Rat: Lieber einen neuen Termin abmachen, als ein solches Gespräch im Schweinsgalopp durchzuziehen. Zur Gesprächseröffnung gehört aber auch, daß der Berater den **Gesprächsanlaß** nennt oder den Kunden danach fragt und daß er etwas über die **inhaltlichen Voraussetzungen** des Kunden erfährt:

Haben Sie sich schon mal mit Möglichkeiten der Geldanlage beschäftigt?

Mit jemandem, der ein bißchen Bescheid weiß, kann man ganz anders sprechen als mit einem völlig «Ahnungslosen». Aus dieser ersten Phase des Kennenlernens zieht der erfahrene Berater seine ersten Erkenntnisse:

- Was könnte für diesen Kunden interessant sein?
- Auf welcher sprachlichen und inhaltlichen Ebene kann ich mich bewegen?

Gerade diese letzte Frage ist äußerst wichtig. Wir behaupten: Ein guter Berater sorgt dafür, daß für seinen Kunden die Informationen, die er ausgewählt hat, in hohem Maße transparent werden, daß er alles versteht, damit er sich vor diesem Hintergrund zu seinem eigenen Nutzen entscheiden kann – dafür oder dagegen.

Wir haben in Kapitel 8.5 dargestellt, daß wir unserem Partner das Verstehen wesentlich erleichtern können, wenn wir von seinen Voraussetzungen ausgehen, wenn wir unsere Informationen in seine Sprache «übersetzen». Die schwierigste Aufgabe des Beraters besteht wohl darin, sein Fachwissen für gerade *diesen* Kunden zu **popularisieren**, das heißt in der Sprache der Suggestion: Konfusion in Prägnanz zu überführen (siehe Kapitel 13.5). Fachbegriffe müssen also definiert oder umschrieben werden, und zwar für *diesen* Kunden.

Komplizierte Abläufe müssen durch Beispiele faßbar gemacht, durch Skizzen veranschaulicht werden. Wichtig zu wissen: Was dem einen Kunden als Hilfe zur Veranschaulichung nützt, ist für den anderen völlig ungeeignet. Da ist Fingerspitzengefühl gefragt. Aber es gibt ja auch die Möglichkeit, sich zu vergewissern.

Hat das Beispiel die Sache klarer gemacht?

Nützt es Ihnen, wenn ich es kurz aufmale?

All das gilt besonders für die Informationsphase.

2. Informationsphase

Wenn der Berater die inhaltlichen Voraussetzungen des Kunden erfragt («Haben Sie sich schon mal mit Möglichkeiten der Geldanlage beschäftigt?»), leitet er damit bereits die nächste Phase ein: die Informationsphase. In dieser Phase geht es für den Berater zunächst darum, Informationen zu bekommen. Erst wenn er ausreichend informiert ist, präsentiert er seine Ideen und

Vorschläge. Im ersten Schritt sollte er die **Voraussetzungen des Kunden erfragen:**

a) seine Erfahrungen, seine Einstellungen, seine konkreten Vorstellungen und seine Wünsche, seine Ängste und Vorbehalte,

b) seine wirtschaftlichen Möglichkeiten und Grenzen.

Dieses Bild sollte so genau wie möglich sein. Viele Berater machen den Fehler, diesen Schritt zu früh abzubrechen.

Wir sagen es noch einmal: **Ein guter Berater muß geduldig zuhören können.**

Deshalb ist seine wichtigste Äußerungsform in diesem Schritt die **Frage**. (Wir haben dies bereits in Kapitel 8.2 sehr ausführlich dargestellt.)

Anlageberater Jochen setzt seine Fragen recht bewußt ein: Er stellt **offene** Fragen,

- wenn er etwas über Erfahrungen und Einstellungen wissen möchte:
  Welche Erfahrungen haben Sie mit Ihrer Bausparkasse gemacht?
- wenn er gründlich informiert werden will:
  Welche Belastungen können Sie denn monatlich verkraften?
- wenn er Begründungen haben möchte (dabei schaltet er häufig eine Paraphrase vor):
  Sie sagen, Sie haben noch nie daran gedacht, Ihr Geld anders anzulegen als auf dem Sparbuch. Warum?
- wenn er zum Nachdenken und Mitdenken anregen will:
  Wie wird sich Ihr Leben gestalten nach Ihrer Pensionierung?

Er stellt **geschlossene** Fragen, wenn er eine Ja / Nein-Information braucht:

Haben Sie Ihre steuerlichen Vorteile über 7b schon ausgeschöpft?

Und er **paraphrasiert**, um zu überprüfen, ob er richtig verstanden hat, und um seinem Kunden zu zeigen, daß er ihm seine volle Aufmerksamkeit widmet.

Wenn Jochen ein genaues Bild von seinem Kunden hat, beginnt er den zweiten Schritt: die **Selektion**. Dabei geht es darum herauszufinden: Was ist aus der Produktpalette für diesen Kunden geeignet? Was ist weniger geeignet? Auch hier macht Jochen noch keine eigenen Vorschläge, sondern er stellt in erster Linie Fragen:

Was halten Sie überhaupt von Aktien?

Sie sagen, langfristige Anlagen sind für Sie uninteressant. Warum?

So beteiligt er den Kunden intensiv an der Suche nach dem Produkt, das für *diesen* Kunden den höchsten individuellen Nutzen hat. Außerdem bekommt er heraus, welche Eigenschaften des Produkts für den Kunden besonders wichtig sind, zum Beispiel die relativ hohe Rendite, die langfristige Sicherheit.

Erst im dritten Schritt beginnt er, seine **Vorschläge** zu machen. Dabei versucht er, auch kompliziertere Vorgänge so darzustellen, daß *dieser* Kunde sie verstehen kann. Zur Erläuterung zieht er Anschauungsmaterial heran, macht Skizzen, sucht Beispiele aus dem Erlebnisbereich des Kunden. Er versucht, jeden Vorschlag, jede Behauptung ausreichend zu begründen (siehe 13.1, Argumentieren). Dabei vermeidet er Statistik-Argumente («60 % aller deutschen Aktienwerte haben in diesem Jahr zugelegt») und geht sehr vorsichtig mit Prognose-Argumenten um («Investmentfonds werden in den nächsten Jahren den Geldmarkt erobern»), auch wenn es sehr verlockend ist, so zu argumentieren. Statistik-Argumente haben so etwas bestechend Wissenschaftliches, obgleich die Stimmigkeit kaum zu überprüfen ist. Auch Prognose-Argumente sind nicht überprüfbar, und wenn sie ein Fachmann vorträgt (der es ja wissen muß), haben sie für den ahnungslosen Kunden ein hohes Maß an Glaubwürdigkeit, der er sich kaum entziehen kann. Selbstverständlich wird der Kunde wissen wollen, wie die Zukunft für sein Geld aussieht. Aber Alf hütet sich, ihm Trends und Tendenzen als Fakten zu «verkaufen».

ER SAGT NICHT:	SONDERN:
Die Gewinne auf dem Rentenmarkt werden in den nächsten zehn Jahren enorm sein.	*Wenn man sich die Entwicklung in den letzten drei Jahren ansieht, kann man erwarten ... Aber das ist nur eine Tendenz. Legen Sie mich darauf nicht fest.*

Wenn das *primäre* Ziel eines solchen Gesprächs eine kundenorientierte Beratung und nicht der Verkauf eines Produkts ist, sollte der Berater auf manipulative Strategien und Tricks jeder Art verzichten. Dabei spielen Überlegungen zur «kommunikativen Ethik» nicht einmal die Hauptrolle. Wenn zum Beispiel die Prognose, auf die der Kunde sich verlassen hat, nicht eintrifft, wirkt das wie ein Versprechen, das nicht gehalten wurde.

Ein Berater, der einen Kunden mit manipulativen Tricks zum Abschluß eines Vertrages bringt, kann zwar zunächst einen sichtbaren Erfolg verbuchen. Aber irgendwann, vielleicht schon zwei Stunden später, könnten dem Kunden Zweifel kommen. Er fühlt sich überredet, betrogen. Die Geschäftsbeziehung ist gestört, eventuell sogar beendet.

Aus diesem Grunde macht Anlageberater Jochen keine Versprechungen, die er nicht halten kann, behauptet nichts, was er nicht nachvollziehbar begründen kann, beleuchtet einen Gegenstand von allen Seiten, macht ihn so «durchsichtig» wie möglich, nennt also nicht nur die Vorteile des Kaufs von Aktien, sondern auch die Nachteile, klärt ihn (zum Beispiel bei Termingeschäften) über die Risiken und Nebenwirkungen auf und über die juristischen Implikationen (zum Beispiel Selbstauskunft bei Termingeschäften). Er informiert über die Kosten und Gebühren, die bei jedem Bankgeschäft anfallen.

Der Kunde soll seine Entscheidungen treffen, weil er ausreichend informiert und überzeugt ist, das Richtige zu tun, und nicht weil er vor lauter Hilflosigkeit blind den «dringenden Empfehlungen» des Beraters folgt. Jochen versucht, auch in diesem Schritt einen Dialog zu entwickeln:

- Er vergewissert sich, ob der Kunde ihn versteht:
  Habe ich das klar genug beschrieben?
- Er aktiviert ihn durch **Fragen** zum Mitdenken:
  Was sehen Sie selbst noch für Nachteile?
- Er serviert die Zusammenhänge so plausibel, daß der Kunde selbst die richtigen Schlüsse ziehen kann.
- Er macht **Pausen** und gibt dem Kunden die Möglichkeit, nachzufragen.
- Er hat eine offene, dem Kunden zugewandte Sitzhaltung.
- Er hält, wenn möglich, ständig Blickkontakt und achtet dabei sehr genau auf die Signale, die der Kunde durch seine Körpersprache und seinen Sprechausdruck übermittelt:
  Signale zum Sprecherwechsel: *«Jetzt möchte ich was sagen»*,

«Sprich weiter» (siehe Kapitel 8.7),

Signale zum Verständnis: irritiertes Krausziehen der Stirn, verstehendes Lächeln usw.

Signale zur augenblicklichen Gemütsverfassung: große Lautstärke bei Nachfragen, entspanntes Zurücklehnen.

An diesen Signalen erkennt er, wie das Gespräch läuft, und er geht im Gespräch auf sie ein, wenn es ihm zweckmäßig erscheint:

Ich merke, Sie sind da etwas verunsichert?

Sie wollen eine Frage stellen?

Brauchen Sie jetzt Zeit zum Nachdenken?

Sie müssen das nicht gleich entscheiden.

Spätestens bei diesem Schritt kommen die ersten **Einwände**. Für Jochen sind Einwände zunächst einmal ein Zeichen dafür, daß der Kunde interessiert ist, daß er mitdenkt. Jochen nimmt alle Einwände ernst und geht gründlich auf sie ein, ob sie nun berechtigt sind oder unberechtigt.

Berechtigte Einwände benennen meist die Schwächen oder Nachteile eines Produkts, jedenfalls aus der Sicht des Kunden. Jochen leugnet diese Nachteile nicht, aber er nennt und erläutert – sozusagen als Gegengewicht – *die* Vorteile, die *diesen* Kunden zum neuen Überdenken bringen könnten:

Kunde *Beim Investmentfonds geht das ja ziemlich langsam, bis man da Gewinne sieht.*

Jochen *Das ist in der Tat so. Aber wenn ich Sie richtig verstanden habe, wollen Sie auch das Risiko so gering wie möglich halten.*

(Pause)

Kunde *Das stimmt.*

Jochen *Das haben Sie beim Investment. Außerdem: Wollen Sie permanent die Kursschwankungen beobachten?*

Jochen nimmt also den Einwand zum Anlaß, das Produkt noch einmal von allen Seiten zu beleuchten. Dabei geht es ihm schon darum, den Kunden zu überzeugen, wenn er erkannt zu haben glaubt, daß gerade *diese* Anlageform für *diesen* Kunden die geeignete ist. Er tut das hier, indem er zwei Argumente nennt, die der Kunde selbst im Verlauf des Gesprächs geäußert hat. Das eine formuliert er als Paraphrase, das andere als (Suggestiv-)Frage. Er stellt also keine eigenen Gegenbehauptungen auf, sondern er spiegelt dem Kunden nur dessen Einstellungen. Eine sehr «partnerfreundliche» Strategie. Der Kunde wird sich nicht manipuliert fühlen, und er hat die Möglichkeit, sofort zu dementieren, wenn er sich nicht richtig verstanden fühlt:

Kunde *Also ein kleines bißchen Risiko könnte ich schon eingehen.*

Jochen *Ein bißchen höher als beim Sparbuch ist es ja auch. Sehen Sie hier ...*

Und Jochen versucht, seine Sichtweise durch **Fakten** zu belegen, die den Kunden zu einer neuen Erkenntnis führen könnten. Dieses Vorgehen setzt allerdings voraus, daß der Berater in der Informationsphase sehr genau zugehört hat. Wenn er den Stellenwert eines Einwandes nicht richtig einschätzen kann, könnte er auch eine Gegenfrage stellen:

Kunde *Beim Investmentfonds geht das ja ziemlich langsam, bis man da Gewinne sieht.*

Jochen *Wollen Sie doch lieber schnell etwas auf dem Konto sehen?*

Oder er reagiert mit einer Verständnisfrage (1) oder einer Paraphrase (2):

Kunde *Wenn man Aktien hat, muß man ja unheimlich viel Ahnung haben und sitzt permanent gewissermaßen auf dem heißen Stuhl.*

Jochen *(1) Wie meinen Sie das?*

Jochen *(2) Sie meinen, Sie müssen selbst dauernd wie ein Fachmann den Geldmarkt beobachten.*

Der Kunde wird angeregt, seine Einwände zu begründen, also auch zu überdenken.

Der letzte Einwand des Kunden («Man muß viel Ahnung haben») ist nach Jochens Auffassung unberechtigt. Aber es ist ein gängiges Vorurteil, daß man als Aktienbesitzer ein halber Finanzfachmann sein muß. Jochen zeigt Verständnis für diese Sichtweise, rückt danach aber die Sache ins rechte Licht:

Jochen *(2) Sie meinen, Sie müssen selbst dauernd wie ein Fachmann den Geldmarkt beobachten und* **Paraphrase** *auf dem Quivive sein. Viele Kunden denken so.* **Entlastung** *Und das ist ja auch verständlich. Für die meisten ist das Aktiengeschäft zunächst ein Buch mit sieben Siegeln. Eine ganz neue Erfahrung. Aber wir versu-*

chen, Ihnen dabei zu helfen. Wir beobachten den Markt für Sie und beraten Sie. Wir wickeln Ihre Aufträge ab. Wir sind gewissermaßen Ihre Kontaktpersonen zur Börse. Entscheiden müssen Sie dann allerdings selbst, ob und was Sie kaufen oder verkaufen wollen.

Mit einer solchen Schrittfolge kann Jochen recht gut auf unberechtigte Einwände reagieren. Wichtig ist allerdings, daß er auch hier in seiner Richtigstellung nicht verschweigt, daß der Service der Bank Grenzen hat («Entscheiden müssen Sie … selbst …»).

3. Ergebnisphase

In der Informationsphase hat Jochen erfahren, was der Kunde will, was er braucht. Das entsprechende Produkt wurde gründlich von allen Seiten beleuchtet. Jochen kann also davon ausgehen, daß der Kunde genug Informationen hat, um sich *selbständig* und eigenverantwortlich für oder gegen etwas zu entscheiden. Wann der Übergang zur Ergebnisphase angesagt ist, signalisiert häufig der Kunde. In der entsprechenden Spezialliteratur spricht man von «Abschlußsignalen», die der Kunde setzt:

verbale Signale:

Na gut.
Ich glaube, ich weiß jetzt Bescheid.

körpersprachliche Signale:

unruhig werden,
auf die Uhr sehen,
sich zurücklehnen,
sich mit etwas anderem beschäftigen.

Jochen muß hier sehr genau hinsehen und hinhören. Denn wenn er diese Signale nicht beachtet oder fehldeutet, kann es sein, daß er zu früh oder zu spät in die letzte Phase, die Ergebnisphase, startet.

Das, was wir hier «Ergebnisphase» nennen, heißt in der Spezialliteratur «Abschlußphase», «Vertragsphase» oder auch «Verkaufsphase». Im Verlauf dieses Kapitels haben wir hoffentlich deutlich gemacht, daß für uns am Schluß eines Gespräches, das den Charakter einer **Beratung** hat, nicht zwangsläufig der Abschluß eines Vertrages, der Verkauf eines Produktes stehen muß. Selbstverständlich wünscht sich Anlageberater Jochen sehr, daß es ihm gelungen ist, den Kunden gründlich zu informieren und davon zu überzeugen, daß *diese* Form der Anlage in *dieser* speziellen Zusammensetzung für *ihn* und seine Bedürfnisse genau richtig ist. Und wenn dieser Kunde jetzt auch noch seine Unterschrift unter eine entsprechende Vereinbarung oder einen Vertrag setzt ...

Entscheidend ist aber, daß der Kunde sich gut beraten fühlt. Das kann bedeuten, daß er sich Bedenkzeit erbittet, aber durchaus auch, daß er feststellt, daß das alles für ihn nicht in Frage kommt. Wenn er das mit Hilfe dieser Beratung erkannt und so entschieden hat, wird er weiter ein treuer Kunde bleiben oder ein neuer Kunde werden, vielleicht nur mit einem Sparbuch für seinen Enkel oder mit einer neuen Kreditkarte. Er hat aus diesem Gespräch Vertrauen gewonnen, und das ist auf Dauer mehr wert als ein schneller Vertrag – auch im Zeitalter angespannter Konkurrenz.

Wenn Jochen aus den Signalen des Kunden erkennt, daß er die Informationsphase beenden kann, beginnt er die Ergebnisphase mit einer **Zusammenfassung**:

Jochen *Halten wir fest ...*

Dabei kristallisiert er noch einmal das geeignete Produkt heraus, nennt die Nachteile und die Vorteile. Wenn er während dieser Zusammenfassung erkennt, daß der Kunde überzeugt ist und ihm eigentlich nur noch ein kleiner Kick fehlt, wird er diese Vorteile noch etwas stärker herausstreichen und kann jetzt mit gutem Gewissen auch «als Fachmann empfehlen». Er hat ja vorher gründliche Informationsarbeit geleistet. Häufig reagiert der Kunde auf eine solche Zusammenfassung und anschließende Empfehlung bereits mit entsprechenden Abschlußsignalen:

Das hat mich überzeugt. Ich glaube, das sollten wir so machen.

Klasse. Und wann können wir damit beginnen?

Alles klar. Machen wir da jetzt einen schriftlichen Vertrag?

Jochen beantwortet diese Fragen, und mit großer Wahrscheinlichkeit steht dem Abschluß jetzt nichts mehr im Wege.

Wenn der Kunde nicht in diesem Sinne reagiert oder noch etwas Unsicherheit zeigt, könnte Jochen sagen:

Ich weiß nicht, ob Sie sich jetzt schon entschieden haben oder noch etwas Zeit brauchen.

Sie müssen sich nicht gleich entscheiden.

Vielleicht braucht der Kunde noch Bedenkzeit und möchte alles in Ruhe zu Hause mit seiner Frau besprechen. Dann schlägt Jochen einen Folgetermin vor. Vielleicht beginnt der Kunde auch eine Verhandlung um Bedingungen. Vielleicht sucht er eine schrittweise Lösung, eine, die es ihm ermöglicht, erst einmal in einer «Probephase» mit kleinem Einsatz auszuprobieren, wie sich so eine Aktie anfühlt. Er braucht eventuell das Gefühl, daß er mit diesem ersten Schritt kein großes Risiko eingeht. Wenn Jochen das merkt, wird er darauf eingehen und sich mit diesem kleinen Erfolg zufriedengeben. Er hat seine wichtigsten Ziele erreicht: Der Kunde ist informiert, der Kunde geht den ersten Schritt, und dies aus eigenem Entschluß. Die Geschäftsbeziehung ist aufgebaut. Und das ist der eigentliche Erfolg dieses Gesprächs.

Wir haben uns als Beispiel für eine Beratungssituation die Anlageberatung ausgesucht. Dabei haben wir nur den Gesprächsablauf im Auge gehabt und alle Rahmenbedingungen und juristischen Implikationen, denen der Berater unterworfen ist (zum Beispiel Wertpapierhandelsgesetz), außer acht gelassen.

Aber diese Situation soll als Beispiel stehen für fast alle anderen Kundenberatungen, ob sie nun in der Bausparkasse, in der Versicherungsbranche oder im Reisebüro stattfinden. Das gilt immer dann, wenn der Fachmann sich wirklich als Berater versteht und nicht als Verkäufer, der unter dem Leitsatz arbeitet: *«Ein Berater, der das Verkaufsgespräch nicht zum Abschluß bringt, handelt wie ein Bauer, der sät, ohne zu ernten»* (Aus einem Reader für die Lehrlingsausbildung einer Sparkasse).

Wir, die Autoren dieses Buches, sind fest davon überzeugt, daß unser Modell für eine kundenbezogene Beratung langfristig erfolgreicher ist. Für uns ist der Berater erst in zweiter Linie Verkäufer. Sein primäres Ziel sollte es sein, den Kunden so zu informieren, daß er als «mündiger» Kunde selbstverantwortlich entscheiden kann.

Der mündige Kunde

Sehen wir uns also die andere Seite an, die des ratsuchenden Kunden. Eigentlich brauchen wir dazu das, was wir oben dargestellt haben, nur in eine andere Ebene zu kippen. Der mündige Kunde sucht eine Beratung, um sich Informationen zu beschaffen. Er gibt dem Berater, dem Fachmann, einen Vertrauensvorschuß, aber er überläßt sich nicht der Allwissenheit des Beraters nach dem Motto «Der weiß das, der wird's schon richten». Er ist hellwach und kritisch. Schon in der **Gesprächseröffnung** merkt er, ob hier nur ein rhetorisches Programm abgespult wird oder ob der Berater wirklich ein Interesse hat, ihm ganz persönlich zu helfen. Wenn er nur leichte Zweifel hat, wappnet er sich mit Vorsicht und nimmt sich vor, alles, was ihm nicht ganz klar ist, gnadenlos zu «hinterfragen».

In der **Informationsphase** achtet er darauf, ob die Fragen des Beraters wirklich notwendig sind, um *sein* Interessengebiet zu beleuchten. Wenn er Zweifel hat, stellt er Gegenfragen:

Wozu brauchen Sie diese Informationen?

Ist das wichtig?

Eventuell umreißt er noch einmal ganz genau den Bereich, der ihn interessiert, zieht auf diese Weise klare Grenzen und verhindert, daß der Berater sämtliche Anlagemöglichkeiten dieser Erde in Betracht zieht.

Wenn er im Zweifel ist, ob er eine Frage richtig verstanden hat, kontrolliert er das durch eine Paraphrase:

Wenn ich Sie richtig verstanden habe, wollen Sie wissen, was ich im Monat netto nach Hause bringe.

Die **Vorschläge** des Beraters prüft er sehr genau, ob sie wirklich seinen Vorschlägen und Möglichkeiten entsprechen. Er ist zwar offen für neue Ideen und andere Sichtweisen. Aber er stellt Fragen:

- wenn er einen Begriff nicht kennt oder seine Hintergründe nicht einschätzen kann:

  Was verstehen Sie genau unter Risikomischung?

  Wie kommt so ein Immobilienfonds zustande?
- wenn er Zusammenhänge nicht versteht oder nicht weiß, was etwas für ihn persönlich bedeutet:

  Sie sagen, bei Investmentfonds verteilt sich das Risiko. Was heißt das?

  Wie kann ich selbst als Laie die Entwicklung beobachten und beurteilen?
- wenn ihm eine Behauptung nicht ausreichend begründet erscheint:

  Sie sagen: Investmentanteilscheine sind immer eine längerfristige Anlageform. Warum?

Dabei scheut er sich nicht, auch die scheinbar einfachsten Fragen zu stellen und sich auch eine Sache noch einmal erklären zu lassen, wenn er sie nicht verstanden hat:

Sie mögen mich ja für blöd halten, aber ich hab das immer noch nicht kapiert.

Eventuell gibt er Hinweise, wie der Berater ihm das Verständnis erleichtern könnte:

Können Sie mir das aufmalen?

In Kapitel 8.2 haben wir einen entsprechenden Merksatz geprägt, den wir im Rahmen unseres Themas etwas verändern:

> **Sie sollten nie ein Beratungsgespräch fortsetzen, wenn Ihnen die Bedeutung eines Begriffes, die Zusammenhänge und Hintergründe und damit die eventuellen Folgen unklar sind.**

Wenn der Berater nur die Vorteile einer Sache anspricht, fragt der mündige Kunde nach den Nachteilen und den Risiken.

Er nimmt sich Zeit zum Überlegen, bricht zu diesem Zweck notfalls auch das Gespräch ab. Kein Mensch kann ihn dazu zwingen, sich noch in diesem Gespräch zu entscheiden. Hans Riebensahm hat es sich zur Regel gemacht, vor einer wichtigen Entscheidung mindestens eine Nacht verstreichen zu lassen. Erst wenn ihm wirklich alles klar ist und wenn er überzeugt ist, jetzt und hier die richtige Entscheidung zu treffen, läßt er sich auf die **Entscheidungsphase** ein.

Gegen Strategien, mit deren Hilfe ihn der Berater zu einer bestimmten Entscheidung überreden will, setzt er sich entschieden zur Wehr, zum Beispiel:

- gegen Scheinalternativen,

  Berater *Möchten Sie Ihr Geld für drei oder vier Jahre festlegen?*

  Kunde *Moment, Moment. Noch bin ich überhaupt nicht sicher, ob ich es überhaupt festlegen möchte.*

- gegen die Technik der «bewußten Grenzüberschreitung» (der Berater geht von einer utopischen Größe aus, in der Hoffnung, daß der Kunde bis an seine eigene oberste Grenze geht),

  Berater *Nach allem, was wir besprochen haben, können wir ruhig mal mit 200 000 DM anfangen.*

  Kunde *Neenee, 120 000 DM sind meine oberste Grenze. Das sagte ich schon.*

  Berater *O.K. Damit können wir zur Not schon arbeiten.*

  Kunde *Ich will aber diesen Rahmen noch nicht gleich voll ausschöpfen. Wenn es sich mit 80 000 DM nicht lohnt, sollten wir die Sache lassen.*

  Oder:

  Und warum lohnt es sich nicht, erst mal mit 80 000 DM einzusteigen?

- gegen die «Fünf-vor-zwölf-Technik»:

  Berater *Sie sollten sich schnell entscheiden. In dieser Woche kann ich Ihnen noch die 7 % garantieren. Danach werden sich diese Konditionen sicher nicht mehr halten lassen.*

  Kunde *Wissen Sie, diese Hinweise bekomme ich überall: «Sonderangebot, bis morgen befristet.» Ich denke, ich sollte es darauf ankommen lassen und mir Zeit nehmen, das gründlich zu überlegen.*

Wenn der mündige Kunde das Gefühl hat, daß der Berater ihn unter Druck setzen, ihn zu einer Entscheidung überreden will, kann es sein, daß er dieses Gespräch höflich, aber bestimmt abbricht:

Kunde *Das war alles sehr interessant. Aber ich möchte mir das doch noch einmal überlegen. Kann ich das Informationsblatt und das, was Sie mir hier aufgezeichnet haben, mitnehmen?*

Berater *Selbstverständlich. Darf ich Sie in ein paar Tagen anrufen?*

Kunde *Danke, ich melde mich bei Ihnen.*

Um sich die Möglichkeit offenzuhalten, problemlos aus einem Beratungsgespräch auszusteigen, zieht es unser mündiger

Kunde vor, einen Berater nicht zu Hause zu empfangen. Er verabredet sich lieber im Büro seines Versicherungsvertreters oder seines Finanzberaters, obwohl die es in seinem Wohnzimmer viel gemütlicher finden. Sie wissen nämlich – und unser Kunde weiß es inzwischen auch –: jemanden höflich aus seiner Wohnung zu komplimentieren ist wesentlich schwerer, als in einem fremden Büro aufzustehen und zu gehen.

Der mündige Kunde erkennt sehr schnell, ob er sich in einem konstruktiven Gespräch befindet, ob hier wirklich eine Beratung im Mittelpunkt steht. Wenn sich sein Berater entsprechend verhält, wird er nicht zögern, vertrauensvoll dessen Empfehlungen zu folgen. Zusammengefaßt:

Der mündige Kunde geht in ein Beratungsgespräch nach dem Motto «Vertrauen ist wichtig, Kontrolle ist notwendig».

15 Kritikgespräche

Ausgangssituation

Es gibt viele Situationen, in denen wir jemandem sagen wollen, daß wir mit dem, was er tut oder getan hat, nicht einverstanden sind. Oft wollen wir ihm einfach nur unsere Meinung sagen oder unserem Ärger kräftig Luft machen, egal was daraus wird. Oder wir haben das Ziel, nach diesem Gespräch jede weitere Kooperation abzubrechen, wie zum Beispiel in einem Entlassungsgespräch. Da haben wir nicht die Absicht, das *Verhalten* unseres Partners zu ändern, sondern die *Beziehung*. Mit unserer Kritik wollen wir diese Maßnahme begründen. Auch das sind in weitestem Sinne Kritikgespräche.

Aber um solche Gespräche soll es in diesem Kapitel nicht gehen. Wir werden uns hier mit den Gesprächen näher beschäftigen, in denen wir den Partner mit unserer Kritik dazu bewegen wollen, sein *Verhalten* entsprechend zu *ändern*. Es geht also um Konfliktgespräche, deren Ziel letztlich die Kooperation ist.

Solche Gespräche kommen in Betrieben und Büros täglich vor. Die meisten haben Angst vor dieser Situation, viele drücken sich davor, delegieren ihre Kritik. Oder sie agieren mit samtener Zunge oder entledigen sich der Aufgabe durch Poltern und Schimpfen.

Vielleicht können wir auf den folgenden Seiten unseren Lesern etwas Sicherheit für diese schwierigen Situationen vermitteln.

Beziehungskonstellation

Wenn wir jemanden kritisieren, nehmen wir uns das Recht, sein Verhalten zu beurteilen. Wir demonstrieren **Dominanz**, der andere erlebt unsere Beurteilung oft als **Verlust an Wertschätzung**. Häufig empfindet er die Kritik an einzelnen Verhaltensweisen als negative Einschätzung seiner gesamten Person. Wie stark er das so erlebt, hängt unter anderem ab

- von seinem Selbstwertgefühl,
- von der Beziehung zwischen den Partnern,
- von der Art, in der die Kritik vorgetragen wird.

Das gilt immer, ob wir nun

1. als *Vorgesetzter* einen *Untergebenen* kritisieren, ob wir
2. einem *gleichgestellten Kollegen* ein «paar Takte zu sagen» haben oder ob wir
3. als *Untergebene* mit dem Verhalten unseres *Chefs* nicht einverstanden sind und ihm das mal sagen wollen.

Sie merken: die Selbstverständlichkeit, den anderen zu kritisieren, nimmt in der Aufzählung von oben nach unten ab. Sehen wir uns diese unterschiedlichen Konstellationen genauer an.

Vorgesetzter kritisiert Untergebenen

1. Handlungsvoraussetzungen und Handlungsziele

Für **Vorgesetzte** ist das Recht zu kritisieren ein Attribut ihrer Rolle. Sie geben Anweisungen und bewerten, wie der Untergebene diese Anweisungen ausgeführt hat. Deshalb erleben Untergebene Kritik nicht nur als Demonstration von **Dominanz** und Verlust an persönlicher **Wertschätzung**, sondern oft auch als **Bedrohung** ihrer beruflichen Existenz.

In der einschlägigen Literatur wird häufig unterschieden zwischen **destruktiver** und **konstruktiver** Kritik, übersetzt: zwischen Kritik, die abwertend und damit zerstörerisch wirkt, und Kritik, die aufbaut. Wir halten diese Abgrenzung für sehr holzschnittartig, aber sie kann durchaus einen ersten Orientierungsrahmen darstellen. Mit großer Wahrscheinlichkeit wird unser Partner unsere Kritik nicht sehr positiv erleben,

- wenn wir nicht von Tatsachen ausgehen, sondern mit Unterstellungen und Verallgemeinerungen arbeiten,
- wenn wir nicht das Selbstwertgefühl des Partners berücksichtigen, sondern persönliche Angriffe starten, ihn als Person strafen wollen, ihn vor anderen bloßstellen,
- wenn wir ihm angst machen, ihn zum Beispiel mit Drohungen unter Druck setzen.

Dies alles «gebündelt» eingesetzt, kann durchaus dazu führen, daß unser Partner ein hohes Maß an Mißachtung und existentieller Bedrohung erlebt. Wie stark, das wird von der Beziehung zwischen ihm und uns, den Vorgesetzten, abhängen, vor allem aber von seinem Selbstwertgefühl, wie weit er gelernt hat, solche Kritik wegzustecken. Dennoch: Die Reaktion des so Kritisierten ist vorhersehbar:

- Er wird – um sich ein Stück Selbstwert zu bewahren – unsere Kritik nur selektiv wahrnehmen.
- Er wird innere Widerstände aufbauen, sich rechtfertigen, Ausflüchte suchen.
- Er wird in seiner Handlungsfähigkeit und seinem Leistungswillen eher gebremst als gefördert.
- Wenn er sein Verhalten korrigiert, wird das kaum aus Einsicht geschehen. Er wird das eher als Akt der Unterwerfung werten.
- Die Beziehung kann nachhaltig gestört werden. Vielleicht erlebt er ab jetzt unsere Anweisungen und Bitten als Herrschaftsakte, denen er nur gezwungenermaßen folgt.

Unser Partner wird unsere Kritik mit großer Wahrscheinlichkeit dann **positiver** erleben,

- wenn wir eine partnerschaftliche Atmosphäre herstellen,
- wenn wir versuchen, seine Perspektive zu übernehmen,
- wenn wir von Fakten ausgehen,
- wenn wir ihm Möglichkeiten geben, seine Sicht der Sache darzustellen,
- wenn wir diese Sicht ernst nehmen,
- wenn wir gemeinsam Lösungen suchen.

Mit großer Wahrscheinlichkeit wird er dann eher aus Einsicht sein Verhalten ändern, die Beziehung wird geprägt sein von gegenseitiger Achtung. Allerdings: kann unser Partner mit dieser Art von Kritik überhaupt umgehen? Der Effekt kann ein ganz anderer sein: Unverständnis, die Kritik wird nicht ernst genommen. Solche Formen partnerschaftlicher Problemlösung sind hohe Ziele für eine «betriebliche Gesprächskultur». Sie setzen Vertrauen, gegenseitige Achtung und eine Portion kommunikativer Kompetenz voraus, auf *beiden* Seiten.

Wir sehen: Mit den Begriffen «destruktiv» und «konstruktiv» werden Verhaltensweisen bestimmt, die gewissermaßen die Endpunkte einer Skala darstellen:

DESTRUKTIV ⟵⟶	KONSTRUKTIV
drohen, erpressen	*partnerschaftliche Atmosphäre*
persönlich angreifen	*Perspektive übernehmen*
bloßstellen	*von der Sache ausgehen*
verallgemeinern	*gemeinsam Lösungen suchen*
unterstellen	

Dazwischen gibt es viele Abstufungen, sowohl bei den Wirkungen als auch bei den Mitteln. Zum Beispiel muß auch ein partnerschaftlich denkender Vorgesetzter mal spontan seinen Ärger loswerden. Wenn Nils Hartmann platzt, kann sein Mitarbeiter Kurt damit umgehen. Schwieriger ist es schon bei den Lehrlingen. Die sind meistens zunächst am Boden zerstört, wenn Nils sie sich mal ohne Rücksicht auf Verluste zur Brust nimmt. Weil er eben sonst ein so umgänglicher und verständnisvoller Meister ist.

Auch ist es ein Unterschied, ob wir uns zu Recht oder zu Unrecht kritisiert sehen. Mit berechtigter Kritik können wir besser fertig werden als mit Kritik, die wir als ungerechtfertigt, eventuell als Schikane erleben. Aber auch berechtigte Kritik kann sehr tief gehen, wenn sie uns an einem wunden Punkt trifft.

Wann welche Art von Kritik angemessen ist und wie sie auf den Partner wirkt, ist also in erster Linie abhängig von der Art der Beziehung, vom Selbstwertgefühl des Kritisierten und von der konkreten Situation. Angemessen zu kritisieren setzt eine Menge Fingerspitzengefühl voraus. Da kann uns die Gegenüberstellung «destruktiv – konstruktiv» nur sehr grobe Hilfen geben. Vielleicht hilft da ein anderes Modell ein Stückchen weiter: das der **Transaktionsanalyse**. Wir haben es in Kapitel 12.3 vorgestellt.

Wir können als Vorgesetzte unser Kritikgespräch aus zwei Ich-Zuständen heraus führen: aus dem **Eltern-Ich** und aus dem **Erwachsenen-Ich**.

Wenn wir aus dem **Eltern-Ich** kritisieren, erwarten wir, daß unser Partner die Rolle des Kindes übernimmt, angepaßt und gehorsam, und wir wundern uns oder sind ungehalten, wenn er störrisch und trotzig reagiert.

Das Eltern-Ich hat unterschiedliche Facetten: Das **kritische Eltern-Ich** befiehlt (in der Sprache der Institutionen: ordnet an), droht (nennt mögliche Konsequenzen), es demonstriert Härte und Unnachgiebigkeit und bestraft, wenn das «Kind» nicht entsprechend handelt. Das «Kind» unterwirft sich aus Angst vor den angedrohten oder befürchteten Sanktionen. Oder es rebelliert, wenn nicht öffentlich, dann insgeheim. Es macht Dienst nach Vorschrift. Oder es macht Stimmung, sucht sich Mitrebellen.

In diesen Kritikgesprächen steht nicht die Sache im Mittelpunkt, sondern die Person des Kritisierten und die Beziehung. Diese Art Kritik kann durchaus abwertend (destruktiv) wirken, in jedem Fall aber wirkt sie distanzierend und begünstigt eine Arbeitsatmosphäre, die von Kälte, Herrschafts- und Unterwerfungsakten geprägt ist.

Wir denken, dieses «Eltern-Kind-Szenario» läßt sich gut auf betriebliche Gegebenheiten übertragen. Chefs sind sehr häufig schon auf Grund ihrer Position in dieser Eltern-Rolle, sie können sie ungestraft spielen und halten es manchmal auch für notwendig. Mag sein.

Selbstverständlich spielen Vorgesetzte häufig auch das **fürsorgliche Eltern-Ich**, wenn sie kritisieren. Sie versuchen väterlich zu sein, verständnisvoll. Verständlicherweise immer dann, wenn nicht unmittelbar ihre eigenen Interessen berührt sind, zum Beispiel, wenn sich ein Kollege über einen anderen beschwert hat und sie nun mit diesem anderen «in Güte reden» müssen. Väterliche Chefs «reden ihren Untergebenen ins Gewissen». Dabei schaffen sie ein vertrauensvolles Klima, zeigen mehr Interesse für deren Situation und versuchen, ihnen nicht bewußt weh zu tun. Sie selbst erwarten als Gegenleistung die Zuneigung ihrer Mitarbeiter. Aber meistens ist auch diese Kritik ein Monolog von oben nach unten. Sie erwarten Gehorsam und bekommen ihn auch meistens, und zwar nicht so sehr aus Angst, sondern weil sie als Autoritäten, in ihrer Vater / Mutter-Rolle anerkannt, vielfach sogar geliebt werden. Sprachliche Mittel sind als Bitten verkleidete Aufforderungen, Argumentationen mit emotionalen Begründungen («Sie glauben ja gar nicht, wie traurig ich darüber bin»). Auch hier geht es zunächst um die Person und die Beziehung und erst dann um die Sache.

Diese Art von Kritik wirkt vom ersten Eindruck her sicher nicht destruktiv wie die aus dem kritischen Eltern-Ich, aber sie suggeriert (emotionale) Nähe, schafft eventuell Abhängigkeiten bis hin zur Unmündigkeit. Und das – so meinen wir – ist auch eine sehr massive Art der Abwertung. Zum Vergleich ein Bild: Die Kritik aus dem *kritischen Eltern-Ich* erlebt der Kritisierte wie eine intravenöse Spritze: sofort. Die Kritik aus dem *fürsorglichen* Eltern-Ich wirkt wie eine subkutane Spritze: erst nach einiger Zeit.

Und dann gibt es noch die Möglichkeit, auch als Vorgesetzter in einem Kritikgespräch aus dem **Erwachsenen-Ich** zu agieren. Der andere ist nicht reiner Befehlsempfänger, sondern Partner, mitverantwortlich, mit eigenen Interessen. Sprachliche Mittel sind die Faktenfrage und die Argumentation. Im Mittelpunkt steht die Sache. Ziele sind eine gemeinsame Lösung und die Verhaltensänderung auf der Basis von Einverständnis. Sie merken, schon die Sprache, in der wir diese Verhaltensweise hier darstellen, ist sachlich, distanziert. Inhaltlicher Schwerpunkt ist vernünftiges Handeln zum Wohle der gemeinsamen Sache. Diese Kritik wird kaum abwertend wirken, sie verzichtet auf die Demonstration von Dominanz, signalisiert aber persönliche Distanz.

Nach dem Gesagten wollen wir unser Lernziel in diesem Kapitel nicht mehr «konstruktive», sondern **«lösungsorientierte» Kritik** nennen. Wir werden im folgenden eine Strategie für solche lösungsorientierten Kritikgespräche entwerfen. Allerdings wollen wir im Rahmen dieser Schrittfolge immer auch einen Seitenblick auf die anderen beiden grundsätzlichen Handlungsmuster der Transaktionsanalyse werfen.

2. Strategische Schritte

Vorbereitung

Kritik, die dem anderen und der Sache gerecht wird, ist vor allem dann schwer, wenn wir uns wirklich sehr geärgert haben und diesen Ärger am liebsten gleich loswerden wollen.

Unsere Empfehlung:

1. Erst einmal Pause, **Distanz gewinnen**:
- Noch einmal die Kritikpunkte genau überdenken,
- überlegen, welche **Ziele** das Gespräch haben soll.
  Für eine lösungsorientierte Kritik kann es etwa folgende Teilziele geben: Der andere versteht die Problematik, er erkennt seinen Fehler, er ist bereit, sein Verhalten zu ändern.

2. Sich in den anderen hineinversetzen, seine **Perspektive übernehmen**.
- Welche Gründe könnte es für sein Verhalten geben?
- Ist er sich seines Fehlers bewußt? Wie steht er dazu?
- Wie stark ist sein Selbstwertgefühl?

3. Die **Beziehung überdenken**.
- Wie schätze ich unsere Beziehung ein? Und er?

4. Sich **Zeit nehmen** für das Gespräch.
5. Das Gespräch **unter vier Augen** führen.
   Kritik vor versammelter Mannschaft kann zwar für die anderen Mitarbeiter eine «pädagogische Funktion» haben, Richt-

linien zeigen, klare Grenzen setzen. Diese Disziplinierung aller auf dem Rücken eines einzelnen kann jedoch für diesen einzelnen ziemlich bedrohlich und zerstörerisch sein. Er sieht vor anderen, seinen Kollegen, sein Selbstbild in Frage gestellt, hat Angst, sein Gesicht zu verlieren, sieht sich möglicherweise als Sündenbock. Das wird seine Bereitschaft zur Einsicht und zur Kooperation eher einschränken als fördern. Solche disziplinarischen Bloßstellungen sind immer Verhaltensweisen aus dem Eltern-Ich und kaum dazu geeignet, die Autorität des Chefs zu fördern. Untergebene sehen darin eher ein Zeichen für Führungsschwäche. Deshalb: für ein lösungsorientiertes Kritikgespräch ist die Vieraugensituation vorzuziehen.

Das Gespräch selbst

Beziehungsgestaltung:

In der Gesprächseröffnung eine möglichst entspannte und offene Atmosphäre herstellen, zum Beispiel:

- Die dominante Position nicht zusätzlich betonen, sondern eher relativieren (beispielsweise Gespräch nicht vom Schreibtisch aus führen).
- Nicht Freundlichkeit heucheln, aber Wertschätzung signalisieren. Wenn es etwas Positives – vielleicht zum allgemeinen Arbeitsverhalten – zu sagen gibt, kurz, aber sachlich darauf eingehen. Wenn Sie sehr verärgert sind, das ruhig sagen:
  Ich muß Ihnen sagen, Herr Flawert, daß ich mich sehr geärgert habe.
  (Ich-Aussage!)
- Sprechen Sie so ruhig, wie es Ihnen in dieser Situation möglich ist. Ein kleiner Tip, wie Sie das steuern können: Atmen Sie vor dem Gespräch ruhig und bewußt tief *aus*, sprechen Sie bewußt langsam, leise (wir könnten auch sagen: nicht laut), in einer entspannten (für Sie tiefen) Stimmlage.

Das alles sind zwar in erster Linie Handlungsmuster aus dem Erwachsenen-Ich, *aber auch aus dem fürsorglichen Eltern-Ich könnte man in einigen Punkten so verfahren.*

Themengestaltung:
SCHRITT 1: In der Informationsphase möglichst rasch zum Thema kommen. Der Mitarbeiter weiß oder ahnt meist den Grund für das Gespräch. Also keine großen Umwege über (vielleicht geheucheltes?) privates Interesse. *Ein solcher Umweg wäre allerdings ein bevorzugtes Mittel des fürsorglichen Eltern-Ichs.*

Den Kritikpunkt nennen, genau beschreiben. Dabei betonen, daß es Ihnen nur um diese Sache geht. Ausgangspunkt sollten immer **Fakten** sein, nie Vermutungen. Auch wenn das Thema des Gesprächs das allgemeine Verhalten des Mitarbeiters ist (Nachlässigkeit, Unpünktlichkeit, mangelnde Qualifikation), sollten Sie das an einem Sachbeleg (Beispielen) aufhängen.

Ich habe mir das mal hier angesehen. Sie sind in dieser Woche dreimal erheblich zu spät gekommen. Sehen Sie mal hier: am Mittwoch zwanzig Minuten.

Gehen Sie nicht von Verallgemeinerungen im Hinblick auf die Persönlichkeitsstruktur des Mitarbeiters aus, z.B.:

Sie haben offensichtlich einen Hang zur Unpünktlichkeit.

Er wird eine solche verallgemeinernde Unterstellung mit großer Wahrscheinlichkeit als persönlichen Angriff werten, sich zur Wehr setzen oder abblocken.

Sie sollten alle Behauptungen gut begründen. Wenn es für den Kritikpunkt *nachprüfbare* Belege gibt (wie zum Beispiel oben die Stechuhr), um so besser.

Ihre Kritikpunkte sollten Sie möglichst als «Ich-Aussage» formulieren und nur im Notfall auf den Urteilen anderer aufbauen («Herr Hartmann hat mir gesagt ...»). Wenn das nötig ist, können Sie das eventuell schon im nächsten Satz relativieren:

Ich möchte mir aber ein eigenes Urteil bilden.

Natürlich können Sie diese Fakten nur so vortragen, wie Sie sie kennen oder sehen. Das ist aber lediglich der *eine* Blickwinkel. Das könnten Sie betonen:

Das muß nicht die absolute Wahrheit sein, aber so stellt es sich mir dar.

Dieses Vorgehen betont die Transaktion «Erwachsener–Erwachsener».

Allerdings könnten Sie diesen Schritt auch aus dem kritischen Eltern-Ich gehen: zum Beispiel Vortrag der Fakten mit lauter Stimme in vorwurfsvoller Sprechhaltung unter Verzicht auf Begründungen.

Aus der Tatsache, daß Ihre Kritik nur *Ihre* Sicht der Sache enthält, ergibt sich

SCHRITT 2: Den Partner nach *seiner* Sichtweise **fragen**. Fragen ist die wichtigste Äußerungsform in einem lösungsorientierten Kritikgespräch, fragen nach den Gründen für sein Verhalten, nach den Voraussetzungen dafür. Die mögliche Wirkung: Der Partner fühlt sich akzeptiert, er hat die Möglichkeit, die ganze Sache von seiner Seite aus darzustellen und zu begründen und so in einem anderen Licht erscheinen zu lassen.

Durch diese sachbezogenen Fragen wird die Kritik auch entpersönlicht: Das Sachproblem steht im Mittelpunkt, und für dieses Sachproblem wird eine *gemeinsame* Lösung gesucht.

Wenn ein Kritikgespräch wirklich ein *Gespräch* – also kein Monolog – ist, wird der Partner eher bereit sein, die Kritik wahrzunehmen und zu reflektieren und sie als berechtigt zu akzeptieren.

Nun gibt es unterschiedliche Arten zu fragen. Da ist einmal die *Formulierung* der Fragen:

Wie konnte das denn passieren, Herr Flawert?

Was haben Sie sich dabei bloß wieder gedacht, Herr Flawert?

Wie diese beiden Fragen im Hinblick auf unsere Zielstellung «lösungsorientierte Kritik» zu bewerten sind, müssen wir hier nicht erörtern. Allerdings, der Ton macht die Musik. Ein kleines Spiel zwischendurch: Stellen Sie sich eine Kritiksituation in Ihrem beruflichen Alltag vor. Versuchen Sie nun, diese beiden Fragen unterschiedlich zu sprechen: Aus dem kritischen Eltern-Ich, aus dem fürsorglichen Eltern-Ich, aus dem Erwachsenen-Ich. Sie werden sehen, das geht. Erst durch die Art, wie wir sie sprechen, zeigen wir dem anderen, wie wir unsere Äußerungen meinen.

Allerdings wird uns aus einer partnerschaftlichen Grundhaltung heraus eher die erste als die zweite Frageformulierung einfallen.

SCHRITT 3: Wenn Sie die Sichtweise und die Begründungen des Partners gehört haben, könnte es sein, daß Sie sein Verhalten – aus seiner Sicht – zumindest verstehen können. Sagen Sie ihm das. Stellen Sie seinem Standpunkt Ihre Ansicht und Ihr Interesse gegenüber, und begründen Sie das.

Ein lösungsorientiertes Kritikgespräch kann in dieser Phase durchaus zu einem argumentativen Dialog zwischen Chef und Untergebenem werden.

Aber, Hand aufs Herz, haben Sie das jemals von Ihrem Chef so erfahren oder als Vorgesetzter so gemacht? Chefs können nämlich diesen dritten Schritt auch aus dem **fürsorglichen Eltern-Ich** gehen. Vielleicht so:

Ich finde es schön, liebe Frau Schumann, daß Sie mitdenken. Aber meinen Sie wirklich, Sie können das richtig einschätzen? Ich seh das so ...

Statt einer Begründung dieser Sichtweise werden Sie allenfalls um Verständnis nachsuchen:

Versuchen Sie mich zu verstehen, Schumännchen.

Was bleibt «Schumännchen» anderes übrig? Auf dieser emotionalen Plattform können Sie die Dame dann auffordern, das zu tun, was Sie für richtig halten, vielleicht als liebevolle Bitte getarnt, mit ganz kleiner Drohgebärde.

... Sie wollen doch nicht, daß wir uns so bald hier wiedertreffen? Na, sehen Sie.

Damit ist das Gespräch beendet.

Verstehen Sie uns nicht falsch: Das ist eine Haltung, die durchaus angemessen sein kann, die eventuell Ihrer Auffassung von Ihrer Rolle als Chef entspricht. Vielleicht läuft es so sehr gut in Ihrem Betrieb. Nur: Sie machen Ihre Untergebenen damit bewußt unmündig. Bitte erwarten Sie von Frau Schumann nicht, daß sie im Sinn der gemeinsamen Sache nachdenkt und persönliche Verantwortung übernimmt. Sie wird sich immer nur fragen: Mach ich's dem Chef recht?

Auch aus dem **kritischen Eltern-Ich** können Sie diesen dritten Schritt gehen. Sie stellen der Darstellung des Untergebenen Ihre eigene Position in der Sache gegenüber, allerdings ohne Begründung. Ihre Position steht nicht zur Diskussion. Daraus werden Sie Handlungsanweisungen ableiten, die Sie eventuell mit einer handfesten Drohung (wenn nicht ..., dann ...) untermauern. Vielleicht so:

Ihre privaten Begründungen interessieren mich nicht, Herr Lange. Um acht Uhr haben Sie hier zu sein. Verstanden?

Das ist übrigens das letzte Mal, daß ich Sie verwarnt habe.

Jedes weitere Wort ist zuviel, das Gespräch ist beendet.

Zurück zur lösungsorientierten Kritik. Die geht noch ein paar Stationen weiter. Wir sagten ja: nehmen Sie sich Zeit.

SCHRITT 4: Fassen Sie das Gespräch bis hierher zusammen.

SCHRITT 5: Suchen Sie in einer **Diskussionsphase** Lösungen. Bitten Sie Ihren Partner um Vorschläge, zeigen Sie selbst Handlungsalternativen. Dabei sollten Sie die Möglichkeiten des anderen realistisch einschätzen und nicht unbezwingbare «Erwartungsberge» vor ihm auftürmen.

Wenn die Hinweise zur gewünschten Änderung des Verhaltens nur von Ihnen kommen, geben Sie dem Partner die Möglichkeit, dazu Stellung zu nehmen. Einwände und Alternativvorschläge sollten Sie ernst nehmen und diskutieren. Oft reagieren Mitarbeiter an dieser Stelle mit Uneinsichtigkeit und Blockaden. Dann greifen wir gern zu Drohungen, zeigen zumindest die negativen Folgen auf, wenn der andere nicht unseren Wünschen entsprechend reagiert. Gehen Sie mit diesem Druckmittel sehr vorsichtig um, wenn möglich, streichen Sie es aus Ihrem Repertoire.

Es ist wichtig, daß der Partner immer das Gefühl hat, ernst genommen zu werden, an der Lösungssuche mitbeteiligt zu sein und die Entscheidungen aktiv beeinflussen zu können.

SCHRITT 6: Am Ende des Gesprächs steht eine Abmachung, die für beide bindend sein sollte. Fragen Sie Ihren Partner, ob er bereit und auch in der Lage ist, seinen Teil zu erfüllen. Aus seinen Reaktionen können Sie erkennen, wie er sich fühlt: zufrieden, erleichtert, verärgert, enttäuscht ...

Signalisieren Sie ihm, daß Sie Vertrauen haben, daß Sie sicher sind, daß es nun besser oder zumindest anders weitergeht.

Wir sind uns bewußt, daß diese Schrittfolge einer lösungsorientierten, partnerschaftlichen Kritik nur ein Modell sein kann. Die Realität des beruflichen Alltags wird Ihnen Modifikationen abverlangen. Sie werden es nicht immer vermeiden können, aus dem kritischen Eltern-Ich zu agieren. Sie werden von Person zu Person neu entscheiden und Ihre Strategie auch während eines Gesprächs noch ändern müssen. Wir wollten Sie hier nur sensibilisieren für das, was Sie tun oder was Sie tun könnten. Und wir wollten Ihnen die möglichen Wirkungen Ihres Handelns zeigen.

Kritik zwischen gleichgeordneten Partnern

Das Grundmuster der Strategie oben eignet sich auch für ein Kritikgespräch mit einem **gleichgeordneten Partner**. Bestimmender Faktor für die Art des Vorgehens ist die Beziehung. Wenn sie durch Vertrauen und Nähe gekennzeichnet ist, kann ein offenes klares Wort ohne strategische Überlegungen sinnvoll sein. Auch spontane Gefühlsäußerungen werden dann kaum «zerstörerisch» wirken. Wenn die Beziehung distanziert oder sogar etwas belastet ist, sollten Sie allerdings überlegen, auf welche Weise Sie die **Gesprächsatmosphäre** positiv gestalten, damit Ihr Partner bereit ist, Ihnen zuzuhören und sich mit Ihrer Kritik auseinanderzusetzen, und wie es Ihnen dann gelingt, die Sache in den Mittelpunkt des Gesprächs zu stellen.

Hier ist es besonders wichtig, daß Sie versuchen, das Gespräch aus dem **Erwachsenen-Ich** zu führen. In einer Chef-Untergebener-Situation läuft die Rollenbeziehung mit der Transaktion Eltern-Ich – Kind-Ich *parallel*. Das heißt, es gibt keinen Widerspruch zwischen der soziologischen und der psychologischen Ebene der Beziehung: Der Chef «darf» als kritischer oder fürsorglicher Vater agieren. Wenn Sie einen *gleichgeordneten* Kollegen aus dem Eltern-Ich kritisieren, *kreuzen sich* diese symmetrischen Rollenbeziehungen. Das berührt auch die sozialpsychologische Ebene: Als «kritischer Vater» demonstrieren Sie Dominanz. Das wird Ihr Kollege mit großer Wahrscheinlichkeit als unangemessen erleben. Und noch einen anderen sehr wesentlichen Unterschied gibt es: Als Chef können Sie fordern, daß der Mitarbeiter sein Verhalten ändert, sozusagen kraft Amtes. Als gleichgeordneter Kollege können Sie den anderen nicht zur Änderung seines Verhaltens zwingen. Es sei denn, Sie haben Machtmittel, mit denen Sie ihn unter Druck setzen. Sie können eigentlich nur hoffen, daß er Ihrer Argumentation folgt, und Sie können ihn bitten, entsprechend zu handeln.

Untergebener kritisiert Chef

1. Handlungsvoraussetzungen und Handlungsziele

Ein Kritikgespräch mit dem Chef, das ist für viele eine eher ungewöhnliche Vorstellung, obgleich jeder von uns sich wünschen mag, daß das möglich ist.

Wir gehen zunächst einmal davon aus, daß ein solches Gespräch hin und wieder *nötig* ist, denn auch das Verhalten von Chefs ist oft durchaus kritikwürdig: Sie verlangen Unmögliches, behandeln uns oder unsere Kollegen so, wie wir es nicht für angemessen halten. Einige Chefs können nicht gut mit Kritik umgehen, je exponierter ihre Stellung, desto weniger sind sie dazu in der Lage. Sie sehen oft ihre Rolle und ihre Autorität in Frage gestellt. Kritische Mitarbeiter erleben sie als unbequem und versuchen sie loszuwerden. Die Nachteile für das Unternehmen liegen auf der Hand: Wo Anpassung und Unterwerfung ausgeprägt sind und gepredigt werden, wird man wenig Innovation und Bereitschaft zur Mitverantwortung finden.

Deshalb umgeben sich einige Chefs mit einem «Küchenkabinett». Mitarbeiter, denen sie vertrauen können, informieren sie nicht nur über Stimmungen im Betrieb, sondern fungieren als Berater, also auch als Kritiker. Häufig wird auf diese Weise eine zweite informelle Ebene der Hierarchie eingezogen.

Kluge Chefs lernen, mit der Kritik ihrer Mitarbeiter umzugehen, eigene Fehler zuzugeben. Vielleicht stellen sie damit ein bißchen ihre Allmacht zur Disposition, aber häufig gewinnen sie an Autorität. Ihre Mitarbeiter sind bereit, Mitverantwortung zu übernehmen. Aber auch gegenüber solchen Chefs ist eine Kritik für einen Mitarbeiter keine einfache Sache.

Voraussetzung ist zunächst ein hohes Maß fachlicher Kompetenz (der Kritisierende muß gründlich Bescheid wissen) und Gesprächsfähigkeit: Er muß wissen, wie er sich im Gespräch angemessen verhält. So ein Kritikgespräch mit dem Chef ist immer ein Balance-Akt. Da ist auf der einen Seite die **Unzufriedenheit in der Sache.** Die sollte deutlich werden. Und der dringende Wunsch, daß der Chef die Kritik annimmt und sich in der Sache etwas ändert. Auf der anderen Seite steht die **Rollenbeziehung** Chef – Untergebener. Die sollte nicht in Frage gestellt werden. Der Vorgesetzte sollte das Gefühl behalten, daß sein Mitarbeiter trotz seiner Kritik ihm gegenüber loyal bleibt und sich seiner Rolle bewußt ist.

2. Strategische Schritte

Karen, Nils' und Bettinas Tochter, steht vor dem Examen. Sie möchte mit Professor Dorfner die Themen ihrer mündlichen Prüfung besprechen. Deshalb hat sie sich einen Sprechstundentermin geben lassen. Aber Professor Dorfner ist nicht da. Auch zu einem zweiten Termin ist er offensichtlich verhindert. Karen ist sauer. Sie nimmt sich vor, mit ihm zu reden. Sie paßt ihn unmittelbar nach einer Vorlesung vor seinem Dienstzimmer ab.

(1) **Karen** *Kann ich Sie einen Augenblick sprechen, Herr Professor?*

(2) **Dorfner** *Wenn's schnell geht, Frau Hartmann. Aber könnten Sie nicht in meine Sprechstunde kommen?*

(3) **Karen** *Es wird ganz schnell gehen. Und es geht eben um Ihre Sprechstunde.*

(4) **Dorfner** *Na, dann kommen Sie einen Augenblick rein.*

(Sie betreten das Zimmer. Er setzt sich. Sie bleibt stehen.)

(5) **Dorfner** *Schießen Sie los.*

(6) **Karen** *Ich hatte zweimal einen Termin mit Ihnen, und ich habe Sie zweimal nicht angetroffen.*

(7) **Dorfner** *Setzen Sie sich doch. (Pause) Ich war nicht da? Wann war denn das?*

(8) **Karen** *Am 24. und am letzten Mittwoch.*

(9) **Dorfner** *Dann werde ich wohl eine andere wichtige Sache gehabt haben. Ich bin als Dekan eben ziemlich beschäftigt.*

(10) **Karen** *Das verstehe ich durchaus. Nur für mich ist die Sache sehr unangenehm, denn in drei Monaten möchte ich mich von Ihnen prüfen lassen. Da will ich mich vorbereiten. Aber wir haben die Prüfungsthemen noch nicht besprochen. Ich komm jetzt ganz schön unter Druck.*

(11) **Dorfner** *Mein Gott ja, die Prüfung. Was machen wir denn da?*

(12) **Karen** *Am liebsten wäre mir, wir könnten gleich hier einen neuen Termin machen.*

(13) **Dorfner** *Aber ich habe meinen Terminkalender nicht dabei.*

(14) **Karen** *Bitte verstehen Sie mich, ich möchte nicht noch einmal umsonst kommen.*

(15) **Dorfner** *Klar. Das verstehe ich gut. (Sieht Karen an.)*

(Pause)

(16) **Dorfner** *O.k., sagen wir, nach meiner Vorlesung übermorgen. Hörsaal zwölf. Da können wir gleich im Hörsaal bleiben.*

(17) **Karen** *Darf ich noch eine Bitte äußern?*

(18) **Dorfner** *Natürlich.*

(19) **Karen** *Ich muß extra von Weende in die Stadt kommen. Wenn Ihnen was dazwischenkommt, möchte ich Sie bitten, mir Bescheid geben zu lassen. Ihre Sekretärin hat ja meine Telefonnummer.*

(20) **Dorfner** *Mach ich, Frau Hartmann. Aber es wird diesmal nichts dazwischenkommen. Das versprech ich Ihnen.*

Beziehungsgestaltung

Wohl der wichtigste Schritt in einem solchen Gespräch: Der Vorgesetzte sollte bereit sein zuzuhören und das folgende nicht als unangemessen erleben.

Karen achtet also darauf, daß sie alle formalen Regeln einhält, die die Rollenbeziehung definieren:

- Sie wählt die offizielle Anrede («Herr Professor»).
- Sie hält einen gewissen räumlichen Abstand («tritt ihm nicht zu nahe»). Das können wir in einem Buch leider nicht zeigen.
- Sie bleibt in seinem Dienstzimmer stehen, bis er ihr einen Platz anbietet.

Das mag alles nach Unterwürfigkeit aussehen, ist aber ein Akt von Höflichkeit, der dem anderen signalisieren soll: Ich bin mir meiner Position bewußt und respektiere die Ihre.

Sie agiert dennoch aus dem Erwachsenen-Ich: Ihre Formulierungen sind sachbezogen, sie argumentiert. Sie spricht (das können wir hier leider nicht zeigen) ruhig, langsam, sachlich (also mit relativ geringer Melodiebewegung).

Sie können das an einer von Karens Äußerungen selbst ausprobieren.

(14) **Karen** *Bitte verstehen Sie mich, ich möchte nicht noch einmal umsonst kommen.*

Versuchen Sie diese Äußerung aus dem angepaßten Kind-Ich, aus dem kritischen Eltern-Ich und aus dem Erwachsenen-Ich zu sprechen. Sie werden feststellen, das geht sehr gut, und Sie sehen: Auch in diesem Gespräch «macht der Ton die Musik».

Sie ist also nicht darauf aus, Gefühle (zum Beispiel Mitleid, Schuldgefühle) auszulösen. Sie will Herrn Professor Dorfner deutlich zeigen, daß es ihr um die Sache geht.

Sie macht vor allem Ich-Aussagen:

ALSO NICHT:	SONDERN:
Sie haben mich zweimal versetzt.	*Ich habe Sie zweimal nicht angetroffen.*
In drei Monaten müssen Sie mich prüfen.	*In drei Monaten möchte ich mich von Ihnen prüfen lassen.*

Themenbearbeitung

SCHRITT 1: Gesprächseröffnung: Sie erkundet die Gesprächsbereitschaft, gibt ihm die Möglichkeit abzulehnen. Er setzt seine Bedingungen, nennt mögliche Alternativen. Sie akzeptiert die Bedingungen, nennt das **Gesprächsthema** (3). Nicht nur in dieser Konstellation ist es wichtig, daß der andere weiß, worum es gehen soll.

SCHRITT 2: Sie nennt die Fakten (5), läßt ihm die Möglichkeit, dazu Stellung zu nehmen. Das einfache Benennen des kritikwürdigen Tatbestandes – ohne bewertende Beigaben – löst oft bereits die angemessene Betroffenheit aus, hält aber in jedem Fall die Ohren des anderen offen. Das wird in diesem Gespräch deutlich. Dorfner zeigt sich erstaunt, fragt nach (6). Er gibt eine Begründung, die allerdings nicht sehr überzeugend ausfällt (9).

SCHRITT 3: Karen akzeptiert diese Begründung: Er ist nicht gezwungen, sich weiter zu rechtfertigen. Wenn sie ihn dazu nötigen würde, ginge die Sache wahrscheinlich schief.

Dann stellt sie ihre Situation dar (9). Hier kommt zum erstenmal ein emotionaler Anteil dazu («sehr unangenehm», «Ich komm jetzt ganz schön unter Druck»). Entsprechend ändert sich auch der Sprechausdruck in diesen beiden Passagen etwas (doch, wir wissen es, wir waren ja dabei): Sie spricht eindringlicher, etwas schneller. Dafür macht sie mehrfach (sicher unbewußt) kleine Pausen. Es ist zu spüren, daß sie nach den passenden Formulierungen sucht. Das macht ihre Aussagen authentisch und glaubwürdig.

Inhaltlich bindet sie Professor Dorfner in ihre Situation mit ein. Er will ja sicher nicht dafür verantwortlich sein, daß sie unvorbereitet in seine Prüfung kommt. Wir merken: Er ist betroffen (10), bittet sie um einen Lösungsvorschlag.

SCHRITT 4: Sie macht diesen Lösungsvorschlag (12). Ihre Formulierung ist ein Wunsch, eine Bitte, keine Forderung (siehe Beziehungsgestaltung). Aber sie formuliert ihn auch nicht als Frage, zum Beispiel:

Können wir nicht einen neuen Termin machen?

Ein solcher Lösungsvorschlag muß für den anderen akzeptabel sein, und er darf dabei nicht sein Gesicht verlieren. Deshalb sollte jeder, der ein solches Kritikgespräch führt, diesen Schritt sehr gründlich durchdenken. Was ist für den Vorgesetzten zumutbar? Was ist möglich? Was könnte ich, der Kritisierende, als Ergebnis noch akzeptieren?

In unserem Fall ist das nicht problematisch. Es geht ja nur um einen neuen Termin. Allerdings läßt Karen Herrn Dorfners Ausweichmanöver («Terminkalender») nicht zu (13, 14). Mit einer höflichen Bitte um Verständnis greift sie noch einmal den Kritikpunkt auf, aktiviert vorsichtig das Gewissen von Professor Dorfner und übt auf diese Weise auch ein bißchen Druck aus.

SCHRITT 5: Sie hat ihren Vorschlag gemacht. Jetzt muß *er* kommen. Darauf wartet sie geduldig. Auch nach seiner Entschuldigung kommt sie ihm nicht entgegen. Diese Phase des Abwartens, wenn wir gewissermaßen ein Korn gesät haben, ist sehr wichtig. Nur Geduld, der andere *muß* und wird reagieren. Bei einer solchen Pause fühlt er sich unwohl, die kann er nicht gut ertragen. Vor allem dann, wenn er seinen Fehler erkannt hat – und das zeigt Professor Dorfner in unserem Beispiel (15) –, können wir davon ausgehen, daß er uns entgegenkommt. Wir haben diese Strategie der «bewußten Pause» in Kapitel 8.6 (Sprechausdruck) genauer beschrieben. Karen hat ihr Ziel erreicht: Ein neuer Termin steht fest. Und zwar einer, an dem er ihr kaum «entwischen» kann.

SCHRITT 6: Eigentlich könnte das Gespräch hier beendet sein. Vielleicht hätte jetzt eine Zusammenfassung des Ergebnisses genügt, zum Beispiel:

Karen *Vielen Dank, Herr Professor. Wir sehen uns dann am Freitag um 11 Uhr im Hörsaal 12.*

Aber Karen setzt – selbstbewußt – noch einen drauf. Wahrscheinlich möchte sie Herrn Professor Dorfner noch einmal klarmachen, daß es sich hier wirklich um ein *Kritikgespräch* und nicht nur um eine neue Terminabsprache gehandelt hat.

Vor allem möchte sie ihm zeigen, daß sie diese Absprache als bindend betrachtet. Sie formuliert diese zusätzliche Absicherung höflich als Bitte (17), vor allem aber so, daß der Status von Professor Dorfner als «Vorgesetzter» unangetastet bleibt (19):

Karen *... möchte ich Sie bitten, mir Bescheid geben zu lassen.*

Wir denken, daß diese Schrittfolge sich auch auf andere Kritikgespräche «von unten nach oben» übertragen läßt.

Wenn Sie einen Vorgesetzten kritisieren, denken Sie vor allem an die Beziehungsgestaltung: Sie sollten die Position des anderen respektieren und aus dem Erwachsenen-Ich agieren, höflich und sachlich.

Mit Kritik umgehen

Es ist eine Binsenwahrheit: Wir lassen uns nicht gern kritisieren. Das beeinträchtigt unser Selbstwertgefühl, das gibt uns das Gefühl der Schwäche gegenüber unserem Partner.

Allerdings ist es ein Unterschied, ob diese Kritik aus unserer Sicht **berechtigt** oder **unberechtigt** ist.

1. Die Kritik ist inhaltlich berechtigt

FALL 1: Nehmen wir an, wir haben einen Fehler gemacht, und unser Partner führt mit uns ein **lösungsorientiertes Kritikgespräch**: Er gestaltet die Beziehung partnerschaftlich, agiert aus dem Erwachsenen-Ich. Wir erkennen unseren Fehler und suchen gemeinsam eine Lösung. Dann tritt der Idealfall eines Kritikgesprächs ein. Sehr wünschenswert, aber leider selten.

Schwieriger wird es schon, wenn der andere zwar ein lösungsorientiertes Gespräch versucht, mit seiner berechtigten Kritik aber unseren Nerv trifft. Jeder von uns hat eine Schwäche, die er abstellen möchte, wegen der er sich häufig selbst beschimpft. Und ausgerechnet die zeigt er uns auf. Auch wenn er sich wirklich Mühe gibt, uns nicht zu verletzen, das tut weh.

Unsere Empfehlung: Nehmen Sie sich zunächst eine Auszeit, eine **Pause**. Sie können den Inhalt der Kritik auch paraphrasieren. Gewinnen Sie also Distanz zu Ihrer augenblicklichen Empfindung. Dann gibt es zwei Möglichkeiten, einigermaßen souverän mit der Kritik umzugehen:

1. Gehen Sie auf die **Meta-Ebene**: Sagen Sie dem anderen, wie es Ihnen geht, zum Beispiel:
   Da hast du einen ganz wunden Punkt bei mir erwischt.
   So gewinnen Sie weiter Distanz. Der andere wird – weil er Sie als Partner akzeptiert – auch Ihre Gefühle akzeptieren. Das Gespräch kann jetzt wahrscheinlich sach- und lösungsorientiert weitergehen.
2. Gestehen Sie diesen Fehler ein, zum Beispiel:
   Das ist ein Fehler, den ich häufiger mache.

Im allgemeinen wird ein solches **Eingeständnis** Ihre Autorität nicht schwächen, sondern eher stärken, jedenfalls dann, wenn Sie dabei aus dem Erwachsenen-Ich sprechen und sich nicht aus dem Kind-Ich rechtfertigen. Problematisch kann die Sache nur werden, wenn der andere es gar nicht so partnerschaftlich mit Ihnen meint, wie es sein Gesprächsstil suggeriert, und Ihr Eingeständnis *gegen* Sie verwendet. Aber wir wollen (jedenfalls in diesem Buch) die Glaubwürdigkeit Ihres Partners unterstellen. Meta-Äußerungen und Eingeständnisse eignen sich aber nicht nur für ein lösungsorientiertes Gespräch.

FALL 2: Nehmen wir nun an, die Kritik unseres Partners ist zwar berechtigt, aber er agiert aus dem **kritischen Eltern-Ich**: dominant, fordernd, ohne unsere Perspektive zu übernehmen, ohne unsere Selbstwertgefühle zu beachten.

Wir haben es in Kapitel 12.3 schon gezeigt – vielleicht erinnern Sie sich an das Gespräch zwischen Peter Hartmann und Schwester Irmgard –, wie die Lösung hier aussehen kann: **Widerstehen Sie bei allem Schuldbewußtsein der Versuchung, aus dem Kind-Ich zu reagieren.**

Führen Sie das Gespräch aus dem **Erwachsenen-Ich**: stellen Sie die *Sache* in den Mittelpunkt, argumentieren Sie, sprechen Sie ruhig und sachlich.

Eine Erwachsenen-Reaktion ist auch hier die **Metakommunikation**, zum Beispiel:

Inhaltlich hast du zwar recht. Aber die Art, wie du das sagst, kann ich nicht akzeptieren.

Selbstverständlich können Sie eine solche Kritik auch dadurch entschärfen, daß Sie sie schweigend entgegennehmen.

FALL 3: Wir nennen diese Situation die «Politikersituation». Die Kritik ist zwar berechtigt, aber wir können aus taktischen Gründen unseren Fehler nicht eingestehen. Gründe dafür gibt es genug: unsere Position, unsere Beziehung zum Partner, finanzielle Verluste. Politiker haben da Standardsätze parat:

Diese Vorwürfe kann ich nicht akzeptieren.

Das weise ich mit Entschiedenheit zurück.

Was Sie da vorbringen, ist doch völlig aus der Luft gegriffen.

Ausführliche Ratschläge wollen wir uns hier sparen. Wir sind ganz sicher: Wenn ein solcher Fall eintritt, werden Ihnen die geeigneten Maßnahmen einfallen. Von der Lüge über blumenreiche heilige Versicherungen bis zur verzweifelten Suche nach fadenscheinigen Gegenbeweisen haben wir in unserer «Kommunikationsgeschichte» unzählige Strategien gelernt und erprobt.

2. Die Kritik ist unberechtigt

Das passiert häufig: Wir werden für etwas kritisiert, was wir nicht getan haben, nicht auf diese Weise getan haben oder was wir anders beurteilen, und zwar aus unserer Sicht angemessener als der Kritisierende. Dann erleben wir diese Kritik als unberechtigt. Wenn der Partner ein **lösungsorientiertes Gespräch** führt, ist das nicht problematisch. Er agiert aus dem Erwachsenen-Ich und wird uns die Chance geben, die Sache richtigzustellen oder unsere Sichtweise zu erläutern.

Häufiger aber erfahren wir solche Kritik aus dem **kritischen Eltern-Ich**. Der technische Leiter bei KASA Optik, Herr Merker, läßt Nils Hartmann in sein Büro kommen.

(1) **Merker** *Herr Hartmann, es geht um Ihren Mitarbeiter Klement.*

(2) **Nils** *Was ist mit Herrn Klement?*

(3) **Merker** *Ich habe gehört, Herr Klement hat in diesem Monat mehrmals vorzeitig das Firmengelände verlassen.*

(4) **Nils** *Das stimmt. Von wem haben Sie das gehört?*

(5) **Merker** *Spielt keine Rolle. Die Information war jedenfalls richtig.*

(6) **Nils** *Das sagte ich schon: Rolf Klement ist einige Male früher gegangen. Mit meiner Erlaubnis übrigens.*

(7) **Merker** *Soso, mit Ihrer Erlaubnis. Haben Sie ihm diese Erlaubnis als Fußball-Boß oder als Meister gegeben? Herr Hartmann, es geht einfach nicht, daß Sie einem einzigen Mitarbeiter ganze Stunden schenken, auf Kosten des Betriebs, nur damit der rechtzeitig zum Training Ihres geliebten Fußballklubs kommt. Sie mißbrauchen Ihre Position, Herr Hartmann, und treiben Vetternwirtschaft. Wenn das jeder Meister machen würde ... Was sollen sich die anderen Mitarbeiter dabei denken? Und dann bei dem Arbeitsanfall ...*

(8) **Nils** (schweigt, sieht Merker an)

(9) **Merker** *Haben Sie nichts dazu zu sagen?*

(10) **Nils** (sehr ruhig) *Doch, hab ich. Sie haben eben gesagt, ich hätte dem Rolf Klement – so wörtlich –* ganze Stunden geschenkt. *Zunächst: es waren keine ganzen Stunden, sondern nur jeweils dreißig Minuten. Und ich habe ihm diese halbe Stunde nicht* geschenkt. *Er hat sie jeweils am nächsten Tag nachgearbeitet. Und ich habe sehr genau darauf geachtet, daß er das auch tut. Eben wegen der anderen. Sie können das im Abteilungsplan kontrollieren.*

(11) **Merker** *So.*

(12) **Nils** *Außerdem: Sie sagen es ja selbst. Wir wissen kaum, wie wir die Arbeit schaffen sollen. Da kann ich es mir im Augenblick wirklich nicht leisten, auf jemanden zu verzichten, und wenn es nur für eine halbe Stunde ist. Übrigens: Die Mannschaft hatte kein Training. Dafür hätte ich ihn nicht früher gehen lassen. Es handelte sich um Punktspiele mitten in der Woche.*

(13) **Merker** *Aber das hätten Sie mir doch sagen können, daß Sie das so regeln.*

(14) **Nils** *War das nötig? Herr Merker, seit vielen Jahren organisiere ich in meiner Abteilung die Arbeit ziemlich selbständig. Soll ich Sie wegen einer solchen Lappalie behelligen? Ich denke, Sie haben Wichtigeres zu tun.*

(15) **Merker** *Dann ist die Sache ja erledigt. Nur verstehen Sie: Andere kommen zu mir. Und dann muß ich was tun.*

Für das Umgehen mit einer solchen Kritik gibt es eigentlich nur einen Schlüssel: Versuchen Sie, aus dem **Erwachsenen-Ich** zu reagieren, so wie Nils in unserem Beispiel.

Herr Merker macht seinem Ärger richtig Luft (7). Nils wartet geduldig, bis die Luft raus ist, eigentlich noch einen Atemzug länger (8). Dadurch wird Herr Merker verunsichert (9). Dann **paraphrasiert** er den **Kernpunkt der Kritik** («... ganze Stunden geschenkt ...»). Er reduziert seine Erwiderung zunächst nur auf diesen Vorwurf, reagiert also nicht auf die Unterstellungen (private Interessen) und Bewertungen (Machtmißbrauch und Vetternwirtschaft), obgleich es ihm sehr schwerfällt, da ruhig zu bleiben. Er beschränkt sich also auf die in Frage stehende **Sache** (10) und stellt die beiden falschen Fakten (Zeit, Stundenerlaß) richtig. Er widersteht auch der Versuchung, das Ganze in scharfem Ton (Lautstärke, Sprechtempo) und mit ironischem Beiklang vorzubringen (versuchen Sie es, das geht sehr gut). Er spricht so ruhig und sachlich wie möglich. Das bringt ihn in die Aktionsrolle. Merker muß das zur Kenntnis nehmen, kommt in die defensive Position (11). Nils kann sich jetzt auch noch den anderen Vorwürfen widmen (betriebsschädigendes Verhalten, Rollenvermischung). Auch das versucht er sachlich, nimmt dabei Merkers Hinweis («Arbeitsanfall») auf (12). Merker ist auf dem Rückzug. Ihm ist die Sache offensichtlich unangenehm. Dennoch möchte er seine Position als Vorgesetzter bestätigt sehen (13). Diesen Gefallen tut ihm Nils (14), allerdings keineswegs unterwürfig. Er bestimmt noch einmal seine eigene Rolle und die damit verbundenen Kompetenzen. Erst dann reicht er Herrn Merker zum Trost das Bonbon der Rollenbestätigung (14).

Vielleicht haben Sie während der Lektüre des Gesprächs gedacht: «Da wäre ich anders vorgegangen.» Es gibt sicher noch andere Lösungen. So hätte Nils Herrn Merker unmittelbar nach dem Kernpunkt der Kritik unterbrechen können:

(7) **Merker** *Soso, mit Ihrer Erlaubnis. Haben Sie ihm diese Erlaubnis als Fußball-Boß oder als Meister gegeben? Herr Hartmann, es geht einfach nicht, daß Sie einem einzigen Mitarbeiter ganze Stunden schenken, auf Kosten des Betriebes, nur damit ...*

(8) **Nils** *Einen Augenblick, Herr Merker, bevor Sie weitersprechen: Sie sagen, ich hätte Rolf Klement* ganze Stunden geschenkt. *Zunächst: es waren keinen ganzen Stunden, sondern nur jeweils dreißig Minuten. Und ich habe ihm diese halbe Stunde nicht* geschenkt. *Er hat sie jeweils am nächsten Tag nachgearbeitet ...*

Dann hätte sich Merker erst gar nicht in seine gefühlsbeladenen Vorwürfe hineinsteigern müssen. Allerdings ist es manchmal nicht leicht für den Unterbrechenden, dann sofort einen sachlichen Ton zu finden. Dazu gehört ziemlich viel Selbstkontrolle.

Diesen Abschnitt können wir in eine einzige kurze Formel fassen:

Wenn Sie mit jeder Art von Kritik souverän umgehen wollen, reagieren Sie aus dem Erwachsenen-Ich.

Bibliographie

Anaker, U.: Vernunft. In: Handbuch philosophischer Grundbegriffe. Bd. 6. München 1974, S. 1597–1612

Argyle, M.: Körpersprache und Kommunikation. Paderborn 1979

Aristoteles: Rhetorik. München 1980

Banyai, E. I., Meszaros, I., Csokay, L.: Interaction between hypnotist and subject. A social psycological approach. In: D. Waxman u. a. (Hg.): Modern trends in hypnosis. New York 1982

Berne, E.: Was sagen Sie, nachdem Sie ‹Guten Tag› gesagt haben? München 1975

Berne, E.: Spiele der Erwachsenen. Reinbek 1988

Bornscheuer, L.: Topik. Frankfurt a. M. 1976

Brehm, J. W.: A theory of psychological reactance. New York 1966

Brinker, K., Sager, S. F.: Linguistische Gesprächsanalyse. Berlin [2]1996

Brons-Albert, R.: Verkaufsgespräche und Verkaufstrainings. Opladen 1995

Bühler, K.: Sprachtheorie. Jena 1934

Dahrendorf, R.: Homo sociologicus. Köln, Opladen 1964

De Shazer, St.: Wege der erfolgreichen Kurztherapie. Stuttgart 1989

Dickensberger, D.: Ein neues Konzept der Wichtigkeit von Freiheit: Konsequenzen für die Theorie der psychologischen Reaktanz. Weinheim 1979

Erickson, M. H., Rossi, E. L.: Hypnotherapie. München 1981

Ertel, S.: Relationale Dynamik. In: Zeitschrift für Sozialpsychologie 1970, S. 361–373

Festinger, L.: A theory of cognitive dissonance. Evanston, III. 1957

Flanders, N. A.: Analyzing teaching behavior. Reading 1970

Fogarasi, B.: Dialektische Logik. s'Gravenhage 1974

Geissner, H.: Rhetorik und politische Bildung. Kronberg 1975

Geissner, H.: Das handlungstheoretische Interesse an der Rhetorik, oder: das rhetorische Interesse an gesellschaftlichem Handeln. In: H. F. Plett (Hg.): Rhetorik. München 1977, S. 230–251

Geissner, H.: Sprechwissenschaft. Königstein 1981

Geissner, H.: Klären und Streiten. In: M. Beck (Hg.): Klären und streiten. Sprechen und Verstehen. Bd. 10. St. Ingbert 1995, S. 11–38

Geyer, G.: Das Beratungsgespräch und Verkaufsgespräch in Banken. Wiesbaden [5]1993

Gheorghiu, V. A.: Die adaptive Funktion suggestiver Phänomene. In: Hypnose und Kognition, 13, 1996, S. 125–146

Grell, J.: Techniken des Lehrerverhaltens. Weinheim / Basel [3]1975

Gündel, J.: Transaktionsanalyse. Mannheim [2]1991

Habermas, J.: Thesen zur Theorie der Sozialisation. In: J. Habermas: Arbeit, Erkenntnis, Fortschritt. Amsterdam 1970

Habermas, J.: Vorbereitende Bemerkungen zu einer Theorie der kommunikativen Kompetenz. In: J. Habermas / N. Luhmann (Hg.): Theorie der Gesellschaft oder Sozialtechnologie. Frankfurt a. M. 1971, S. 101–141

Henne, H., Rehbock, H.: Einführung in die Gesprächsanalyse. Berlin, New York [2]1982

Herbig, A. F.: Sie argumentieren doch scheinheilig. Sprach- und sprechwis-

senschaftliche Aspekte einer Stilistik des Argumentierens. Frankfurt a. M., New York, Paris 1992
Hovland, C. I., Janis, L., Kelley, H. H.: Überzeugung durch aktive Beteiligung. In: M. Irle: Texte der experimentellen Sozialpsychologie. Neuwied, Berlin 1969, S. 282–309
Kallmeyer, W. (Hg.): Gesprächsrhetorik. Tübingen 1996
Kienpointer, M.: Vernünftig argumentieren. Reinbek 1996
Kopperschmidt, J.: Das Prinzip vernünftiger Rede. Stuttgart, Berlin, Köln, Mainz 1978
Kopperschmidt, J.: Argumentation. Stuttgart, Berlin, Köln, Mainz 1980
Lepschy, A.: Das Bewerbungsgespräch. St. Ingbert 1995
Lepschy, A.: Ein analytisches und didaktisches Modell für die Situations- und Prozeßsteuerung in Gesprächen. In: M. Pabst-Weinschenk, R. W. Wagner, C. L. Naumann (Hg.): Sprecherziehung im Unterricht. Sprache und Sprechen, Bd. 33, München, Basel 1997, S. 195–203
Madelung, E.: Kurztherapien. München 1996
Maas, U., Wunderlich, D.: Pragmatik und sprachliches Handeln, Frankfurt a. M. 1972
Mohl, A.: Der Zauberlehrling. Das NLP Lern- und Übungsbuch. Paderborn 1994
Nothdurft, W.: Schlüsselwörter. In: W. Kallmeyer (Hg.): Gesprächsrhetorik. Tübingen 1996, S. 351–417
Nothdurft, W., Reitemeier, U., Schröder, P. (Hg.): Beratungsgespräche. Analyse asymmetrischer Dialoge. Tübingen 1994
Öhlschläger, G.: Zum Explizitmachen von Voraussetzungen beim Argumentieren. In: Lilli 1980, S. 152–167
Osgood, C. E., Suci, G. J., Tannenbaum, P. H.: The measurement of meaning. Urbana 1957
Pawlowski, K.: Partnerzentriertes Sprechen als Dialogstrategie. In: Dyck u. a.: Rhetorik. Ein internationales Jahrbuch. Stuttgart 1981, S. 70–81
Pawlowski, K.: Praktische Rhetorik. Hannover 1983
Pawlowski, K.: Sprechausdruck. In: S. Berthold, C. L. Naumann: Mündliche Kommunikation im 5.–10. Schuljahr. Bad Heilbrunn 1984, S. 104–117
Pawlowski, K.: Topos und Wahrnehmungssteuerung. In: H. Geissner (Hg.): Ermunterung zur Freiheit. Sprache und Sprechen 23 / 24, Frankfurt a. M. 1990, S. 253–266
Revenstorf, D. (Hg.): Klinische Hypnose. München 1981
Riebensahm, H.: Rhetorisches Sprechen in der Psychotherapie. In: J. Dyck u. a. (Hg.): Rhetorik. Ein Jahrbuch. Bd. 3., Stuttgart-Bad Cannstatt 1983, S. 125–136
Rogers, C. R.: Eine Definition von Einfühlung. In: P. Jankowski u. a. (Hg.): Klientenzentrierte Psychotherapie heute. Göttingen 1976, S. 33–51
Schank, G., Schwitalla, J. (Hg.): Konflikte in Gesprächen. Tübingen 1987
Schulte, D.: Therapieplanung. Göttingen, Bern, Toronto, Seattle 1996
Schulz von Thun, F.: Miteinander reden. Bd. 1. Reinbek 1996
Tausch, R.: Gesprächspsychotherapie. Göttingen ^{2}1968
Techtmeier, B.: Das Gespräch. Berlin 1984

Tennbruck, F. H.: Zur deutschen Rezeption der Rollentheorie. In: Kölner Zeitschrift für Soziologie und Sozialpsychologie, XIII, Heft 1, 1961, S. 1 ff.
Toulmin, St.: Der Gebrauch von Argumenten. Kronberg 1975
Völzing, P.-L.: Begründen – Erklären – Argumentieren. Heidelberg 1979
Watzlawick, P. u. a.: Menschliche Kommunikation. Bern, Stuttgart 1969
Weber, M.: Wirtschaft und Gesellschaft. Bd. 1. Tübingen 1956
Weidenmann, B.: Diskussionstraining. Reinbek 1983
Weidenmann, B.: Erfolgreiche Kurse und Seminare. Weinheim 1995
Wunderlich, D.: Studien zur Sprechakttheorie. Frankfurt a. M. 1976

Stichwortverzeichnis

In diesem Verzeichnis sind Stichwörter nur dann aufgeführt, wenn sie in einem größeren sachlichen Zusammenhang behandelt werden.

Aktives Zuhören (siehe Paraphrasieren)
Akzent (Betonung) 68, 116–118, 120, 123
anschaulich 53, 111, 114
Anträge (GO-, Sach-) 169–172
Appell 55 f., 62 f., 70 f., 73 f., 120
Argumentation(s) 175, 182, 235, 264–267, 329
  -struktur 235–241
  -ziele 263–267
  Grenzen von A. 268 f.
  deduktive / induktive 238
Argument(e) 63, 87 f., 95, 235–269, 314
  -entkräften 249–258
  -finden 241–245
  -vorbereiten 258–261
  Arten von An. 238, 245
  öffentliche – private 175, 187, 189 f.
Artikulation 117–119, 123
Atem (atmen) 123, 126
Autorität 190, 196, 247, 254, 337, 344
Beratung, Beratungsgespräch 79, 113, 303–324
  Kunden- 308–324
Beschreibungen 109–114, 140
Besprechung (Dienst-, Team-) 94, 102–108, 137–140, 161
Betonung, siehe Akzent
Beziehung(s) 20 f., 23, 28–30, 55 f., 57 f., 106, 120, 161, 185, 206–222, 324–326, 330, 336
  -angebot 30, 55, 173, 209 f., 221
  -ebene 20, 97 f., 106–109, 181
  -entwicklung 220–222
  -gestaltung 49 f., 52, 54–72, 62, 76 f., 97 f., 102, 106, 142–149, 151, 179, 221, 252, 258, 260, 267, 310 f., 342
  -klärung 106–108
  -probleme, -störungen 24, 71, 106–109
Bitten 278–280, 282, 341
Blickkontakt 135–137, 315
Botschaften 54–72, 120
  Appell- 55 f., 62–64
  Beziehungs- 55 f., 64–66, 72, 177, 179
  explizit formulieren 61–69
  indirekte 70–72
  Sach- 55 f., 67–69
  Selbstoffenbarungs- 55 f., 66 f., 70
  wahrnehmen 57–60
Debatte 16, 171
Diskussion 16, 94, 138 f., 141, 160, 335
Dissens 264–267
Distanz, räumliche 132–136
Dissonanz, kognitive 226, 234, 300
Dominanz (dominant) 29, 97, 120, 146, 208, 325 f., 330 f., 336
Drohung 270–276, 326
Du-Aussagen 61, 65, 147
Einstellung 30 f., 33, 120, 222–234
  verändern 228–234, 235, 266, 297
Erklären 109–114, 140
Erpressung 270–276

Erzählen 260 f.
Fragen 16 f., 73–89, 105, 110, 173 f., 279, 313–315, 321, 333
Alternativ- 83
Begründungs- 75, 79 f.
Definitions- 74, 78 f., 250, 253, 259
eingebettete 83
Fakten 74, 79 f., 84 f., 329
Funktion von F. 73–76, 80 f., 258
Meinungs- 75, 80
nachfragen 60
offene, geschlossene 82 f., 313
sich wehren gegen 88
Suggestiv- 83, 85 f.
Verständnis- 74, 78
zur Person 74, 77, 80
Gelingen von G. 17–24
Geschäftsordnung 170 f.
Gespräch(s)
-anlaß 13, 26, 33, 311
-bereitschaft 142–145
-eröffnung 50 f., 137 f., 141, 142–150, 158, 173, 186, 310–312
-gegenstand 27
-klima, -atmosphäre 59, 97 f., 121 f., 131, 146 f., 149, 310, 336
-modelle 12, 32 f., 55
-organisation 49–52, 102–105, 149 f., 156 f., 170
-phasen 49–32, 137–142, 159, 174–179, 306–308, 310–324
-prozeß 25, 46, 48
-rahmen 25, 105, 181–190
-rituale 13, 16, 76, 125
-struktur 25 f., 105
-typologie 15–17
-vorbereitung 26–34, 56, 310
-ziel (siehe Ziele von G.)
Gestik 130 f.
Herrschaft 192, 197, 271
Hörmuster 121
Hypnose 129, 290, 300
Ich-Aussagen 61 f., 65, 332, 340
ideodynamisches Prinzip 286–293
Interessen 27 f., 35, 38, 45, 158, 190, 304, 334
Interview 16
Konflikt, Konfliktgespräch 148, 160, 205, 265, 276
Konsens 264–267
Kontext 72 f., 299
Kooperation 265 f., 324
Körpersprache 12, 54, 125, 128–137, 315, 318
Kritik 324–348
berechtigte / unberechtigte 327 f., 343–348
destruktive / konstruktive 326 f.
lösungsorientierte 330–337, 343
umgehen mit 337, 343–348
Lautstärke 117, 120, 123, 347
Macht 52, 160 f., 192–198, 272, 275
Meta-Kommunikation (-Äußerung, -Ebene) 69 f., 101–109, 125, 149 f., 155, 157, 174–179, 274, 343 f.
Metapher 291–293
Moderation, Moderator 92, 105, 156–163
Nähe / Distanz 29, 52, 63, 65, 132–136, 208
öffentlich / privat 15, 28, 134, 136, 147–149, 183–190
Ort(es) 26, 33, 24–46
gezielte Wahl des 45 f.
Pacing 131
Paraphrase, paraphrasieren 60, 89–101, 131, 157, 173–177, 254, 257, 274, 313, 316 f., 321, 343, 347
Pausen 118, 122–124, 126, 315, 324 f., 343
Perspektive übernehmen, Partner «abholen» 26–32, 101, 113, 131, 309 f., 327, 330, 344
Prämisse 239 f., 242
Rapport 128–132, 136, 295
raten 270 f.
Rolle(n) 15, 28, 33, 181, 183 f., 190–205
-absprachen 200 f.
-bestimmung 191, 201
-beziehung 28, 43, 145, 192, 206, 336, 338
-distanz 204
-gestaltung 202–206
-konflikt 161, 200, 205
-theorie 202 f.
-wechsel 198

Sachinhalt, Sachebene 20, 49, 53, 55 f., 107–109, 145
Schlüsselwörter 295 f., 298 f.
selektive Wahrnehmung 326
Simultansprechen 127
Situation(s) (= Kontext) 32 f., 72 f., 121 f., 309, 324
-analyse 33 f., 57
-Faktoren 33
äußere / innere 25, 31 f., 46, 57, 102, 172, 181–190
Sprechausdruck(s) 68, 114–124, 125, 219, 315, 341
-haltungen 120, 122
Sprechmelodie (= Melodieführung) 116–118, 123
Sprecherwechsel 49, 52, 125–128, 315
Sprechtempo (-geschwindigkeit) 117 f., 122, 123, 127, 130 f.
Status, sozialer 191, 203, 342
Stimmklang 116
suggerieren, Suggestion 37, 70, 129 f., 182, 282–301, 312
Syllogismus 239 f.
symmetrisch / asymmetrisch 15
Tagesordnung 158 f., 167–171
Teamarbeit (-besprechung, -gespräch) 94, 161 f.
Themen 38–40, 49, 51, 150–156
-angebot 143
-ankündigung 51, 150 f., 153, 159, 174
-auswahl 151–153
-bearbeitung 49, 53 f., 102, 154, 179, 310, 340
-rahmen 151, 158, 173
-wechsel 153–156
Themenzentrierte Interaktion 108
Topos 244 f.
Transaktionsanalyse 211–220, 328–330
überzeugen vs. überreden 300
Verantwortlichkeit 21, 138 f., 196
Verhandlung 16
Verhör 16
Versammlung 158, 160, 167–172
Versachlichung 98
versprechen 276 f.
verstehen 48, 51, 118, 312
verständlich, Verständlichkeit 51, 53, 109–114, 140, 150, 154
Verständigung sichern 89 f., 105
Wahlvorgang 167
Warnung 270 f.
weigern, sich 218 f.
Wertschätzung / Geringschätzung 30, 63, 65, 146, 275, 325 f., 331
Widerstand 66, 148, 263, 282–285, 326
Wirkung, Wirksamkeit 112, 122
Zeit 26, 33, 39, 42–46, 152 f., 173, 330
-rahmen 43 f.
Auszeit 44, 343
Ziele von G. 13, 27, 34–42, 45, 141, 143, 152 f., 172, 181, 304 f., 314, 325 f., 330, 337 f.
Aushandeln von Z. 41 f.
Formulierung von Z. 37, 292
konkrete 34 f.
Modifikation von Z. 40 f.
realistische 35 f.
Teil- 37 f., 330
Zuhören 48, 99 f.
zusammenfassen, Zusammenfassung 91 f., 104, 141, 159, 319